기독교문서선교회 (Christian Literature Center: 약칭 CLC)는 1941년 영국 콜체스터에서 켄 아담스에 의해 시작되었으며 국제 본부는 미국 필라델피아에 있습니다.
국제 CLC는 59개 나라에서 180개의 본부를 두고, 약 650여 명의 선교사들이 이동 도서차량 40대를 이용하여 문서 보급에 힘쓰고 있으며 이메일 주문을 통해 130여 국으로 책을 공급하고 있습니다. 한국 CLC는 청교도적 복음주의 신학과 신앙 서적을 출판하는 문서선교기관으로서, 한 영혼이라도 구원되길 소망하면서 주님이 오시는 그날까지 최선을 다할 것입니다.

추천의 글

정 동 섭 박사
가족관계연구소장 | 강남중앙교회 협동목사

목회자로서 신학교에서 신학생이 배워야 할 가장 중요한 과목이 무엇이라 생각하는가? '중독과 치유'라는 과목이라고 생각한다. 현대 사회에서 중독(addiction)과 외상(trauma), 그리고 학대(abuse)가 가장 중요한 문제로 부상하고 있다.

세상을 볼 때 세상은 중독 문제로 고민하는 사람들, 학대 문제로 고통받는 사람들, 외상(trauma)으로 고통당하는 사람들, 그리고 10% 내의 건강한 사람들로 구성돼 있다. 이 지구의 중심적인 현실은 중독과 학대와 외상으로 구분할 수 있다. 하나님 나라에서 사탄이 사용하는 것도 이 세 가지다(Dale Ryan).

한국 사회에서 가장 문제시되는 상담적 이슈 중의 하나는 중독이다. 한국은 중독 공화국이라 해도 과언이 아니다. 중독의 영향권에 들어 있는 사람이 800만 명이고, 한국인의 25%가 중독의 영향권 아래에 있다.
예수님이 성육신하신 목적은 무엇인가?
무엇보다 그는 우리 죄인들을 구원하여 자녀로 삼기 위해 오셨다(갈 4:4).

내가 온 것은 양으로 생명을 얻게 하고 더 풍성히 얻게 하려는 것이라(요 10:10).

하나님은 아들을 보내셔서 우리를 구원하여 사망에서 생명으로 옮기신 후에 우리에게 풍성하고 행복한 삶을 누리기 원하신다. 하나님은 "포로 된 자에게 자유를, 갇힌 자에게 놓임"을 주기 원하시지만 많은 이가 기쁨과 평안, 감사가 넘치는 생활을 누리지 못하고 있다. 그것은 마음의 상처가 치유되지 않은 가운데 갖가지 중독에 시달리며 신앙생활을 하기 때문이다. 교회가 간과하고 있는 것 가운데 하나는 예수님이 '마음이 상한 자를 고치기 위해'(사 61:1) 오셨다는 사실이다. 이 책은 '상처치유'의 종합 교과서라 할 수 있다. 한국교회는 복음을 전해 죄인을 구령하는 전도와 선교는 열심히 하는 편이지만, 성도들 마음의 상처를 치유하는 내적치유 사역을 소홀히 하고 있다. 치유되지 않은 인격으로 목회를 하는 이들이 너무 많다. 그 결과는 불행한 결혼 생활과 교회 내의 갈등으로 나타나고 있다. 치유되지 않은 삶은 성격 장애, 우울 장애, 외상, 중독, 학대, 불행한 관계 등으로 표출되고 있다.

역기능 가정에서 자란 사람들은 해결되지 않은 '미해결 과제'(unfinished business)를 가지고 결혼하는 경우가 많다. 성인아이는 마음의 구멍이 뚫린 아이, 영혼의 상처가 있는 사람이다. 성인아이는 성장 과정에서 채워지지 않은 것을 배우자를 통해 채우고자 한다. 어린 시절 부모님께 받지 못한 것을 배우자에게 받고자 하는 것이다. 우리는 서로를 치유하는 상담자가 돼야 한다.

이 책은 마음의 상처는 어떻게 치유되는가, 즉 목회상담, 내적치유, 중독회복 등을 주제로 다룬다. 이 책의 저자 김영민 목사는 개혁주의 신학자로서 성경을 근거로 하여 상한 마음의 치유와 회복의 문제를 다루고 있다. 심리학이나 귀신축사에 초점을 맞추는 치유가 아니라 근본 원인을 진단하여 처리해야 하는, 회개와 용서 등 성경적 접근이 근본적 변화와 치유를 가져온다는 것을 설득력 있게 상기시키고 있다.

이 책의 큰 장점은 저자가 자신만의 독선적 주장을 하는 것이 아니라 내적치유 분야의 수많은 저서를 두루 섭렵하는 가운데 성경적으로 받아들일 수 있는 진리를 독자와 나누고 있다는 것이다. 신학과 심리학의 관계를 비롯하여 전반적인 인간 문제를 포괄적으로 다루고 있을 뿐 아니라 이론과 실제가 통합적으로 균형 있게 다뤄지고 있다. 현대인들의 보편적인 관심사인 우울증, 불안, 열등감, 학대, 외상, 중독, 부부 및 가족치료 등의 주제를 원인과 결과, 치료의 순으로 알기 쉽게 제시하고 있다.

내적치유 사역에는 이론가가 있고 실천가가 있다. 저자 김영민 목사는 예수님과 같은 '상처 입은 치유자'로 이 책을 쓰고 있다. 이 책의 저자는 이론과 실제를 겸비하고 있는 목회자로서 주님의 교회에 자신이 받은 은사와 지혜를 나누기 위해 이 책을 쓰고 있다. 저자는 한국교회가 낳은 치유받은 목회자이며 치유사역자다. 이 책은 저자의 한국교회에 대한 사랑의 표현이다.

나는 저자가 목회하는 길벗교회를 직접 방문해 가정세미나를 인도한 적이 있다. 나는 여러 교회를 방문해 세미나를 인도해 봤지만 성도들이 모두 담임목사의 치유 사역을 통해 치유, 회복된 모습으로 신앙생활을 하는 것을 보고 신선한 충격을 받았었다. 성령 충만과 정신적 건강이 실체적으로 느껴졌다. 이 책을 읽는 독자 한 분 한 분이 이 책을 읽는 동안 연약한 부분이 치유받는 성화를 경험하게 되기를 바라며, 치유가 필요한 이웃에게 이 책을 널리 소개해 주기를 권한다.

배 본 철 박사
성결대학교 역사신학 교수 | 성령의삶코스 대표

현대인들이 겪고 있는 제반 고통과 병적 증세의 현상들은 그 심각성의 수위가 그 어느 때보다도 높아 가고 있다. 교회는 이러한 문제들에 대한 근본적인 치유책을 복음 안에서 해결해 줘야 한다는 무거운 짐을 지고 있다. 사실 치유라는 주제가 예수 그리스도의 복음 전파에서도 필수적으로 동반된 것이었기에, 교회는 결코 이 부분에 대해 회피할 수 없기도 하다.

치유에 대한 복음적 접근과 실천은 19세기 후반 미국과 영국을 중심으로 일어난 부흥운동의 큰 주제 중의 하나였다. 그 후 20세기 초의 오순절 운동과 1960년대 이후 은사 갱신 운동을 거치면서 치유에 대한 신념은 육체적 치유와 내적치유의 영역으로 계속 확산했다. 그러나 인간 치유에 대한 갈급한 요청은 오늘날에도 여전히 점증되고 있는 가운데, 이 주제에 대한 답변을 명쾌히 제시해 줘야 할 기독교계는 안타깝게도 양극단적 신념 사이에서 방황하고 있다. 이는 모든 치유가 의술이나 심리학이나 정신병리학의 도움이 없이 반드시 신앙으로만 이뤄져야 한다고 보는 극단과 과거에 시행되던 신앙 치유와 귀신 추방 등의 영역은 이제 충분히 발전된 일반 의학의 영역에서 모두 담당할 일이 됐다고 보는 또 다른 극단이다. 우리 주위에는 이런 양 극단적 신념에 의해 야기된 여러 안타까운 사례들로 넘쳐나고 있다.

오늘날 교회 안팎의 병적 증세들의 위험스러운 상황은 이들 양극단 중 어느 한 가지도 만족할 만한 해결점을 제시하지 못하고 있다는 것을 반증하고 있다. 이러한 문제를 해결 짓기 위해 오늘날 일어나고 있는 기독교 치유학의 방향성은 일반 학문의 과학적 연구의 자료들과 방법론의 결실들을 분석, 비평해서 복음적 진리를 더욱 선명히 하고 활성화하려는 움직임으로 향하고 있다. 이 점에 있어서 분별력이 있는 크리스천이라면 당연히 일반학의 인본주의와 종교 다원주의 경향에 타협하지 않는 복음적 성신으로 작업에 임해야 할 것이다.

김영민 목사의 『상한 마음의 치유와 회복』이 바로 그런 작업의 결실이다. 그는 총신대학교 신학대학원과 영국과 캐나다에서 수학한 후 미국 웨스트민스터신학교에서 목회

상담학으로 박사 학위를 취득한 인재다. 그뿐 아니라 오랜 기간의 목회 사역을 통해 치유 사역에 많은 경험을 갖춘 노련한 전문가기도 하다. 이 책은 다음과 같은 몇 가지 점에서 이제까지 내적치유의 여러 저술 사이에서 돋보이는 특징을 지니고 있다.

첫째, 이 책은 내적치유의 접근법에 대한 양극단을 피하고, 현대 의학과 심리학이 제공해 준 도구들을 성경적인 정신 안에서 새롭게 융해해 오히려 복음이 말하는 치유의 정신과 방법론을 더욱 명쾌히 변증해 낸다. 이런 점에서 볼 때, 이 책은 어떤 기독교 저자들이 일반학의 방법론과 인문학적 원리들을 분별없이 끌어다가 이름만 기독교를 붙이는 그런 책하고는 엄연히 비교된다.

둘째, 이 책에서 제시하는 내적치유의 목적과 과정은 정확히 복음적 성화론에 근거하고 있다. 안타깝게도 적지 않은 내적치유 사역자들이 성화의 문제보다는 단지 심리적 해결에 그 목적을 두고 있는 반면, 김영민 목사의 치유론은 인간의 자아가 복음적 구원론의 전 과정을 거쳐 가면서 어떻게 치유의 과정을 거쳐 가는지를 분명히 제시했다.

셋째, 이 책은 내적치유의 문제를 개인뿐 아니라 공동체성과 인간 관계성의 차원으로 확장하게 된 중요한 발전이 있다. 그것은 내적치유의 문제가 용서와 사랑 등 인간 관계적 영역을 떠나서는 결코 만족할 만한 해결에 이르기 힘들다는 통찰에서 나온 것이기도 하다. 이러한 그의 공동체적 치유론은 이 땅 위에 하나님 나라의 구현을 완성하기 위해 내적치유가 어떤 중요한 디딤돌이 될 수 있는지를 역설한 중요한 공헌을 한다.

우리 주위에 내적치유와 관계된 수많은 자료와 저술이 있는 가운데, 독자들은 이 책을 통해 모처럼 속 시원한 내적치유의 길잡이를 만나게 된 기쁨과 만족을 얻게 될 것이다. 이 책을 읽는 분마다, 김영민 목사가 담임하고 있는 길벗교회의 정신처럼, 십자가 복음과 복음적 성령 사역으로 민족과 열방을 치유와 회복으로 이끄는 은혜와 능력이 넘치기를 기도한다.

이 재 화 목사
GMP 개척선교회 대표

먼저 김영민 목사의 귀한 글이 마침내 출판돼 단행본으로 볼 수 있게 돼 반가운 마음으로 축하드린다. 이 책은 단순한 저술이 아니라 목사님이 오랫동안 목회 현장에서 정신 건강 문제로 고통당하는 분들을 위해 섬기면서, 그분들의 회복을 위해 애써 오신 결과물이다.

김영민 목사는 우리 GMP 개척선교회의 이사로서 여러 해 섬기고 계신다. 그동안 선교 현장에서 '상한 마음의 치유와 회복'이 필요한 선교사들을 잘 섬겨 주셨고, 이로 인해 여러 선교사가 회복됐기에 이번 기회를 통해 감사의 말씀을 드린다.

성경에서 '마음'이라는 단어는 819회나 언급되고 있다. 마음은 하나님의 마음과 사람의 마음으로 나눠진다. 하나님의 마음과 인간의 마음이 합할 때와 그렇지 못할 때로 구별되기도 한다. 하나님은 항상 사람의 마음을 읽으신다고 한다. 그 속에는 하나님의 형상이 담겨 있기 때문이다. 그래서 때로는 기뻐하시고 때로는 근심하신다. 신약에서는 이를 하나님을 기쁘시게 함과 성령의 근심하심이라고 표현한다.

그래서 사도 바울은 '그리스도의 형상을 이루기 위해'(갈 4:19) 신자들의 삶은 변화돼야 한다고 부탁한다. 그리스도의 형상을 이루는 것은 하나님의 계획이기 때문이다. 하나님께서는 우리가 '그 아들의 형상을 본받게 하도록 미리 정하셨고'(롬 8:29), 우리가 "그와 같을 줄 아는 것"(요일 3:2)이라고 하셨고, 우리가 '주의 영으로 그와 같은 형상으로 변화'(고후 3:18)될 수 있다고 하셨다. 이를 위해 예수 그리스도를 보내셨다. 우리 그리스도인들은 내주하시는 성령의 도우심을 통해(롬 8:9) 그리스도의 형상을 온전히 이뤄 가는 사람으로 성장한다.

예수님은 '그가 내 안에, 내가 그 안에 있다'(요 15:5)라고 하시면서 예수님을 떠나면 아무것도 할 수 없다고 하셨다. 예수님은 우리와 함께하시는 하나님의 능력이다. 우리가 그리스도의 형상을 이루기 위해 변화되는 삶을 살면 하나님은 힘을 주시겠다고 약속하셨다.

김영민 목사는 이런 성경의 약속에 근거해 긴 세월 목회 현장과 선교 현장에서 성경적인 내적치유와 회복을 위해 전심을 다해 섬겨 오셨다. 성령께서 우리의 병든 마음을 치유하기 원하셨기 때문이다. 김영민 목사의 섬김을 통해 신자들과 깨진 가정들이 하나님의 형상을 회복하고(엡 4:22-24), 하나님의 거룩하신 성품에 참여하는 치유의 역사와 은혜의 간증들이 많이 생겨났다(벧후 1:4).

김영민 목사는 이 책의 제2장 "가정의 역할과 역기능 가정, 학교"와 제3장 "인생의 초기 단계에서의 사랑의 역할"에서 성경적인 근거를 바탕으로 임상적으로 명쾌하게 다룬다. 제4장에서는 잘못된 믿음 체계와 성격을 다루고, 제5장에서는 네 가지 유형의 성격과 성격 장애를 다루며 이에 대한 정확한 진단이 무엇인지를 설명한다. 그리고 제6장-제9장에서는 성경적 내적치유가 이뤄지기 위한 과정을 구체적인 사례들을 바탕으로 실제적인 치유와 회복의 과정을 친절하게 안내한다.

김영민 목사의 관심은 온통 성경과 사람에게만 있다. 그래서 깨어진 하나님의 형상을 치유하고 회복하기 위해 성경에서 제시하는 치유의 원리에 매우 충실히 하고자 한다. 오늘날 우리는 심리학, 상담학, 신학 간의 분열과 충돌이 가져오는 잘못된 접근법이 신자들과 그 가정의 치유에 얼마나 부정적인 결과를 가져오는지를 우려하고 있다. 목회와 선교 현장에서 심리학과 상담학이 거의 종교적 수준으로 사용되는 것을 보고 있다. 또한, 이에 대한 거부감으로 인해 심리학과 상담학의 유익이 철저히 배제되는 현상도 보고 있다.

김영민 목사는 이런 양극단적인 현상을 극복하고자 복음주의적 성화론을 그 대안으로 제시하고 있다. 이를 통해 매우 건강하고도 성경적인 치유와 회복 과정을 구체적으로 독자들에게 나누고자 한다.

따라서 독자들에게 이 책을 꼼꼼히 곱씹으면서 성경과 함께 읽어 보시라고 추천한다. 이 책에서 김영민 목사가 제시하신 대로 여러분 자신을 성경에 기록된 하나님의 약속과 성령의 도우심에 맡길 때 치유와 회복의 역사가 함께 하실 것이다. 길벗교회의 목회 현장과 전 세계의 선교 현장에서 일어난 치유와 회복의 역사가 여러분의 삶 속에서도 일어나길 주님의 이름으로 축복한다.

상한 마음의 치유와 회복

성경적 내적치유

Healing and Recovery of the Broken Heart
Written by Youngmin Kim
All rights reserved.
Korean Edition Copyright ⓒ 2020 by Christian Literature Center, Seoul, Korea

상한 마음의 치유와 회복: 성경적 내적치유

2020년 6월 30일 초판 발행

지은이	|	김영민
편집	|	이희진
디자인	|	박하영
펴낸곳	|	(사)기독교문서선교회
등록	|	제16-25호(1980.1.18.)
주소	|	서울특별시 서초구 방배로 68
전화	|	02-586-8761~3(본사) 031-942-8761(영업부)
팩스	|	02-523-0131(본사) 031-942-8763(영업부)
이메일	|	clckor@gmail.com
홈페이지	|	www.clcbook.com
송금계좌	|	기업은행 073-000308-04-020 (사)기독교문서선교회

ISBN 978-89-341-2143-5 (93230)

이 도서의 국립중앙도서관 출판예정도서목록(CIP)은 서지정보유통지원시스템 홈페이지(http://seo-ji.nl.go.kr)와 국가자료종합목록 구축시스템(http://kolis-net.nl.go.kr)에서 이용하실 수 있습니다. (CIP제어번호: CIP2020017935)

이 책의 저작권은 저자와 (사)기독교문서선교회가 소유합니다. 신저작권법에 의하여 한국 내에서 보호받는 저작물이므로 무단 전재와 무단 복제를 금합니다.

상한 마음의 치유와 회복

김영민 지음

CLC

저자 서문

김영민 목사
길벗교회 담임

　20여 년 전 주님께서는 제 안에 깊이 자리잡고 있었던 상한 마음을 깊이 만져 주셨고, 그 후에도 몇 번에 걸쳐 놀라운 치유의 역사를 베풀어 주셨습니다. 이렇게 저를 치유해 주신 주님께서는 제가 목회하는 길벗교회 안에서 '성경적 내적치유 수련회'를 하게 하셨고 상처 입은 영혼들을 치유해 나가셨습니다.

　또한, 주님께서는 선교사님들을 비롯한 선교지의 상처 입은 영혼들의 치유 필요성을 보여 주시고 그들을 섬기도록 구체적으로 인도해 주셨습니다. 그래서 독일, 대만, 캄보디아, 카자흐스탄, 이탈리아, 알바니아, 러시아, 터키, 인도네시아, 코소보 등에서 여러 번에 걸쳐서 '성경적 내적치유 세미나'를 하게 하셨고 열매들도 많이 보게 하셨습니다. 그리고 국내의 여러 교회와 목회자들을 대상으로 한 '성경적 내적치유 세미나'도 여러 번 개최했습니다.

　이제 그동안의 사역을 기반으로 해서 『상한 마음의 치유와 회복』을 발간하게 됐습니다. 원래는 이 책을 출간할 생각을 하지 못하고 있었는데 주님께서 선하게 인도해 주셔서 그동안 성경적 내적치유 세미나 교재로 사용하던 책을 중심으로 수정, 보완해 출간하게 된 것입니다.

지혜의 왕 솔로몬은 '해 아래는 새것이 없다'라고 고백했는데(전 1:9-10) 이 책도 앞서가신 분들의 통찰력과 경험과 도움을 많이 받았습니다. 물론 저의 신학과 성경적 상담 공부, 신앙, 치유 경험, 실제 사역을 기반으로 해서 이 책이 저술됐지만 관련된 여러 저서로부터도 많은 도움을 받았습니다. 특히 '국제 다림줄 사역 책임자'였던 브루스 탐슨(Bruce Thomson) 박사의 『내 마음이 벽』(Walls of my heart)은 이 책의 뼈대를 이루는 데 큰 도움이 됐습니다.

이 책의 내용 중에서 성격 장애 부분은 웨인 오우츠(Wayne E. Oates) 교수의 『그리스도인의 인격 장애와 치유』(Behind the Masks)의 도움을 많이 받았고, 용서 부분은 미국 풀러신학대학원의 교수였던 루이스 스미디스 박사(Lewis B. Smedes)의 『용서의 미학』(The Art of Forgiving)과 『용서의 기술』(Forgive and Forget)에서 도움을 많이 받았습니다. 그 외에도 여러 저자로부터 다양한 통찰력을 얻었고 많은 도움을 받았습니다. 그 모든 분께 이 자리를 빌려 감사를 드립니다.

이 책의 중요한 목적 가운데 하나는 성경적인 바른 내적치유에 관한 이론과 실제를 구체적으로 정립해 성경에 근거한 내적치유 사역의 필요성을 제시하는 것입니다. 그래서 성경적인 바른 내적치유를 통해 개인뿐만 아니라 가정과 교회 공동체가 건강해져서 하나님 나라를 이 땅에 확장하는 일에 도움이 되기를 원하는 것입니다.

이 책을 읽는 분들이 성령의 조명하심과 역사하심을 사모하면서 이 책을 정독하고, 또 각 과의 마지막 부분에 있는 '묵상과 적용'을 실천해 나간다면 자신의 문제를 발견하고 성령의 치유하심과 새롭게 하심을 경험하는 데 많은 도움이 될 것입니다. 특별히 이 책을 반복해서 읽고 구체적으로 적용해 나간다면 자신의 문제 발견과 성령의 치유하심을 더 깊이 경험하게 될 것입니다. 이 책의 전체 내용을 한눈에 파악하고 이해할 수 있도록 처음 읽으실 때는 각주까지 자세히 보지 마시고 본문의 내용만 읽으시면 좋을 것 같습니다.
　이 책을 출간하는 데 있어서 많은 분이 도움을 주셨습니다. '가족관계연구소' 정동섭 소장님은 이 책을 저술하도록 적극적으로 권유해 주시고 책이 나오기까지 많은 격려와 도움을 주셨습니다. 정동섭 소장님의 권유와 격려와 도움이 없었다면 이 책의 출간은 불가능했을 것입니다. 정동섭 소장님께 진심으로 감사를 드립니다. 그리고 이 책의 초고를 끝까지 다 읽으시고 기꺼이 추천의 글을 써 주신 성결대학교 배본철 교수님과 'GMP 개척선교회'의 이재화 대표님, 귀한 조언을 아끼지 않으신 '한국다림줄연구소' 허 철 소장님에게도 감사의 말씀을 드립니다.
　무엇보다 주님께서 길벗교회에 주신 '민족과 열방을 치유하고 회복하는 소명과 비전'에 몸과 마음과 기도와 물질로써 동역해 주시는 당회와 내적치유관리사역부, 그리고 모든 성도님에게 진심으로 감사를 드립니다. 또 이제까지 함께 성경적 내적치유 사역을 감당했던 양병환, 이정섭 목사님과 한영숙, 정성순, 이승미 전도사님, 또 이 책의 발간을 위해 애쓰신 강민철, 서동훈, 박재협 목사님과 옥요셉, 김옥련 전도사님에게도 감사를 드립니다. 이 모든 분의 기도와 헌신이 없었더라면 성경적 내적치유 사역과 이 책의 발간은 불가능했을 것입니다.

또한, 연약한 저를 곁에서 지켜보면서 늘 안타까운 마음으로 염려하고 기도하며 필요한 조언과 격려를 아끼지 않을 뿐 아니라 성경적 내적치유 사역에 함께 동역하는 아내에게도 진심으로 고마운 마음을 전합니다.

끝으로 '민족과 열방을 치유하고 회복하는 소명과 비전'을 주시고, 필요한 모든 자원을 공급해 주시는 하나님께 모든 영광과 감사와 찬양을 올려 드립니다. 하나님의 은혜가 아니었다면 성경적 내적치유 사역의 선한 결과와 이 책의 출간은 도저히 불가능했을 것입니다. 이 책을 저술하는 모든 시간과 과정은 하나님의 선하신 역사를 매시간 깊이 체험하는 시간이었습니다. 선하시고 신실하신 하나님께 모든 영광을 올려 드립니다. 그리고 이 책을 하나님의 나라와 그분의 영광을 위해 오병이어(五餅二魚)처럼 사용해 주시기를 간절히 원합니다.

목차

추천의 글 | 정 동 섭 박사(가족관계연구소장)
　　　　　　배 본 철 박사(성결대학교 역사신학 교수)
　　　　　　이 재 화 목사(GMP 개척선교회 대표)

저자 서문 　　　　　　　　　　　　　　　　　　　　10
들어가는 말 　　　　　　　　　　　　　　　　　　　17

제1장　성경적 내적치유란 무엇인가? 　　　　　　29

　1. 성경적 내적치유의 정의 　　　　　　　　　　29
　2. 성경적 내적치유의 필요성 　　　　　　　　　33
　3. 원죄로 인해 부패하고 병든 원마음(창 3-4장) 　37
　4. 마음의 상처와 성령의 특별한 치유의 역사 　　44
　5. 성경적 내적치유가 필요함을 나타내는 증상들 　54
　6. 성경적 내적치유의 목표 　　　　　　　　　　68
　7. 성경적 내적치유가 필요한 사람 　　　　　　71
　8. 성경적 내적치유의 결과 　　　　　　　　　　72
　9. 성경적 내적치유의 본질 　　　　　　　　　　74
　10. 성경적 내적치유 주관자와 원동력과 적용 사역 　75

제2장　가정의 역할과 역기능 가정, 학교 　　　　80

　1. 가정의 역할 　　　　　　　　　　　　　　　81
　2. 역기능 가정 　　　　　　　　　　　　　　　86
　3. 학교에서 교사와 친구의 영향력 　　　　　　115

제3장 인생의 초기 단계에서의 사랑의 역할 … 125

1. 유아기(0-1.5세) … 126
2. 초기 아동기(1.5-3세) … 130
3. 학령 전기(4-6세) … 136
4. 학령기(7-12세) … 137
5. 청소년기(13-19세) … 139

제4장 잘못된 믿음 체계와 반응 유형 … 143

1. 수동적인 유형 … 147
2. 공격적인 유형 … 155

제5장 네 가지 유형의 성격들과 성격 장애 … 166

1. 수동적인 유형 … 167
2. 공격적인 유형 … 184

제6장 성경적 내적치유가 이뤄지기 위한 과정 ①, ② … 199
: 마음의 상태 지각과 회개

1. 하나님께서 우리 마음의 상태를 보여 주셔야 한다(Revelation) … 199
2. 회개해야 한다(Repentance) … 208

제7장 성경적 내적치유가 이뤄지기 위한 과정 ③ … 230
: 영적전쟁과 영적치유

1. 영적전쟁과 영적치유의 필요성 … 231
2. 성경적 내적치유와 영적전쟁, 영적치유 … 240

제8장 성경적 내적치유가 이뤄지기 위한 과정 ④　　　281
　　　　: 용서

　1. 용서에 대한 잘못된 개념　　　　　　　　　　　　　285
　2. 용서와 화해　　　　　　　　　　　　　　　　　　300
　3. 관계 속에서 용서의 의미　　　　　　　　　　　　　310
　4. 자기 자신 용서하기　　　　　　　　　　　　　　　327
　5. 용서를 통한 해방　　　　　　　　　　　　　　　　330
　6. 하나님께 대한 원망의 마음, 실망한 마음 등을 풀기　　333
　7. 용서의 단계　　　　　　　　　　　　　　　　　　340
　8. 어떻게 용서할 것인가?　　　　　　　　　　　　　346
　9. 용서를 지속하는 방법　　　　　　　　　　　　　　350

제9장 성경적 내적치유가 이뤄지기 위한 과정 ⑤　　　358
　　　　: 심령을 새롭게 함

　1. 자신의 마음에 상처가 있음을 시인하라(Acknowledging)　359
　2. 하나님의 치유하심을 굳게 믿으면서 간절히 사모하라
　　　(Believing & Desiring)　　　　　　　　　　　　362
　3. 자신의 모든 문제에 있어서 자신에게 책임이 있다는 사실을
　　　인정하면서 죄를 고백하라(Confessing)　　　　　　363
　4. 자신의 문제의 핵심이 무엇이며, 또 어떻게 기도해야 하는지
　　　성령의 도우심을 간청하라(Asking)　　　　　　　365
　5. 경건의 훈련을 하라(Exercising)　　　　　　　　　366
　6. 하나님과 친밀한 관계 속에서 영적으로 성장하고 성숙하라
　　　(Growing)　　　　　　　　　　　　　　　　　371
　7. 상처로 고통당하는 사람들을 돕고 섬기라(Helping)　382

맺는말　　　　　　　　　　　　　　　　　　　　　　388
참고 문헌　　　　　　　　　　　　　　　　　　　　391

들어가는 말

2018년 12월, 건강보험심사평가원의 발표에 따르면 최근 5년간 정신 건강 질환으로 진료를 받은 환자 수가 지속적으로 증가한 것으로 나타났다. 특히 입원보다 외래에서, 병원급 이상 기관보다 의원에서 두드러지게 나타났고, 연령별로는 20대에서 가장 많이 증가했다. 질환별로는 우울증 환자 수가 가장 많았고, 불안 장애, 불면증 환자 수도 큰 폭으로 증가했다.[1]

이 분석 결과는 우리 사회의 정신 건강 상태가 계속 악화되고 있음을 분명히 보여 준다. 우리 사회의 정신 건강에 대한 이런 비관적인 모습은 교회도 예외가 아니다. 이전에 비해 정신적인 문제로 어려움을 당하고 있는 성도들이 크게 증가하고 있다. 특히 신경성 질환, 불면증, 불안 장애, 분노 장애, 우울증 등으로 고통당하는 성도들이 늘어나고 있다.[2]

정신 건강 문제에는 여러 가지 원인이 있지만 대부분 성장 과정에서 겪은 부정적인 경험들이 주요한 이유다. 성장 과정에서 부모나 가까운 사람들의 부정적인 말이나 태도나 행동 속에서 자라 온 사람들의 마음에는 여러 가지 상처와 아픔이 자리잡게 된다. 그리고 그 상처와 아픔으로 인해

---

1   건강보험심사평가원, "정신 건강 질환의 진료 현황 분석 결과," 2018.12.12.
2   김영민, "정신 건강과 내적치유," 「월드뷰」, 2019년 4월호, 74-75.

잘못된 믿음 체계 혹은 사고 체계가 형성되어 시간이 지나면서 여러 가지 문제로 나타나게 된다. 그렇게 겉으로 드러난 문제와 증상들을 보면서 사람들의 마음 깊은 곳에 자리잡은 근본적인 문제를 볼 수 있다.

그러므로 정신 건강 문제를 근원적으로 해결하기 위해서는 겉으로 드러나는 문제와 증상을 제거하고 해결하려고 해서는 안 된다. 그렇게 한다고 치유될 수도 없겠지만 잠시 나아진 듯해도 얼마 있지 않아서 재발할 수밖에 없다.

정신 건강 문제로 고통받는 사람들의 근원적인 치유와 변화를 위해서는 그들의 마음에 있는 근본적인 문제가 다뤄져야 한다. 성경적 내적치유는 정신 건강 문제로 고통받는 사람들을 근원적으로 치유하고 변화시켜서 영적 · 정신적 · 육체적으로 건강한 삶을 살게 하는 데 많은 도움을 준다.

필자가 시무하는 교회의 어느 영적 지도자는 거의 40년 동안 강박증과 불면증으로 인해 극심한 고통을 겪으면서 주변의 가족들까지 힘들게 했다. 그는 잠을 청하기 위해서 밤마다 술을 마셨고, 승진시험 때는 5일 동안 잠을 못 자서 입원해서 주사를 맞기도 했으며, 어느 날에는 잠을 이루지 못하는 괴로움을 견디지 못하고 한밤중에 팬티 바람으로 온 동네를 뛰어다니기도 했다. 그런데 성경적 내적치유 수련회에 참석하여 강의를 듣는 중에 성령께서 그 원인을 깨닫게 해 주셨다. 어린 시절에 그의 어머니는 자주 아버지로부터 구타를 당했고, 견딜 수 없이 고통스러웠을 때는 집을 나가려고 했다.

그가 초등학교 1학년이었던 어느 날, 어머니는 아버지와 심하게 다툰 후 사라졌다. 그의 어머니는 수일이 지나서 어린 자식들을 생각하고 다시 집으로 돌아왔는데, 그 이후로 그는 다툼이 있는 밤이면 으레 집 밖에서 어머니를 지켰다. 특히 어머니가 아버지에게 구타를 당한 날에는 어김없이 어머니의 손과 자기 손을 포개어 헝겊 끈으로 묶어야만 안심하고 잠을 잘 수 있었다. 그런데 성경적 내적치유 수련회에 참석해 강의를 듣는 중에 성령이 그에게 그 사실을 깊이 인식시켜 주셨고, 그 순간 큰 깨달음이 찾아왔다.

"엄마가 떠날까 봐 두려워하며 불안했던 마음이 장성한 지금까지 잠재의식 가운데 남아 있어서 그것이 강박증과 불면증으로 나타났던 것이구나!"

그는 성경적 내적치유 수련회에 참석하여 하나님의 말씀과 성령의 역사를 통해서 자신의 불면증과 강박증의 원인을 발견하게 됐고 치유를 받은 후에 마음이 아주 평안해지고 기쁨과 환희로 충만해졌다. 그 후부터 그는 강박증과 불면증이 사라져 잠을 푹 자게 됐고, 삶에서도 여러 가지 긍정적인 변화가 나타나게 됐다.[3]

이런 실제적인 사례는 성경적 내적치유가 하나님의 놀라운 치유와 변화가 나타나는 은혜의 방편임을 알 수 있다.

이러한 내적치유의 필요에 따라 기독교 안에서는 내적치유 사역이 여러 곳에서 시행되고 있다. 그 가운데는 불건전한 내적치유 사역도 많이 시행되고 있어서 여러 가지 부작용을 일으키고 있다. 특히 심리학의 이론을 그대로 도입하여 시행하는 '인본주의적 내적치유'와, 상처와 아픔으로 고통당하는 사람들의 문제의 수요인을 사탄의 역사로 이해해 귀신을 쫓아내는

---

[3] 김영민, "정신 건강과 내적치유," 76-77.

축사(逐邪) 사역을 위주로 하는 '신비주의적 내적치유'의 부작용이 심각하다. 이런 불건전한 내적치유 사역의 반작용으로 인해 '지나치게 엄격한 개혁신학 혹은 보수 신학'(extreme strict reformed or conservative theology)의 입장을 취하는 사람들은 내적치유를 강력하게 반대하고 있다.

이런 혼돈된 상황 속에서 성경적인 바른 내적치유에 관한 이론과 실제가 정립될 필요성이 대두되고 있다. 그러기 위해서는 먼저 성경과 심리학의 관계에 대한 바른 정립이 필요하다.

성경과 심리학의 관계

성경적 내적치유의 내용 중에는 심리학적인 이론들이 포함돼 있지만 그 이론들의 위험성을 잘 알고 있기에 그대로 받아들이지 않고 성경의 필터로 여과해 사용한다. 심리학은 그 전제가 하나님이 없는 무신론적이고 인본주의적인 이론에 기초하고 있기 때문이다.[4]

---

[4] 심리학과 성경적인 방법을 비교해 보면 ① 전제가 다르다. 심리학은 전제가 무신론과 인본주의지만 성경적인 방법은 유신론과 신본주의다. ② 목적이 다르다. 심리학은 개인의 행복에 목적이 있지만 성경적인 방법은 하나님의 영광에 있다. 사람을 변화시켜 하나님과 바른 관계를 맺도록 해서 하나님의 영광을 위하여 살도록 하는 것이다. ③ 인간에 대한 관점이 다르다. 심리학은 인간을 선하거나 중립적인 존재로 보고 다른 사람이나 환경이 문제라고 생각한다. 성경적인 방법은 인간을 죄인으로 본다. ④ 주장하는 내용이 다르다. 심리학은 죄악 된 자기 사랑과 자기 수용을 말하지만 성경적인 방법은 성경적인 의미에서 자기 용납과 자기 인정을 말한다. 즉 하나님의 형상으로 창조됐고, 예수 그리스도의 생명을 지불하심으로 말미암아 죄악에서 구속받아 그리스도 안에서 하나님의 형상으로 회복된 존재로서의 자기 용납과 자기 인정을 말하는 것이다. ⑤ 변화의 방법이 다르다. 심리학은 심리적이고 인본주의적인 방법을 사용하지만 성경적인 방법은 성경적인 변화의 방법을 사용한다. 즉 하나님의 말씀과 성령의 역사(役事)로 참된

심리학의 위험성에 대해 뉴욕주립대학교의 심리학 교수였던 폴 비츠(Paul Vitz)는 『종교로서의 심리학』(Psychology As Religion)에서 이렇게 경고한다.

> 심리학은 엄격하게 말하면 자아를 숭배하는 세속적 인본주의의 형태로서 하나의 종교가 되어 왔다. … 종교로서의 심리학은 본질적으로 기독교에 적대적이다.[5]

성경과 심리학의 관계에 대한 몇 가지 이론이 있다.[6]

첫째, 분리주의 견해(The Levels-of Explanation Model)다.
신학적인 문제는 목회자에게 가져가고 심리적인 문제는 심리학자에게 가져가야 한다고 주장한다. 성경은 그리스도인의 신앙과 생활을 포함한 영적이고 신학적인 문제를 취급하고 있기에 심리적인 문제는 전문가들에게 맡겨야 한다고 주장한다. 성경과 심리학은 서로 다른 문제들을 다루고 있기에 성경과 심리학 사이에는 넘을 수 없는 벽이 가로놓여져 있는 것으

변화를 체험하도록 하는 것이다.
[5] 에드 벌클리, 『왜 크리스천은 심리학을 신뢰할 수 없는가』(Why Christian Can't Trust Psychology), 차명호 역 (서울: 미션월드, 2006), 195-196에서 인용.
[6] 로렌스 J. 크랩, 『성경적 상담학』(The Effective Biblical Counselling), 정정숙 역 (서울: 총신대학교출판부, 1997), 33-57; 에릭 존슨, 『심리학과 기독교 어떤 관계인가: 심리학과 기독교에 대한 넷 가지 관점』(Psychology & Christianity: Five Views), 김차영 역 (서울: 부흥과개혁사, 2012); 데이빗 폴리슨, 『정신 의학과 기독교: 성경적 상담운동: 역사 그리고 상황』(Competent to Counsel: The History of Conservative Protestant Anti-Psychiatry Movement), 전형준 역 (서울: 대서, 2013); 정동섭, 『어떻게 사람을 변화시킬 수 있는가?』(서울: 요단출판사, 1996), 11-52 참조.

로 보고 성경과 심리학을 분리된 것으로 본다. 이 방법의 문제점은 성경은 심리적인 문제를 포함하여 인간 삶의 전 영역과 관련된 유일한 법칙과 기준이 되는 것을 무시하고 있다는 점이다.

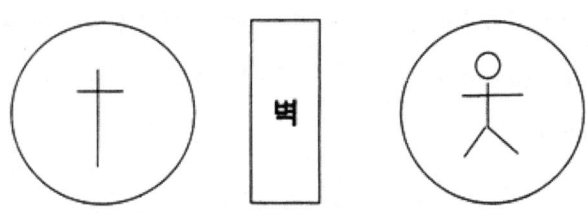

둘째, 극단적 배타주의 견해(Nothing Buttery Model)다.

'지나치게 엄격한 개혁신학이나 보수 신학'의 입장을 취하는 사람들이 주장하는 방법으로 심리학을 무시하고 성경만을 강조하는 영적·신앙적 접근 방법이다. 그들은 인간이 올바르게 살기 위해서 알 필요가 있는 모든 것은 성경 안에 있으며, 성경은 하나님의 죄에 대한 취급과 거룩한 삶을 사는 원칙에 대한 하나님의 계시를 포함하고 있기에 모든 비유기체적인 문제들을 효과적으로 다루기 위해 성경만을 알 필요가 있다고 주장한다.

그들은 심리학은 쓰레기고, 반기독교적이고, 적 그리스도적이기에 우리에게 아무런 도움을 줄 수 없고, 오히려 백해무익한 것이라고 지적하면서 철저히 배격해야 한다고 주장한다.[7]

---

[7] 옥성호, 『심리학에 물든 부족한 기독교』(서울: 부흥과개혁사, 2008); 정태홍, 『내적치유의 허구성』(서울: 등과빛, 2014); 정태홍, 『내적치유와 구상화』(경남: RPTMIN-ISTRIES, 2012); 정태홍, 『내적치유와 내면아이』(경남: RPTMINISTRIES, 2012). 정태홍은 심리학을 가리켜 반기독교적이라고 비판하는 것은 물론이고, 심지어 적그리스도적이라고까지 주장한다. 그는 『내적치유의 허구성』에서 "초대 교회 당시 영지주의

이 방법의 문제점은 세속적인 모든 심리학의 지식을 불필요한 것으로 불신하고 있기에 성경적인 전제를 가지고 심리학의 세속적 개념들을 주의 깊게 분석하고 잘못된 부분들을 여과해 사용하면 도움을 얻을 수 있는 부분이 있음에도 극단적이고 배타적인 모습으로 심리학을 철저히 배격하고 있다는 점이다.

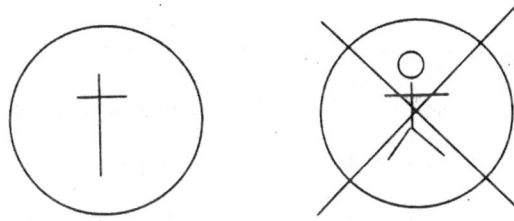

이런 극단적인 주장에 대해 고려신학대학원에서 목회상담학을 가르치

가 적그리스도로서 교회의 위협이 됐듯이 심리학은 이 시대의 적그리스도의 한 형태로서 강력한 위협이 되고 있다"라고 주장하면서 심리학적인 경향을 조금만 띠고 있어도 '혼합주의자들'이라고 비판한다. 그는 '권면적 상담'을 주창한 J. 애덤스(J. E. Adams)의 후계자들인 폴 트립(Paul D. Tripp), 데이빗 폴리슨(David Powlison), 에드워드 웰치(Edward T. Welch) 등이 주장하는 성경적 상담(Biblical Counseling)을 성경과 심리학을 섞은 전형적인 '혼합주의 성경적 상담'의 한 형태라고 비판한다. 심지어 성경적 상담의 선구자로 불리는 J. 애덤스의 권면적 상담도 "심리학 자체는 거부했지만 심리학을 완전히 버리지 않고 임상적 심리학 혹은 상담적 심리학은 반대하지 않았다"라는 이유로 성경적 상담이 아니라고 비판했다. 정태홍, 『내적치유의 허구성』, 6, 9, 12, 15-17, 33-34, 41-42, 308, 312. 따라서 정태홍의 견해에 의하면 현존하는 기독교상담학자들 가운데 진정한 의미의 성경적 상담을 시행하는 학자들은 찾아보기가 거의 불가능하다. 또한 정태홍은 내적치유, 그림치유, 음악치유, 성품 학교, 아버지학교, 어머니학교, 가정 사역 등이 심리학과 뉴에이지 사상에 직접적인 영향을 받고 있다고 주장하면서 반기독교적이며 뉴에이지적인 것으로 강하게 비판하고 있다. 정태홍, 『내적치유와 구상학』, 6-8; 정태홍, 『내적치유와 내면아이』, 44.
옥성호는 심리학이 반기독교적이라고 비판하면서도 "심리학이란 학문을 통해서도 성경에 근거할 때 배울 점들이 분명히 있다는 사실을 윌리엄 제임스와 같은 학자를 통해 확인할 수 있다"라고 하면서 모순된 주장을 하고 있다. 옥성호, 『심리학에 물든 부족한 기독교』, 170, 각주 86.

는 하재성 교수는 다음과 같이 비판한다.

… 심리학이 비록 인간 내면에 대한 성찰에서 출발하기는 했지만, 현대 21세기의 심리학은 비판론자들이 단순하고 편리하게 주장하는 '비과학적'인 단계를 넘었다. 심리학자들의 방법과 연구는 수량화되어 있고, 검증과 반복의 과학적 방법을 반복하며 이론들을 현실에서 검증한다. 인간 이해를 위해 매우 예리하게 분석하고, 그 결과를 현실에서 실용화하고 있다. 더구나 심리학이 '객관적 과학'이 아니기에 일반 은총에 포함될 수 없다고 말하는 것은 과학과 일반 은총 모두에 무지한 언급이다.

… 개혁주의는 복음과 신학, 그리고 삶의 순수를 지향한다. 그러나 개혁주의의 순수는 결코 지상의 언어나 인간의 고통을 벗어난 순수가 아니다. 인간 경험을 벗어난 순수는 헬라 철학의 플라톤적 이원론과 이상주의에 불과하다. 바울이 서신서에 헬라적 지식을 사용한 것, 어거스틴이 신플라톤적 철학으로 신론을 설명한 것, 칼빈이 에라스무스의 인문주의나 법학을 학문적 배경으로 가지고서 신학의 체계를 세운 것을 보면, 개혁주의적 순수는 매우 유기적이고 통합적이면서도 신학적 주체성과 비판력을 잃지 않은 것임을 알 수 있다.

… 심리학은 현대 사회과학의 한 분야로서 무시할 수 없는 중요성과 의미를 가지고 있고, 인간 경험과 내면을 수량화, 혹은 적어도 개연화시키려는 노력을 해 가고 있다. 그리고 심리학은 스스로 자신의 실용성과 가치를 계속 입증해 가야 한다. 다만, 이미 21세기의 문화와 언어가 되어 버린 이 사회과학적 분야를 근본주의적 '순수성'에 호소하여 신학과 교회에서 배척

하는 것은 목회적, 신학적으로 무지한 일이다. 유기적이고 통합적 지식 없이 고립된 '순수함'만을 지향하는 것은 기독교적인 모습이 아니라 오히려 헬라 철학적이고 개인적으로는 집착증(obsession)에 붙들린 연약한 모습이다. 균형 잡힌 목회자들이 자칫 이런 센세이셔널리즘(sensationalism)의 허상에 이끌려 연구와 사역에 그릇된 선입견을 가질까 염려된다. 물론 종래 한국의 기독교 상담학자들이 무비판적으로 심리학적 지식을 기독교 진리와 대등하게 놓으려 했던 것이 있다면 그 미숙함을 반성해야 한다. 하지만 우울증 혹은 자살의 충동을 느끼면서 갈등하는 성도들의 마음이 왜 그런지 가르쳐 주는 지식을 눈감고 배척하는 것은 무책임한 일이다.

오히려 더 적극적으로 배워야 하지 않는가?

혹 충돌되는 가치가 있다면 고민하고 연구하며 비판적으로 수용할 수 있지 않은가?

왜 로마 교회의 연약한 사람들처럼 고기 먹는 사람들을 정죄만 하고 있을 것인가?

뱀처럼 지혜롭고 비둘기처럼 순결한 사역이 21세기에 필요하지 않은가?[8]

셋째, 무비판적 수용주의 견해(Uncritical Acceptance Model)다.

심리학의 원리들을 거의 비판 없이 그대로 수용하는 방법이다. 이 방법의 문제점은 심리학의 세속적 개념들을 성경적인 전제를 가지고 주의깊게 분석하고 잘못된 부분들을 여과해서 사용해야 함에도 거의 비판 없이 그대로 수용하고 있는 점이다. 심리학은 그 전제가 무신론적이고 인본주의

---

[8] 하재성, "부족한 기독교가 아닌 지혜로운 기독교!," 「기독교보」, 2008.03.29.

적이기에 심리학의 원리들을 그대로 받아들여서는 안 된다. 반드시 성경의 전제를 가지고 심리학의 개념들을 주의깊게 분석하고 잘못된 부분들을 여과해서 사용해야 한다.

넷째, 절충주의적 견해(An Integration Model)다.

성경과 심리학을 절충하고 통합하는 방법이다. 통찰과 심리학의 지혜가 담겨 있는 성경 자료들을 심리학에 통합함으로써 세련되고 효과적인 '기독교적 방법'을 찾으려고 한다. 그들은 신학과 심리학의 원리들을 제휴시키려고 노력하고, 두 영역을 통합하여 조화된 원리를 찾으려고 한다.

그들은 심리학은 서술적 학문으로 인간의 문제를 진단하고 설명하고 이해시키는 역할을 한다면, 신학은 처방적인 학문으로 문제의 해결책을 제시하고 생활의 원리를 제시하는 역할을 한다고 본다. 따라서 심리학과 신학은 보완적 관계지 적대 관계가 아니기에 일반 계시에 속하는 심리학을 우리의 문제를 진단하는데 활용할 수 있어야 한다고 주장한다.

이 방법의 치명적인 약점은 성경에서 시작하고, 성경적 전제에 비춰서 심리학의 세속적 개념들을 주의깊게 분석해야 하는데 그렇게 하지 못하고 심리학적 사고에 성경적 개념을 첨가하고자 하는 점이다. 성경이라는 여과기를 통해서 세속적 개념들을 걸러내야 하는데, 오히려 성경보다 심리학을 강조하고 있기 때문에 성경적인 여과가 어렵게 되고, 결국 심리학이 성경 위에 위치하게 되는 모순에 빠지게 된다.

이 방법의 문제점을 미국 보스턴칼리지의 교육심리학 교수였던 윌리엄 커크 킬패트릭(William Kirk Kilpatric)은 이렇게 지적한다.

> 심리학과 기독교는 신앙을 사이에 두고 경쟁하고 있다. 진정한 신앙을 추구한다면 결코 양자를 동시에 취할 수 없는 것이다. … 심리학과 기독교를 화합시키려는 노력이 커질수록 결국 희생을 당하는 것은 기독교일 뿐이다.[9]

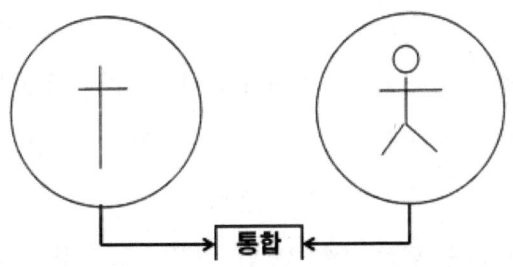

다섯째, 성경적 견해(Biblical Model)다.

성경이 우리 신앙과 삶과 사역의 유일한 법칙과 기준이기에 심리학도 성경의 권위 아래에 둔다. 성경적인 전제를 가지고 심리학의 세속적 개념들을 성경에 비추어서 주의깊게 분석하고 잘못된 부분들을 여과해 사용하는 것이다. 세속적인 심리 이론의 가장 큰 문제와 모순은 하나님과 하나님

---

9 벌클리, 『왜 크리스천은 심리학을 신뢰할 수 없는가』, 194-195에서 인용.

의 창조 원리를 무시하며, 인간을 바라볼 때 전체적인 시각에서 조화롭게 보지 못하고 한 부분(단편)을 보고 그것을 절대시한다는 점이다.

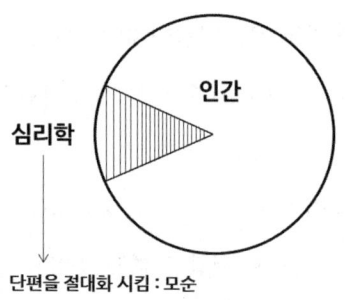

이 사실을 직시하는 성경적 견해는 성경이라는 여과기를 통해 잘못된 심리학의 세속적인 개념들을 걸러내고 재생해서 사용하기에 심리학이 성경의 권위 아래 복종하게 된다. 이 방법은 성경의 원리와 방법을 토대로 한 올바른 신학적 바탕 위에서 심리학을 여과하고 재생해서 사용하기에 무신론적이고 인본주의적인 토대 위에 기초한 심리학의 잘못된 점들을 배격하면서 심리학에서 유익을 얻을 수 있다.

성경적 내적치유는 다섯 번째 모델인 '성경적 모델'을 사용해 심리학의 잘못된 부분들을 성경의 여과기를 통해 걸러내고 유익한 부분들을 재생해서 사용하고자 하는 것이다. 이렇게 성경적 내적치유는 불건전한 내적치유 사역의 잘못된 부분들을 배격하고, 또 다른 극단에 치우친 내적치유에 반대하는 주장의 잘못도 교정하면서 올바른 성경적인 치유가 이뤄지도록 돕는 역할을 한다.

제1장

성경적 내적치유란 무엇인가?

1. 성경적 내적치유의 정의

성경적 내적치유는 크게 넓은 의미와 좁은 의미로 나눠서 살펴볼 수 있다.[1] 넓은 의미의 성경적 내적치유는 성령의 역사(役事)로 인해 그리스도인의 인생 전체 속에서 일어나는 거룩한 성화의 과정을 가리킨다. 하나님과 사랑의 관계 속에서 그분과 인격적인 친밀한 교제를 나눔으로 하나님을 알아갈 때 하나님을 닮아 거룩해지는 성화의 삶이 가능하다.[2] 모든 그리스도

---

1   주서택, 김선화, 『내 마음속에 울고 있는 내가 있어요』 (서울: 숲이나무에게, 2015), 33.
2   칼빈(John Calvin)은 『기독교 강요』에서 하나님을 아는 것과 우리 자신을 아는 것은 결코 분리할 수 없으며, 우리가 하나님을 알 때 자신을 알 수 있다고 말한다. 존 칼빈, 『기독교 강요(상)』(Institutes of the Christian Religion), 김종흡 역 (서울: 생명의말씀사, 1988), 77 82.
    우리가 하나님을 알게 되면 자신이 얼마나 전적으로 부패한 죄인인가를 깊이 인식하게 되기에 회개하고 변화돼 하나님을 닮아 거룩해지는 성화의 삶이 가능하다. 이처럼 성화의 과정에 있어서 하나님을 아는 것은 필수적이다. '하나님을 안다'라고 했을 때 '하나님에 관해서 아는 것'과 구분할 수 있어야 한다. '안다' 라는 헬라어 '기노스코' 와 히브리어 '야다' 는 상대방과의 직접적 관계를 통해서 그 사람의 본질을 속속들이 다 아

인은 구원받은 순간부터 성령의 역사로 인해 성경적 내적치유가 시작됐고, 이 세상을 떠날 때까지 계속적인 성경적 내적치유의 과정에 있는 것이다.

는 것을 의미한다. 『옥스퍼드 원어성경 대전』은 '야다'의 대표적인 용례를 이렇게 설명한다. "부부가 결혼 관계 속에서 서로를 전인격적으로 온전히 알 뿐 아니라 누구와도 배타적인 성적 연합을 이룬다는 의미와(창 4:1, 17; 19:8), 사람들이 처한 삶의 자리인 가장 치열한 전쟁터에서 전쟁이 얼마나 처절한 것인지를 생생하게 깨달아 앎을 나타낼 때(삿 3:1) 사용된 것으로, 이를 통해 하나님의 백성이 하나님을 안다는 것이 어떤 성질의 지식인지를 알 수 있다."『옥스퍼드 원어성경 대전』 075: 호세아 제1-14장(서울: 제자원, 2007), 259.
성경은 하나님을 아는 것을 지식적으로 하나님에 관해서 아는 것으로 말하지 않고 오직 인격체이신 하나님과 사랑의 관계 속에서 영적이고 인격적인 친밀한 교제를 통해 살아 계신 하나님을 아는 것으로 말씀한다. 하나님에 관해서 아는 것은 성경적·교리적·신학적인 지식을 배우고 연구함으로 가능하기에 하나님에 관해서는 많은 것을 알지만 실제로는 하나님을 전혀 모르는 사람들이 있을 수 있다. 그래서 패커(James I. Packer)는 "하나님에 관해서 많은 것을 알면서도 하나님을 모를 수 있다. … 신학에 대한 관심, 하나님에 관한 지식, 기독교 주제에 관해 분명하게 생각하고 잘 말할 수 있는 능력 등은 하나님을 알고 있는 것과는 전혀 같지 않다. 만일 우리가 칼빈이 남긴 저작을 열심히 연구하면 머지않아 칼빈이 알았던 것만큼이나 하나님에 관해서 알 수 있다. 그러면서도 내내 (칼빈과는 달리) 하나님을 전혀 알지 못할 수도 있다"라고 지적한다. 제임스 패커, 『하나님을 아는 지식』(Knowing God), 정옥배 역 (서울: CLC, 1996), 27-28.
하나님에 관해서 아는 것은 신앙의 본질인 하나님을 알기 위한 방편이기에 하나님에 관한 올바른 성경적인 지식과 바른 신학과 바른 교리가 매우 중요하다. 그러나 하나님에 관한 올바른 지식이 없으면 절대로 하나님을 알 수 없지만 하나님에 관한 올바른 지식이 있다고 해서 하나님을 아는 것은 결코 아니다. 이 점을 패커는 이렇게 설명한다. "교리적인 지식이 없이는 영적인 건강도 있을 수 없다. 그러나 교리적인 지식이 있어도 영적인 건강이 전혀 없을 수 있다. … 시편 119편을 살펴보면 시편 기자가 하나님에 관해서 알고 싶어하는 것은 이론적인 관심이 아니라 실제적인 관심인 것을 알게 된다. 그의 최상의 소원은 하나님 자신을 알고 그를 즐거워하는 것이고 이 목적을 달성하기 위한 하나의 방편으로서 하나님에 관한 지식을 그는 보배롭게 여겼다. … 그가 진리와 성경의 교훈과 신학에 관심을 가지게 된 것은 그 자체를 위해서가 아니라 그것이 더 큰 생명과 경건을 위한 수단이었기 때문이었다. 진리를 이해하기를 추구한 그의 궁극적인 관심은 위대하신 하나님을 알고 섬기려는 데 있었다." 제임스 패커, 『하나님을 아는 지식』, 22-23.
그런데 안타까운 것은 하나님에 관해서 아는 것을 마치 하나님을 아는 것으로 생각하면서 하나님과의 친밀한 관계와 교제를 무시하는 사람들이 있다는 점이다. 정태홍, 『내적치유의 허구성』, 116-117을 보라.

좁은 의미의 성경적 내적치유는 인간의 내적인 마음의 문제를 성경적인 관점에서 바라보고 성경적인 방법으로 해결해 나가는 것이다. 인간의 모든 문제의 근원이 마음에 있고, 또 마음에서부터 시작되기에[3](잠 4:23[4]; 23:7; 눅 6:43-45[5]) 마음의 문제를 해결하는 좁은 의미의 성경적 내적치유가 반드시 필요하다.

김남준 목사는 『거룩한 삶의 실천을 위한 마음 지킴』에서 마음의 중요성을 이렇게 설명한다.

> 어마어마하게 큰 배의 진행 방향을 결정하는 것이 배의 작은 키(helm)인 것처럼 인간의 삶을 움직이는 것은 작은 키인 그 사람의 마음이다. 그가 신자이든지 불신자이든지 간에 그 마음을 지배하는 바 생각을 따라 살아가기 마련이다. 성경에서 인간의 마음처럼 중요한 관심사도 흔치 않다. 신자의 전 영혼을 부패와 불결로부터 순결하게 하시는 성령의 은혜로운 작용인 성화는 인간의 마음으로부터 시작된다. 왜냐하면, 이 마음이 영혼과 가장 밀접한 기관이기 때문이다. 일반적으로 영혼의 참된 변화는 마음의

---

[3] 폴 트립, 『치유와 회복의 동반자: 건강한 교회 공동체를 세우는 상담 프로젝트』(*Instruments in the Redeemer's Hands*), 황규명 역 (서울: 디모데, 2007), 91-113; 달라스 윌라드, 『마음의 혁신』(*Renovation of the Heart*), 윤종석 역 (서울: 복있는사람, 2008), 21-31, 48-49; 김남준, 『거룩한 삶을 위한 능력, 교리묵상 마음지킴』 (서울: 생명의말씀사, 2005), 14-15, 162-165.
[4] "모든 지킬 만한 것 중에 더욱 네 마음을 지키라 생명의 근원이 이에서 남이니라"(잠 4:23).
[5] "못된 열매 맺는 좋은 나무가 없고 또 좋은 열매 맺는 못된 나무가 없느니라 나무는 각각 그 열매로 아나니 가시나무에서 무화과를, 또는 찔레에서 포도를 따지 못하느니라 선한 사람은 마음에 쌓은 선에서 선을 내고 악한 자는 그 쌓은 악에서 악을 내나니 이는 마음에 가득한 것을 입으로 말함이니라"(눅 6:43-45).

변화와 함께 시작되고, 영혼 속에 일어난 변화는 마음에 영향을 미친다.[6] … 인간은 영혼과 육체로 이뤄져 있는 존재다. 그리고 마음은 둘 사이에 존재하는 기능으로서 육체로부터 영향을 받기도 하고 영혼으로부터 영향을 받기도 한다. 그리고 인간은 그 마음을 통해 자기의 인격에 영향력을 행사하는 주권을 갖는다. 그래서 한 사람의 존재와 삶은 그 사람의 마음의 열매다. 마음의 방향과 삶의 지속적인 실천이 그의 인격을 형성한다.[7]

'청교도의 황태자'로 불리는 존 오웬(John Owen)도 마음의 중요성을 이렇게 지적한다.

한 사람이 어떤 사람인지 알아보려면 그 사람의 행동보다는 그 사람의 마음속에서 솟아나는 욕구를 살펴보라. 그 사람의 욕구가 그 사람이 어떤 사람인지를 말해 준다.[8]

좁은 의미의 성경적 내적치유는 이렇게 중요한 인간의 마음의 문제를 성경적인 관점에서 바라보고 성경적인 방법으로 해결해 나가는 것으로 전인(全人, whole person)의 치유와 변화를 목적으로 하며 하나님의 말씀과 성령의 능력을 통한 사역이다. 좁은 의미의 성경적 내적치유 역시 하나님을 닮아 거룩해지는 성화의 과정에 있어서 필수적이다. 좁은 의미의 성경적

---

6 김남준, 『거룩한 삶의 실천을 위한 마음 지킴』, 19-22.
7 김남준, 『거룩한 삶의 실천을 위한 마음 지킴』, 292; 김남준, 『거룩한 삶을 위한 능력, 교리묵상 마음지킴』, 164.
8 김남준, 『거룩한 삶의 은밀한 대적 게으름』 (서울: 생명의말씀사, 2003), 71에서 인용.

내적치유를 통해 전인의 치유와 변화가 이뤄질 때 하나님과 사랑의 관계 속에서 그분과 인격적인 친밀한 교제를 나눌 수 있고, 그 결과 하나님을 알아감으로 그분을 닮아 거룩해질 수 있기 때문이다.

성경적 내적치유에서 다루는 내적치유는 좁은 의미의 성경적 내적치유다.

2. 성경적 내적치유의 필요성

왜 인간에게 성경적 내적치유가 필요한지를 살펴보기 위해서는 먼저 범죄해 타락한 인간의 '원(原)마음'을 살펴봐야 한다. 인간의 타락한 마음은 크게 두 가지 면을 살펴볼 수 있다.

첫째, 수동적인 면이다.

사랑과 용납과 인정을 받아야 하는 부분으로 그렇지 못할 때 상처를 받아 마음이 상해 고통을 당하게 된다(시 69:20[9]; 77:3; 잠 15:13; 18:14; 애 3:51). 치유가 필요하고 치유된 후에 마음이 건강해진다. 성경적 상담을 제외한 대부분 상담이론에서는 인간의 마음을 수동적인 것으로 보면서 이 면을 강조한다.

둘째, 능동적인 면이다.

---

[9] "비방이 나의 마음을 상하게 하여(NIV: Scorn has broken my heart) 근심이 충만하니 … "(시 69:20).

우리의 행동을 적극적으로 유발하고 지시하고 형성하고 이끌어 가는 부분이다. 인간의 행동은 마음에서부터 나오기에(잠 4:23; 23:7; 렘 17:9[10]; 눅 6:43-45; 마 15:18-20[11]) 회개해 마음이 새로워지고 변화됨으로 행동도 새로워지고 변화되게 된다. 성경적 상담에서는 이 면을 강조한다.[12]

인간의 타락한 마음을 성경적으로 올바르게 이해하려면 수동적인 면과 능동적인 면을 조화 있게 볼 수 있어야 한다. 수동적인 면에만 초점을 두고 강조하는 것은 잘못이다. 왜냐하면, 자기 책임을 간과하게 하고 상처나 다른 사람들이나 환경 탓으로 돌리기 때문이다. 이런 경우에 상처치유만 강조하고 자신의 죄를 회개하는 것을 무시하게 된다.[13]

---

[10] "만물보다 거짓되고 심히 부패한 것은 마음이라 누가 능히 이를 알리요마는"(렘 17:9).
[11] "입에서 나오는 것들은 마음에서 나오나니 이것이야말로 사람을 더럽게 하느니라 마음에서 나오는 것은 악한 생각과 살인과 간음과 음란과 도둑질과 거짓 증언과 비방이니 이런 것들이 사람을 더럽게 하는 것이요 … "(마 15:18-20).
[12] 황규명, 『성경적 상담의 원리와 방법』(서울: 바이블리더스, 2008), 71-90. "Planting Biblical Counseling in Korea," In Partial Fulfillment of the Requirements for the Degree of Doctor of Ministry(Westminster Theological Seminary, 1997), 34-46; 전요섭, 김준수, 황규명, 안경승, 강경미, 이은규, 추부길, 한재희, 오윤선, 김영근, 심수명, 강병문, 『복음주의 기독교 상담학』(서울: 한국가정상담연구소, 2004), 42-46; 전형준, 『성경적 상담학』(서울: 대서, 2018), 59-63; 김영민, "The Study on an Approach to Vitalize the Lay Biblical Counseling Ministry through a House Church Ministry: A Case Study on the Gilbut Church," In Partial Fulfillment of the Requirements for the Degree of Doctor of Ministry (Westminster Theological Seminary, 2008), 39-42; 존 맥아더, 매스터스대학교 교수진, 『상담론』(Counselling: How to Counsel Biblically)(서울: 부흥과개혁사, 2018), 160-162.
[13] 상처를 입고 마음에 쓴 뿌리가 생긴 데에는 다른 사람들의 잘못도 있고 책임도 있고 환경적인 영향도 있다. 그러나 궁극적인 책임은 자신에게 있는 것이다. 상처를 받았을 때 올바른 반응을 보이지 못하고 원망하고 미워하고 분노하고 도피하면서 잘못된 반응을 보였기에 마음속에 상처가 쌓였고 결국에는 그 상처들로 인해 쓴 뿌리가 생겼기 때문이다. 따라서 과거에 우리가 보인 반응과 행동은 오늘 우리 자신의 모든 문제에 있어서 책임이 있다.

또, 능동적인 면에만 초점을 두고 강조하는 것도 잘못이다. 왜냐하면, 상처의 부정적인 영향과 상처받은 사람의 마음의 상함을 무시하면서 피해자 본인의 책임만 강조하기 때문이다. 이 경우에 상한 마음의 치유가 필요함에도 불구하고[14] 무시하게 되고 자신의 죄를 회개하는 것만 강조하게 된다.

성경적 내적치유는 인간의 타락한 마음의 두 가지 면을 성경적인 시각으로 균형 있게 이해하려고 시도하고 있다. 앞부분에서는 인간의 마음의 수동적인 면을 주로 다루면서 치유의 필요성을 알게 하고, 이어서 인간의 마음의 능동적인 면을 다루면서 자신의 죄를 깨닫고 회개하도록 함으로써 전체적으로 조화 있게 다루게 된다.

이렇게 인간의 타락한 마음의 수동적인 면과 능동적인 면을 균형 있게 다룰 때 하나님의 말씀과 성령의 놀라운 역사로 말미암아 진정한 치유와 회복과 변화의 역사가 일어나게 된다.

어느 청년 자매가 있었다. 그 자매는 불안과 두려움 때문에 폐소공포증과 공황 장애로 인해 심한 고통을 당하고 있었다. 그리고 자주 아파서 병원에 가는 일이 빈번했고, 심지어 입원하기까지 했지만 정밀 검진을 받으면 아무런

---

[14] 요셉의 경우를 예로 들 수 있다. 요셉은 형들의 미움을 받아 애굽에 노예로 팔려 가서 말할 수 없는 고통을 당했지만 하나님의 주권과 섭리를 인정하고 하나님의 선하신 뜻을 믿었기에 형들이나 환경을 탓하면서 범죄하지 않았고 형들을 만나기 전부터 이미 용서하고 있었다(창 45:5-8; 50:5-21). 그렇지만 요셉의 마음 깊은 곳에는 형들의 미움과 심한 거절로 인한 큰 상처와 아픔이 자리잡고 있었고, 그 아픔은 형들에게 자기 신분을 알릴 때 밖으로 터져 나왔다. 요셉의 우는 소리가 애굽 사람들과 바로의 궁정에까지 들렸다고 표현될 정도로 그는 대성통곡(大聲痛哭)했다(창 45:2). 이것은 하나님의 은혜로 요셉의 마음의 상처가 치유될 때 과거 형들의 거절로 인한 마음의 큰 아픔이 자신도 억제할 수 없이 폭발해 밖으로 터져 나왔음을 알 수 있다. 일반적으로 심한 거절로 인해 마음에 자리잡은 아픔이 밖으로 터져 나올 때는 슬픔, 비통, 아픔, 울부짖음, 통곡, 뒹굶, 주절댐 등의 모습이 나타난다.

이상이 없는 것으로 판명됐다. 이런 자매의 모습을 보면서 부모님은 답답해하면서 늘 "심약한 마음을 버리고 마음을 강하게 가지라"라고 요구했지만 자매는 전혀 변화가 없었고 계속 고통을 당했다. 지하철을 탈 수 없었고, 대학 강의실에 앉아 있으면 두려움 때문에 계속 앉아 있을 수가 없었다.

이렇게 힘들어하는 자매가 상담자와 성경적 내적치유 교재와 성경 공부 교재를 가지고 말씀을 공부하며 깊이 나누고 기도하는 가운데 성령의 조명하심으로 자신의 문제의 원인을 발견하게 됐다. 어릴 때 자매의 아버지가 술을 잡숫고 들어오면 주정을 하면서 물건을 부수곤 했는데 그것이 원인이 돼서 날마다 자매의 마음속에는 '혹시 오늘 아버지가 술을 드시고 들어오지는 않을까' 하는 불안한 마음이 들었고, 그러면서 이 자매의 마음 깊은 곳에는 불안과 두려움이 자리잡게 됐던 것이다.

이런 불안과 두려움과 함께 이 자매의 마음 깊은 곳에는 아버지에 대한 원망과 미움과 분노가 자기도 의식하지 못한 상태에서 자리잡게 됐고, 그런 부정적인 감정이 때때로 어머니에게 표출돼서 어머니를 매우 힘들게 하고 고통스럽게 만들었다.

이런 사실을 깨닫게 된 자매는 성령의 만져 주심으로 마음의 깊은 상처와 아픔이 치유됐고(마음의 수동적인 면), 마음속에 깊이 내재돼 있었던 아버지에 대한 원망과 미움과 분노의 죄를 발견하고 하나님께 깊이 회개하게 됐고, 또 어머니를 탓하면서 괴롭혔던 죄도 깊이 회개하면서 어머니에게 찾아가서 무릎을 꿇고 용서를 빌었다(마음의 능동적인 면). 그래서 지금은 건강한 삶을 살고 있다.

3. 원죄로 인해 부패하고 병든 원마음(창 3-4장)

인간의 모든 문제는 첫 사람 아담이 범죄함으로 인해 죄와 함께 시작됐다. 원래 하나님의 형상으로 창조된 정결하고 선하고 건강한 인간의 마음도 결국 죄로 인해 부패하고 악하고 병들고 왜곡되기 시작했다. 죄는 병균처럼 마음에 들어와서 정결하고 건강한 마음을 부패시키고 병들게 하고 파괴했다. 그래서 인간의 마음은 타락한 후 점점 더 절망적이리만큼 부패하고 사악해졌다(렘 17:9-10). 결국, 인간은 태어날 때부터 절망적인 존재로 태어나게 됐다.[15] 성경에 나타난 인간 마음의 부패와 병적인 과정을 다음과 같이 설명할 수 있다.[16]

1) 열등감과 죄의식, 그 결과인 수치와 가림(창 3:7[17])

인류의 조상 아담과 하와가 범죄한 순간, 그 결과로 나타났던 첫 번째 반응은 눈이 밝아져서 벗은 모습을 보게 된 것이다. 그래서 자신들의 몸을 가렸다. 이것은 외적인 현상이고 내적으로는 자신의 벗은 모습, 곧 범죄의 결과로 부패해진 자신들의 죄악 되고 열등하고 수치스러운 모습을 보게 됐던 것이다. 이처럼 수치심은 인간이 범죄를 저지른 후 가장 처음으로 느

---

[15] 김남준, 『거룩한 삶의 실천을 위한 마음 지킴』, 31-32. 김남준 목사는 인간의 세 가지 마음을 타락 전 인간의 마음, 타락 후 인간의 마음, 그리고 중생 후 인간의 마음으로 설명한다. 김남준, 『거룩한 삶의 실천을 위한 마음 지킴』, 25-38.
[16] 이성훈, 『상한 마음을 찾으시는 하나님』(서울: 두란노, 2001), 24-28 참조; 김준수, 『마음의 치유』(서울: 디모데, 2006), 28-32 참조.
[17] "이에 그들의 눈이 밝아져 자기들이 벗은 줄을 알고 무화과나무 잎을 엮어 치마로 삼았더라"(창 3:7).

낀 감정이었다.[18] 인간은 하나님이 처음 그분의 형상으로 창조하셨을 때는 하나님을 닮은 영화롭고 존귀한 존재였는데(시 8:4-5), 죄로 말미암아 수치스러운 존재로 전락하고 말았고, 자신들 속에 있는 죄를 보게 됨으로 하나님의 낯을 피해 동산 나무 사이에 숨게 됐다.

이처럼 죄는 수치스러운 자신의 모습을 보게 하고 부끄러워 자신의 마음도 가리게 한다.

마음에 죄의식이 있는 사람들은 변명과 투사(投射, Projection)라는 방법을 사용해 자기의 죄의식을 경감시키고 감추려고 한다. 아담은 하나님으로부터 자기의 죄를 추궁받았을 때 변명하면서 범죄의 원인을 하나님과 하와에게 전가했다.

> … 내가 네게 먹지 말라 명한 그 나무 열매를 네가 먹었느냐 아담이 이르되 하나님이 주셔서 나와 함께 있게 하신 여자 그가 그 나무 열매를 내게 주므로 내가 먹었나이다(창 3:11-12).

하와 역시 변명하면서 범죄의 원인과 책임을 뱀에게 전가했다.

---

[18] 변상규, 『자아상의 치유』(서울: NUN, 2013), 163.
범죄로 인한 수치심은 우리가 저지른 죄악 되고 잘못된 행동의 결과 때문에 찾아온 것이기에 부정적인 것이 아니다. 이런 수치심은 우리에게 죄에 대해서 점점 실제적이 되게 만드는 유익하고 꼭 필요한 역할을 하기 때문이다. 그것은 우리를 비통하게 만들고 부끄럽게 만들고 고통스럽게 만들지만 그 수치심에 올바르게 반응할 때 궁극적으로는 우리 자신에게 유익한 것이다. 왜냐하면, 우리는 죄로 인한 수치심 때문에 하나님 앞에 나아가 회개하고 용서를 받게 되고, 결국 수치심에서 벗어나서 그리스도 안에서 참된 자유함을 누릴 수 있기 때문이다. 존 엔서, 『하나님의 용서를 경험하는 삶』(*Experiencing God's Forgiveness*), 전상수 역 (서울: 쉴만한물가, 2007), 67-68 참조.

여호와 하나님이 여자에게 이르시되 네가 어찌하여 이렇게 하였느냐 여자가 이르되 뱀이 나를 꾀므로 내가 먹었나이다(창 3:13).

이것을 볼 때 우리는 범죄해 타락한 인간의 두 가지 본질을 알 수 있다. 그것은 근원적인 열등감과 죄의식(죄책감)[19]이며, 이에 대한 반응은 수치와 가림이다. 우리는 외부적 환경이나 신체 조건, 가정 형편, 자신의 학벌과 능력 등의 외적인 조건들에 의해 자신이 열등감을 느낀다고 생각하고, 또 자신이 도덕적으로 잘못해 죄의식을 느낀다고 생각하지만 인간은 태어날 때부터 누구나 원죄로 인한 근원적인 열등감과 죄의식을 가지고 있다. 그리고 이에 대한 수치심과 이것을 가리기 위해 자신을 감추고 포장하는 것이 범죄한 인간의 보편적인 모습임을 알 수 있다.

2) 버림받은 마음인 거절감과 그 결과인 아픔과 불신(창 3:14-24)

인간의 죄로 말미암아 에덴동산에서 쫓겨난 아담과 하와는 엄청난 내적 충격을 받게 됐다. 하나님과의 친밀한 사랑의 관계 속에서 모든 내적·외적인 풍요로움을 누리고 살았던 인간이 마침내 그 완전한 사랑과 보호 가

---

[19] 우리가 죄의식(죄책감)을 느끼는 원인에 대해서는 여러 주장이 있다. 지나치게 엄한 부모의 양육 방법, 종교적인 분위기, 몸과 나이만큼 성숙하지 못한 우리의 '내적 아이,' 의식을 형성하는 내용 사이에 일어나는 상호 작용 중에서의 불균형적인 특정 요소, 망가진 자존심, 지나친 완벽주의, 상처로 인한 아픔, 빙싱 등이다. 물론 이런 주장들은 우리의 죄의식의 출처나 유래를 이해하는 데 도움이 될 수 있지만, 그것이 죄의식의 근본적인 원인은 아니다. 죄책감을 느끼는 근본 원인은 우리에게 원죄가 있고, 또 우리가 악을 행하는 죄인이기 때문에 죄책감을 느끼는 것이다. 엔서,『하나님의 용서를 경험하는 삶』, 49-60, 75.

운데 있던 에덴동산에서 쫓겨났던 것이다(창 3:23-24). 이것은 인간 타락의 결과로써 인간의 전적인 책임으로 인한 것이다. 그렇지만 이 사건을 경험한 아담과 하와의 마음을 짐작함으로써 인간의 근원적인 마음의 원리를 깊이 이해할 수 있다.

아담과 하와가 에덴동산에서 쫓겨난 것은 범죄의 결과로써 그들에게 모든 책임이 있다. 의롭고 거룩하신 하나님께서 그렇게 하신 것은 완전히 정당하고 공의로운 일이었다. 그럼에도 아담과 하와는 자기들의 범죄 결과로 엄청난 상처와 충격을 받았다. 이제까지 모든 것을 하나님의 사랑과 은혜로 채움과 보호를 받던 그들은 마치 부모로부터 버림받은 갓난아이와 같았을 것이고, 그때 그들이 받았던 내적 충격은 아주 컸을 것이다. 버림받고 거절당해 본 경험이 있는 사람은 그것이 얼마나 큰 아픔이었는지 알 수 있을 것이다.

거절당한 인간의 마음에 남기는 상처는 아픔과 불신이다. 거절당함으로 인해 받고 싶은 사랑을 받지 못할 때 우리의 마음은 심한 아픔을 겪게 된다. 그리고 혼자됨으로 인한 불안과 두려움이 있다. 또 무서운 세상에 대한 두려움으로 인해 이러한 감정은 더욱 심화된다. 그 속에서 인간은 소외감과 고독감을 느끼고 자신의 무가치함과 무력감, 열등감에 빠지게 되며, 원망과 분노의 감정도 갖게 된다.

이런 상처 중에서 가장 무섭고 심각한 것은 '불신'이다. 믿었던 사람으로부터 거절당할 때 우리는 사람을 믿지 못하게 된다. 믿고 싶어도 다시 거절당하는 것이 두려워서 누구에게도 다가가지 못하게 되는 것이다. 하나님이 인간을 구원하실 때도 가장 방해가 되는 것이 바로 이 근원적인 불신이다.

따라서 하나님이 믿음(신뢰)을 통해서 우리를 구원하시려고 하는 것도 이런 본질적인 치유의 뜻이 있을 것이다.

인간은 태어나기 이전부터 원죄의 결과 때문에 이런 버림받은(거절당한) 마음의 상처가 누구에게나 있다. 그래서 인간에게 가장 힘들고 고통스러운 사건이 있다면 그것은 버림받을 때의 일인 것이다. 그래서 인간은 누구나 예외 없이 버림받고 거절당할 것에 대한 두려움 속에서 살고 있다. 태어난 지 몇 달 되지 않은 갓난아이도 버림받고 거절당할 것에 대한 두려움 때문에 엄마에게서 떨어지지 않으려고 하고 집요하게 매달린다. 인간은 다른 사람들을 의식하며 살고, 또 다른 사람들이 자신을 싫어하거나 비난할까 봐 긴장하고 염려하며 산다.

또한, 이별과 거절당할 것을 두려워하면서 힘들게 사는 사람들도 많이 있다. 이렇게 거절당할 것에 대한 인간의 두려움과 극히 예민한 모습은 원죄로 인해 인간의 마음에 근원적인 아픔이 깊이 자리잡고 있기 때문이다.

3) 사랑으로 굶주린 마음(창 4:1-5)

범죄로 인해 인간은 이제까지 자신의 마음을 가득 채워 줬던 하나님의 사랑을 더 이상 소유할 수 없게 됐고 누릴 수 없게 됐다. 범죄함으로 자신의 마음 안에 있던 하나님의 사랑이 떠나가게 됐고, 결국 인간은 참된 사랑에 굶주린 마음을 갖게 됐다. 그 후 인간은 하나님의 사랑과 인간의 사랑을 얻어서 자신의 굶주린 사랑을 채워 보려고 애쓰게 됐다. 가인이 동생 아벨을 죽인 것은 아벨은 하나님의 사랑과 인정을 얻었지만, 자신은 얻지 못했기에 아벨을 시기하고 미워해서 그렇게 한 것이다. 사랑과 인정을 얻지 못했을 때 동생까지 죽이는 것을 보면 사랑에 대한 타락한 인간의 굶주림이 얼마나 크고 깊은지를 알 수 있다.

인간이 힘써 노력하고 경쟁하면서 무언가를 성취하려고 하는 것, 열심히 공부해서 좋은 대학에 들어가고 좋은 직장에 취직해서 많은 돈을 벌고 높은 지위를 얻으려고 하는 것, 여자들이 그토록 아름다워지려고 하고 심지어 남자들도 멋있게 보이려고 하는 것, 그 모든 것은 결국 다른 사람들의 인정과 사랑을 받기 위해, 혹은 자기 스스로 인정과 사랑을 받기 위해서다. 이렇게 타락한 인간의 마음 깊은 곳에는 근원적으로 참된 사랑에 대한 갈증과 굶주림이 자리잡고 있다.

사랑이 없는 공동체일수록 더욱 이기적이고 경쟁적이 되는 이유도 바로 이 근원적인 참된 사랑에 대한 갈증과 굶주린 마음 때문이다.

4) 분노의 마음(창 4:5-15)

분노의 가장 근원적이고 흔한 이유는 사랑의 좌절에서 비롯된 것이다. 가인은 자기의 잘못과 범죄의 결과로써 하나님의 사랑을 왜곡되게 이해했고, 그래서 깊은 거절감을 느끼면서 심히 분노했다. 가인의 이런 모습과 태도는 분명히 죄악 된 것이지만 가인의 모습을 통해서 타락한 인간의 마음 깊은 곳에 얼마나 사랑과 관심을 받고 싶어하는 강렬한 갈망이 자리잡고 있는가를 분명히 볼 수 있다.

사랑과 관심을 받고 싶은 사람에게 거절당해 상처를 받고 깊이 실망했을 때 미움과 분노가 생긴다. 특별히 가까운 관계에 있는 부모나 배우자로부터 사랑받지 못하고 거절당할 때 미워하면서 분노를 품게 된다.

이상의 네 가지 마음은 인간의 원죄로 인해 생긴 부패하고 병들고 깨어진 원마음이다. 인간에게 원죄가 있어 유전되듯이 원죄로 인한 원마음도 인간 대대로 유전되고 있다.

인간의 원죄와 그 결과인 부패하고 병들고 깨어진 원마음 때문에 인간은 쉽게 다른 사람들에게 상처를 주고, 또 상처를 받게 된다. 영적·정신적·정서적·육체적으로 아주 미숙한 어린 시기에 상처를 많이 받게 되고 심하게 받게 되면 부패하고 병들고 깨어진 원마음에 더 깊은 상처를 주기에 그것으로 인해 생기는 결과는 치명적일 수밖에 없다. 평생 문제와 갈등과 아픔 가운데 사는 사람들은 어릴 때 깊은 상처를 받았거나 많은 상처를 받은 사람들이다.

원래 하나님께서 창조하셨을 때 인간의 마음은 완전히 건강하고 깨끗했으며 온전했다. 그런데 인간이 범죄함으로 그 마음이 부패하고 병들고 깨졌다. 그리고 부패하고 병들고 깨어진 마음이 서로를 찌르면서 상처를 주고 아픔을 준다. 결국, 인간은 죄로 인해 서로에게 고통을 주고 고통을 받는 관계가 되고 말았다.

이렇게 받은 마음의 고통과 상처가 해결되지 않은 채 내면 깊은 곳에 잠재돼 있으면 하나님의 진리와 은혜의 빛이 그 내면 깊은 곳까지 이르지 못하기에 우리가 진리와 은혜 안에서 깊은 성숙을 이루는데 큰 장애가 된다. 그러므로 마음이 새로워져서 우리가 내면 깊은 곳까지 하나님의 은혜를 경험해 실제 삶에서 새로운 피조물답게 변화된 모습으로 살기를 원한다면 상한 마음의 치유, 즉 성경적 내적치유가 반드시 필요하다.

4. 마음의 상처와 성령의 특별한 치유의 역사

1) 나무의 나이테 모양

큰 나무를 베어 보면 나무의 나이와 성장 과정을 보여 주는 수많은 나이테가 드러난다. 그 나이테들은 나무가 이제까지 자라 왔던 기나긴 역사와 세월을 그대로 보여 주고 있다. 그 나이테의 모양은 비정상적인 조건인 아주 많이 가물었을 때나 비가 너무 왔을 때, 병충해가 극성을 부리고 질병이 유행했을 때, 나무가 번개에 맞았을 때에 따라 각각 그 모양이 다르게 나타난다. 그것은 나무가 큰 상처를 받은 자국으로 나무가 정상적인 조건에서 자랐을 때의 나이테의 모양과 많이 다르다.

어느 날 한 방문객이 어떤 나무에 아주 특이한 형태의 나이테가 있어서 그 까닭을 식물학자에게 물었다. 그러자 그 식물학자는 그 이유를 이렇게 대답했다.

"이 이상한 모양의 나이테는 예전에 숲속에 큰불이 났을 때 나무가 타서 거의 죽다시피 했던 당시에 생긴 것입니다."

나무를 평생 다룬 장인(匠人)들은 나이테를 보고 나무가 어떻게 자랐는지, 어떤 고통을 겪었는지, 어떤 기후에 적응하려고 몸부림쳤는지 판독한다. 나이테가 고르지 못하고 심하게 뒤틀린 것은 생존을 위협한 치명적인 고난이 있었음을 증명한다. 벼락을 맞은 증거도, 산불이 나서 탄 증거도, 가뭄 때 몸부림친 증거도, 공해가 위협한 증거도 나이테에 담겨 있다. 물론 평온하고 행복했던 시절도 나이테는 증명한다. 나무가 일생을 살면서 겪었던 경험들이 나무의 심층부인 나이테에 깊이 박혔고, 나무의 성장 과정이 나이테에 새겨져서 그대로 남아 있는 것이다. 그러기에 나이테는 나무의 성장 과정을 정직하게 보여 주는 너무나 진실한 '자서전'이다.[20]

아래의 그림은 나무의 나이테에 대한 산림청의 설명이다.[21]

2) 마음 깊은 곳에 숨겨져 있는 인생의 나이테

말 못 하는 미물인 나무조차도 일생을 살아오면서 겪었던 경험들을 자신의 심층부인 나이테에 깊이 새기고 산다면 하물며 하나님의 형상으로 심히 기묘하게 창조된(시 139.14) 우리 인간이 일생을 살면서 겪는 상처와

---

20 데이빗 A. 씨맨즈, 『상한 감정의 치유』(*Healing for Damaged Emotions*), 송헌복 역 (서울: 두란노, 2011), 18.
21 산림청 선간판(강원도 평창군 오대산 국립공원 內 방아다리 약수터길 소재).

아픔과 생각과 기억들도 마음 깊은 곳에 숨겨져 있지 않겠는가?

가면을 쓴 것처럼 잘 감춰지고 숨겨진 우리의 외면의 모습 이면에는 상처로 얼룩진 내면의 정직한 인생의 나이테가 숨겨져 있다.

우리는 인생을 살면서 많은 상처와 아픔을 겪는다. 이런 상처와 아픔은 시간이 지나감에 따라 우리의 생각과 의식 속에서 사라지거나 혹은 사라지지 않을지라도 우리에게 부정적인 영향을 미치지 않는 것처럼 보인다. 그러나 실제로는 마음에 과거의 흔적으로 남아서 오늘날 우리의 삶에 다양한 부정적인 영향력을 행사하고 있기에[22] 반드시 해결이 필요하다.

이 사실에 대해 미국 '트리니티복음주의신학대학원'의 교수였던 찰스 셸은 이렇게 말한다.

> 그리스도인들은 과거의 지나간 기억들에 매달려 있을 필요가 없는 새로운 피조물이다. 바로 그러하기에 우리는 진정한 과거의 해결이 필요한 것이다. 과거의 고통스러운 기억들에 대한 아무 처리가 없는 망각은 결코 우리를 과거로부터 자유롭게 해 주지 않는다. 내적치유는 우리를 과거 속으로 돌아가게 만드는 것이 아니라, 과거로부터 건강하게 독립시켜 온전히 그리스도와 연합되도록 만들기 위해 반드시 필요한 작업이다. 그리고 잠재의식은 지나온 모든 과거가 들어 있는 창고다. 이 창고는 계속 문을 닫아 걸고 안 본다고 해서 결코 아무 영향을 주지 않는, 다시 말해 나와 별개의 것이 되지 않는다.[23]

---

[22] 김준수, 『마음의 치유: 참된 나를 찾아 떠나는 내면의 여행』(서울: 디모데, 2006), 208.
[23] 주서택 외, 『내 마음속에 울고 있는 내가 있어요』, 38에서 인용.

아세아연합신학대학교에서 기독교상담학을 가르치는 김준수 교수 역시 같은 지적을 한다.

> 인간은 과거에 의해서 결정되는 존재는 결코 아니다. 하나님의 형상으로 지음을 받은 인간은 과거의 상처나 나쁜 경험을 승화시키고 창조적인 미래를 만들어내는 능동적인 존재다. 그렇다고 우리의 현재가 과거와 단절된 것은 아니다. 오늘 우리의 현재에는 과거의 흔적이 남아 있다. 그 흔적은 오늘날 나의 일상에 다양한 영향력을 행사하고 있다. 나라는 존재는 하루아침에 만들어지지 않았다. 하나님이 태어날 때부터 부여하신 독특한 기질 위에 지금까지 살아오면서 배우고 느끼고 경험한 모든 환경이 모여서 나라는 독특한 존재가 만들어졌다. 과거의 좋은 경험보다는 나쁜 경험이 더욱 잊히지 않으며 쓴 뿌리가 돼서 마음에 남는다. 과거에 거부당하고 무시당한 경험은 자존감이나 인간관계에 부정적인 영향을 미친다.[24]

이렇게 우리 마음에 쓴 뿌리로 남아 있는 과거의 흔적은 우리가 경험한 사건의 사실만을 기억하지 않고 그 사건을 경험했을 때 우리에게 있었던 감정도 함께 기억시킨다.

따라서 과거에 우리 마음속에 깊은 상처를 줬던 어떤 일이 있었을 때 우리의 마음에는 그 일과 함께 고통스럽고 아픈 감정도 함께 기억돼 있다. 비록 의식 속에서는 그 일과 그때 일어났던 감정을 기억하지 못한다 하더라도 마음속에는 깊이 보관돼 있는 것이다.

---

[24] 김준수, 『마음의 치유』, 208.

그것은 잡초 뿌리와 같아서 오랜 시간이 지나도 없어지지 않고 우리의 삶에 악영향을 미친다.

이 '쓴 뿌리'를 제거하지 않으면 겉으로는 변화되는 것처럼 보여도 진정한 변화가 이뤄지는 것이 아니다.

필자가 목회하는 교회의 어느 여집사님 이야기다. 집사님은 이제까지 믿지 않는 남편과 함께 살면서 여러 가지 갈등을 겪었다. 그때마다 집사님은 무관심하게 반응하는 남편 때문에 참 많이 힘들어했다. 남편의 그런 모습이 자신을 힘들게 만드는 원인이었다고 생각했고, 부부 관계 속에서 겪는 갈등의 원인이었다고 생각했다. 그래서 남편을 탓하면서 자신의 아픈 마음을 심한 말과 분노로써 표출했다.

그런데 '성경적 내적치유 수련회'에 참석해 자신 안에 있는 상처와 쓴 뿌리를 보면서 무관심하게 반응하는 남편이 아니라 자신이 문제인 것을 발견하게 됐다. 자신 안에 자기도 모르게 자리잡고 있는 상처와 쓴 뿌리로 인해 남편을 마음고생시키고 힘들게 했음을 알게 됐다. 그래서 자신의 잘못을 인정하고 눈물로 통곡했다. 주님께서는 성경적 내적치유 수련회에 참석한 집사님에게 다음과 같은 사실을 깊이 깨닫게 해 주셨다.

집사님이 초등학교 5학년이었을 때였다. 집사님은 TV에 나오는 광고를 보다가 그 일 때문에 동생들 앞에서 아버지로부터 꾸중을 들은 일이 있었다. 그 일이 집사님에게 심한 상처가 돼 쓴 뿌리로 마음 깊이 자리잡고 있음을 발견하게 됐다. 아버지로부터 꾸중을 듣기 전까지 집사님은 아버지로부터 많은 사랑을 받으면서 자랐고, 자신의 가정이 다복한 가정이었기에 아버지를 참 존경하면서 살았다. 그런데 그 사건 이후부터는 집사님에게 아버지가 두려움의 대상이 됐다. 또 행동하기 전에 말 한마디라도 실수하지 않으려고 노심초사(勞心焦思)하며 애쓰게 됐다.

아버지께 받은 그 상처로 말미암아 남들에게 완벽하리만치 좋은 모습을 보여 주면서 인정받으려는 모습이 형성된 것이다.

그런 마음은 남편과 함께 살면서도 그대로 나타났다. 그런데 남편은 그런 자신의 마음을 너무도 몰라줬다. "내가 이렇게 괴롭다!"라고 남편에게 얘기해도 남편은 그 부분에 대해서 전혀 반응이 없었다. 집사님은 그렇게 자신을 거절하는 남편을 용납할 수 없었고, 그런 남편이 얼마나 미웠는지 모른다. 그래서 때로는 심한 말로, 때로는 참지 못할 분노로 자신의 아픈 마음을 남편에게 터뜨렸다. 좋을 때는 남편에게 감사하면서도 그렇지 못할 때는 남편의 성격에서 아버지의 성격과 인생이 오버 랩(overlap)돼서 많은 부분에서 견딜 수 없이 힘들었다.

그런데 '성경적 내적치유 수련회'를 통해서 그렇게 반응했던 자신의 문제의 근원을 발견하게 됐다. 아버지로부터 인정받으려고 안간힘을 쓰며 살았던 모습이 결혼하고 남편과의 관계 속에서도 똑같은 문제로 나타났던 것을 알게 됐다. 어릴 때 사랑하는 아버지로부터 받았던 거절감의 상처, 그 상처 때문에 생긴 거절받을 것에 대한 두려움, 그리고 거절받았을 때 느끼는 깊은 외로움이 자신의 마음 깊은 곳에 자리잡고 있는 쓴 뿌리였음을 하나님의 은혜로 알게 된 것이다.

'성경적 내적치유 수련회'를 통해서 하나님께서는 그것들을 보여 주시고 치유해 주셔서 집사님을 쓴 뿌리로부터 자유롭게 해 주셨고, 그 후부터 남편과 좋은 관계를 가지면서 잘 살고 있다.

원래 쓴 뿌리인 '독초와 쑥의 뿌리'는 구약 시대에 이스라엘 백성들 가운데 숨어 있으면서 하나님의 백성들을 비밀히 유인해 우상을 섬기게 하고 다른 교훈을 따르게 했던 강퍅한 악인들을 가리켰다(신 29:18). 히브리서 12:15에 나오는 '쓴 뿌리'(bitter root)는 오늘날 교회 안에 있는 가라지인 거짓 신자들을 가리킨다고 할 수 있다. 성경은 그들의 악한 영향으로 인해 성도들이 잘못된 교훈에 빠지고 죄악에 물들며, 그래서 공동체가 파괴될 수 있기에 쓴 뿌리를 엄히 경계하고 있다.

'독초'와 '쑥의 뿌리'와 같은 이런 악한 쓴 뿌리는 교회 안에만 있는 것이 아니다. 우리 마음속에도 이런 죄악 된 쓴 뿌리가 깊이 뿌리박혀 있을 수 있다. 마음속에 깊이 뿌리박혀 있는 죄악 된 쓴 뿌리는 우리가 과거에 입었던 상처들이 마음속에 쌓여 있다가 계속 되살아나면서 형성된 미움, 분노, 악한 마음, 쓰디쓴 감정 등을 가리킨다. 우리 마음속에 깊이 뿌리박혀 있는 쓴 뿌리는 독초처럼 주위의 모든 사람에게 악한 영향을 미친다. 특별히 가장 가까운 관계에 있는 가족들에게 가장 악한 영향을 미쳐서 그들을 괴롭히고 파괴하는 끔찍한 결과를 가져온다.

성경적 내적치유란 하나님의 말씀과 성령의 특별한 역사로 잡초 뿌리와 같은 우리의 내적인 마음의 문제를 보게 하고, 치유케 하고 회개케 함으로써 진정한 변화가 이뤄지도록 하는 것이다.

3) 성령의 특별한 역사(役事)로 인한 성경적 내적치유

우리 마음속에 깊이 뿌리박혀 있는 상처와 아픔은 우리의 생각과 감정과 행동뿐만 아니라 대인관계와 심지어 하나님과의 관계에도 직접 잘못된 영향을 깊이 미치고 있다.[25] 그 상처와 아픔이 치유되지 않고 쓴 뿌리로 마음속 깊이 자리잡고 있으면 나중에 여러 가지 부정적인 모습으로 그 증세가 나타나게 된다. 즉, 병적 증세나 이상한 행동으로 나타나기도 하고 매우 불행한 결혼 생활을 경험하기도 한다. 그리고 많은 경우 자녀들의 마음속에도 깊은 상처를 주기에 그 상처가 대를 이어서 내려오게 된다.

우리 마음속에 깊이 뿌리박혀 있는 상처와 아픔은 우리가 예수 그리스도를 만나 거듭나거나, 또 은혜받고 성령 충만할 때 치유되기도 하지만 특별한 경우를 제외하고는 근본적으로 치유되는 것은 아니다. 열심히 성경 읽고, 열심히 기도하고, 강한 믿음을 가지고, 영적으로 충만하면 저절로 해결되는 것이 아니다. 마음속에 깊이 뿌리박혀 있는 상처가 치유되고 쓴 뿌리가 뽑히기 위해서는 성령의 특별하신 치유의 역사가 있어야 한다.

알코올 중독자 아버지 밑에서 자란 '성인아이'(adult child)였던 찰스 셀은 이렇게 지적한다.

나는 크리스천들이 공통적으로, 거듭나면 유년기의 결함으로 인한 괴로움을 받지 않는다고 믿는 것을 발견하게 됐다. '하늘에 계신 우리 아버지는, 지상 아버지의 폭행이나 부재를 메울 것이다. 우리는 좋은 남편과 아버지

---

25 씨맨즈, 『상한 감정의 치유』, 19.

와 능력 있는 사람이 될 수 있다. 우리가 해야 할 일은 믿음과 순종뿐이다'
라는 사고다. 나는 내가 예수님을 만났던 그날 예수님은 나를 변화시키지
도, 완전하게 하지도 않으셨음을 곧 깨닫게 됐다.[26]

　이러한 문제를 이해할 때 자신을 학대하지 않고 성령께서 특별한 방법
으로 우리 마음의 상처를 치유하시고, 쓴 뿌리를 뽑으시며, 우리를 변화시
키시도록 자신을 성령께 맡길 수 있다. 또한, 다른 사람들의 잘못된 행동
을 볼 때도 비난하거나 정죄하지 않게 된다.[27] 오히려 불쌍히 여기면서 그
들의 상처가 치유되고 쓴 뿌리가 뽑히며 그들이 변화되도록 기도하면서
구체적으로 도움을 줄 수 있다.
　몇 년 전에 어느 교회에서 간이 성경적 내적치유 세미나를 한 적이 있었
다. 하루 두 시간씩 4일간 전체 8시간을 진행했기에 세미나 내용 중에서
핵심적인 부분만 다룰 수밖에 없었다.
　세미나가 끝난 후, 몇 개월이 지나 그 교회 담임목사님을 만났는데, 세
미나 이후에 교회 전체 분위기가 많이 달라졌다는 이야기를 하셨다. 이
전과는 달리 성도들이 서로 이해하고 용납하는 모습으로 많이 변화됐기
에 교회 전체 분위기가 달라졌다는 것이다. 그것은 성도들이 관계를 힘들
게 만들고 교회 분위기에 부정적인 영향을 끼치는 사람들을 바라볼 때 이
전과는 다르게 바라본다는 것이다. 이전에는 잘못된 모습을 바라볼 때 비
판적인 시각으로 바라보면서 비난했는데, 지금은 불쌍히 여기면서 그들의

---

[26] 찰스 셀, 『아직도 아물지 않은 마음의 상처』(Unfinished Business-Helping Adult Children Resolve Their Past), 정동섭, 최민희 역 (서울: 두란노, 2000), 52.
[27] 씨맨즈, 『상한 감정의 치유』, 19-20.

치유와 변화를 위해서 기도하게 됐다는 것이다.

이렇게 구원받은 후 비록 오랫동안 신앙생활을 한다고 할지라도 마음속에 깊이 자리잡고 있는 상처와 아픔이 치유되지 않으면 변화되기가 결코 쉽지 않다는 사실을 이해한다면 그런 사람들을 대하는 우리의 모습도 달라질 것이다.

우리가 성경적 내적치유에 대한 강의를 듣거나, 성경적 내적치유 세미나에 참석할 때나 끝난 후에 성령께서 능력의 손길로 우리 마음을 만지시는 경우들이 많이 있다. 성령이 치유하시기 위해 마음을 만지실 때는 우리 안에 깊이 자리잡고 있는 상처와 쓴 뿌리들이 밖으로 드러나게 된다. 그래서 괜히 화가 난다든지, 외롭고 쓸쓸하고 공허한 마음이 느껴진다든지, 슬픔이 깊이 느껴진다든지, 기운이 빠진다든지, 마음이 힘들어진다든지, 너무 아프고 고통스러워 울부짖으면서 뒹군다든지 하는 등의 특이한 현상들이 나타나는 경우들이 종종 있다.

우리가 어떤 사건으로 인해 상처를 받았을 경우에 우리 마음에는 그 사건뿐만 아니라 그 사건을 경험했을 때의 상한 감정까지 보관하게 된다. 성령이 치유하실 때 우리 마음에 자리잡고 있던 상한 감정이 빛 가운데로 드러나면서 표출되게 된다. 그때 과거의 상처로 인해 마음에 자리잡고 있었던 아픔으로부터 슬픔, 비통, 고통, 울부짖음, 통곡, 뒹굶, 주절댐이 터져 나오게 되는 것이다.

성경적 내적치유에 있어서 중요한 요점 중의 하나는 "우리가 (상처 입을 때에) 그 감정을 느끼고 있을 때만 그 감정을 나눌 수 있다는 것이다. 그때에만 우리가 상처와 직접적으로 연결되고 하나님께서 그 상처에 접근하시도록 할 수 있기에"²⁸ 상한 감정의 치유가 가능하다는 것이다. 그러므로 성령께서 치유하실 때는 먼저 우리가 상처받았을 때의 상한 감정까지 함께 되살아나도록 하신다. 주님과 우리의 감정이 하나 됨으로 우리의 상처는 치유될 수 있고, 우리의 깨어진 마음을 성령께서 싸매 주실 수 있다.

5. 성경적 내적치유가 필요함을 나타내는 증상들

거절을 당해 우리가 상처를 받았을 때 올바르게 반응하지 못하면 마음에 상처가 자리잡게 되고, 그 상처가 누적됨으로 쓴 뿌리가 형성된다. 그리고 그 상처와 쓴 뿌리는 겉으로 드러나게 돼서 여러 가지 증상으로 나타난다. 마치 감기에 걸리면 기침, 콧물, 열, 오한, 두통, 근육통 등의 외적인 증상이 나타나는 것처럼 나타나게 되는 것이다. 우리는 그런 증상들을 보면서 우리 자신이나 다른 사람들의 마음 깊은 곳에 반드시 치유받아야 할 상처와 쓴 뿌리가 있고, 또 회개하고 변화돼야 할 부분이 있음을 알게 된다.

1) 낮은 자존감(自尊感, Low Self-esteem)

자존감(自存感, self-esteem)은 스스로 자신을 얼마나 존중하는가에 대한 가치 감각을 말한다. 자기 인격에 대해서 얼마나 귀중히 여기고 있고, 자

---

[28] 탐 마샬, 『자유케 된 자아』(Free Indeed), 예수전도단 역 (서울: 예수전도단, 2018), 81.

기 자신에 대해서 얼마나 긍지를 느끼는가 하는 것이다.[29] 낮은 자존감은 자신의 가치를 인정하지 못하고 자신을 낮게 평가하는 것이다.[30] 낮은 자존감을 가진 사람은 자기 자신에 대해서 자주 이런 생각을 한다.

'나는 부족해. 나는 연약해. 나 같은 게 뭘 해.'

대부분 낮은 자존감을 가진 사람은 자라 오면서 인정받지 못한 사람들이다. 특별히 부모나 형제들, 선생님이나 친구들과 같이 가까운 관계에 있는 사람들에게 인정받지 못하고 자라 온 사람이 낮은 자존감을 가지고 있다. 낮은 자존감을 가진 사람은 신앙생활을 하면서도 자주 좌절감 속에 빠진다. 생각으로는 하나님의 사랑을 믿고 하나님의 용서를 받아들이면서 얼마 동안 마음속에 평안을 체험하게 된다. 그런데 어떤 일이 생기면 갑자기 마음속에 이런 생각이 들게 된다.

---

[29] 자존감(self-esteem)은 자아 개념(self-concept), 자아상 혹은 자아 형상(self-image)이나 자아 정체성(self-identity), 자아 효능감(self-efficacy), 자기 수용(self-acceptance), 자신감(self-confidence)과 매우 비슷한 개념이다. 정동섭, 『자존감 세우기』(서울: 요단출판사, 2019), 47-61. 김준수, 『마음의 치유』, 64. 알리스터 맥그래스, 조애나 맥그래스(Joanna McGrath & Alister McGrath), 『자존감: 십자가와 그리스도인의 자신감』(*Self-Esteem: the Cross and Christian Confidence*), 윤종석 역 (서울: IVP, 2003), 37-38.
데이비드 칼슨은 우리가 건강한 자존감을 올바르게 이해하기 위해서는 다음과 같은 여덟 가지 차이점을 올바르게 이해해야 한다고 강조한다. ① 겸손(humility)과 굴욕(humiliation) ② 죄의 본성을 벗어 버리는 것과 자신을 무시하는 것 ③ 자기 부인(self-denial)과 자기 비하(self-degradation) ④ 자격이 없는 것(unworthy)과 무가치한 것(worthless) ⑤ 자기 수용(self-acceptance)과 이기심(selfishness) ⑥ 자기 긍정(self-affirmation)과 자기 과대평가(self-conceit) ⑦ 자기 가치(self-worth)와 자기 숭배(self-worship) ⑧ 자기 인식(self-consciousness)과 자기 열심(self-absorbedness). 데이비드 칼슨, 『자존감』(*Counselling and Self-Esteem*), 이관직 역 (서울: 두란노, 2009), 22-35.

[30] 김준수 교수는 자존감의 중요성을 강조할 경우의 위험성에 대해서 이렇게 지적한다. "자존감의 중요성을 강조하면 자칫 자아가 우상 숭배의 대상으로 변질될 위험이 있다.

나는 정말 구원받은 자인가?

나를 진정으로 사랑하는 사람은 아무도 없어. 내 근심을 들어줄 사람은 아무도 없어. 어떻게 하나님이 나 같은 사람을 사랑하시고 용서하실 수가 있겠어?

하나님은 나 같은 사람의 기도를 들어주시지 않아.

이렇게 낮은 자존감을 가진 사람 마음 안에는 불신앙이 깊이 자리잡고 있다.

자아의 필요가 충족돼야 건강한 인격을 이룰 수 있다는 이론이 보편화 되면서 자존감을 높이는 것이 가장 중요한 심리치료 가운데 하나가 됐다. 그러나 기독교의 진리는 개인의 영혼이 하나님께 순종하는 것이 최고의 선이라고 강조한다. 일반 심리학에서는 자아의 필요가 채워지는 데서 오는 안정감을 강조하지만, 기독교에서는 절대적인 존재이신 하나님께 순종함으로 오는 마음의 평안과 기쁨을 강조한다. … 기독교 상담학자들도 자기 사랑이 다른 사람을 사랑하는 전제가 된다고 주장하면서 자존감을 높이기 위해서는 자기를 사랑해야 한다고 말하지만 자기 사랑보다 자기 용납과 자기 인정이 건강한 자존감을 형성하는 성경적인 근거다. 자신을 용납한다는 의미는 하나님이 주신 자신의 외모, I.Q, 기질, 은사들을 감사하며 다른 사람들과 비교하지 않는 것이다. 하나님은 우리 모두를 독특한 존재로 지으셨기에 더 이상 자신을 다른 사람들과 비교하고 판단해서는 안 된다. 자기 용납은 더 이상 자신을 비교하고 판단하지 않으며 자신의 부족하고 마음에 들지 않는 부분도 인정하고 수용하는 자세다." 김준수, 『마음의 치유』, 76-79; 존 맥아더, 매스터스 대학교 교수진, 『상담론』, 131-157 참조.
브루스 리치필드 & 넬리 리치필드 역시 같은 지적을 한다. "자기 수용(self-acceptance)은 그리스도 안에서 나를 있는 그대로 받아들이고, 나를 하나님이 만드신 모습 그대로 받아들이는 것을 의미한다. 그럴 때에야 비로소 우리는 나를 다른 사람들과 비교하거나 내가 아닌 다른 사람이 되고 싶어하는 충동에서 벗어날 수 없다. 즉 자기 자신에 대해서 편안하게 느끼게 되는 것이다. 더 나아가, 거울에 비치는 내 모습을 좋아하게 되는 것이다. 이렇게 자기 자신을 솔직하게 수용하게 되면 생긴 그대로의 내 모습을 감사하며 즐거워할 수 있게 된다." 브루스 리치필드, 넬리 리치필드, 『하나님께 바로서기: 역기능 가정에서 나타나는 사람 의존성으로부터의 회복』(*Let's Stand Up Straight*), 정성준 역(서울: 예수전도단, 2013), 192; 엔서, 『하나님의 용서를 경험하는 삶』, 61-76도 참조하라.

2) 우월 의식(Superiority Complex)

우월 의식은 관계에서 나타나는 것으로 자신이 우월하고 강한 사람인 것을 알리고 싶어하는 교만한 마음이다. 우월감을 나타내는 것은 우리 안에 깊이 뿌리박혀 있는 교만이 상처로 인해 표출돼서 나오기 때문이다. 우월감은 우리 마음 안에 은밀히 자리잡고 있는 열등감과 불안정감에서 나온다. 보통 무의식 속에 억압돼 있는 고통스러운 열등감을 감추고 보상하려는 시도다.

어릴 때 부모나 형제들, 교사로부터의 부당한 대우, 과도한 징계나 학대, 또래 집단의 괴롭힘을 당할 때 잘못된 반응으로 인해 자리잡게 됐을 수 있다. 우월감이 있는 사람은 다른 사람과 의미 있는 관계들을 지속시키지 못한다. 왜냐하면, 상대방이 무시당한다는 느낌을 받게 되기 때문이다.

3) 완벽(완전)주의적인 경향(Perfectionist Complex)[31]

완벽주의자는 완벽을 추구하기에 자신과 다른 사람들을 향해 비현실적

---

[31] 완벽주의를 '정상적이고 건강한 완벽주의'와 '신경증적이며 해로운 완벽주의'로 구분하는 학자들이 있다. 그들은 그 차이점을 이렇게 설명한다. "정상적이고 건강한 완벽주의자는 보통 활력과 열정으로 가득하며 긍정적인 자아상을 갖고 있고 어떤 결정을 내릴 때 결코 우유부단한 법이 없다. 그들은 자신의 장점과 약점에 대해서 현실적이다. 그들은 실패에 대한 두려움이라는 부정적인 요인보다 성취 욕구라는 긍정적인 요소에 더 큰 동기를 얻는다. 신경증적이며 해로운 완벽주의자는 비현실적으로 높은 기준을 세운다. 이들이 생각하는 자기 가치는 스스로 세운 목표를 얼마나 성취하고 이루느냐에 전적으로 달려 있나. 실수에 대한 지나친 걱정, 자신이 옳은 일을 하고 있는지에 대한 반복되는 의심, 끊임없는 자기비판 등이 해로운 완벽주의의 뚜렷한 특징이다." 건강한 완벽주의자들과 불건전한 완벽주의자들을 구분 짓는 주요한 근거는 그들의 동기에 있다. 건강한 완벽주의자들은 어떤 좋은 것을 성취하려는 갈망이 동기가 되는 반면 불건전한 완벽주의자들은 실패나 거절 또는 처벌에 대한 두려움이라는 부정적 결과에

인 목표를 세운다.³² 그래서 자기 주위의 사람들이나 주어진 상황에 대해 만족하지 못하는 경향이 강해서 감사할 줄 모르고 불평과 짜증과 잔소리가 많다. 그는 다른 사람들을 대할 때도 장점을 보기보다는 약점을 보면서 지적하고 비판하는 경향이 강하다. 늘 일을 찾아다니고 늘 애쓰지만 자주 죄의식을 느끼며 꼭 무엇을 해야 한다는 강박관념 속에 빠져 있다. 완벽주의자는 하나님과의 관계 속에서도 늘 부족함과 죄의식을 느끼고 산다. 이렇게 완벽주의자의 마음 깊은 곳에는 교만과 불신앙이 자리잡고 있다.

완벽주의적인 경향이 생기는 이유는 자랄 때 완벽주의자인 부모나 엄한 부모 밑에서 용납받지 못하고 인정받지 못하고 자랐기 때문이다. 완벽주의자는 어릴 때 아무리 노력해도 결코 부모님을 기쁘게 해 드릴 수 없었던 사람들 가운데 많이 나타난다.

완벽주의와 낮은 자존감을 갖는 것은 서로 통한다. 자기 자신이나 자기가 한 일에 대해서 만족하지 못하는 사람은 의식하지는 못하지만 자기의 내면에서 항상 자신을 멸시하는 낮은 자존감에 사로잡힌다.³³ 이것은 종종 우월 의식으로 나타나서 다른 사람들을 무시하고 공격하고 비난하는 모습을 띠게 된다. 이렇게 낮은 자존감과 교만은 동일한 마음 안에 공존한다.³⁴

대한 두려움이 동기가 된다. 연구 조사에 따르면 불건전한 완벽주의자들에게 가장 중요한 영향을 끼친 요소는 부모의 기대와 비판을 느끼는 정도였다. 리처드 윈터, 『지친 완벽주의자를 위하여』(*Perfecting Ourselves to Death: The Pursuit of Excellence and the Perils of Perfectionism*), 김동규 역 (서울: IVP, 2007), 33-48.

32 데이빗 스툽, 『완벽주의로부터의 해방: 자유롭고 풍성한 삶으로의 초대』(*Hope for the Perfectionist*), 김태곤 역 (서울: 미션월드라이브러리, 2006), 39-46.
33 스툽, 『완벽주의로부터의 해방: 자유롭고 풍성한 삶으로의 초대』, 46-48; 씨맨즈, 『상한 감정의 치유』, 102.
34 윈터, 『지친 완벽주의자를 위하여』, 172.

완벽주의자는 자기 자신의 조그만 실수나 잘못을 너그럽게 받아들이지 못하고 다른 사람들에게도 역시 그렇게 대한다.

완벽주의자들은 비현실적인 목표를 설정하며, 그 목표가 충족될 수 없을 때 자존감에 상처를 받기에 완벽주의적 사고방식은 자기 파괴의 악순환이다.[35]

그리스도인들 가운데도 완벽주의로 인해 좌절감과 패배감 속에서 자주 절망하는 사람들이 많이 있다. 완벽주의적인 경향 때문에 하나님의 사랑을 깊이 체험하지 못하고 늘 부족함과 죄의식 속에서 고통을 당하면서 자신뿐만 아니라 다른 사람들까지 괴롭히고 힘들게 한다.

4) 지나치게 예민한 감정(Super Sensitivity)

지나치게 예민한 감정을 가진 사람은 감정이 심하게 병든 사람, 감정이 깨어진 사람이라고 할 수 있다.

그는 자주 깊은 상처를 받고 사는데, 다른 사람들로부터 사랑과 인정을 받고 싶어하지만 그렇지 못하기에 도리어 더 깊은 상처를 받게 되는 것이다. 그는 종종 다른 사람이 보지 못하는 것들을 보고 느끼지 못하는 것들을 느끼기에 자주 오해하고 곡해한다. 오해할 일도 아닌데 오해한다. 다른 사람의 말을 들을 때도 액면 그대로 듣지 못하고 곡해해서 듣는다. 그는 비정상적일 정도로 남으로부터 인정받고 싶어한다.

그러나 그 사람의 이러한 죄악 된 욕구는 어간해서는 채워지지 않는다.

---

[35] 스툽, 『완벽주의로부터의 해방』, 48-50.

왜냐하면, 마음 깊은 곳에서 다른 사람의 칭찬과 인정과 격려를 강하게 요구하고 있기 때문이다. 그래서 웬만큼 사랑을 주고 인정을 해 줘도 만족스러워하지 않는다.[36]

그는 자신의 예민하고 약한 감정을 숨기기 위해 겉으로는 강한 사람처럼 행동하기에 자아가 견고하고 자존심이 강한 교만한 모습이 나타난다. 자신의 예민하고 민감한 성격을 거칠고 무뚝뚝한 모습으로 가장한다. 그는 좀처럼 자신의 약점을 드러내지 않고 자신을 오픈하지 않는다. 그는 다른 사람들을 자기 손에 넣고 지배하고 싶어할 뿐만 아니라 다른 사람들을 괴롭히고 상처를 입히려고 하기도 한다. 왜냐하면, 불안한 마음이 강하기에 자신이 통제하면서 안정감을 누리기를 원하기 때문이다.

지나치게 예민한 감정은 상처를 받을 때 잘못된 반응으로 인해 생긴다. 상처를 많이 받고 살아온 사람들은 대부분 올바르게 반응하지 못하기에 지나치게 예민한 감정을 갖게 되는 것이다. 그들은 과민하고 마음이 여리고 두려움이 많아 그야말로 '걸어 다니는 상처'다.

5) 잘못된 죄책감(죄의식, Guilty)[37]

잘못된 죄책감을 가진 사람들은 하나님께 용서를 구했고, 머리로는 자

---

[36] 씨맨즈, 『상한 감정의 치유』, 25-26.
[37] 죄책감이 다 나쁜 것은 아니다. 올바른 의미의 죄책감도 있다. 하나님께서는 우리 안에 '죄책감'의 '경고 장치'를 주셨다. 경고 장치의 소리를 자세히 들으면 생명을 살릴 수 있다. 올바른 의미의 죄책감은 죄를 깨닫고 회개하고 하나님께로 돌이켜서 생명을 얻기 때문에 좋은 것이고 유익한 것이다. 마크 킨저는 죄책감에 대한 기독교적 관점에 대해 이렇게 설명한다. "기독교의 가르침은 죄책감이 우리가 하나님의 율법을 어길 때 따라오는 객관적인 영적 상태라고 단언한다. 그것을 주관적인 정서적 혼란인 것처럼 여

신의 죄가 용서됐다고 믿지만 실제로는 불신앙으로 인한 죄책감이 그를 사로잡아서 계속 괴롭히고 있고 자신을 증오하면서 산다. 그리스도인들 가운데도 많은 사람이 하나님께서 이미 자신의 죄를 용서해 주시고 기억지도 아니하심에도 불구하고 의식적으로든지 무의식적으로든지 잘못된 죄책감으로 인해 고통 받는 사람들이 많이 있다.

죄책감에 사로잡혀 있는 사람들은 자신에게 문제가 있어서 사고가 일어났고, 부모님이 이혼했으며, 가정에 우환이 생겼다고 생각하면서 자신을 원망하는 거짓된 정죄감에 빠져 있다. 그래서 자신을 비난하고, 자기는 가치가 없고 자격이 없는 부족한 사람이기에 사랑받을 수도 없는 사람이라는 생각과 느낌을 갖게 된다.

죄책감으로 갈등하는 사람들은 결벽증이나 강박증, 무력감, 수치심, 열등의식, 무가치함, 부적합함, 자기 거부, 우울증 등에 빠져서 고통을 당하는 경우들이 많이 있다.

기고 심리학적 치료법에 따라 사라질 수 있는 것으로 볼 수 없다. 참된 죄책감은 예수 그리스도의 피와 그가 우리를 위해 획득하신 용서에 의해서만 깨끗하게 되고 제거될 수 있다. 우리는 회개와 믿음을 통해 그리스도의 구속을 나의 것으로 만듦으로써만 참된 죄책감을 극복할 수 있을 뿐이다. 오늘날 많은 사람이 죄책감으로 부르는 정서적 상태는 뉘우침과 자기 정죄로 나눌 수 있다. 뉘우침은 하나님이 주시는 선물로서 우리가 잘못을 완전히 버리고 하나님을 기쁘시게 하는 방법으로 살아갈 수 있게 하는 것이다. 그것은 궁극적으로는 변화와 소망을 낳는, 죄에 대한 슬픔이다. 반면에 자기 정죄는 자기 연민, 실망, 낙담으로 이끄는 정서적 혼란이다. 오늘날 많은 사람을 괴롭히고 있는 자기 정죄는 일종의 자기혐오로 그리스도인들은 자기 정죄에 종속될 필요가 없다." 마크 킨저, 『죄책감으로부터의 자유』(*Living with a Clear Conscience: A Christian Strategy for Overcoming Guilt and Self-Condemnation*), 정옥배 역 (서울: 두란노, 2000), 119-120.
잘못된 죄책감과 올바른 죄책감에 대한 자세한 설명은 엔서, 『하나님의 용서를 경험하는 삶』, 15-19, 29-37, 73-76; 제임스 돕슨, 『4가지 감정의 치유』(*Emotions: Can You Trust Them?*), 남미선 역 (서울: 서로사랑, 1998), 19-61; 찰스 스탠리, 『상한 감정 클리닉: 혼돈된 마음에서의 자유』(*The Source Of My Strength*), 김창대 역 (서울: 요단, 1996), 133-156; 킨저, 『죄책감으로부터의 자유』를 참고하라.

6) 분노(Anger)[38]

화낼 이유가 별로 없는데도 빈번하게 화를 낸다든지, 이성을 잃을 정도로 과도하게 화를 내는 사람들의 마음속에는 분노의 쓴 뿌리가 깊이 자리잡고 있다. 이런 분노는 마음의 아픔과 상처로 인해 생긴 잘못된(죄악 된)

---

[38] 성경적 상담학자인 데이비드 폴리슨(David Powlison)은 『악한 분노, 선한 분노』에서 분노에 대한 성경적인 관점을 다음과 제시한다. "'나쁜 분노'의 범주에 포함될 만한 유형으로는 짜증(irritability), 다툼(arguing), 원한(bitterness), 폭력(violence), 숨겨진 분노(passive anger), 독선적인 분노(self-righteous anger)가 있다. 이 여섯 가지 유형들은 분노와 관련된 인간 본성이 왜곡되고 잘못된 방식으로 표출되기 때문에 나타나는 현상이고 본질이 아니다. 모든 분노를 관통하는 분노의 본질(DNA)은 바로 '부정적인 가치 판단'이다. 분노는 우리가 중요하게 생각하는 일이 잘못됐다고 느낄 때 적극 반대 견해를 드러내는 것이다. 즉 분노의 핵심은 중요하다고 여기는 바로 그 일이 잘못됐을 때, 그것을 바로잡기 위해 행동을 취하는 것이다. 또한, 분노는 '불쾌함'이다. 우리가 분노한다는 것은 우리에게 일어난 일을 인지하고 평가한다는 뜻이다. 이처럼 분노에는 본질상 '판단하는'(Judgemental) 성질이 있고, 언제나 가치 판단을 하기에 사람들은 분노할 때 자기 가치관과 관점을 분명히 드러낸다. 분노를 제대로 알려면 마음 깊은 곳에서 일어나는 동기를 확인해야 한다. 우리 내면에는 언제나 '욕구와 신념'이 작동하고 있다. 분노에 있어서도 이것이 바로 뿌리인데 우리가 정말 무엇을 갈망하고 신뢰하며, 무엇을 싫어하고 사랑하는지를 보여 준다. 또 우리의 분노가 잘못된 길로 가고 있다면 어떻게 그 길로 빠지게 됐는지 보여 주고 우리가 얼마나 자기중심적으로 생각했는지를 알게 한다. 따라서 우리가 분노할 때 진정으로 필요한 것은 어떤 방법론이나 환경의 변화나 주변 사람의 변화가 아니다. 우리 마음 깊은 곳에 있는 마음의 동기가 바뀌어야 한다. 내면의 동기는 사람의 정체성 근간이 되는 핵심 가치와 헌신의 대상을 보여 준다. 무엇을 원하느냐에 따라 우리의 감정과 생각, 행동이 달라진다. 나아가 타인을 대하는 방법도 달라진다. 우리 내면의 동기는 고통스럽고 손해 보고 위협적인 상황에서도 어떻게 반응할지를 결정한다. 선한 분노든 나쁜 분노든 이 동기가 왜 분노하고 어떻게 분노하는지를 결정한다. 우리가 예배하는 하나님보다 더 사랑하는 우상들이 없어져야 한다. 그러므로 분노의 문제를 근본적으로 해결하려면 갈등 해결의 기술도 중요하고, 심리 치료도 좋지만, 그것으로 충분하지 않다. 우상을 제거하려면 어떤 기술이나 기분전환, 명상 같은 것보다 더 본질적인 변화가 필요한데, 바로 마음의 동기가 변화되는 것, 결국 우리가 살아가는 목적이 달라져야 한다." 데이비드 폴리슨, 『악한 분노, 선한 분노: 분노, 짜증, 불평, 원한에서 벗어나기』(Good & Angry), 김태형, 장혜원 역 (서울: 토기장이, 2019), 43-125.

태도로부터 나오는 것이다. 우리의 아픔을 분노로 나타내고, 우리 자신을 보호하기 위해서 분노하는 것이다. 분노하면서 상처를 없애려고 하고, 또 자기를 보호하려고 하는 것이다.

분노를 속으로 억누르면 각종 신경성 질병, 불안 장애, 불면증, 우울증 등의 심한 정신적인 병세가 나타나고 심하면 자살을 기도하기도 한다. 또, 밖으로 표출하면 기물 파괴, 폭행, 구타 등의 사회적인 문제를 일으키고 심하면 살인까지 시도한다.

근본 문제는 분노가 아니라 그 내면에 있는 많은 상처와 아픔으로 인해 생긴 잘못된 태도다. 어릴 때 술 먹고 들어온 아버지가 어머니를 구타하는 등 아버지가 어머니를 비인격적으로 부당하게 대우할 때 그 모습을 본 자식의 마음속에 분노의 쓴 뿌리가 자리잡게 된다. 또, 부모가 자식에게 욕설을 퍼붓고, 머리를 후려갈기고, 짓밟고 발길질을 하고, 머리채를 휘어잡고 질질 끌고 가고, 손바닥으로 뺨을 갈기는 등 자식을 부당하게 대우하거나 모욕적인 태도로 비인격적으로 징계할 때 자식의 마음속에는 분노의 쓴 뿌리가 자리잡게 된다. 그리고 부모의 무능함이나 완고함, 그리고 환경의 어려움 때문에 진학이나 진로나 결혼 등에 대한 자신의 간절한 꿈이 꺾일 때도 마음 안에 분노의 쓴 뿌리가 자리잡게 된다.

그런데 이런 상처와 아픔이 치유되고, 또 자신의 죄악을 회개하면 분노의 쓴 뿌리가 뽑히게 된다.

7) 두려움(Fear)

모태에 잉태되는 순간부터 출생하고 자라면서 부모의 따뜻한 사랑과 보호를 받지 못하고 거절당한 사람들의 마음 깊은 곳에는 '거절감'에서 비롯된 불신앙으로 인해 거절당할 것에 대한 두려움이 자리잡고 있다. 마음속에 두려움이 있는 사람은 소유·지배욕이 강해서 자신의 안전판이라고 생각하는 배우자, 부모, 재산, 물건 등을 소유하려는 강한 집착을 보인다.

그는 많은 것에 대해 걱정하고 노심초사하며 수동적이다. 좋은 일이나 나쁜 일에 대해 강박적인 태도를 보인다. 주일성수, 십일조, 기도 등을 열심히 하는 이유가 하나님이 벌을 주시거나 거절하실 것 같은 두려움 때문이고, 또한 사고에 대한 두려움 때문에 가스 밸브를 켜거나 엘리베이터 타는 것 등을 두려워한다.

8) 깊은 외로움(Deep Solitariness)

깊은 외로움이 있는 사람은 인생의 허무함 속에 사로잡혀서 삶의 의욕을 잃고 살며 심할 때는 인생을 포기하기도 한다. 그는 때때로 뼛속 깊이 깊은 외로움을 느낀다. 그리고 마음속에 깊이 자리잡고 있는 그 외로움을 떨쳐버리기 위해서 돈이나 명예나 쾌락 등의 정욕을 지나치게 추구하고 집착하는 경향이 있다.

어릴 때 일찍 부모를 여의었거나 부모가 이혼했거나 어릴 때부터 부모 곁을 떠나서 살았기에 부모의 따뜻한 사랑을 받고 자라지 못한 사람들의 마음속에는 깊은 외로움과 고독감의 쓴 뿌리가 자리잡고 있는 경우가 많다.

9) 정욕(Lust)

사랑은 우리 삶의 가장 기본적인 요소와 욕구기에 인간은 사랑이 없이는 결코 살 수 없다. 그러기에 사랑을 받지 못한 사람들은 사랑의 결핍을 거짓된 사랑인 정욕으로 메꿔 삶의 균형을 유지하려고 애쓴다. 거짓된 사랑을 추구하는 정욕은 음란, 외설, 잘못된 성관계, 과도한 물질 추구와 남용(자린고비 포함), 질투심, 소유욕 등으로 나타난다.

10) 우울증과 조울증(Melancholia or Manic-depress Psychosis)[39]

자라 오면서 받은 상처가 너무 큰데도 올바르게 해결하지 못하고 속으로 계속 삭이고 억누르면서 살아왔을 때, 그 상처들이 누적돼서 복합적으로 엉키고 뒤엉켰을 때 생기는 것이 우울증(憂鬱症)과 조울증(躁鬱症)이다. 우울증은 자주 우울한 마음에 사로잡히는 것이고, 조울증은 우울한 마음과 즐거운 마음의 감정의 기복이 아주 심한 것이다.

우울증과 조울증은 낮은 자존감, 완벽주의, 지나치게 예민한 감정, 두려움, 죄책감, 깊은 외로움 등의 복합적인 상처들로 인해서 생긴다. 우울증

---

[39] 우울증에 대한 올바른 성경적인 접근 방법에 대해서는 에드워드 T. 웰치, 『뇌 책임인가? 내 책임인가?』(*Blame It on the Brain?*), 한성진 역 (서울: CLC, 2003), 113-130을 참고하라.

과 조울증은 복합적인 요인으로 생기기에 성경적 내적치유가 가장 필요한 증상이다.

11) 각종 중독(Various Addiction)

중독은 일반적으로 물질 중독과 행위 중독으로 구분한다. 물질 중독은 알코올, 약물, 마약, 음식 등의 물질에 중독된 상태를 의미한다. 행위 중독은 도박, 도벽, 게임 등과 같은 어떤 행위에 중독된 상황을 말한다. 행위 중독은 유형의 중독과 무형의 중독으로 나누는데, 유형의 중독은 눈으로 확인할 수 있는 도박, 경마, 취미 등에 중독된 것을 의미하고, 무형의 중독은 눈으로 확인할 수 없는 관계, 연애, 종교 등에 중독된 상태를 의미한다.[40]

과거에는 대부분의 중독이 물질에 중독된 물질 중독이었다. 그런데 오늘날에는 물질 중독뿐만 아니라 행위 중독의 문제가 심각해졌다. 과거에는 찾아볼 수 없었던 인터넷, 게임, 스마트폰, 성형, 쇼핑, 주식, 취미 등에 중독된 사람들이 많이 증가하고 있다. 특히 독서, 운동, 등산, 여행 등 취미 생활과 관련돼서도 중독에 빠진 사람들이 많다. 중독은 중독 당사자만의 문제로 끝나지 않고 그가 속한 가정을 비롯한 공동체에 심각한 해악을 끼치면서 공동체를 파괴한다.[41]

---

[40] 김상철, 김영한, 나도움, 이상준, 조믿음, 『중독 A to Z: 중독의 덫에서 자유하라!』 (서울: Nex세대, 2019), 187.
[41] 김상철 외, 『중독 A to Z: 중독의 덫에서 자유하라!』, 188.

각종 중독으로는 알코올, 흡연, 도박, 경마, 경륜(競輪), 경정(競艇), 마약, 약물, 성(자위 포함), 연애(로맨스),[42] 망상, 자해, 종교, 돈, 도벽, 쇼핑, 성형, 일, 취미(독서, 운동, 여행, 수집 등), TV, 음식(에너지 음료 포함), 스마트폰, 게임, 인터넷, 관계[43] 등이 있다.[44]

중독은 감정적인 상처를 받았을 뿐만 아니라 사랑의 결핍으로 인해 감정적인 결핍(정서적인 굶주림)까지 생겼을 때 올바르게 반응하지 못하고 자기 욕구를 따라 살아감으로 인해 생긴다. 나중에는 심히 그 욕구에 집착하게 되고 속박돼서 중독 물질이나 행동의 노예 상태가 되고 만다. 이 집착의 대상들은 우리 마음을 빼앗고 강박관념이 돼서 삶을 지배하게 된다.[45]

---

[42] 로맨스 중독자(romance addict)들은 사랑에 빠짐으로써 생성되는 활기에 중독된 사람들이다. 그들은 영화, 낭만적인 소설 등에서 비롯된 환상의 세계 속에서 편안함과 안전함을 느낀다. 리치필드, 『하나님께 바로서기』, 67.

[43] 관계 중독자(relationship addict)들은 두 가지 방식에 무기력하다. **첫째**, 그들은 파괴적인 관계를 맺고 있으며 자신이 먼저 그 관계를 떠나지 못한다. **둘째**, 그들은 자기 파괴적인 속성을 알면서도 똑같은 유형의 관계에 반복해서 충동적으로 이끌린다. 관계 중독자들은 다른 사람에게 집착함으로써 안정감을 느끼는 것이다. 리치필드, 『하나님께 바로서기』, 67.

[44] 중독에 대한 자세한 설명은 김상철 외, 『중독 A to Z』를 참고하고, 특히 청소년 중독에 대해서는 김상철, 김영한, 유누리, 소빈음, 조병옥, 『내기 정말 중독일까?: 청소년 중독, 제대로 알고 해결하기』(서울: 보시장비, 2019)을 참고하라.

[45] 에드워드 T. 웰치, 『중독의 성경적 이해』(Addictions: A Banquet in the Grave), 김준 역 (서울: 국제제자훈련원, 2013), 52-53, 75; 제랄드 G. 메이, 『중독과 은혜: 중독에 대한 심리학적·영적 이해와 그 치유)』(Addiction and Grace: Love and Spirituality in the Healthy of Addictions), 이지영 역 (서울: IVP, 2005), 13-14.

6. 성경적 내적치유의 목표

성경적 내적치유의 목표는 하나님의 말씀과 성령의 특별한 역사를 통해 우리 마음의 상처가 치유되고 새로워져서 예수 그리스도의 성품을 닮게 되고, 그래서 우리 속에 하나님의 형상이 회복되는 것이다(엡 4:22-24). 하나님께서 의도하고 계신 인간의 구원은 단순히 예수 믿고 천국 가는 것이 아니다. 예수 그리스도를 닮아 성숙해져서 우리 속에 하나님의 형상이 회복되고, 결국 우리가 신성한 성품에 참여하는 자가 되는 것이다(벧후 1:4). 죄는 하나님의 형상에 치명적인 손상을 입혔고 하나님의 형상을 심각하게 왜곡시켰기에 마음을 새롭게 하는 성경적 내적치유가 필요하다.

마음이 새롭게 변화되기 위해서는 반드시 죄악으로 인해 부패하고 왜곡되고 상한 마음에 전반적인 변화가 있어야만 가능하다. 마음이 변화되기 위해서는 두 가지가 필요하다.

첫째, 과거의 상처 입은 경험으로 인한 상한 마음이 치유되고 회복돼야 한다. 이 사실을 김준수 교수는 『마음의 치유』에서 이렇게 설명한다.

> 신앙의 성숙은 마음의 치유를 동반한다. 영적인 성숙과 마음의 성숙은 비례한다. 영적인 성숙을 나타내는 성령의 열매는 마음이 성숙한 자의 특징을 잘 나타내고 있고, 이와 반대로 육체의 일은 마음이 성숙하지 못한 자의 특징을 적나라하게 보여 주고 있다. 즉 영적인 성숙이 이뤄지면 자연스럽게 마음의 성숙이 동반된다. 마음의 성숙이 동반되지 않는 영적인 성숙

은 불가능하다. 영적인 성숙은 왜곡되고 상한 마음의 회복이 없이는 불가능하기 때문이다. 영적으로 성숙한 자들인 신령한 자 또는 온전한 사람은 전 인격적인 영역에서 성숙하고 온전하게 된 자를 의미한다. 심리적 성숙과 영적 성숙을 분리하는 것은 적절하지 않다. 신앙적인 성숙은 마음의 변화와 성숙을 의미한다. 따라서 신앙적인 성숙은 영적인 성숙과 심리적인 성숙을 동시에 포함한다. 영적인 성숙은 심리적인 성숙으로 표출되고 심리적인 성숙은 영적 성숙으로 가능해진다.[46]

둘째, 마음에 깊이 뿌리박혀 있는 불신앙과 교만의 죄를 비롯한 모든 죄를 철저히 회개해야 한다. 우리 마음에 죄악의 뿌리가 되는 불신앙과 교만의 죄가 여전히 남아 있고, 또 그로 인해 비롯되는 다른 죄악들이 남아 있는 한 아무리 상한 마음이 치유된다 하더라도 우리 마음이 새롭게 변화되는 것은 불가능하다.

존 엔서는 "우리의 근본적인 문제는 우리가 가지고 있는 상처가 아니라 우리의 완고한 고집이다"[47]라고 했다. 이처럼 우리 마음이 새롭게 변화되기 위해서는 상한 마음의 치유가 반드시 필요하지만 그것만으로는 불가능하다. 반드시 우리 마음에 자리잡고 있는 죄악들을 철저히 회개해야 한다.

이렇게 왜곡되고 상한 마음이 치유되고, 또 마음에 깊이 뿌리박혀 있는 죄악을 회개해야 참된 변화기 이뤄지고 진정한 신앙 성숙이 가능하다.

---

[46] 김준수, 『마음의 치유』, 144-147.
[47] 엔서, 『하나님의 용서를 경험하는 삶』, 73.

성령은 우리의 왜곡되고 상한 마음을 치유하시고, 또 죄를 회개케 하셔서 마음을 새롭게 하심으로 주님의 성품을 닮게 하신다. 이처럼 '치유'와 '회개'가 있어야만 내적인 변화와 성숙의 열매가 있다.

성경적 내적치유는 계속 이뤄져야 하는 과정으로 우리가 주님 앞에 가거나 주님께서 재림하시는 그날까지 계속돼야 하지만 성경적 내적치유 세미나와 집회를 통해 우리의 내적인 문제가 드러나게 되고 치유와 변화가 시작될 수 있도록 돕게 된다. 그런 점에서 성경적 내적치유 세미나와 집회는 중요하다. 그 사실을 이성훈 교수는 『복음과 내적치유』에서 이렇게 지적한다.

> 어떤 기회를 통해 예수님과 성령님을 더욱 깊이 체험하면서 내게 찾아온 평안과 (내적)치유는 과거에 내가 정신 의학에서 추구하고 경험해 온 치유와는 비교할 수 없는 깊고 좋은 것이었다.[48]

> 치유는 본질적으로 지식을 통해 되어지는 것은 아니며 나의 마음에 부딪혀야 한다. 그리고 나의 마음속에서 예수님의 이름과 그 십자가와 성령과 말씀의 능력이 이러한 치유를 시행한다. … 치유는 치유를 사모하는 사람들이 모여서 말씀을 나누고 기도하는 가운데 일어나는 성령의 현장적인 역사다. … 계속해서 내적치유 세미나와 집회에 참석하여 기도와 말씀을 통해 더욱 깊고 강한 치유를 계속해서 경험하라.[49]

---

[48] 이성훈, 『복음과 내적치유』 (서울: 길르앗, 2004), 7.
[49] 이성훈, 『복음과 내적치유』, 9.

7. 성경적 내적치유가 필요한 사람

성경적 내적치유가 필요하지 않은 사람은 없지만, 다음과 같은 사람들은 성경적 내적치유가 더 많이 필요한 사람들이다. 마음의 상처가 많은 사람, 아픈 과거로 고통받는 사람, 건전한 자아상(자아정체성)을 원하는 사람, 행복한 결혼 생활을 소원하는 사람, 올바른 자녀 양육을 바라는 사람, 온전한 하나님의 사랑을 갈망하는 사람, 오랫동안 신앙생활을 했지만 변화되지 않는 사람, 예수를 잘 믿어 보려고 애쓰지만 안 되는 사람, 신앙(생활)의 기복이 심한 사람, 원만한 인간관계를 갖고자 하는 사람 등이다.

제자훈련의 지도자인 빌 헐은 상처가 우리 신앙 성장에 막대한 지장을 초래하기에 내적치유가 제자훈련의 과정에서 절대적으로 필요하다고 강조한다.

> 너무나 많은 사람이 과거에 묻혀 살고 있다. 많은 사람의 마음에는 심각한 상처가 있어서 그로 인해 영적인 성장을 하지 못한다. 그들은 완전히 묶여 있기 때문에 성장을 위한 발걸음을 내딛지 못한다. 이런 상태가 오래 지속되면 패배주의에 사로잡히게 된다. … 물론 과거가 사라져 버리는 것은 아니지만 질병, 가난, 자연재해, 잘못된 선택, 그리고 파괴적 패턴으로 인한 상처는 치유될 수 있다. 이런 상처들은 치유돼야 하며, 특히 그리스도인들은 모범적인 삶을 살아가기 위해 너욱 그리헤아 한다(엡 4:16). 하나님은 기억을 치유해 주시고 영혼을 소생케 하시며 원수와 화해하게 하신나. 하나님이 과거를 고치시는 것은 아니다. 하지만 그 과거에 대한 우리의 반응을

고치신다. 내적치유는 제자훈련에서 절대적으로 필요한 것이다.[50]

이처럼 신앙의 성숙은 상한 마음의 치유와 철저한 죄의 회개에서 비로소 이뤄진다. 목회를 비롯한 사역을 할 사람, 선교를 지망하는 사람, 상담사역을 원하는 사람에게는 내적치유가 아주 중요하기에 더 많이, 더 적극적으로 필요하다. 왜냐하면, 치유받지 않고 사역을 하면 자신이 섬기는 영혼들에게 반드시 상처를 주거나 실족하게 하는 경우가 생기기 때문이다. 그 준비 과정에서 성경적 내적치유는 필수적으로 포함돼야 하고,[51] 또 사역하는 과정에도 반드시 필요하다.

8. 성경적 내적치유의 결과

우리 내면의 상한 마음의 치유는 일회적(一回的)이나 어떤 과정을 통해서 다 되는 것은 아니지만 성경적 내적치유가 그 출발점이 된다. 경험으로 볼 때 많은 경우 성경적 내적치유를 통해서 마음의 치유와 변화가 시작되고, 그 결과가 신앙적인 열매로 드러나는 것을 보게 된다. 마음의 상처와 쓴 뿌리의 치유는 모든 면에서 변화의 시작이다.

다음과 같은 점에서 눈에 띄는 두드러진 진보와 성장이 있다. 이전보다 지적인 측면에서 분별력이 생기고 총명해진다. 정서적으로 안정돼서 요동

---

50 빌 헐, 『성령의 능력에 관한 솔직한 대화』(Straight Talk On Spiritual Power), 박노철 역 (서울: 국제제자훈련원, 2007), 322-324.
51 이성훈, 『상한 마음을 찾으시는 하나님』, 19-20.

치거나 흔들리지 않기에 견고한 신앙으로 나아갈 수 있다. 의지력도 건전하게 강화돼 죄의 유혹이나 부적절한 부탁, 강요 등에서 적절하게 거절이 가능하다. 마음의 상태에서 비롯된 질병이 치료되고 건강해진다. 영적으로 맑고 깨끗해지며 성숙해진다.[52] 신앙이 내면적으로 깊어진다. 삶이 변화되고 가정이 변화된다. 주님과의 만남도 깊어진다.

외형적 신앙생활과 봉사가 더 내면적인 깊은 신앙생활과 봉사로 변화된다. 선교와 긍휼 사역에 많은 열매를 보게 된다. 과거에 자신의 어떠한 신앙적 노력으로도 맺지 못한 성령의 열매를 자연스럽게 맺어 가게 되는 것을 보게 된다. 특별히 성경적 내적치유는 어느 정도 인격적 성숙과 신앙적인 체험과 갈등을 경험한 사람들에게 가장 효과적이다.

치유의 과정이 때로 힘들기는 하지만 과거에 자신의 어떠한 신앙적 노력으로도 맺지 못한 성령의 열매를 자연스럽게 맺어 가게 되는 것을 보게 된다. 물론 성경적 내적치유를 해야만 이렇게 되는 것도 아니고 성경적 내적치유를 했다고 해서 반드시 이렇게 되는 것은 아니지만 성령께서 인도하시는 대로 치유를 받으면 이러한 변화가 개인과 교회에 있게 된다. 치유는 항상 가난하고 애통한 마음으로 주님 앞에 나아가는 상한 심정이 계속돼야만 그 열매가 더 크고 아름답고 풍성하게 맺히게 된다.

성경적 내적치유는 상한 마음의 치유와 죄의 철저한 회개로 마음이 새로워져서 변화된 삶으로 나아갈 수 있는 출발점이라고 할 수 있다. 성경적 내적치유 이후에 계속해서 말씀과 기도를 기본으로 한 은혜 생활을 하면서 주님과 그분의 은혜 가운데 거한다면 주님을 더욱 깊이 알아 가면서 진

---

52   크리스티 김, 『인생의 웅어리를 풀라』 (서울: 규장문화사, 2003), 75-76.

정한 변화와 성숙이 이뤄지게 될 것이다(벧후 3:18). 그러나 성경적 내적치유 이후에 은혜 생활을 계속하지 않는다면 불행하게도 성경적 내적치유가 아무런 소용이 없는 옛 생활로 다시 돌아가게 되고, 자신이나 다른 사람들에게 성경적 내적치유가 소용이 없다는 부정적인 생각을 심어 주게 된다.

9. 성경적 내적치유의 본질

교회와 그리스도인의 삶과 사역의 목적은 하나님의 영광에 있다(롬 11:36; 고전 10:31; 시 73:24-28; 요 17:22-24). 존 오웬(John Owen)은 '진실된 그리스도인'(genuine christian)의 궁극적인 특징을 하나님의 영광이라는 분명한 삶의 목표를 가지고 사는 것으로 봤다.[53] 성경적 내적치유 역시 예외가 아니다. 성경적 내적치유의 본질은 하나님 나라를 이 땅에 확장해 하나님께 영광 돌리는 사역이다. 하나님 나라의 핵심적인 개념은 '영토,' '영역'과 같은 공간적 개념이 아니라, '통치,' '다스림' 등의 추상적인 개념이다. 하나님 나라는 '하나님의 통치와 다스림,' '왕이신 하나님께서 왕권을 행사하심' 등의 개념으로 이해해야 한다.[54]

성경적 내적치유를 통해 상한 마음의 치유와 죄악을 철저히 회개하는 회개의 역사가 일어나서 마음이 새로워지면 그의 삶 가운데 하나님 나라가 임하고, 그는 왕이신 하나님의 다스림과 통치를 받게 된다. 또 그가 속

---

[53] 김남준, 『거룩한 삶의 은밀한 대적 게으름』, 28-29에서 인용.
[54] 양용의, 『하나님 나라: 어떻게 이해할 것인가』 (서울: 성서유니온, 2005), 26.

한 가정, 직장과 일터, 교회, 사회 공동체, 심지어 열방까지 그를 통해 하나님 나라가 확장되게 된다. 이렇게 성경적 내적치유는 하나님 나라를 이 땅에 확장해 하나님께 영광 돌리는 사역이라고 할 수 있다.

이성훈 교수는 이렇게 지적한다.

> 내적치유의 본질은 복음이요, 구원이다. 단지 그 복음과 구원을 외적 혹은 의식적 세계가 아닌 내적 세계, 즉 깊은 영과 무의식, 나의 전인격에 적용하여 그 속에 있는 세상을 좇는 것들을 (회개하고. 저자 첨가) 치유하고 정복해서 내가 알지 못하는 나의 온 영혼이 하나님을 알고 찬양하도록 하는, 하나님 나라의 확장 사역인 것이다.
> "내 영혼아 여호와를 송축하라 내 속에 있는 것들아 다 그의 거룩한 이름을 송축하라"(시 103:1).[55]

10. 성경적 내적치유 주관자와 원동력과 적용 사역

성경적 내적치유를 주관하시는 분은 우리 죄와 그 죄의 결과로 인한 모든 상처와 고통과 쓴 뿌리와 형벌을 완전히 제거하고 도말하기 위해 십자가에 달려 돌아가시고 사흘 만에 부활하신 예수 그리스도시다. 그리고 우리의 마음의 상처치유와 변화를 주관하시는 예수 그리스도께서 사용하시는 성경적 내적치유의 원동력은 하나님의 말씀이다. 또한, 실제 사역 현장

---

[55] 이성훈, 『상한 마음을 찾으시는 하나님』, 20.

에서 성경적 내적치유를 적용해 우리를 치유하시고 회개케 하셔서 새롭게 변화시키는 분은 성령이시다.

요약

이 장에서는 성경적 내적치유를 개괄적으로 살펴봤다. 성경적 내적치유는 인간의 내적인 마음의 문제를 성경적인 관점에서 바라보고 성경적인 방법으로 해결해 나가는 것이다. 성경적 내적치유는 전인(whole person)의 치유와 변화를 목적으로 하며 하나님의 말씀과 성령의 능력을 통한 사역이다.

우리 마음에 상처와 쓴 뿌리가 있으면 낮은 자존감, 우월 의식, 완벽주의, 지나치게 예민한 감정, 잘못된 죄책감, 분노, 두려움, 깊은 외로움, 정욕, 우울증과 조울증, 각종 중독 등의 증상이 겉으로 나타난다. 우리는 이런 외적인 증상을 보면서 성경적 내적치유가 필요함을 알 수 있다.

성경적 내적치유의 목표는 우리 마음이 새롭게 변화돼 예수 그리스도의 성품을 닮아 우리 속에 하나님의 형상이 회복되는 것이다. 마음이 새롭게 변화되기 위해서는 반드시 죄악으로 인해 부패하고 왜곡되고 상한 마음에 전반적인 변화가 있어야 한다. 그리고 마음이 변화되기 위해서는 상한 마음이 치유되고 회복돼야 하고, 또 마음에 뿌리박혀 있는 불신앙과 교만의 죄 등을 철저히 회개해야 한다. 이렇게 왜곡되고 상한 마음이 치유되고, 마음에 깊이 뿌리박혀 있는 죄악을 회개해야 참된 변화가 이뤄지고 진정한 신앙 성숙이 가능하다.

성경적 내적치유는 계속적으로 이뤄져야 하는 과정이지만 성경적 내적치유 세미나를 통해 우리의 내적인 문제가 드러나게 되고 치유와 변화가 시작될 수 있도록 돕게 되기에 성경적 내적치유 세미나는 중요하다.

성경적 내적치유의 본질은 하나님 나라를 이 땅에 확장해 하나님께 영광 돌리는 사역이다. 성경적 내적치유의 주관자는 예수 그리스도시고, 성경적 내적치유의 원동력은 하나님의 말씀이며, 실제로 성경적 내적치유를 적용하는 분은 성령이시다.

다음 장에서는 우리 마음에 상처와 쓴 뿌리가 생기는 주요 요인이 성장 과정 중의 가정과 학교에서 겪는 부정적인 경험들이기에 인생에 있어서 가정과 학교가 얼마나 중요한 역할을 하는지를 살펴보게 될 것이다. 그리고 건강하지 못한 역기능 가정과 학교에서 나타나는 여러 가지 부정적인 현상들도 살펴볼 것이다.

묵상과 적용

1. 성경과 심리학의 관계에 관해 주장되는 이론으로는 분리주의 견해, 극단적 배타주의 견해, 무비판적 수용주의 견해, 절충주의적 견해, 성경적 견해 등이 있다.

   이 견해들에 대해 당신은 어떻게 생각하는가?

2. 성경적 내적치유가 필요함을 나타내는 증상 가운데서 당신에게 해당되는 것들은 어떤 것인가?

   당신에게 해당되는 증상들이 많고, 그 정도가 심하다면 당신은 성경적 내적치유가 많이 필요한 사람이다.

   > 낮은 자존감, 우월 의식, 완벽(완전)주의적인 경향, 지나치게 예민한 감정, 잘못된 죄책감(죄의식), 분노, 두려움, 깊은 외로움, 정욕, 우울증, 조울증, 각종 중독

3. 성경적 내적치유가 필요한 사람 중에서 당신에게 해당되는 것들을 살펴보라.

특히 어떤 면에서 당신은 성경적 내적치유가 많이 필요하다고 생각하는가?

마음의 상처가 많은 사람, 아픈 과거로 고통받는 사람, 건전한 자아상을 원하는 사람, 행복한 결혼 생활을 소원하는 사람, 올바른 자녀 양육을 바라는 사람, 온전한 하나님의 사랑을 갈망하는 사람, 오랫동안 신앙생활 했지만 변화되지 않는 사람, 예수를 잘 믿어 보려고 애쓰지만 안 되는 사람, 신앙(생활)의 기복이 심한 사람, 원만한 인간관계를 갖고자 하는 사람, 목회 사역을 감당할 사람, 선교를 지망하는 사람, 상담 사역을 원하는 사람

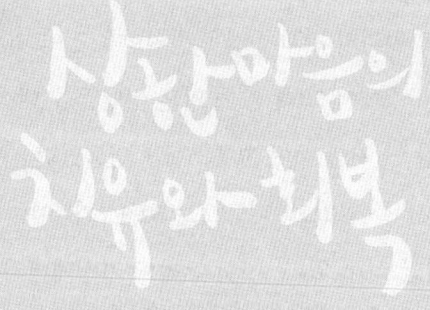

제2장

가정의 역할과 역기능 가정, 학교

　상한 마음과 쓴 뿌리가 생기는 데는 여러 가지 원인이 있지만 대부분 성장 과정 중 가정에서 겪은 부정적인 경험들이 주요한 요인이 되는 것을 볼 수 있다. 특별히 성장 과정에서 부모의 부정적인 말과 표정과 태도와 행동 속에서 자라온 사람들은 마음 깊은 곳에 여러 가지 상처와 아픔이 자리잡게 되고, 시간이 지나면서 그 증상이 외적으로 분명하게 드러나게 된다.[1]

　부모가 완벽주의거나 혹은 비교의식 가운데 자녀를 양육했다면 그 자녀의 마음속에는 좌절감, 분노, 열등의식, 낮은 자존감, 거절감, 무가치함, 버림당할 것에 대한 두려움, 외로움 등이 자리잡게 된다. 그래서 하나님과의 관계와 다른 사람들과의 관계에 잘못된 영향을 깊이 미치게 된다.

　한국가정사역연구소에서 20대 기독 미혼 청년들을 대상으로 이제까지 자신의 삶에서 가장 '상처를 주며 고통스럽게 만들었던 사람'을 조사했는데 40.7%가 '아버지'를 꼽았고, 다음으로 32.1%가 '어머니'라고 응답했으며, 27.2%가 '집안 식구'였다. 이것을 봐도 가정에서의 경험이 얼마나 우리 인생에 있어서 절대적인 영향을 주는지를 잘 알 수 있다.

---

[1] 김영민, "정신 건강과 내적치유," 74-75.

이렇게 자녀들은 가정과 부모의 강력한 영향 아래에서 성장하게 된다. 우리가 자라난 가정은 우리의 인격 형성, 즉 우리의 정서 발달, 가치관, 사고방식, 의사 표현 방식, 삶의 태도와 방식, 행동 양식에 지대한 영향을 미친다. 그래서 찰스 셀은 "우리의 몸은 우리의 가정을 떠나지만, 우리의 가정은 우리를 떠나지 않는다"[2]라고 했다. 아버지와 어머니의 관계, 부모의 가치관과 의사 표현 방식, 삶의 태도와 방식, 행동 양식이 우리의 자아 개념과 인격 형성을 좌우하는 핵심 요인이 된다.[3]

1. 가정의 역할

우리가 건강한 인생을 살고 건강한 신앙생활을 하는 데 있어서 가정은 매우 중요한 역할을 한다. 가정은 한 사람의 인격 형성에 있어서 가장 중요한 영향을 미치는 곳이다. 그래서 『사람 만들기』(*Peoplemaking*)의 저자 버지니아 사티어(Virginia Satir)는 "가정은 사람을 만드는 공장"이라고 비유하기도 했다.[4] 이렇게 한 사람의 정체성을 형성하는 과정에서 가정의 역할은 절대적이다. 가정에서는 한 사람의 문제가 단지 한 사람의 문제로 끝나지

---

[2] 셀, 『아직도 아물지 않은 마음의 상처』, 23; 데이빗 스툽, 제임스 매스텔러, 『부모를 용서하기 나를 용서하기: 용서를 통한 역기능 가정의 성인아이 치유』(*Forgiving Our parents, Forgiving Ourselves*), 정성준 역 (서울: 예수전도단, 2001), 48 참조.
[3] 정동섭, 『당신의 가정도 치유될 수 있다』(서울: 하나, 1996), 239-240; 정동섭, 『부부성숙의 비결: 당신의 가정도 변화될 수 있다』(서울: 이든북스, 2018), 241; 정동섭, 『어떻게 사람을 변화시킬 수 있는가?』, 79-80 참조.
[4] 정동섭, 『당신의 가정도 치유될 수 있다』, 242; 정동섭, 『어떻게 사람을 변화시킬 수 있는가?』, 90에서 인용.

않는다. 한 사람의 문제가 다른 모든 가족에게 영향을 미친다.[5] 특히 부모는 자녀들의 인격 형성에 절대적인 영향을 준다.[6]

우리는 일생을 살면서 수많은 종류의 거절을 당하면서 마음의 상처를 받는다. 특히 가까운 관계에 있는 사람들의 말투, 표정, 태도, 은밀한 표현, 행동 등을 통해 전달되는 거절의 메시지는 마음에 큰 상처와 아픔을 준다. 우리는 어릴 때 이러한 거절의 메시지를 부모나 형제, 교사, 친구, 이웃 등 다양한 관계에서 경험할 수 있다. 이러한 거절감이 올바르게 해결되지 않고 마음에 쌓이게 되면 성인이 돼서도 모든 관계 속에 부정적인 영향을 미친다. 즉 자신과의 관계, 다른 사람들과의 관계, 심지어는 하나님과의 관계에서도 많은 문제를 일으키는 원인이 된다.

거절당한 기억들은 마치 컴퓨터에 저장된 파일과 같아서 거절당하는 듯한 느낌을 받게 되면 기억에 저장돼 있던 과거의 아픈 감정이 되살아나게 된다. 그래서 현재 상황에 올바르게 반응하지 못하고 거절당해 상처 입은 과거의 상황에 반응하게 된다.

과거에 경험했던 상처가 너무 고통스럽기에 그 상처를 다시 받지 않기 위해서 이성적인 반응을 하지 못하고 본능적으로 감정적이거나 자기방어적인 잘못된 반응을 하게 된다. 현재 자신이 경험하는 거절은 과거의 거절당했을 때 경험했던 그 상처와 아픔과 함께 깊이 느껴지면서 그 강도와 깊이가 배가되기에 올바르게 반응하지 못하고 파괴적으로 반응하게 된다. 특히 성장 과정에서 계속해서 반복적으로 입력된 부정적인 메시지는 마음

---

[5] 김준수, 『마음의 치유』, 94-96.
[6] 김준수, 『마음의 치유』, 104; 김진, 『그리스도인은 인간을 어떻게 이해해야 하는가』 (서울: 생명의말씀사, 2014), 150-183.

깊숙이 새겨져서 성인이 된 후에도 무의식적으로 부정적인 반응을 하도록 만드는 쓴 뿌리가 된다.[7]

자녀들을 거절하고 인격적으로 무시하는 부모의 말과 표정과 태도와 행동은 대부분 자녀에게 깊은 상처를 주면서 위축되고 거짓된 자아를 발달시키는 원인이 된다. 자녀에게 깊은 상처를 주면서 부정적인 영향을 미치는 부모의 거절이나 무시의 메시지는 직접적인 것과 간접적인 것이 있다. 부모의 육체적인 학대와 성적인 학대는 겉으로 분명히 드러나는 직접적으로 표현되는 거절과 무시의 메시지다.

그러나 교묘하게 표현되는 간접적인 거절이나 무시의 메시지는 부모조차도 잘 인식하지 못하기에 그 심각성을 간과하는 경우가 많다. 이러한 메시지를 받는 자녀는 마음에 상처를 받게 되고 그 상처는 건강한 인격을 형성하고 건강한 인생을 사는 데 있어서 많은 지장을 초래하게 된다.[8]

거절당하고 거부당하는 경험은 마음을 상하게 하고, 우리 마음 깊은 곳에 상처를 남긴다. 그리고 반복되는 거절로 인해 상처가 배가 되고 악화될 때 마음 깊은 곳에 '쓴 뿌리'가 심어지게 된다. 사람들은 거절당한 경험이 너무 고통스럽고, 또 부정적인 영향을 많이 받기에 다시 거절당하지 않기 위해서 의식적으로, 무의식적으로 노력하게 된다.[9] 그래서 자신을 지키고 방어하고자 나름대로 삶의 죄악 된 방식들을 형성하고 그 방식에 따라 살아가는 것이다.

---

7 김준수, 『마음의 치유』, 108.
8 김준수, 『마음의 치유』, 110.
9 김준수, 『마음의 치유』, 120.

우리는 모두 모양과 정도는 다르지만 다 거절당하고 거부당한 경험을 가지고 살아왔기에 하나님의 은혜로 구원을 받고 새로운 피조물이 된 후에도 각자 어릴 때부터 형성한 육신의 죄악 된 패턴은 단기간 내에 변화되지 않는다. 고린도후서 5:17의 말씀처럼 그리스도 안에 있기에 근본적으로는 새로운 피조물이 됐지만 실제로 느끼고 판단하며 선택하고 행동하는 패턴은 타락하고 부패한 옛사람의 속성을 따라 반응하게 된다. 근본적으로 새사람이 됐고 새 피조물이 돼서 이전 것은 다 지나갔지만 그것은 원리적인 것이요, 실제 삶 속에서는 옛사람의 패턴에 따라서 고통스럽게 살아가는 것이다.[10]

거절당하고 거부당한 경험은 각 사람의 자아상과 정체성을 형성하는 데 중요한 영향을 미친다. 거절감은 무의식적으로 거절을 당하지 않으려는 삶의 독특한 패턴을 형성한다. 사람은 누구나 거절당할 것에 대한 두려움이 있기에 그것을 극복하고 대처하는 방법들을 스스로 개발해 자기를 방어하려고 하기 때문이다.[11]

현재 우리가 특정한 환경의 자극에 반응하는 패턴은 어느 한순간에 형성된 것이 아니다. 오랜 세월을 걸쳐서 점진적으로 형성되고 고착된 것이기에 그것을 떨쳐 버리거나 변화시키기는 결코 쉽지 않다. 특히 우리 자신의 자아의식과 정체성을 형성하는 과정인 어린 시절에 거절당한 경험들이 주는 부정적인 영향은 막대하다.

---

10 김준수, 『마음의 치유』, 124.
11 김준수, 『마음의 치유』, 124.

따라서 성장 과정에서 가장 중요한 관계를 형성하는 부모나 형제들, 교사들, 친구들, 그리고 가까운 사람들에게서 받은 거절당한 경험들을 치유하고 바로잡는 일은 우리의 왜곡된 자아상을 버리고 건강한 자아상을 회복하는 데 있어서 반드시 있어야 할 필수적인 과정이다.[12] 우리가 건강한 인생을 살고 건강한 신앙생활을 하는 데 있어서 반드시 있어야 하는 과정이다. 그리고 건강한 가정을 이루고 건강한 관계를 맺는 데 있어서도 필수적인 과정이다. 그러므로 상한 마음의 치유, 성경적 내적치유는 우리 모두에게 반드시 필요하다.

이 세상에 존재하는 사람들 가운데 상한 마음의 치유, 성경적 내적치유가 필요 없는 사람은 아무도 없다. 우리 인간은 모두 다 죄인이다. 우리는 우리 안에 있는 부패하고 타락한 죄악 된 본성으로 인해 다른 사람들에게 상처와 아픔을 주기도 하고 받기도 한다. 그 결과 여러 가지 상처와 쓴 뿌리로 인해 고통당하는 사람들과 가정들이 이 땅에는 너무나 많이 있다. 겉으로 볼 때는 원만한 부부 같고 문제없는 가정 같지만 한 꺼풀만 벗기고 보면 그리스도인 가정 가운데서도 많은 문제가 있고 아픔이 있고 갈등이 있다.

그런데 이런 갈등과 아픔과 문제가 생기는 원인은 여러 가지가 있지만 그중에서도 가장 중요한 원인은 부부나 가족들 가운데 자라 오면서 거절당한 경험으로 인해 생긴 여러 가지 상처와 아픔이 마음 깊은 곳에 쓴 뿌리로 자리잡고 있기 때문이다. 이런 갈등과 아픔과 문제를 근본적으로 해결하기 위해서는 겉으로 드러나는 모습만을 제거하려고 해서는 안 된다. 그렇게 한다고 해서 해결될 수도 없겠지만 잠시 나아진 듯해도 얼마 지나

---

[12] 김준수, 『마음의 치유』, 125.

지 않아서 또 다른 갈등과 문제와 아픔이 생겨난다.

결국, 갈등과 문제의 근원이 되는 잡초와 같은 '쓴 뿌리'를 제거하지 않으면 우리는 평생 상처와 아픔과 문제 속에서 고통당하며 살 수밖에 없고, 다른 사람들에게도 고통을 주면서 살 수밖에 없다.

2. 역기능 가정

가정은 재생산 및 종족 보존, 성적 표현 및 통제, 교육 및 사회화, 지위 부여, 경제적 협력, 정서적 지지와 만족, 사회 통제 기능 등의 다양한 기능을 수행한다. 이렇게 가정에 부여된 기능을 잘하는 건강한 가정을 '순기능 가정'(functional family)[13]이라고 하고, 이런 기능이 비정상적으로 이뤄지는 가정을 '역기능 가정'(Dysfunctional Family)이라고 한다.[14] 역기능 가정은 순기능 가정과 반대되는 가정으로 역기능 가족에게는 순기능 가족에서 발견되는 용납과 개방과 융통성과 긍정적 분위기, 갈등의 건강한 해결, 명확

---

[13] Stanton Jones & Richard Butman은 *Modern Psychotherapies* (Downer Grove, Il: InterVarsity Press, 1991)에서 순기능 가정의 특성을 다음과 같이 설명한다. ① 피차 사랑과 고마움을 표현하면서 상호 지지를 보여 주기에 건강한 친밀감이 존재한다. ② 명확하게 설정된 세계관을 가지고 있다. ③ 정확하게 의사를 전달하기에 의사소통 과정이 건강하며 개방적이고 직접적이다. ④ 가족이 여러 가지 일에 동참하고, 함께 하는 것을 즐긴다. ⑤ 가족에 대한 책임감을 공유하며 피차간의 언약을 중요시한다. ⑥ 도전과 위기에 능동적으로 반응한다. 정동섭, 『당신의 가정도 치유될 수 있다』, 244-247; 정동섭, 『어떻게 사람을 변화시킬 수 있는가?』, 99-101; 정동섭, 『부부성숙의 비결』, 247-248에서 인용.
[14] 정동섭, 『당신의 가정도 치유될 수 있다』, 248; 정동섭, 『어떻게 사람을 변화시킬 수 있는가?』, 91; 정동섭, 『부부성숙의 비결』, 244-247.

하고 일관된 의사소통, 친밀감의 증진, 개성의 격려, 상호 신뢰와 문제 해결을 위한 책임감 공유, 욕구의 충족, 사랑과 즐거움의 공유, 현재 있는 그대로 보고 듣고 생각하고 느끼고 원하고 상상할 수 있는 자유를 누리는 것 등이 결여돼 있다.[15]

그레이슨과 존슨(Curt Grayson & Jan Johnson)은 역기능 가정을 다음과 같이 정의한다.

> 가족 구성원들 사이에 건강하지 않은 관계 유형이 존재하는 가정이며 부모가 자녀의 정서적 욕구를 충족시켜 주지 못하는 가정이다.[16]

역기능 가정은 가족 구성원들 사이에 소속감이나 자존감, 그리고 정체성이 결핍된 가정이다. 역기능 가정에서 양육된 사람들은 성장 과정에서 입은 여러 가지 상처로 인해 마음 깊은 곳에 쓴 뿌리가 자리잡고 있는 경우가 많기에 반드시 상한 마음의 치유가 필요하다.

가족 상담이나 치료를 전문으로 하는 심리학자들은 다음과 같은 가정을 통틀어 역기능 가정이라고 부른다.[17]

---

[15] 정동섭, 『당신의 가정도 치유될 수 있다』, 248; 정동섭, 『어떻게 사람을 변화시킬 수 있는가?』, 102-103; 정동섭, 『부부성숙의 비결』, 248-249; 스툽 외, 『부모를 용서하기 나를 용서하기』, 27-120; 리치필드 외, 『하나님께 바로서기』, 85-105 참조.

[16] Curt Grayson & Jan Johnson, *Creating a Safe Place: Christian Healing from the Hurt Dysfunctional Families* (San Francisco: Harper Collins Publishers, 1991), 12; 정동섭, 『이떻게 사람을 변화시킬 수 있는가?』, 97에서 인용.

[17] 정동섭, 『당신의 가정도 치유될 수 있다』, 248; 정동섭, 『어떻게 사람을 변화시킬 수 있는가?』, 95-97, 103-108 참조; 정동섭, "역자 서문," 셸, 『아직도 아물지 않은 마음의 상처』, 11, 25-26 참조. 정동섭 가족관계연구소장은 『신흥 종교의 교주·교인들에 대한 심리학적인 분석』에서 "이단·사이비 단체로 통칭하는 신흥 종교 신도와 교주들의 특

① 가족들 가운데 습관적으로 술을 마시는 술주정뱅이나 알코올 중독자, 약물 중독자, 성(섹스) 중독자, 소비 중독자(자린고비 포함), 도박 중독자, 음식 중독자(충동적으로 음식을 과식하거나 거식하는 자), TV · 인터넷 · 게임 중독자, 종교 중독자 등의 중독자가 있는 가정[18]
② 언어적, 신체적 또는 성적인 학대가 행해진 가정
③ 가족 가운데 습관적인 분노 폭발자가 있는 가정
④ 부모가 돈 버는 일이나 직장 일에만 열중한 일 중독자(workaholic)[19]로 가정이나 자녀들에게 무관심한 가정
⑤ 아버지가 외도해서 딴 살림을 차리고 자식들을 돌아보지 않는 가정
⑥ 이혼했거나 재혼한 가정에서 편모나 계부, 계모 밑에서 자란 가정
⑦ 부모가 엄격하고 율법주의적인 신앙생활을 고수했던 가정
⑧ 중풍이나 뇌성마비와 같은 중병을 앓거나 만성적으로 아픈 환자가 있는 가정
⑨ 부모가 정신적으로 병들어 있거나 만성 우울증에 걸려 있는 경우와 같이 정서적으로 병들어 있는 가정
⑩ 의처증이나 의부증 증세를 나타내는 부모를 둔 가정
⑪ 공격적이고 비판하는 성격의 어머니가 있는 가정
⑫ 아버지나 어머니가 무관심하거나 따뜻한 사랑을 주지 않은 가정

징 중 하나가 '역기능 가정' 출신"이라는 연구 · 분석 결과를 발표했다.
[18] 중독의 구분과 그 종류에 대해서는 본서 제1장의 5. "내적치유가 필요함을 나타내는 증상들" 가운데 11) '각종 중독'(Various Addiction)을 참고하라.
[19] 그레이슨과 존슨(Curt Grayson & Jan Johnson)은 일중독의 대상이 교회 일일 경우에는 일중독이 '기독교적인 죄'(Christian sin)가 될 수 있다고 말한다. 정동섭, 『어떻게 사람을 변화시킬 수 있는가?』, 106에서 인용.

⑬ 기본적인 식생활을 하기 어려울 정도로 가난한 가정 등

성경에 나오는 유명한 인물들의 가정 가운데도 역기능 가정이 많다. 아브라함, 야곱, 사무엘, 다윗 등의 가정이 대표적인 역기능 가정이다. 그중에서 사무엘 선지자의 가정을 자세히 살펴보려고 한다(참조. 삼상 1-3, 7-8, 12장).[20]

사무엘은 모든 백성의 사랑과 인정과 존경을 받았던 훌륭한 지도자였지만 그의 가정은 참 불행했다. 사무엘이 늙어서 은퇴한 후 사사의 지위를 계승한 아들들이 아버지의 훌륭한 모습과는 딴판으로 불의한 지도자로 악을 행하고 불법을 행했기 때문이다. 그들의 이런 악한 모습으로 인해 이스라엘 백성들은 주위의 이방 나라처럼 왕을 구하게 됐다. 그것은 하나님의 신정(神政) 정치를 불신하는 것이었고 이스라엘의 왕이신 하나님을 버리는 악한 행위였다. 사무엘의 아들들은 이스라엘 백성들이 이런 악을 행하는 데 있어서 주요한 원인을 제공했다.

훌륭한 믿음의 사람이었던 사무엘의 가정에서 자란 아들들이 어떻게 아버지와 같은 삶을 살지 못하고 불의와 불법을 행하는 악한 삶을 살았는지 이해가 잘 되지 않는다. 사무엘의 아들들이 그런 악한 삶을 산 데는 그들에게 가장 큰 책임이 있다. 결코 그들의 책임을 간과하거나 축소시켜서는 안 된다.

나아가 사무엘의 아내에게도 문제가 있을 수 있다. 자녀들의 양육에 있어서 어머니의 책임 역시 막중하다. 필자가 어릴 때 주위의 아버지들 가운

---

[20] 이관직, 『성경 인물과 심리분석』(서울: 생명의말씀사, 2005), 136-146 참조.

데는 전혀 아버지 역할을 하지 못하고 오히려 자녀들과 가족들에게 상처를 주면서 부정적인 영향을 끼치는 경우가 많았다. 그러나 그때도 어머니가 중심을 잡고 자녀들을 반듯하게 양육하는 경우들이 있었다.

또 사무엘의 아들들이 불의하고 악한 자가 된 데는 다른 이유도 있었을 것이다. 친구를 잘못 사귀었다든지 혹은 환경적인 이유도 있을 수 있다.

그러나 그 모든 것을 다 고려한다 할지라도 아버지 사무엘의 책임이 면제되는 것은 결코 아니다. 사무엘은 아버지로서 자식들을 올바르게 교육하지 못하고 양육하지 못한 것에 대해서 책임이 있다. 성경은 자녀들의 교육과 양육에 있어서 가장 큰 책임을 진 사람은 아버지라고 분명히 말씀한다.

> 또 아비들아 너희 자녀를 노엽게 하지 말고 오직 주의 교훈과 훈계로 양육하라(엡 6:4).

여기서 '아비'들은 물론 부모를 지칭하지만 부모 중에서도 특히 아버지를 일차적으로 가리킨다. 왜냐하면, 자녀들을 교육하고 양육하는 가장 중요한 책임이 바로 아버지들에게 있기 때문이다. 그리고 아버지는 한 가정의 가장이며, 머리이며, 영적 제사장이기 때문이다.

그토록 신실한 신앙인이었고 훌륭한 지도자였던 사무엘이 자녀들을 하나님이 원하시는 자녀들로 양육하지 못한 주요한 이유가 무엇인가?

우리는 사무엘의 생애를 통해서 두 가지 점을 주목할 수 있다.

첫째, 사무엘이 너무 바쁜 삶을 살았기에 아버지로서의 역할을 제대로 감당할 수 없었다는 점이다. 당시 이스라엘에는 왕이 없었기에 사무엘은 사사로서 왕의 역할을 대신해서 이스라엘을 정치적으로 다스려야 했고, 또 제사장과 선지자의 역할까지 감당해야만 했다. 사무엘은 가정을 돌볼 시간과 여유가 없었을 것이고, 자식들을 양육하고 가르치는 일에 거의 신경을 쓸 수 없었을 것이다. 그 결과 사무엘은 자식 교육에 있어서 거의 영향력을 미칠 수가 없었을 것이다. 이것이 훌륭하고 신실한 아버지 사무엘의 신앙과 삶이 자식들에게 전해질 수 없었던 중요한 요인 가운데 하나였을 것이다.

우리는 사무엘의 입장과 사정을 충분히 이해할 수 있다. 그의 사역이 너무나 바빴기에 가정을 제대로 돌볼 수 없었고 자녀들의 교육과 양육에 대해서 관심을 기울일 수 없었을 것이다. 그렇다고 해서 아버지로서의 사무엘의 책임이 결코 면제될 수 있는 것은 아니다. 사무엘에게 있어서 나라를 다스리고 백성을 돌보는 일이 중요한 것처럼 아버지의 역할을 제대로 감당하는 일도 그에 못지않은 중요한 일이었다.

둘째, 사무엘이 태어나서 자란 가정이 역기능 가정이었다는 점이다. 사무엘이 태어나서 젖 뗄 때까지 자란 원가정인 엘가나의 가정은 전형적인 역기능 가정이었기에 그는 역기능적인 부정적인 영향을 받았을 것이다.

사무엘이 태어났을 때에는 이미 배다른 형제자매들이 여럿 있었다. 사무엘의 어머니 한나는 오랫동안 자식이 없었고, 아버지 엘가나는 브닌나를 후처로 얻어서 자식을 낳은 것 같다. 브닌나는 남편 엘가나가 자신보다 한나를 더 극진히 사랑한다는 사실을 알았기에(참조. 삼상 1:8) 남편에 대한

서운함과 한나에 대한 시기심은 한나에 대한 미움과 증오로 발전했고 표출됐다. 그래서 브닌나는 한나의 열등감과 죄책감의 근원인 자식을 못 낳는다는 그 아픔과 상처를 건드리면서 언어폭력과 정서적 학대를 행사해 한나를 심히 격분케 하면서 괴롭혔다.

사무엘이 태어나기 전부터 어머니 한나와 브닌나 사이에는 심각한 갈등이 있었다. 성경은 브닌나를 한나의 '적수'(敵手)로 표현한다(삼상 1:6). 고대 유대 사회에서는 여성이 자식을 낳지 못한다는 것은 하나님의 저주를 의미했기에 한나는 이미 죄책감 속에서 고통을 당하고 있었다. 그런데 설상가상으로 후처로 들어온 브닌나의 언어폭력과 정서적 학대는 한나에게 깊은 우울감과 분노를 가져다줬다. 특히 엘가나 가정이 매년 성소에 제사 드리러 올라갈 때면 브닌나의 격분케 함은 더욱 심했고, 그에 비례해서 한나의 우울증 상태는 더욱 심각해졌다. 남편 엘가나가 심히 안타까워할 정도였다.

> 그의 남편 엘가나가 그에게 이르되 한나여 어찌하여 울며 어찌하여 먹지 아니하며 어찌하여 그대의 마음이 슬프냐 … (삼상 1:8).

한나의 심각한 우울증 상태는 성소에서 엘리 제사장에게 자기 마음을 표현한 고백 속에도 잘 표현돼 있다.

> 나는 마음이 슬픈 여자라(I am a woman who is deeply troubled) … 여호와 앞에 내 심정을 통한 것뿐이오니(I was pouring out my soul to the LORD) … 내가 지

금까지 말한 것은 나의 원통함과 격분됨이 많기 때문이니이다(I have been praying here out of my great anguish and grief)(삼상 1:15-16).

한나는 이런 심한 우울과 슬픔과 고통의 상황에서 하나님을 의뢰하는 믿음과 간절한 기도로 사무엘을 은혜의 선물로 얻었고 참된 평안을 누리게 됐다. 그렇지만 사무엘은 어머니 뱃속에 잉태되는 순간부터 젖을 뗀 후 엘리 제사장에게 보내질 때까지 계속해서 역기능 가정 환경 속에서 양육될 수밖에 없었고, 역기능적인 부정적인 영향을 받았을 것이다.

또 사무엘은 젖을 뗀 유아기 때부터 부모와 헤어져서 전혀 다른 환경 속에서 성장해야만 했다. 이것은 어린 사무엘의 마음에 충격과 상처를 줬을 것이다. 이것은 마치 뿌리가 제대로 나지 않은 나무를 뽑아서 전혀 다른 땅에 심어 놓는 것과 같다. 나무를 그렇게 옮겨 심으면 대부분의 나무가 말라 죽는다. 비록 살아난다 할지라도 나무가 제대로 자랄 수가 없다.

이렇게 어린 시절에 부모, 특히 엄마에게서 분리되는 충격을 경험한 사람들은 분리되게 되면 그 사람들에게는 불안을 느끼는 '분리불안 증세'(separation anxiety symptom)가 나타나게 된다. 그래서 성인이 돼서도 분리되면 과도한 불안을 느끼게 되기에 배우자나 자녀들을 과도하게 억압하고 통제하게 된다. 배우자가 친구나 사람들에게 전화를 오래 걸면 화를 내고, 외출하는 것도 싫어하고, 외출해서 늦게 들어와도 화를 낸다. 그래서 배우자는 마치 자신이 개 줄에 묶여 있거나 철창에 갇혀 있는 것과 같은 느낌을 받는다.

젖을 떼자마자 부모로부터 멀리 떨어져서 전혀 다른 환경 속에서 혼자 성소에서 살아야만 했던 사무엘은 외롭고 두렵고 슬펐을 것이다. 사무엘 역시 우리와 똑같은 성정을 가진 연약한 인간이었기에(참조. 약 5:17) 때때로 밤에는 외롭고 두려워서 울기도 했을 것이다. 늘 만날 날을 손꼽아 기다리며 꿈에 그리던 어머니를 매년 절기 때마다 한 번씩 만나 함께 며칠을 꿈결같이 보내지만 다시 헤어져야 했을 때의 외로움과 허전함과 슬픔은 컸을 것이다.

게다가 사무엘은 어린 나이에 성소에서 어른들이 감당하는 '제사장'의 역할을 담당해야 했다(삼상 2:18).[21] 그런데 그 역할은 아이로서 정상적으로 경험해야 할 어린 시절의 심리적 과제들을 경험하지 못하게 만들었고 '성인'으로 대우받게 했다. 그래서 그에게는 어린 시절이 없는 심각한 결과를 가져왔다. 그것이 사무엘에게 성인아이적인 요소를 갖게 했을 가능성이 크다.

어린 시절의 이런 요인들이 성장한 사무엘에게 나타난 것으로 짐작되는 사건이 있다. 사무엘은 엘리 제사장이 죽은 후 그의 후계자로 이스라엘을 다스리게 됐을 때 오랜 기간 거주하고 있었던 성소가 있던 실로에 더 이상 머무르지 않았다. 고향인 라마로 돌아가서 그곳을 거점으로 사역을 했다. 그것은 사무엘의 마음 깊은 곳에 부모와 형제들이 사는 고향에서 살고 싶

---

[21] "사무엘은 어렸을 때에 세마포 에봇을 입고 여호와 앞에서 섬겼더라"(삼상 2:18).
'에봇'(Ephod)은 본래 제사장들이 입던 일종의 겉옷이다. 대제사장이 아닌 일반 제사장들은 세마포(linen)로 만든 흰색 에봇을 입었다(삼상 22:18). 사무엘이 어릴 때 에봇을 입고 여호와를 섬겼다는 것은 본격적으로 성소에서 봉사 임무를 수행했음을 보여 준다. 그는 엘리와 같은 공식적인 제사장은 아니었지만 성소에서 '소년 제사장'의 역할을 감당한 것 같다.

은 간절한 욕구와 갈망이 자리잡고 있었을 뿐 아니라 이제까지 채우지 못한 채 자리잡고 있었던 마음의 깊은 외로움 때문이었을 것이다.

또 사무엘이 젖을 뗀 후부터 함께 살았던 엘리 제사장의 가정은 사무엘에게 있어서는 입양된 제2의 가정이었다. 그래서 나이 많은 엘리 제사장은 양부와 같았고, 나이 차이가 많이 나는 엘리의 두 아들 홉니와 비느하스는 배다른 형들과 같았다. 그런데 엘리 제사장의 가정은 사무엘의 원가정보다 더 심각한 역기능 가정이었다(삼상 2:12). 엘리의 아들들은 제사를 멸시해 하나님께 제물을 드리기도 전에 자기들이 먼저 제물을 빼앗아 먹었고(삼상 2:13-17), 회막에서 수종드는 여인들과 동침했다(삼상 2:22). 그들은 아버지의 권위를 무시했기에 엘리 제사장의 훈계를 듣지 않았다(삼상 2:23-25).

사무엘은 젖을 뗀 후부터 이런 역기능 가정에서 양육됐기에 알게 모르게 역기능적인 영향을 받았을 것이다. 특히 엘리와 두 아들 홉니와 비느하스의 관계와, 사무엘과 두 아들 요엘과 아비야의 관계는 그 양상이 비슷한 모습을 보이는데, 무언가 연결 고리가 있는 것처럼 느껴진다.

무엇보다 사무엘에게는 아버지의 좋은 역할 모델이 없었다. 친아버지인 엘가나나 양부 역할을 했던 엘리 제사장에게서 그는 따뜻한 아버지의 사랑을 받아 본 적이 없었다. 그래서 아버지로서 자식들을 어떻게 사랑해야 하는지를 몰랐을 것이다. 또 어떻게 자식들과 건강한 대화를 나눠서 '감정의 교류'가 이뤄지는지 알지 못했을 것이다. 왜냐하면, 친아버지와 양아버지로부터 보고 배운 것이 전혀 없었기 때문이다. 그래서 사무엘은 마음으로는 자녀들을 사랑했지만 자녀들은 아버지로부터 전혀 사랑을 느끼지 못하고 '심리적 고아'[22]와 같이 성장했을 가능성이 크다.

사랑은 우리 삶의 가장 기본적인 요소와 욕구이기에 인간은 사랑 없이는 결코 살 수 없다. 그러기에 사랑을 받지 못한 사람들 가운데 많은 사람이 사무엘의 아들들처럼 사랑의 결핍을 거짓된 사랑인 정욕으로 메꿔서 삶의 균형을 유지하려고 애쓴다. 거짓된 사랑을 추구하는 정욕은 음란, 외설, 잘못된 성관계, 과도한 물질 추구와 남용 혹은 자린고비, 질투심, 소유욕 등으로 나타나는데, 사무엘의 아들들에게도 그런 모습이 분명히 나타났다.

사무엘의 아들들이 뇌물을 구하고 부정한 돈을 추구한 것은 분명히 그들이 죄를 범한 것이고 그들의 전적인 책임이다. 그렇지만 그들이 자란 가정이 역기능 가정으로 아버지 사무엘이 따뜻한 사랑을 베풀지 못하고, 또 자녀들과 감정의 교류가 이뤄지는 진정한 대화를 나누지 못한 것도 잘못된 영향을 많이 끼쳤음을 부인할 수 없을 것이다. 그래서 사무엘의 아들들 마음에는 깊은 외로움과 공허함과 거절감의 쓴 뿌리가 생겼을 것이고 그것이 돈을 추구하는 정욕적인 모습으로 나타나서 뇌물을 구하고 부정한

---

22 침례신학대학교에서 상담을 가르치는 변상규 교수는 역기능 가정과 순기능 가정을 평가하는 중요한 잣대로서의 대화 기능을 들면서 그것이 우리 몸의 피와 같은 기능을 하고 있다고 지적한다. 그는 대화가 잘 통해 '감정의 교류'가 이뤄지는 가정을 '순기능 가정'이라고 하고, 대화가 통하지 않아서 '감정의 교류'가 이뤄지지 않는 가정을 '역기능 가정'이라고 한다. 그리고 대화가 부재한 가정에서 자란 사람들을 가리켜 늘 마음이 외롭고 막연한 그리움이 많은 '심리적 고아'라고 지칭하면서 그들의 마음 깊은 곳에는 '역기능적 가족 로맨스'가 자리잡고 있다고 한다. 역기능적 '가족 로맨스'는 성장하면서 부모에게 사랑과 인정을 받지 못할 때 현재의 부모를 의심하고 진짜 부모가 따로 있는 것처럼 생각하면서 그 부모를 기다리는 마음을 가리킨다. 이런 아이들은 성장해 배우자를 비롯해 다른 사람들과 관계할 때도 심한 갈등이 있으면 어릴 때와 같은 마음을 가지고 유사한 행동을 하게 된다고 한다. 변상규, 『자아상의 치유』, 24-37.

방법으로 돈을 모으는 악을 행하게 했을 것이다.

인간은 참된 사랑으로 마음을 채우지 못할 때 다른 대용품을 구하게 되고, 그 대용품을 통해서 자신의 외로움과 공허함과 거절감을 대신 채우려고 한다. 그 대용품이 바로 돈과 명예와 쾌락에 대한 잘못된 추구다.

사무엘은 아주 어렸을 때부터 역기능 가정에서 자라면서 아버지의 따뜻한 사랑을 받지 못했고 감정의 교류가 이뤄지는 진정한 대화를 나눌 수 없었다. 그 역시 자녀들에게 그렇게 대했을 것이고, 설상가상으로 사무엘은 너무나 바쁜 사람이었기에 상황을 더욱 악화시켰을 것이다. 그래서 사무엘은 훌륭한 사람이었지만 그의 자녀들은 아버지의 모습과는 전혀 다른 불의와 부정을 추구하면서 악한 삶을 사는 악인들이 됐다.

물론 그렇다고 해서 사무엘의 아들들의 책임이 면제될 수 있는 것은 결코 아니다. 그것은 비록 그들이 그와 같은 상황 속에서 자랐다 할지라도 올바르게 반응하고 행동했다면 결코 그런 악인이 되지 않았을 것이기 때문이다. 그들이 살아오면서 직면하고 경험했던 모든 요소를 취사선택(取捨選擇)해 현재 자신들의 모습을 만든 사람은 다른 사람이 아니라 바로 그들 자신이었다. 그러므로 이 모든 것의 궁극적인 책임은 바로 그들 자신에게 있지만, 아버지 사무엘이 부정적인 영향을 끼쳤음을 부인할 수 없다.

이런 역기능 가정에는 순기능 가정과는 분명히 구별되는 독특한 형태와 특징이 있다.

1) 역기능 가정의 형태와 특징

데이비드 올슨은 역기능 가정을 크게 네 가지 형태로 나누어 설명한다. 혼돈된 가정, 경직된 가정, 유리(遊離)된 가정, 밀착된 가정이다.

혼돈된 가정과 경직된 가정은 그 가정의 규칙을 중심으로 생각해 본 가정 형태다. 사람이 사는 데는 반드시 규칙이 필요하고 제한이 필요한데 '혼돈된 가정'에는 규칙이 없다. 그래서 혼란하고 병든 가정이 될 수밖에 없다.

이와 정반대로 '경직된 가정'은 지나치게 엄격한 규칙을 적용하는 가정이다. 이 가정의 가장은 아주 권위적이고 지나친 지도력을 갖추고서 가족들의 역할을 다 결정하고 엄격한 자녀 교육을 한다. 융통성이라고는 전혀 없고 숨막히는 생활이 반복된다. 이 가정에는 명령과 복종만 있을 뿐 대화가 없기에 가정이 경직될 수밖에 없다.

'유리된 가정'은 가족이 뿔뿔이 흩어져 있기에 가족 중심성이 없다. 일체감이 없기에 제멋대로 결정한다. 반면에 밀착된 가정은 너무 지나치게 의존적이어서 서로 엉켜 산다.[23]

팀 슬레지(Tim Sledge)는 역기능 가정의 특징에 대해 다음과 같이 설명한다.[24]

---

[23] 이동원, 『새가정행전: 이동원 목사의 천국가정사역 총 결정체』 (서울: 규장, 1999), 102-103.

[24] 팀 슬레지, 『가족치유 · 마음치유: 역기능 가정에서 자라난 성인아이를 위한 치유 안내서』(*Making Peace with Your Past: Help for Adult Children of Dysfunctional Families*), 노용찬 역 (서울: 요단출판사, 2011), 15-21; 정동섭, 『당신의 가정도 치유될 수 있다』, 248-251; 정동섭, 『어떻게 사람을 변화시킬 수 있는가?』, 103-115 참조.
존 브래드쇼(John Bradshaw)는 *The Family: A Revolutionary Way of Self-discovery*에서 역기

(1) 역기능 가정은 정서적으로 문제가 있는 사람에게 모든 가족의 관심이 집중돼 있다

정서적으로 결핍된 사람은 대부분 중독적 · 강박적 성격의 소유자인 경우가 많다. 이런 중독적 · 강박적인 사람이 있는 역기능 가정의 공통적인 특징은 다른 가족들의 관심이 그 사람에게 집중돼 있다는 것이다.

예를 들면 가족의 중심인물이 알코올 중독자거나 화를 잘 내는 아버지 혹은 어머니라고 하면 그 가정은 "될 수 있는 대로 아버지 혹은 어머니를 기쁘게 해 드리면서 그가 원하는 대로 하자. 그러면 아버지 혹은 어머니는 오늘 술을 마시지 않거나 화를 안 내실지도 모른다"라고 하면서 중심인물에 관심을 집중한다.

또 정서적으로 결핍된 사람이 중독적 · 강박적 성격을 소유한 사람이 아닌 경우에도 다른 가족들의 모든 정서적인 에너지는 그 사람에게 집중된다. 즉 가족 중에 오랫동안 육체적인 질병이나 지적 장애로 인해 정서적으로 결핍된 사람이 있는 경우에 가족들의 정서적 에너지의 상당한 부분이 문제가 있는 가족의 정서적 필요를 채워 주려는 노력에 소모된다. 이런 과정이 진행되면서 모든 가족이 정서적으로 문제를 갖게 된다.

능 가정의 특징을 이렇게 요약했다. ① 그들의 문제를 부인한다. ② 친밀감의 공백(intimacy vacuum)이 있다. ③ 가정의 기반이 수치심이다. ④ 고정되고 경직된 역할에 의해 특징지어진다. ⑤ 식구들이 서로의 경계선 안에 속박돼 있다. ⑥ 식구들이 개인적인 필요를 충족시킬 수 없다. ⑦ 신정한 인격적 접촉이 없다. ⑧ 가정에서 개인은 가족을 위해 존재한다. ⑨ 가정의 규칙이 경직돼 비인간적, 비타협적이고 바꿀 수가 없다. ⑩ 공개된 비밀에 대해 모든 가족이 모르는 척한다. ⑪ 각자가 가정을 지배하는 문제를 통제하기 위해 자기 역할을 한다. ⑫ 갈등과 좌절을 부인한다. 정동섭, 『부부성숙의 비결』, 251-254에서 인용.

(2) 역기능 가정은 모든 가족의 감정 표현을 제한한다

정서적으로 불안정한 한 사람에게 과도하게 집중돼 있는 가정은 다른 가족들이 감정을 표현할 수 있는 여유를 주지 않는다. 그 결과 그런 가정에서 자라는 아이들은 자신의 감정을 숨기거나 감정이 존재하는 것조차 부인하게 된다.

(3) 역기능 가정은 명백한 문제가 있음에도 불구하고 공개적인 대화를 회피한다[25]

건강한 가정에서는 갈등이 있을 때 서로 솔직하게 말할 수 있고 해결책이 분명히 제시될 수 있다. 그리고 상처받은 감정은 사과와 용서를 통한 사랑의 보살핌으로 치유될 수 있다. 그러나 역기능 가정은 이런 해결책이 없다. 계속 현실을 회피하고 부인하고 망각하려고 하기에 진정한 해결은 불가능하고 문제가 계속 누적돼서 결국에는 해결할 수 없는 지경까지 도달하고 만다.

(4) 역기능 가정은 가정 내의 아이들에게 파괴적인 역할을 하게 한다

역기능 가정의 아이들은 정서적으로 불안한 환경에서 살아남기 위한 역할을 계발한다. 이런 역기능적 역할은 가정 내에 존재하고 있는 긴장감에 대처하기 위한 가족 체계의 한 부분으로서 생겨나게 된다. 그 역할은 아이들이 무의식적으로 선택한 것일 수도 있고, 가족들에 의해 부여된 것일 수

---

[25] 역기능 가정과 순기능 가정을 평가하는 중요한 잣대 중 하나가 대화 기능이다. '순기능 가정'은 가족들 간에 대화가 잘 통해 '감정의 교류'가 이뤄지는 가정이고, '역기능 가정'은 대화가 통하지 않아서 '감정의 교류'가 이뤄지지 않는 가정이다.

도 있다. 아이들은 자신의 정체감 일부를 대신하는 역할을 통해 건강하지 못한 방법으로 다른 형제들이나 가족들을 도우려고 한다. 역기능 가정의 아이들의 역할 계발의 모습은 다음과 같다.[26]

① **희생양**: 항상 가정의 문제에 대해서 희생하고 책임을 진다.
② **말 없는 아이**: 이 가정은 많은 갈등과 문제와 긴장을 이미 경험하고 있기 때문에 의식적으로나 무의식적으로 말썽을 피우거나 문제를 일으키지 않는다. 다른 사람의 주의를 끄는 일을 하지 않고 남의 눈에 잘 띄지도 않는다.
③ **광대**: 광대처럼 우스운 행동을 하거나 귀엽게 구는 것을 통해 가정 안에 존재하는 갈등과 긴장감을 완화하려고 노력한다.
④ **위로자**: 가정에 갈등이 있을 때 분위기를 부드럽게 함으로써 갈등을 감소시키고 문제를 해소한다.
⑤ **영웅**: 자수성가(自手成家)형의 인물들 가운데 이런 역할을 하는 사람들이 많이 있다. 가족의 명예를 위해서 열심히 일한다. 성공을 이룸으로써 가정을 일으켜 세우려고 노력한다. 영웅의 역할은 소모적이며 그에게 인간적인 면들을 갖출 여유를 주지 않는다.
⑥ **대리 배우자**: 종종 정서적으로 배우자의 역할이 없을 때 일어나는 현상으로 아이가 어려움에 처한 부모의 상담자가 되고 상대 배우자의 역할을 대신한다. 어머니가 아들이나 딸을 남편처럼 생각하고, 아들

---

[26] 슬레지, 『가족치유・마음치유』, 20, 222-227; 정동섭, 『당신의 가정도 치유될 수 있다』, 249-250; 정동섭, 『어떻게 사람을 변화시킬 수 있는가?』, 111-112.

이나 딸도 자신을 어머니의 남편처럼 생각하는 것이다. 어릴 때 아버지가 세상을 떠나거나 부모가 이혼하거나 부부 관계가 원만하지 못할 때 어머니로부터 과도한 사랑을 받게 되고 자식과 어머니 사이에 분화가 없게 된다. 이처럼 대리 배우자 관계는 건강한 관계로 분화되지 못하고 경계(boundary)가 없고 서로 묶여 있어서 통제나 조정돼 있기에 여러 가지 문제가 생긴다. 특별히 자식이 결혼하고 나면 문제가 심각하게 드러나게 된다.

⑦ **반항아**: 적극적으로 반항하면서 문제를 일으킨다(가출, 폭주족, 폭행, 절도 등).

⑧ **어린 부모**: 부모가 부모 역할을 제대로 하지 못하는 경우에, 하나 혹은 그 이상의 형제들을 돌보면서 부모 역할을 대신한다. 이 아이에게는 자신을 위해서 부모 역할을 해 줄 사람이 없기 때문에 어린 시절을 상실하게 되는 심각한 결과를 가져온다.

⑨ **어린 왕자와 공주**: 이런 역기능 가정에서도 무언가 훌륭한 것이 나왔다는 것을 보여 주기 위해 언제라도 내세울 수 있는 상장과 우승 트로피와 같은 존재다. 그러나 이 아이는 다른 형제들의 질투와 분노로 인해, 그리고 자신의 한계를 인정할 수 없다는 것으로 인해 고통을 당하게 된다.

(5) 역기능 가정은 아이들의 성장 발달에 필요한 적절한 양육을 제공하지 못한다

가정은 아이들이 정서적으로 보살핌을 받고 사랑을 느끼고 귀여움을 받고 신뢰하는 법을 배우는 따뜻한 환경을 제공해야 한다. 그러나 역기능 가정의 아이들은 너무 일찍 일하도록 강요당한다. 그들의 일은 해결되지 않은 어린 시절의 문제를 가지고 있는 정서가 불안한 부모, 즉 역기능 가정에서 자란 성인아이를 돕는 것이다. 아이는 자신의 필요를 채우는 것보다 부모의 필요를 채우는 데 초점을 맞춰야 하고 부모의 필요에 따라 행동한다.

(6) 역기능 가정은 외부 세계와 단절돼 있기에 다른 사람들은 이 가정을 알 수가 없다. 역기능 가정에는 종종 비밀이 있다[27]

그것은 어머니의 알코올 중독일 수도 있고, 교회에서 혹은 사회에서는 지도자이면서 화를 자주 내고 언어폭력이나 손찌검을 하는 아버지일 수도 있다. 다른 사람들은 그 가정에 접근할 수 없고, 혹시 접근한다고 해도 실제 모습을 볼 수 없고 단지 겉으로 꾸민 연극을 볼 뿐이다.

아이들은 정서적으로 결핍된 가족을 보호하는 법을 배운다. 그들이 하는 중요한 일은 비밀을 감추는 것이다. 이 일을 위해 아이들은 현실을 부인하고 그들의 감정을 부인하는 법을 배운다. 그들은 이렇게 현실과 감정을 부인하는 일을 계속함으로 인해 결국에는 무엇이 실제인가를 판단하고 자신들의 느낌이 무엇인지를 인식하는 데 어려움을 느끼게 된다. 이렇게 그들은 현실 감각이 떨어지고 판단력이 저하된 상태에서 성인이 되기에 함부로 보증을 서거나 무모하게 사업에 투자해 큰 어려움을 겪게 되고, 또 자기감정을 인식하는 능력도 부족하기에 혼돈 속에서 고통을 당하게 된다.

---

[27] 스툽 외, 『부모를 용서하기 나를 용서하기』, 75-79.

(7) 역기능 가정은 가족끼리 서로의 경계를 무시하고 함부로 침범한다

이런 가정 환경에서 자란 자녀는 늘 부모의 통제를 받고 생활했기에 성인이 됐을 때 스스로 책임을 지고 독립할 수 없고, 또 부모는 성장한 자녀를 독립시킬 수 없다. 이렇게 역기능 가정의 가족들은 가족 체계를 유지하기 위해 자신들의 자아 경계를 포기하게 되는데, 그것은 자아 정체감을 포기하는 것과 같기에 부정적인 심각한 결과를 가져온다.[28]

역기능 가정에서 자란 사람들을 일컬어서 '성인아이'(adult child)라고 부른다.

2) 역기능 가정에서 성장한 사람들에게서 나타나는 반응과 행동 양식

역기능 가정에서 성장한 성인아이들에게서서는 일반적으로 다음과 같은 반응과 증상이 나타난다.[29]

---

[28] 정동섭, 『당신의 가정도 치유될 수 있다』, 251; 『어떻게 사람을 변화시킬 수 있는가?』, 114-115.

[29] 부르스 탐슨, 바바라 탐슨, 『내 마음의 벽』(Walls of My Heart), 정소영 역 (서울: 예수전도단, 2011), 80-88 참조. 부르스 탐슨 박사는 심리학자들과 사회학자들로 구성된 미국 육군 연구 조사팀이 3세부터 18세의 아이들 200명을 대상으로 조사한 결과인 '아버지 결손 증후군'을 인용한다. 아버지 결손 증후군은 군복무 때문에 아버지가 6개월 이상 아이들을 떠나 있을 때 나타나는 증세로 죽음 때문에 아버지를 잃은 어린이들의 반응과 유사한 사실을 조사팀은 발견했다. 이 연구 조사는 단지 아버지가 부재하는 경우만을 다루고 있지만, 그 아버지가 알코올 중독에다 가족들을 학대하는 아버지거나, 혹은 공공연히 부도덕하거나 충실하지 못한 생활을 하는 아버지인 경우, 그런 역기능 가정에서 성장한 아이의 삶에 입력된 부정적이고 자존감을 손상시키는 내용들은 훨씬 더 심한 상처를 줄 수 있고, 그것들은 그 아이의 생애 동안 그를 어린아이와 같은 행동 속에 묶어 둘 가능성이 크다고 부르스 탐슨은 지적한다.

성인아이의 공통된 특징들에 관해서는 정동섭, 『당신의 가정도 치유될 수 있다』, 252-255; 정동섭, 『어떻게 사람을 변화시킬 수 있는가?』, 115-125를 참고하고, 성인아이의 특성들의 목록과 성인아이에게서 일어나는 여러 가지 증상에 대한 자세한 설명은 존

(1) 분노 ⇒ 범죄

분노는 사랑을 받지 못하고 거절당했을 때 생긴 상처와 아픔으로 인한 잘못된(죄악 된) 태도로부터 온다. 부모가 아이에게 사랑을 주지 못하고 거절할 때 이 아이는 쉽게 범죄하는 사람이 된다. 우리의 아픔을 분노로 나타나고 우리 자신을 보호하기 위해서 분노하는 것이다. 버림받았다는 생각, 실망감 등의 거절감이 상처가 되고 그 상처가 견딜 수 없어서 분노로 표출된다. 분노가 상처를 없애 주길 기대하는 것이다.

근본 문제는 분노가 아니라 그 이면(裏面)에 자리잡고 있는 많은 아픔으로 인한 잘못된 태도 때문이다. 속에 화가 많은 사람은 마음속에 많은 상처가 자리잡고 있기에 분노 뒤의 많은 상처를 봐야 한다. 분노를 속으로 억눌러서 내재화시킬 때 신경성 질병, 불면증, 불안 장애, 공황 장애, 우울증, 자살 시도 등의 심한 정서(정신)적인 병세가 나타나게 되고, 밖으로 표현해 외면화시킬 때는 기물 파괴, 폭력, 살인 등의 사회적 문제를 일으킨다. 범죄하는 사람은 속에 많은 분노를 가지고 있다.

필자가 목회하는 교회의 어느 남자 집사님은 역기능 가정 출신으로 분노의 쓴 뿌리로 인해 오랫동안 고통을 많이 당하고 살았다. 그는 아주 가난한 가정의 4남 1녀 중 셋째로 태어났는데 아버님은 일제 강점기에 동네 전체에서 유일하게 소학교를 졸업하신 후 한학(漢學)을 공부하고 선비 행세를 하셨기에 생계는 늘 어머니가 책임지셨다. 어머니는 할머니와 아버지로부터 늘 무시당하고 주눅이 드신 상태였기에 기를 펴지 못하고 사셨

C. 프리엘, 린다 D. 프리엘(John & Linda Friel)의 『역기능 가정의 비밀 성인아이』(*Adult Children: The Secret of Dysfunctional Families*), 정우성, 유희동 역 (서울: 글샘, 2010), 32-61을 참고하라.

다. 게다가 그의 형님이 결혼 전까지 완전히 망나니로 어머니께 행패를 많이 부리면서 어머니를 참 힘들게 했다.

그 집사님은 그런 모습들을 보면서 어머니에 대한 불쌍한 마음과 아버지와 형님에 대한 미움과 증오와 분노의 마음이 들지만, 어머니에게 아무 도움도 주지 못하는 자신과 자기가 처한 환경을 보고 살면서 그의 마음 안에 분노의 쓴 뿌리가 자리잡게 됐다. 또 학교 다닐 때 매달 내는 등록금을 한 번도 제때 내지 못해 남들 공부할 때 늘 운동장에서 오리걸음을 하는 체벌을 받으며 학교를 다녔다. 그 일로 인해 수치심과 열등감, 선생님과 무능한 아버지에 대한 미움과 증오, 분노의 마음도 자리잡게 됐다.

그 쓴 뿌리는 결혼한 후 아내와 딸이 조금만 비위를 건드려도 용수철같이 급하게 튀는 성격으로 나타나서 악을 쓰고, 때리고, 고함지르며, 난리를 치는 일들을 수없이 반복했다. 심지어 아내를 구타해 병원 응급실로 긴급 후송한 때도 몇 번 있었다. 그리고 딸아이를 너무 심하게 단속해서 딸이 견딜 수 없이 힘들어 했을 때도 많았다.

그 집사님은 '성경적 내적치유 수련회'에 참석해 기도회 시간에 성령께서 자신의 마음을 만져 주시고 자기 안에 있는 분노와 죄악의 쓴 뿌리들을 발견하게 해 달라고 깊이, 간절히 기도했다. 그렇게 기도하는 중에 갑자기 통회(痛悔)의 눈물이 쏟아졌고, 하나님께서는 마음의 굳게 닫힌 강한 철문을 여시고 견고한 죄악의 성을 깨뜨리시고 그를 만나 주셨다. 하나님은 계속해서 기도회 시간마다 찾아오셨고 하염없이 감사와 회개의 눈물을 흘리게 하셨다. 수련회 기간 3일 동안 그가 드린 기도와 흘린 눈물의 양은 20년 동안 신앙생활하면서 드린 기도와 흘린 눈물의 양보다 훨씬 많았다.

하나님께서는 수련회를 통해서 그의 마음에 있는 많은 상처와 쓴 뿌리, 그리고 그 원인을 알려 주셨다.

첫째, 하나님께서는 집사님이 역기능 가정에서 자랐기에 마음 안에 미움과 분노의 쓴 뿌리가 많이 자리잡고 있었던 것을 보여 주셨다. 특히 어린 시절에 아버지와 형으로부터 무시당하고 폭행당하는 어머니를 보호해 드리지 못해 마음 아파하면서 분노했던 그는 어머니의 '대리 배우자'의 역할을 했었는데, 그것은 결혼 후에 아내와 딸에게 심한 상처와 아픔을 주면서 아주 부정적인 영향을 끼쳤다. 아내가 어머니에게 정말 잘함에도 불구하고 "왜 아내는 어머니에게 저 정도밖에 하지 못하는가?" 하는 불만 때문에 늘 아내를 힘들게 했고, 아내의 마음에 상처를 많이 줬다. 심지어 시골에 계신 어머니가 집에 다니러 오실 때면 언제나 아내는 다른 방에서 자고 그는 어머니와 같은 방에서 함께 자는 것을 너무나 당연하게 생각했다.

둘째, 학교 다닐 때 등록금을 제때 내지 못해서 체벌을 받았는데, 그때마다 늘 읍내 아이들에게 창피와 수치를 당한 것으로 인해 수치감과 모멸감과 거절감이 자리잡고 있음을 하나님은 알려 주셨다. 몇십 년이 지난 후임에도 불구하고 동창회에 나가면 그 당시 읍내 아이들과는 대면하기가 싫을 정도로 그때 그 일이 마음에 큰 상처로 자리잡고 있었다.

셋째, 아내와 딸아이에게 정도 이상의 심한 분노를 터뜨리면서 괴롭힌 것들을 하나님은 보여 주셨다.

하나님은 이 세 가지를 보여 주시면서 회개하게 하셨고, 아버지와 형님, 그리고 읍내의 아이들을 용서하게 하셨다. 특히 아내와 딸에게 심한 마음의 상처를 준 것에 대해서는 견딜 수 없는 후회와 회개를 하게 하셨고 홀가분하게 죄책감을 벗어 버리게 하셨다. 성경적 내적치유 수련회를 마치고 집에 돌아온 후 아내와 딸에게 자신의 마음을 전하며 용서를 구하고 용서를 받았다. 그 이후로는 아내와 딸과 건강한 관계를 맺으면서 복되게 살고 있다.

(2) 부정 및 공상 ⇒ 성격적인 장애

사랑을 받지 못하고 거절당했을 때 생긴 상처들과 불안한 마음을 견딜 수 없을 때 나타나는 결과로 현실을 부인하고 환상에 빠진다. 공상에 젖으면서 고통스럽고 불행한 현실 자체를 부인한다. 자신의 가정이 불안하고 문제 많은 가정인 것을 인정하지 않고 별로 문제가 없는 가정으로 상상한다. "아무 일도 없어. 이제 괜찮아"라고 하면서 상처받았다는 것을 부인하지만 마음 깊은 곳에서는 큰 상처로 남는다.

우리가 상처를 받으면 도피하길 원한다. 그래서 환상의 세계로 가서 문을 닫아 버린다. 외로움을 제거하려고 하고 행복한 것처럼 생각한다. 이들이 성장하면 공상하는 태도와 자기기만이라는 심리적 현상으로 인해 현실을 부정하게 되고 성격에 이상이 생겨서 성격적인 장애가 나타나는 경우가 많다.

(3) 외로움과 불안감 ⇒ 소유욕

아이들이 사랑받지 못하고 거절당함으로 인해 인생의 중요한 관계인 부모와의 관계가 결핍될 때 아이들은 외로움과 불안함을 느끼게 된다. 그래서 소유 지배적인 성격이 강하게 나타나서 사람이나 사물에 집착하게 된다. 그것은 붙잡고 있을 때만이 안정감을 느끼기 때문이다.

이런 소유 지배적인 성격은 상대방의 삶을 고통스럽게 만든다. 자식이 부모를 소유하려고 하고, 남편이나 아내가 배우자를 소유하려고 한다. 아내가 자기 남편의 스케줄을 일일이 구체적으로 알기를 원하고, 남편의 경우는 아내의 활동 일거수일투족(一擧手一投足)을 일일이 알기를 요구한다.

이렇게 거절로 인해 깊은 상처를 입은 사람은 어떤 수준의 인간관계에서도 소유하려는 모습을 나타내기에 인간관계를 질식시키게 된다.

(4) 잘못된 죄책감 ⇒ 우울증(속으로 삭일 때), 범죄(겉으로 표현할 때)

역기능 가정에서 자라는 아이들은 자신에게 문제가 있어서 아버지 혹은 어머니가 화를 내고 술을 마신다고 생각하면서 자신을 원망하는 잘못된 정죄감에 빠지게 된다. 그래서 자신을 비난하게 되고, 자기는 가치가 없고, 자격이 없고, 열등아기에 사랑받을 수도 없는 아이라는 생각과 느낌이 들게 된다. 죄책감으로 갈등하는 아이들은 결국 우울증에 빠지게 된다. 부모님이 이혼한 것은 내가 뭔가 잘못하기 때문이라고 생각하기에 죄책감을 느끼게 되고 자기혐오에 빠져서 자신을 비난하고 학대하게 된다.[30]

죄책감을 속으로 삭일 때 스스로 분내게 되고, 심하면 우울증에 빠지게 된다. 반면에 죄책감을 겉으로 표출할 때는 범죄에 빠지게 된다.

자기학대는 자신의 죄책감을 누그러뜨릴 수 있기에 무의식적으로 형벌

---

[30] 스툽 외, 『부모를 용서하기 나를 용서하기』, 290. 구체적인 예가 변상규, 『자아상의 치유』, 27-29에 나온다.

받는 것을 더 좋게 여긴다. 그래서 자신을 처벌받는 상황에 빠뜨려서 벌을 받기 위해 거역한다. 그들은 벌을 받으면 죄책감에서 벗어나리라고 생각하는데, 그들의 죄책감은 잘못된 것이다.

필자의 둘째 아들이 대여섯 살 때인 어느 날, 여섯 살 위인 형이 자기를 때렸는데 가슴이 시원해졌다는 얘기를 우리에게 했다. 사연을 알아보니 형과 같이 놀다가 문제가 생겼는데, 자기가 잘못했음에도 형이 우리에게 야단을 맞았다는 것이다. 그 일로 인해 작은아들은 형에 대한 죄책감을 느끼게 됐고, 그 죄책감은 형이 자기를 때릴 때 사라지게 됐으며, 그 결과 마음이 시원해진 것이다.

(5) 두려움 ⇒ 신경증(노이로제)

거절당한 상처와 불안한 가정의 분위기로 인해 아이의 마음 안에는 두려움이 깊이 자리잡게 된다. 그래서 자신의 안전판이라고 생각하는 것에 대해 강한 집착을 보인다. 예를 들면 아버지의 알코올 중독이나 빈번한 분노의 표출이 있는 가정일 경우 아이는 엄마를 소유하려는 강한 집착을 보인다. 왜냐하면, 엄마는 마지막으로 남아 있는 안전판이기 때문이다.

"우리 엄마가 떠날지 몰라."

아이는 엄마를 붙잡게 되고, 엄마가 없으면 소리를 지른다. 그러면서 많은 것에 대해 걱정하고 노심초사하는 아이로 성장하게 된다.

이런 아이가 성장하면 신경과민증세(신경쇠약)를 나타내고, 심하면 잠을 자기 위해 약물을 복용해야 하고 마약을 하기도 한다. 연약함을 숨기고 감추려고 한다. 근심과 염려가 있는데, 이것은 가슴 깊은 곳에 두려움이 있기 때문이다. 어린이가 "혼자 있기 싫어요. 떠나지 말아요" 하고 울 때 엄마들은 그것을 싫어하고 이해하지 못하기에 아이들을 혼내고 뿌리치고 나간다. 그것이 아이들에게 심한 거절감을 주기에 마음에 더 깊은 상처를 남기게 된다.

(6) 충동적 변화 ⇒ 정신 신체장애(Perversion)

이것은 끊임없이 지속되는 스트레스가 해결되지 않고 내재화된 결과로 인해 체내의 기능에 영향을 미쳐서 나타나는 반응이다. 마음에 안정감을 잃기 때문에 육체적 조절을 잃게 되고 신체적인 변화의 현상인 정신신체장애(psychosomatic disorder)가 나타나게 된다. 거식증, 폭식증, 야뇨증 등과 같은 증상이 나타나는 것이다.

심하면 도착증에 빠져서(성적인 도착증, 동성연애, 자위행위 등) 자신을 스스로 위안하려고 한다. 육체적으로 위안을 얻기를 원하고 스스로 육체를 조절하지 못하므로 레즈비언, 호모, 타락된 증세가 나타나는 것이다.

우리가 상처받고 거절받으면 그 아픔을 제거하고 위안을 얻기 위해 정욕을 추구한다. 그러나 정욕은 순간적인 것이고 우리를 파멸시킨다. 무엇인가를 소유하고자 하는 지나치게 강한 욕구는 우리를 진정으로 만족시켜 주지 못하고 오히려 바닷물처럼 더 큰 갈증을 일으켜서 더 강한 정욕에 빠지게 만든다.

(7) 퇴행 ⇒ 정신 이상

거절당한 상처가 너무 심한 나머지 삶의 주요 활동인 먹는 것, 노는 것, 사귀는 것, 일하는 것 등에 적극적으로 참여하는 대신 그러한 활동으로부터 회피하려고 한다. 깊은 두려움과 불안정으로 인해 스스로 자신을 코너에 몰아넣고 자신의 세계에서만 살아간다. 현실에서 벗어나게 되고, 정신병적인 증세가 나타나며, 이야기를 하나 전혀 이치에 맞지 않는 말을 한다. 이런 현상의 핵심적인 근본 내용은 깊은 두려움과 불안이다.

이상에서 볼 수 있는 것처럼 역기능 가정에서 자란 아이들의 어릴 때의 반응이 성인이 돼서 결과로 나타나는 경우가 많기에 많은 성인에게서 미성숙한 어린아이의 모습을 보게 된다.[31] 성인아이들 두 사람이 결혼하게 됐을 때 마치 네 사람이 결혼하게 되는 것과 같은 결과가 발생한다. 결혼생활에 문제가 없을 때는 두 사람의 성인이 관계하지만, 문제가 생기면 어린아이와 같은 모습으로 관계한다. 그래서 서로 다투거나 싸울 때 배우자 구타나 기물 파괴 등과 같은 성인의 모습과는 전혀 맞지 않는 미숙한 어린아이와 같은 행동을 해서 사람을 당황하게 만든다.

이것은 성인아이 안에 자리잡고 있는 어린아이와 같은 미성숙하고 죄악된 속성이 성인으로서 해야 하는 역할을 빼앗고 어린아이의 행동을 하게 만들기 때문이다.

휴 미실다인(Hugh Missildine)은 『몸에 밴 어린 시절』(*Your inner child of the*

---

[31] 도박 중독자인 아버지 밑에서 자랐던 정동섭 교수는 성인아이였던 자신의 경험과 또 자신의 연구 결과를 종합해 성인아이의 특징들을 다음과 같이 12가지로 정리했다. ① 낮은 자존감 때문에 돌출 행동을 자주 한다. ② 자신을 고립시키는 경향이 있다. ③ 인정받기에 갈급해 한다. ④ 분노와 개인적 비판에 쉽게 위협을 느낀다. ⑤ 정서적으로 건강한 사람에게는 덜 매력을 느낀다. ⑥ 지나치게 책임감이 있거나 지나치게 무책임하다. ⑦ 자신을 돌보는 대신 다른 사람을 위해 자신의 바람을 포기한다. ⑧ 감정을 표현하는 능력을 상실한다. ⑨ 거절이나 버림받는 것을 두려워해 의존적이다. ⑩ 친근한 관계에 어려움을 겪는다. ⑪ 시작부터 끝까지 어떤 일을 따라가는 데 어려움을 겪는다. ⑫ 매사에 통제에 대한 강력한 필요를 느낀다. 정동섭, 『부부성숙의 비결』, 256-258.

past)에서 성인아이에 대해 이렇게 설명한다.

> 성인아이는 여러 가지 면에서 여전히 어린 아이 상태에 있으며, 그의 감정과 행동 가운데 많은 부분이 유년기의 흔적을 나타낸다. 우리의 기억이나 잠재의식 속에는 과거의 사건에 반응하여 이뤄진 정서적 찌꺼기가 남아 있다. 그것을 파생시켰던 사건은 끝났지만 우리는 여전히 그 반작용을 느끼고 있는 것이다.[32]

우리 안에 잠재돼 있는 어린아이와 같은 속성을 어떻게 해서든 눌러 놓고 나타나지 못하게 하려고 할 때 나타나는 증상들이 위와 같은 범죄, 성격적 장애, 소유욕, 우울증과 범죄, 신경증(노이로제), 정신 신체장애, 정신 이상 등과 같은 사회적 증상들이다. 이런 증상들은 우리가 의식하든지 의식하지 않든지 상관없이 세대에서 다음 세대로 이어지면서 대를 이어 내려갈 수 있다. 이 사실을 찰스 셀은 이렇게 설명한다.

> 병든 가정은 병든 나무와 다를 것이 없다. 병은 한 세대에서 끝나는 것이 아니다. 병든 나무는 또 병든 열매를 맺게 되고, 역기능 가정에서 자라난 성인아이는 자신의 아픔을 지닌 채 어른이 돼서 악순환은 반복된다.[33]

---

32 셀, 『아직도 아물지 않은 마음의 상처』, 36에서 인용.
33 셀, "저자의 한국어판 서문," 『아직도 아물지 않은 마음의 상처』, 8. 찰스 셀은 역기능 가정 출신의 자녀들인 성인아이들은 행동과 태도에서 몇 가지 일정한 특징을 가지고 있다고 지적한다. 즉 사람을 신뢰하고, 감정을 처리하고, 우울감을 느끼고, 책임감을 다루는 데에 있어서 문제가 있다는 것이다. 정동섭, 『부부성숙의 비결』, 255.

존 브래드쇼(John Bradshaw)는 또한 다음과 같이 말한다.

> 역기능적 개인과 결혼하는 역기능적 개인은 역기능적 가정 출신이다. 순환 고리는 끊어지지 않는 성향이 있다. 역기능적 가정은 역기능적 인간을 만들어 내 또 다른 역기능적 인간과 결혼하게 함으로써 새로운 역기능 가정을 낳게 된다.[34]

즉 그들이 여러 세대에 걸쳐 지속되는 다세대 과정(multi-generational process)의 한 부분이라는 것이다.[35]

물론 역기능 가정에 자란 사람들이 다 성인아이가 되는 것은 아니지만[36] 연구 결과들은 많은 사람이 성인아이가 됨을 보여 준다.

유년기에 신체적 학대를 받은 181명의 사람을 조사한 연구 결과, 그들 중 70%가 자기 아버지에게 구타당했던 것처럼 자기 자녀를 구타한다는 사실이 밝혀졌다.[37] 또 실제 통계 자료에 의하면 알코올 중독자 자녀들의 경우, 비알코올 중독자의 자녀들과 비교했을 때 그들이 나중에 알코올 중

---

[34] John Bradshaw, *The Family: A Revolutionary Way of Self-discovery* (Deerfield Beach, Fl: Health Communications, 1988), 62를 정동섭, 『당신의 가정도 치유될 수 있다』, 251; 정동섭, 『어떻게 사람을 변화시킬 수 있는가?』, 115에서 인용.
[35] 정동섭, 『부부성숙의 비결』, 253-254에서 인용.
[36] 역기능 가정 출신의 자녀 중 10% 정도는 중독 부모의 피해를 전혀 받지 않은 아이처럼 성장한다고 한다. 산드라 윌슨(Sandra Wilson)의 『알코올중독자와 탄력적인 자녀들』에 대한 연구는 이들이 돌봄을 제공하는 환경으로부터 정서적 지원과 교육적 자극과 같은 긍정적인 반응을 받았을 때는 부모의 알코올 중독에도 불구하고 '스트레스-저항적'이라는 것이 밝혀졌다. 정동섭, 『어떻게 사람을 변화시킬 수 있는가?』, 88에서 인용.
[37] 셀, 『아직도 아물지 않는 마음의 상처』, 39에서 인용.

독자가 될 가능성이 4배나 더 높다고 한다.[38]

자녀들이 아버지에게 가장 원하는 것은 따뜻한 사랑의 관심이다. 영 보이스(Young Voice)라는 청소년을 위한 영국의 자선 단체와 옥스퍼드대학교 가정교육연구소가 함께 10대 소년 1,400명을 대상으로 한 '부모에 대한 청소년들의 의식에 관한 조사' 결과에서 "아버지의 관심을 많이 받으며 자란 소년일수록 보다 자신감이 있고 마약 등에도 손을 덜 대는 경향이 있으며 우울감이나 소외감도 덜 느끼는 것으로 나타났다."

3. 학교에서 교사와 친구의 영향력

위에서 살펴본 것처럼 성장 과정 중의 가정에서의 경험, 특히 권위자인 부모와의 관계가 한 개인의 인격 형성에 있어서 지대한 영향을 미치는 것을 알 수 있다. 또한, 학교에서의 경험 역시 이와 유사하다. 학생의 권위자인 교사가 학생들을 대하는 태도와 모습은 학생들의 인격 형성에 지대한 영향을 미친다.

교사가 학생들을 인격적으로 대하면서 존중하는 태도로 격려하고 칭찬하고 용납하면 긍정적인 자존감이 형성돼 학생들이 긍정적인 자신감과 자부심을 느끼게 된다. 반면에 교사가 비인격적으로 학생들을 대하면서 비난하고 모욕을 주고 비인격적인 징계를 하면 학생들에게 심한 수치심과 깊은 상처를 주기에 낮은 자존감이 형성돼 그 마음속에 열등의식, 죄책감,

---

[38] 셀, 『아직도 아물지 않는 마음의 상처』, 39-40에서 인용.

분노, 두려움, 피해의식 등이 형성된다.

　우리는 그 예를 1993년 7월부터 1994년 9월까지 5명을 연쇄 살인해 전 국민을 전율케 했던 지존파의 대부 김기환을 보면서 뚜렷이 확인할 수 있다. 김기환은 머리가 뛰어난 아이로 초등학교 시절에 공부를 잘했다. 그는 4학년 미술 시간에 크레파스를 사 가지 못한 이유로 담임선생님께 심한 꾸중을 들었다. 선생님은 "도대체 이번이 몇 번째냐?"라며 다그쳤다. 소년은 어려운 가정 형편을 차마 말할 수 없었다. 선생님은 화가 나서 흥분한 얼굴로 침묵하는 소년의 머리를 쥐어박으며 고함을 질렀다.

　"다음부터는 훔쳐서라도 준비물을 가져오너라."

　그러고는 걸상을 들고 한 시간 동안 벌을 서게 했다. 소년은 이를 악물고 미술 시간이 끝날 때까지 버텼다. 그 일로 인해 그는 마음에 큰 상처를 입고 선생을 향한 저주와 원한과 적개심이 점점 커져서 급기야는 잘 사는 사람에 대해 한풀이를 하려고 했다. 그로부터 17년이 지난 후 그는 법정에 서게 됐다. 지존파의 대부라는 이름으로 …. 그의 최후 진술은 이러했다.

　"다음부터는 훔쳐서라도 준비물을 가져오너라. 초등학교 때 선생님의 이 한마디가 제 인생을 바꿔 놓았습니다."[39]

　물론 김기환이 엽기적인 끔찍한 죄를 범한 자신의 책임을 인정하지 않고 그 책임을 초등학교 때 큰 상처를 준 담임선생님에게 전가한 것은 분명히 잘못된 것이지만 그 선생님이 그에게 잘못된 영향을 많이 끼쳤음도 간과할 수 없다. 만약 그때 담임선생님이 크레파스 한 통을 사 주면서 따뜻하게 격려해 줬다면 그는 여러 사람을 죽인 살인범이 아니라 사회에 기여

---

[39] 크리스티 김, 『인생의 응어리를 풀라』, 18.

하는 인물이 될 수도 있었을 것이다.

이처럼 교사는 학생들에게 강력한 영향을 미칠 수 있는 중요한 위치에 있다. 밥 빌(Bobb Biehl)은 그 점에 대해 이렇게 말한다.

> 나는 지난 이십 년 동안 수백 명의 회사 간부들과 이야기를 나눌 때마다 자신의 삶의 중요한 전환점에서 지대한 영향을 미친 사람이 누구인지 물어봤다. 대다수의 사람은 주일학교 교사, 학교 선생님, 대학교수라고 대답했다. … 교사들은 학생들에게 강력한 영향을 끼칠 수 있는 위치에 있다. 그들은 학생들이 자신감, 자부심, 행복을 형성하는 중대한 역할을 맡고 있다.[40]

또 아이들과 청소년들은 학교에서 친구들의 영향도 많이 받는다. 특히 청소년 시기에는 소속감의 욕구가 강하기에 친구들로부터 거절당하거나 학대를 당하면 심한 상처와 큰 충격을 받게 된다. 그래서 학교 폭력과 왕따 문제로 인해 심한 정신적인 충격을 받고 정신과 치료를 받거나 심지어 자살하는 청소년들까지 발생하고 있어서 사회 문제로 대두되고 있다.

데이비드 베너는 이렇게 말한다.

> 청소년기는 일반적으로 자기 또래가 가장 중요한 상처의 근원이 된다. 이성 관계의 파탄, 친구의 배신, 혹은 다른 사람의 신실함 부족이 다 청소년들이 상처를 받는 요소다. 어른들은 청소년기의 이런 감정적인 경험들을 자주 사

---

[40] 밥 빌, 『멘토링』(Mentoring), 김성웅 역 (서울: 디모데, 2007), 188; 변상규, 『자아상의 치유』, 201-204도 참조하라.

소한 것으로 판단하지만 청소년들에게는 결코 사소한 것이 아니다.[41]

학교에서 학생들이 친구들로부터 육체적·정신적 거절과 학대를 당하면 깊은 상처를 입고 큰 충격을 받아 그 마음속에 열등의식, 죄책감, 분노, 복수심, 두려움, 피해의식 등이 형성되기에 불행한 결과가 나타나게 되는 것이다.

반면에 친구들과 좋은 관계를 유지하면서 서로 지지하고 용납하게 되면 힘든 학교생활을 잘 극복하게 되고, 또 졸업 후에도 계속해서 좋은 관계를 맺으면서 서로 도움을 주고받을 수 있다.

어느 청년은 대학 졸업 후에 자신감을 잃고 취직도 하지 못하고 친구도 거의 없는 외로운 생활을 하고 있다. 그렇지만 고등학교 시절에 동아리에서 같이 활동했던 몇 명의 친구들과 지금도 계속해서 좋은 관계를 유지하고 있다. 때문에 그는 때때로 친구들과 만나서 교제하고 또 여행도 함께 다니면서 외로움을 극복하고 힘을 얻을 뿐만 아니라 그들에게 일자리 등의 도움도 받고 있다. 만약 그 청년에게 그런 좋은 친구들이 없다면 인생을 훨씬 더 외롭고 힘들게 살았을 것이다.

이렇게 사춘기의 경우 또래 집단과 분리되지 않고 좋은 관계를 맺으면서 우정을 함께 나누며 지내는 것은 건강한 인생을 사는 데 있어서 참으로 중요하다.[42]

이렇게 우리가 인생을 건강하고 행복하게 사는 데 있어서 참된 사랑은

---

[41] David G. Benner, *Healing Emotional Wounds* (Grand Rapids, Michigan: Baker Book House, 1990), 22.
[42] 맥그래스, 『자존감』, 77-79.

필수적인 요소다. 우리가 사랑을 받지 못하고 거절당하게 되면 사랑의 결핍으로 인해 우리 삶에 문제가 생기게 된다. 사랑의 결핍 증세가 심하면 심할수록 내가 아무것도 아니라는 열등의식과 인생이 별것 아니구나 하는 강한 허무감을 느끼게 된다. 사랑을 받는다는 것은 우리에게 자존감을 느끼게 하고, 삶이 가치 있는 것이라는 느낌이 들게 해 준다.

반면에 사랑받지 못한 사람들, 이용당한 사람들, 학대받은 사람들, 거절당한 사람들, 마음에 상처를 입은 사람들, 이들 모두는 자신의 가치에 대한 형편없는 낮은 자존감과 씨름하게 되고, 자기 인생이 무의미한 인생이라는 느낌으로 인해 고통을 당하게 된다. 이 세상에서 가장 파괴적인 힘은 사랑의 결핍이며 가장 강력한 힘은 사랑의 힘이다.

흔히 사람들은 자신의 삶 속에서 발견되는 사랑의 결핍을 정욕으로 메꿔서 균형을 유지하려고 애쓴다.[43] 그러나 결과는 더 큰 좌절감과 허무감과 죄책감이다. 우리의 욕망을 채우려는 정욕은 오직 사랑의 결핍과 자신이 무가치한 존재라는 느낌만을 더 강화하며, 인생에 대한 더 깊은 허무감과 공허감에 사로잡히게 해서 우리를 파멸로 길로 이끌어 간다.

사랑은 삶의 가장 기본적인 요소와 욕구다. 기름과 차의 연관성과 같다. 아무리 좋은 차라도 기름이 없으면 소용이 없다. 사랑이 없는 삶도 그와 같은 것이다. 사랑이 있으면 생명이 있고 삶의 의미가 있다. 하나님의 사랑은 우리 삶에 있어서 단단하고 안정되고 견고한 기초다. 온 우주의 가장 강력한 힘이다. 반면에 사랑의 결핍은 온 우주의 가장 파괴적인 힘이다.[44]

---

[43] 탐슨, 『내 마음의 벽』, 89-90.
[44] 과잉 사랑의 문제도 동일한 결과를 초래한다. 하인즈 코헛은 과잉 사랑(과잉보호)을 가리켜서 '오염된 사랑'이라고 불렀다. 과잉 사랑은 아이의 사회성을 악화시키며, 원

사탄은 이 사실을 잘 알기에 우리에게서 참된 사랑을 빼앗아 가려고 한다. 그래서 우리는 거절감으로 씨름하게 된다.

사랑은 관계에도 중요한 영향을 준다. 사랑은 하나님과 의미 있는 관계를 가져다주고, 다른 사람들과 의미 있는 관계를 가져다주며, 우리 자신에게도 가치감을 주고 행복감을 준다. 우리는 모태에 잉태되는 순간부터 이 세상을 떠나가는 순간까지 한순간도 사랑이 없이는 살 수 없다. 사람은 사랑을 먹고 자라 가는 나무다. 우리의 인격과 성격과 삶을 건강하게 자라게 만드는 데 있어서 필수적인 영양분이 바로 사랑이다. 우리가 하나님의 사랑을 알고 경험할 때 건강하게 인생을 살아갈 수 있다.

요약

이 장에서 우리는 먼저 건강한 인생을 사는 데 있어서 가정이 얼마나 중요한 역할을 하는지 살펴봤다. 가정은 우리의 인격 형성, 즉 우리의 정서 발달, 가치관, 사고방식, 의사 표현 방식, 삶의 태도와 방식, 행동 양식에 지대한 영향을 미친다. 특히 아버지와 어머니의 관계, 부모의 가치관과 의사 표현 방식, 삶의 태도와 방식, 행동 양식이 우리의 자아 개념과 인격 형성을 좌우하는 핵심 요인이 된다. 가정은 우리가 건강한 인생을 살고 건강한 신앙생활을 하는 데 있어서 매우 중요한 역할을 한다.

역기능 가정에서 자란 사람들은 건강한 인생을 사는 데 있어서 많은 어

만한 성격을 형성하는데 치명적인 장애물이 될 수 있다. 변상규, 『자아상의 치유』, 191.

려움을 겪게 된다. 역기능 가정은 가족 구성원들 사이에 소속감이나 자존감, 그리고 정체성이 결핍된 가정이다. 역기능 가정에서 양육된 사람들은 성장 과정에서 입은 여러 가지 상처로 인해 마음 깊은 곳에 쓴 뿌리가 자리잡고 있는 경우가 많기에 반드시 상한 마음의 치유가 필요하다.

역기능 가정에서 성장한 사람들에게서 일반적으로 나타나는 반응과 행동 양식이 있다. 분노와 범죄, 부정 및 공상과 성격적인 장애, 외로움, 불안감과 소유욕, 잘못된 죄책감과 우울증, 범죄, 두려움과 신경증, 충동적 변화와 정신신체장애, 퇴행과 정신이상 등이다.

가정과 유사하게 학교에서의 경험 역시 우리의 인격 형성에 있어서 중요한 영향을 미친다. 특히 교사와 친구들의 영향력은 지대하다. 교사가 학생들을 대하는 태도와 모습은 그들의 인격 형성에 지대한 영향을 미쳐서 학생들이 자신감, 자부심, 행복을 형성하는 데 있어서 중요한 역할을 한다. 또 아이들과 청소년들은 학교에서 친구들의 영향도 많이 받기에 친구들과 좋은 우정 관계를 갖는 것은 건강한 학창 생활과 건강한 인생을 사는 데 있어서 중요한 영향을 미친다.

참된 사랑은 이렇게 우리가 인생을 건강하고 행복하게 사는 데 있어서 필수적인 요소인 것을 잘 알 수 있다.

다음 장에서는 인생에 있어서 필수적인 요소인 사랑이 특별히 우리 인생의 초기 단계에서 어떻게 구체적인 모습과 모양으로 나타나야 하는지를 살펴보게 될 것이다.

묵상과 적용

1. 가정은 한 사람의 인격 형성에 있어서 가장 중요한 영향을 미치는 곳이기에 우리 삶의 초기 과정인 가정에서의 경험은 우리 인생에 절대적인 영향을 미친다. 가족 구성원 중의 한 사람의 문제는 단지 한 사람의 문제로 끝나지 않고 모든 가족에게 영향을 준다. 특히 부모가 자녀들에게 미치는 영향력은 절대적이다.

   그렇다면 당신은 당신이 자란 가정에서 어떤 경험을 했으며, 당신의 가족 관계는 어떠했는가?

   특히 당신의 부모가 당신에게 미친 영향력으로는 어떤 것이 있는가?

2. 당신이 자란 가정이 역기능 가정이라면 다음 중 어디에 해당하며, 당신에게 어떤 영향을 줬다고 생각하는가?

   > 가족들 가운데 습관적으로 술을 마시는 술주정뱅이나 알코올 중독자, 약물 중독자, 성(性) 중독자, 소비 중독자(자린고비 포함), 도박 중독자, 음식 중독자(충동적으로 음식을 과식하거나 거식하는 자), TV · 인터넷 · 게임 중독자, 종교 중독자 등 중독자가 있는 가정, 언어적 · 신체적 또는 성적인 학대가 행해진 가정, 가족 가운데 습관적인 분노 폭발자가 있는 가정, 부모가 돈 버는 일이나 직장 일에만 열

> 중한 일 중독자(workaholic)로 가정이나 자녀들에게 무관심한 가정, 아버지가 외도해서 딴 살림을 차리고 자식들을 돌아보지 않는 가정, 이혼했거나 재혼한 가정에서 편모나 계부·계모 밑에서 자란 가정, 부모가 엄격하고 율법주의적인 신앙생활을 고수했던 가정, 중풍이나 뇌성마비와 같은 중병을 앓거나 만성적으로 아픈 환자가 있는 가정, 부모가 정신적으로 병들어 있거나 만성 우울증에 걸려 있는 경우와 같이 정서적으로 병들어 있는 가정, 의처증이나 의부 증세를 나타내는 부모를 둔 가정, 공격적이고 비판하는 성격인 어머니가 있는 가정, 아버지나 어머니가 무관심하거나 따뜻한 사랑을 주지 않은 가정, 기본적인 식생활을 하기 어려울 정도로 가난한 가정

3. 당신이 자란 가정이 '역기능 가정'이라면 그런 가정에서 성장한 사람들에게서 나타나는 반응과 행동 양식 가운데 지금 당신에게 두드러지게 나타나는 모습이 있는가?

   있다면 그것은 무엇인가?

   > 분노(범죄), 부정 및 공상(성격적인 장애), 외로움과 불안감(소유욕), 잘못된 죄책감(우울증, 범죄), 두려움(신경증), 충동적 변화(정신신체장애), 퇴행(정신이상)

4. 역기능 가정에서 자라는 아이들은 정서적으로 불안한 환경에서 살아남기 위해서 무의식적으로나 가족들에 의해서 역할을 계발한다고 했

다. 그들이 계발하는 대표적인 역할로는 '희생양, 말 없는 아이, 광대, 위로자, 영웅, 대리 배우자, 반항아, 어린 부모, 어린 왕자와 공주 등' 이 있다.

당신이 자란 가정이 '역기능 가정'이라면 위의 역할들 가운데 당신이 계발한 역할은 없는가?

있다면 어떤 역할이었다고 생각하는가?

당신이 계발한 그 역할이 지금까지 인생을 살아오면서 당신에게 미친 영향은 무엇인가?

5. 성장 과정에 있어서 한 사람의 인격 형성에 교사와 친구들도 중요한 영향을 미친다. 당신의 학교생활에서 교사들이나 친구들과의 관계는 어떠했는가?

당신이 그들에게서 받은 영향은 무엇이며, 지금도 당신에게 미치는 영향이 있다면 그것은 무엇인가?

제3장

인생의 초기 단계에서의 사랑의 역할

인생의 전 기간 우리에게는 언제나 사랑이 필요하다. 특히 우리 인생의 초기 단계인 모태에서 잉태된 순간부터 우리의 정체성이 확립되는 시기인 청소년기까지는 훨씬 더 필요하다. 이 시기는 세상이 어떤 곳이고 자신이 누구이며 어떤 존재인가를 인식하면서 자신의 성격과 정체성을 확립하는 시기이기 때문이다. 그래서 영적, 정신적, 정서적, 육체적으로 미숙한 이 시기에 많은 상처를 받게 되면 부정적인 결과가 그만큼 더 많이 발생한다.

평생 문제와 갈등과 아픔 가운데 사는 사람들 가운데는 어릴 때 깊은 상처를 받았거나 많은 상처를 받은 사람들이 많이 있다. 그것은 거절을 당해 깊은 상처를 받은 것과 거기에 대한 그들의 잘못된 반응이 부정적인 영향을 끼쳤고, 결국 부정적인 결과로 나타난 것이다.

우리 인생의 초기 단계에서 사랑이 하는 역할과 그 단계에서 나타나야 하는 사랑의 구체적인 모습은 다음과 같다.[1]

---

[1] 에릭 에릭슨, 『아동기와 사회』(Childhood and Society), 윤진, 김인경 역 (서울: 중앙적성출판사, 1992), 285-320; 짐 와일더, 짐 프리슨, 릭 코프키, 메리베스 풀, 앤 비어링, 『예수님 마음담기』(Living From the Heart Jesus Gave You), 손정훈, 안윤경 역 (서울: 토기장이, 2019), 70-77 참조.

1. 유아기(0-1.5세)

잉태돼서 1년 반 동안 사랑이 하는 역할은 갓난아이들에게 신뢰심을 심어 주는 것이다. 사랑의 결핍으로 신뢰가 깨지면 불신이라는 원칙을 배우게 된다. 불신은 아이가 성장하는 것과 하나님과 관계하고, 또 사회생활 속에서 다른 사람들과 관계하는 것에 장애를 가져온다.

아이들은 다음과 같은 경우에 불신의 원칙을 배우게 된다.

첫째, 태 속의 아기가 원하지 않는 임신에 대한 이야기를 듣거나 느낄 때다. 그때 태아는 뒤로 웅크리고 딱 들러붙어서 꼼짝도 안 한다고 한다.

토마스 버니는 과학적인 자료들을 근거로 해서 말한다.

> 태아는 어머니의 감정을 재빨리 이해한다. 태아는 생각하고 느끼며 기억한다. 태아의 자궁에서의 체험이 성격의 기본을 형성한다. 자궁은 아이의 첫 번째 세상이다. 여기서 겪는 경험에 따라 아이의 성격과 인품이 형성된다. 자궁은 진정한 의미에서 아이의 기대를 만드는 곳이다. 그곳에서의 경험이 따뜻하고 사랑스러운 것이었으면, 그 아이는 바깥세상도 그럴 것이라고 기대하기 쉽다. 이것이 바탕이 돼 신뢰, 자신감, 외향성이라는 성격이 형성된다.[2]

---

[2] 토마스 버니, 『태아는 알고 있다: 태교의 과학적 증명』(*The Secret Life of the Unborn Child*), 김수용 역 (서울: 샘터사, 2005), 28-44.

여성 2,000명을 대상으로 임신과 출산에 대해 연구한 독일 프랑크푸르트 콘스탄츠대학교의 모니카 루케시 박사 역시 "아기에 대한 엄마의 태도는 아기에게 가장 중요한 영향을 준다"라고 말하면서 아이의 기본적인 성격 형성에 있어서 엄마의 태도의 중요성을 지적한다.[3] 태중의 아이들은 엄마의 감정과 태도에 특히 예민하다. 태중의 아기들은 엄마가 느끼는 거부감, 분노, 두려움, 불만, 원망 등을 쉽게 배우며, 이런 감정이 자신을 향한 것이라고 해석한다.

불안한 마음이 없고 서로 위로하는 부부에 비해서 서로 싸우고 불화하는 부부에게서는 정신적 혹은 육체적으로 장애가 있는 아이로 태어날 확률이 2.5배나 높다고 한다. 또한, 행복한 부부에 비해 불행한 부부에게서 태어난 아기가 공포심에 사로잡히고 빈약하고 신경질적인 아기가 될 확률이 5배나 된다고 한다.[4]

어떤 사람이 모태에서 원치 않는 아이를 가지게 돼서 유산하려고 했지만 성공하지 못했다. 그 아들이 나중에 상담하러 왔다. 그는 이미 세 번의 결혼이 깨진 상태에 있었다. 몹시 사랑하기 원했는데 아내를 신뢰할 수 없었다. 모태에서부터의 사랑의 결핍으로 인해 불신이라는 뿌리가 마음에 깊이 자리잡게 된 것이다.

이렇게 깊은 내적 상처를 입은 사람 중에는 출생 전에 상처를 입은 경우가 종종 있다. 혼외 관계를 통해서 태어난 사람, 낙태를 시도했지만 실패

---

[3] 데이빗 A. 씨맨즈, 『기억의 치유』(*Healing of Memories*), 송헌복, 송복진 역 (서울: 죠이북스, 2017), 38에서 인용.
[4] 버니, 『태아는 알고 있다』, 43.

해서 태어난 사람, 엄마가 임신에 대해 심히 분개하며 싫어했던 사람,[5] 부모들이 원치 않는 시기에 태어난 사람, 잉태됐을 때 부모가 부부 관계나 다른 문제를 가지고 있었던 사람들 등이다.[6]

둘째, 아기가 출생할 때 극심한 공포를 경험한 경우다. 지연된 출산이나 난산으로 심한 어려움을 겪은 경우다.[7]

셋째, 아기가 엄마와의 유대감이 결여된 경우다. 죽음, 이혼,[8] 양자로 보냄, 유기(遺棄), 오랜 시간 동안의 인큐베이터 생활, 엄마의 직장생활로 인해 다른 집에 맡겨져서 일주일에 한 번 혹은 한 달에 한두 번 엄마와 만날 수 있는 경우 등이다.

넷째, 부모의 기대와 다르게 태어난 경우다. 부모가 원하던 딸이나 아들이 아닌 다른 성별의 아이로 태어났을 때다.

다섯째, 부부 사이가 나쁠 때다. 모니카 루케쉬 박사는 위에서 언급한 임신과 출산을 연구한 결과에서 아이에게 가장 중요한 영향을 주는 것은 아이에 대한 엄마의 태도고, 두 번째로 중요한 영향을 주는 것은 부모들의 관계로서 태아에게 결정적인 영향을 준다는 것을 발견했다.[9]

세계적인 가족치료 전문가인 미국 워싱턴주립대학교 석좌교수 존 가트맨 박사 역시 그 점을 강조한다. 그가 36년간 3천 쌍의 부부를 관찰한 결

---

[5] Benner, *Healing Emotional Wounds*, 16.
[6] 찰스 크래프트, 『두 시간의 내적치유 기적』(*Two Hours to Freedom: A simple and Effective Model for Healing and Deliverance*), 이윤호 역 (서울: 베다니출판사, 2012), 97-99.
[7] Benner, *Healing Emotional Wounds*, 16.
[8] Benner, *Healing Emotional Wounds*, 18.
[9] 씨맨즈, 『기억의 치유』, 38에서 인용.

과 출산 후 첫 3년 동안 70%의 부부가 급속히 사이가 나빠졌다. 그런 부모 사이에서 자란 아이들은 공포와 불안을 느끼고 신경회로에도 영향을 줘 정서와 지능에 해가 된 것으로 나타났다. 사이좋은 부모, 특히 남편이 임신한 아내를 존중해 주고 육아에도 적극적으로 참여할 경우 그 자녀들은 생후 3개월부터 다르다고 한다. 그 자녀들은 훨씬 잘 웃고 덜 보채며 진정을 빨리하고 두뇌신경회로도 발달한다. 이런 아이들은 자라면서 집중력이 높고 안정적이어서 공부를 잘한다.[10]

이렇게 행복한 부부 관계는 아이들이 안정감을 누리면서 건강하게 자라는 데 있어서 참으로 중요하다.[11]

이 시기에 특별히 필요한 사랑의 구체적인 모습은 아이들에게 신뢰성을 심어 주기 위해 일관성과 연속성을 가지고 아이를 대해서 아이에게 동일한 경험을 갖도록 하는 것이 중요하다. 그때 아이는 세상을 안전하게 느끼고 믿음직스럽게 느낀다. 만일 이 시기에 부적절하게, 일관되지 않게, 부정적으로 돌봐지면 아이들은 불안과 두려움과 의심을 갖게 된다.

---

[10] "가족치료 전문가 美 가트맨 박사 부부 방한 ⋯ 아이와 쌍방향 커뮤니케이션 유치한 선택이라도 존중," 「국민일보」 미션면, 2010.04.08.

[11] 가트맨 박사 부부는 아이가 건강하게 자라는 데 있어서 부부 관계의 중요성과 함께 '감정 코칭'을 주요한 요인으로 들었다. 감정 코칭의 기본은 상대를 존중하는 쌍방향 커뮤니케이션인데, 아이가 화났거나 슬퍼할 때, 놀랐을 때 그 순간을 알아치리는 것이 중요하다고 했다. 특히 아이가 잘못했을 때 아이의 이야기를 들어주고 이해하는 것이 꾸중보다 앞서야 한다고 강조한다. '감정 코칭'에 대한 자세한 설명은 존 가트맨, 『내 아이를 위한 사랑의 기술 감정코칭』(Raising an emotionally intelligent child: the heart of parenting), 남은영 역 (서울: 한국경제신문 한경 BP, 2007)를 참고하라.

2. 초기 아동기(1.5-3세)

1년 반에서 3년 사이는 아이가 자신의 자율성을 개발하는 시기다. 이 시기는 모든 것을 자기가 주도적으로 하려고 하기에 부모의 입장에서는 아이가 부모를 많이 힘들게 만드는 말썽꾸러기로 여겨진다. 그래서 말썽을 부리는 행동에 대해 너그러운 마음으로 잘 이해하고 용납하기보다 흥분해서 야단치거나 때리면서 상처를 주게 된다. 이렇게 아이를 사랑으로 용납하지 못하고 거절해 사랑의 결핍을 가져다주면 아이가 건강한 개인으로 자라지 못하고 갈등을 느끼면서 병든 수치감[12]이라는 깊은 감정을 갖게 된다.

죄책감은 행동과 연관돼 자신의 행동이 잘못된 것이라고 생각하기에 바뀔 수 있다. 즉 착한 사람도 나쁜 행동을 할 수 있는 것이다. 반면에 수치심은 자신의 존재와 연관돼 있기에 그 둘 사이에는 큰 차이가 있다.[13] 즉,

---

[12] 본서의 제1장 각주 18)에서 이미 설명한 것처럼 수치심이 부정적인 것만은 아니다. 범죄로 인한 수치심은 우리가 저지른 죄악 되고 잘못된 행동의 결과 때문에 생긴 것이기에 그 수치심에 올바르게 반응하면 하나님 앞에 나아가 회개하고 용서를 받게 되고, 결국 수치심에서 벗어나서 그리스도 안에서 참된 자유함을 누릴 수 있기 때문에 궁극적으로는 우리에게 유익한 것이다. 수치심에 대한 올바른 성경적인 접근 방법에 대해서는 에드워드 T. 웰치, 『수치심: 성경적 내적치유-당신을 힘들게 하는 마음의 상처로부터의 회복』(*Shame Interrupted: How God Lifts the Pain of Worthlessness & Rejection*), 김준 역 (서울: 그리심, 2016)을 참고하라.

[13] 루이스 스미디스(Lewis Smedes)는 『수치심과 은혜』(*Shame & Grace*) 제2장에서 수치심의 다양함(the variety of shame)에 대해 설명하고 있다. 그는 우리의 '진정한 자아'(our true self)의 목소리로부터 오는 '건강한 수치심'(healthy shame)과 우리의 '거짓된 자아'(our false self)의 목소리로부터 오는 '병든 수치심'(unhealthy shame), 그리고 '영적 수치심'(spiritual shame)과 '사회적 수치심'(social shame)에 대해 설명한다. Lewis Smedes, *Shame & Grace: Healing the Shame We Don't Deserve* (New York: Haper Collins Publisher, 1993), 31-60.

내가 나쁜 일을 했다는 것이 아니라 나는 나쁜 사람이라고 생각하는 것이다. 그래서 그들은 사랑의 결핍으로 인해 병든 수치심에 사로잡혀 스스로 학대하게 된다.

"나는 사랑 받을 만하지 못하다."

"나는 실패자다."

"나는 무가치하다."

이것은 병든 수치심과 관련된 말로서, 병든 수치심을 느끼게 하는 것은 사랑이 아니다. 병든 수치심은 자존감을 파괴하고 그 수치심이 만들어내는 절망의 수렁에서 빠져나올 수 있는 여지를 주지 않는다.[14]

잘못된 죄책감도 무섭고 파괴적이지만 훨씬 더 무섭고 파괴적인 것은 병든 수치심이다.[15] 풀러신학교의 교수였던 루이스 스미디스(Lewis Smedes)는 『수치심과 은혜』(Shame & Grace)에서 이렇게 고백한다.

> 나 자신의 문제는 죄책감을 느끼는 것이 아니었다. 그보다 더 깊이 느끼는 것은 어떤 구체적인 죄와 연결 지을 수 없는, 내가 무가치한 덩어리라는 느낌이었다. 내게 용서보다 더 필요한 것은 설사 내 모습이 마음에 들지 않더라도 하나님은 나를 받아 주시고 소유로 삼으시고 품어 주시고 인정하시며 절대 나를 버리지 않는다는 확신이었다.[16]

---

14 스툽 외, 『부모를 용서하기 나를 용서하기』, 198-199 참조.
15 Benner, *Healing Emotional Wounds*, 18-20; 더그 뮤렌(Doug Murren), 『치유하는 교회: 상처 입은 마음을 고치고 무너진 삶을 다시 세우는 교회』(*Churches That Heal: Becoming a Church that Mends Broken Hearts and Shattered Lives*), 심영우 역 (서울: 홍성사, 2013), 163-167.
16 Smedes, 『*Shame & Grace*』, 80.

루이스 스미디스 교수는 우리에게 파괴적인 수치심을 갖게 하는 거짓된 자아의 근원으로서 세 가지를 꼽는다. '세속 문화'(secular culture)와 '은혜 잃은 율법주의적인 종교'(graceless religion)와 '용납 없는 부모'(unaccepting parents) 다. 이 세 가지 요인은 서로 경쟁하면서 우리를 더 거짓된 자아에 빠지게 만든다. 세속 문화의 기조는 사람이란 외모도, 기분도, 능력도 늘 좋아야 한다는 것이다. 은혜 잃은 율법주의적인 종교에 의하면 우리는 오직 율법 조항을 지킬 때만이 받아들여질 수 있으며 만일 실패할 경우에는 거절과 멸시를 당하게 될 것이다.

용납 없는 부모는 자식들이 부모의 인정을 받기 위해서는 반드시 부모의 모든 기대를 충족시켜야 하기에 자식들은 결코 부모의 인정을 받을 수 없다는 것을 말해 준다. 그래서 용납 없는 부모는 자녀들을 두 줄로 묶는다. 그 두 줄은 자식들이 부모의 사랑을 얻기 위해서는 반드시 선하고 착해야 한다는 것과 그런데도 자식들이 자신이 선하고 착하지 못함을 알고 있다는 것이다. 그래서 용납 없는 부모는 자식들에게 아무리 노력해도 합격점에 이를 수 없음을 확인시켜 줄 뿐이다.[17]

필립 얀시(Philip Yancy)는 『놀라운 하나님의 은혜』(*What's So Amazing About Grace?*)에서 노벨문학상을 수상했던 헤밍웨이의 비극에 대해 이렇게 안타까워한다.

헤밍웨이는 누구보다 가정의 비은혜를 잘 알았다. 신앙이 독실했던 헤밍웨이의 부모는 아들의 방종한 삶이 싫었다. 나중에 어머니는 아들이 자기

---

[17] Smedes, 『*Shame & Grace*』, 38-40.

눈에 띄는 것조차 그냥 두지 않았다. 아들의 생일에, 케이크와 함께 아버지가 자살할 때 사용했던 권총을 보낸 일도 있었다. 한번은 그녀는 편지에 어머니의 인생은 은행과도 같다는 내용을 써 보냈다.

"자식은 누구나 세상에 태어날 때 크고 아무리 써도 바닥나지 않을 것 같은 통장을 받고 나온다."

자라는 동안 아이는 예금은 전혀 하지 않고 인출만 한다. 그러나 나중에 다 자라면 지금껏 찾아 썼던 구좌를 다시 채워 놓는 것이 자식의 도리다. 헤밍웨이의 어머니는 이어서 아들에게 '구좌의 잔고 유지를 위해 예금'할 수 있는 길을 하나하나 구체적으로 써 놓았다. 꽃, 과일이나 사탕, 어머니 이름으로 나온 청구서를 몰래 지불해 주는 것, 무엇보다 '하나님과 구주 예수 그리스도에 대한 의무 불이행'을 청산하겠다는 결단. 그러나 헤밍웨이는 어머니나 그 어머니가 믿는 구주 예수 그리스도에 대한 미움을 떨쳐내지 못했고, 결국 권총자살로 비극적인 최후를 마쳤다.[18]

필립 얀시는 이렇게 세속 문화와 은혜 잃은 율법주의적인 종교와 용납 없는 부모로 인해 수많은 사람이 무섭고 파괴적인 '죄책감'과 '수치심'에 사로잡혀서 말할 수 없는 고통과 괴로움을 당하고 있는 것을 안타까워하면서 그 길에서 벗어날 수 있는 길을 제시한다. 그것은 바로 무섭고 파괴적인 '죄책감'과 '수치심'을 제거하고 우리에게 참된 자유함과 평안함과 소중한 자존감과 안식을 누리도록 해 주는 넘치도록 풍성하신 주님의 은혜다.[19]

---

[18] 필립 얀시, 『놀라운 하나님의 은혜』(What's So Amazing About Grace?), 윤종석 역 (서울: IVP, 2009), 40.
[19] 얀시, 『놀라운 하나님의 은혜』, 29-46.

수치심이 생기는 원인으로는 두 가지가 있다. 간접적으로 생기는 경우와 직접적으로 생기는 경우다. 간접적으로 생기는 경우는 직접 말로써 수치심을 주는 것은 아니지만 부모나 주위 사람들의 모습, 태도, 표정, 행동, 은밀한 표현 등으로 자신이나 자신의 존재에 대해 수치심을 느끼는 것이다.

직접적으로 생기는 경우는 대부분 부모나 가까운 사람의 말에 의해 수치심이 생기는 것이다.

"네가 태어나기 전까지는 아무 문제도 없었다."
"네가 차라리 태어나지 않았다면 좋았을 걸 …."
"너 같은 것은 낳지 말아야 했어!"
"너는 마음에 안 들어."
"너는 네 아버지와 똑같아. 너는 아무것도 할 수 없을 거야."
"한 가지라도 잘할 수 없니?"
"제대로 하는 게 하나도 없구나!"
"너는 도대체 생각이 있는 아이니?"
"너는 싹수가 노랗다."
"너 자신에 대해서 부끄러운 줄 알아야 해."

이렇게 파괴적인 수치심을 가져다주는 말은 그 말을 듣는 아이들에게 치명적인 상처를 주면서 인생에 부정적인 영향을 강하게 미친다. 성경은 말의 영향력에 대해 이렇게 경고한다.

> 죽고 사는 것이 혀의 권세에 달렸나니 … (잠 18:21).

> 선한 말은 꿀송이 같아서 마음에 달고 뼈에 양약이 되느니라(잠 16:24).

어느 책에 나오는 이야기다. 36세 된 변호사인 벤은 수년 동안 어머니의 술주정에 대한 기억 때문에 괴로워했다. 그가 초등학생일 때 어머니는 그의 어깨를 잡고 그를 구석으로 몰아붙인 후 "네가 태어나기 전까지는 모든 것이 좋았어! 나와 네 아버지는 행복했었단 말이야"라고 소리쳤다.
"내가 무엇을 알 수 있었겠습니까?"
벤은 기억을 더듬으면서 말했다.

나는 어머니가 옳다고 생각했습니다. 그리고 만약 어머니의 말이 옳다면 내게 잘못이 있는 것이겠지요. 내 말은 나의 존재 자체가 잘못이라는 것입니다. 그렇기 때문에 아버지가 이혼했을 때, 아무도 그것에 대해서 내게 말해 주지 않았습니다. 바로 내가 원인이었습니다. 술주정도 아니고 정신적인 학대나 정서적인 문제가 아니라 나 때문이었습니다. 만약 내가 태어나지 않았다면 우리 부모들은 여전히 행복했을 것이고 이혼하지도 않았을 것입니다.

이렇게 벤은 술주정하는 어머니로부터 자신의 존재를 거절하는 말을 직접적으로 계속 들었기에 깊은 상처를 입었을 뿐만 아니라 파괴적인 수치심에 사로잡혀서 고통과 괴로움을 당하며 살았던 것이다.
이 시기에 특별히 필요한 사랑의 구체적인 모습은 아이들이 할 수 있는 것들을 하도록 격려하는 것이다. 만일 이 시기에 부모나 교사들이 참지 못하고, 그리고 어린아이들이 할 수 없는 너무 많은 것들을 하게 하거나 혹은 받아들일 수 없는 행동들 때문에 그들을 부끄럽게 만들면 그들은 병든 수치심과 의심을 갖게 된다.

3. 학령 전기(4-6세)

　이 시기는 아이의 창의성을 개발하고 솔선하는 정신을 개발하는 시기다. 이 시기의 아이들은 실수하더라도 자신이 용납받고 격려받고 있다는 사실을 알 필요가 있다. 아이들이 실수하더라도 무슨 일이든지 자신이 먼저 솔선해 시작하는 것이 필요하다.
　이 시기의 아이들은 특히 호기심이 강하고 궁금증이 많다. 그래서 여러 가지 질문들을 부모나 가까운 사람들에게 많이 한다. 그때 부모는 아이가 끊임없이 질문하기에 귀찮게 생각해 부정적으로 반응하기 쉽고, 또 대답하기 곤란한 질문을 아이가 할 때는 야단치면서 거절감을 심어 주기 쉽다.
　이 시기에 특별히 필요한 사랑의 구체적인 모습은 탐험하고 실험할 수 있는 자유가 주어져야 하고, 부모와 교사들이 아이들의 질문에 대답하는 시간을 내어 줘야 한다. 그때 아이들은 창의력과 솔선하는 정신이 길러지게 될 것이다. 만일 아이들이 용납되어지거나 격려되어지지 않고 오히려 제한을 받고, 또 자신들의 활동과 질문이 의미 없는 것으로 여겨지거나 귀찮게 여겨지는 느낌을 받을 때 자신의 행동에 대해서 잘못된 죄책감을 갖게 될 것이다.
　네 살 무렵 영희는 가족과 함께 할머니 댁을 방문했다. 어릴 적 영희는 몹시 수줍음을 타는 아이였다. 심지어 다른 사람에게 간단하게 인사하거나 감사하다고 말하는 것조차 매우 어려워했다.
　할머니는 손녀에게 주려고 작은 인형 이불을 손수 뜨개질을 해 놓았다. 할머니가 영희에게 인형 이불을 선물했을 때 부모님은 정성 들여 만들어 주신 할머니께 감사 인사를 하라고 하셨다. 그런데 영희는 마음으로는 할머니께 정말 감사하다는 말을 드리고 싶었지만 부끄러워서 할 수가 없었다. 그러자 옆에 있던 동생이 그 인형 이불을 달라고 했고, 부모님은 영희에게 고맙다는 말을 하지 않으면 그것을 동생에게 줘 버리겠다고 하셨다. 그런데도 영희가 아무 말을 못 하자 부모님은 진짜 동생에게 인형 이불을 줘 버리셨다.

그 일로 인해 영희는 깊은 상처를 입고 잘못된 죄책감으로 고통을 당하게 됐다. 그 후 영희는 불공평한 일을 당하거나 오해를 받을 때마다 항의하거나 진실을 말하지 못하고 입을 다물어 버리게 됐다.[20]

4. 학령기(7-12세)

이 시기는 어린이의 근면성을 개발하는 시기다. 사랑을 받으면 근면해지고 건설적인 활동을 할 수 있게 된다. 반면에 사람들이 판단하는 식으로 대하면 열등의식을 갖게 된다. 열등의식의 씨앗이 심어지고 자라게 된다.

늘 자신이 부족하다고 생각하면서 열등의식 때문에 힘들어하는 청년이 있었다. 이 청년이 그렇게 된 주요한 요인 가운데 하나는 완벽주의적인 아버지가 그를 대하는 태도와 모습 때문이었다.

초등학교 시절에 그는 아무리 열심히 공부하고 노력해도 아버지를 결코 만족시켜 드릴 수가 없었다.

---

[20] 씨멘즈, 『기억의 치유』, 25-26. 데이비드 씨멘즈가 예로 든 어린아이를 한국 이름으로 바꿨다.

어느 날 학교에서 시험을 본 후 그는 85점을 맞은 시험지를 들고 집으로 돌아왔다. 점수를 본 아버지는 "야, 최소한 90점은 맞아야지. 85점이 뭐냐"라고 언짢아하시면서 다음번 시험을 볼 때는 좀 더 열심히 공부해 꼭 90점을 받으라고 하셨다. 그래서 그는 열심히 공부해 다음번 시험에서 90점을 받아 아버지의 칭찬을 기대하면서 환한 얼굴로 집에 돌아왔다. 그러나 이번에도 아버지는 칭찬하지 않으시고 아쉬운 표정으로 말했다.

야, 두 개만 틀리지 않았더라면 100점을 맞을 수 있었을 텐데.
시험 끝날 때까지 푼 문제들을 좀 꼼꼼히 살펴보지 그랬니?
그랬으면 만점을 받았을 텐데. 너무 아쉽다. 다음 시험 볼 때는 더 열심히 공부해서 꼭 100점을 맞도록 해라.

다음에 그는 정말 열심히 공부해서 마침내 100점을 받았다. 그는 너무나 기뻤다. 이번에는 정말 아버지가 기뻐하시면서 칭찬하실 것이라는 상상을 하며 기쁨에 넘쳐서 집으로 달려왔다. 그러고는 자랑스럽게 아버지에게 시험지를 보여 드렸다. 그런데 아버지는 점수를 보시고는 말했다.
"이번 시험은 쉬웠는가 보다. 네 친구 중에서 만점 받은 친구들이 몇 명이나 되냐?"
그는 아버지의 반응에 깊이 실망하게 됐고, 그 후부터 공부에 대한 흥미를 잃게 되면서 공부를 등한히 하게 됐다. 그래서 갈수록 성적이 떨어져서 하위권에 맴돌게 됐고, 그와 동시에 열등감에 사로잡혀서 매사에 자신감을 잃어버리고 힘든 삶을 살게 됐다.

이 청년은 어릴 때 열심히 공부해서 좋은 성적을 거두었지만 아버지의 잘못된 태도와 반응으로 인해 자신감과 의욕을 잃게 됐고, 결국 열등의식에 사로잡혀 자신을 부끄러워하면서 힘든 인생을 살게 된 것이다.

이 시기에 특별히 필요한 사랑의 구체적인 모습은 어린이가 일을 시작해서 잘하도록 격려하고, 또 견딜 수 있도록 도움을 줘야 한다. 그리고 그들이 임무들을 끝내도록 허락하고, 그들이 하는 시도를 칭찬해야 한다. 만일 어린이의 노력이 실패하거나 혹은 그들이 성가신 존재로 취급받는다면 그들은 열등감을 느끼게 된다.[21]

5. 청소년기(13-19세)

이 시기는 자신의 자아를 자각하고, 내가 누군가라는 자신의 정체성 (identity)을 확립하는 시기다. 이 시기에 특별히 필요한 사랑의 구체적인 모습은 부모는 십 대들에게 더 자유롭게 행동할 수 있는 자유와 여건을 허락해 줘야 한다. 자녀를 억압하거나 과도하게 통제하는 것이 아니라 자신의 인격을 계발하고 자기 스스로 결정할 수 있도록 자유를 줘야 한다. 그때 그들은 자신의 자아를 자각하는 데 있어서 필요한 계속된 경험을 갖게 되는 여러 다른 상황들 속에서 통합적인 역할에 성공하게 될 것이고, 그때 자신에 대한 정체성을 확립하게 될 것이다.

---

21 열등감을 극복하기 위한 방법에 관해서는 스탠리, 『상한 감정 클리닉』, 103-130을 참조하라.

만약 십 대들이 자신들의 삶의 다양한 면에 있어서 안정감을 느끼지 못할 때 정체성의 위기에 빠지게 되거나 반항을 촉진하게 된다. 왜냐하면, 역할 혼동을 불러일으키기 때문이다. 사랑의 결핍을 보상하기 위해서 다른 역할을 하려고 시도하기에 한 인격으로서 성숙하고 건전하게 자라기보다는 영웅이나 마스코트와 같은 다른 역할을 하게 된다.

교회에서 중직을 맡은 어떤 분의 아들이 중3 졸업 때가 가까이 다가오자 머리를 노랗게 염색했다. 그 모습을 본 아버지는 대로해서 아들을 향해 비인격적인 거친 언어로 막 야단을 쳤다. 아버지의 생각으로는 자신이 교회 중직을 맡은 사람인데 아들이 비행 청소년처럼 노란 머리를 하고 다니면 자기 체면이 어떻게 되며, 성도들 앞에서 자신이 얼마나 부끄러울까 하는 생각이 들어서 야단을 친 것이다. 그런데 아버지의 야단을 맞은 그 아들은 마음에 깊은 상처를 입었고, 아버지로부터 거절당한 충격이 심해서 반항적으로 나가기 시작해 나중에 여러 가지 문제를 많이 일으켜서 가족들을 힘들게 만들었다.

위에서 살펴본 것처럼 사랑은 우리의 성격과 정체성이 형성되는 인생의 초기 단계(유아기부터 청소년기까지)에서 특히 지대한 영향을 미친다. 그래서 사랑이 결핍되면 거절감에 의한 비정상적인 특정한 성격이 길러지게 된다.

요약

이 장에서 우리는 인생의 초기 단계인 모태에서부터 청소년기에 이르기까지 사랑이 하는 역할과, 그 단계에서 나타나야 하는 사랑의 구체적인 모습을 살펴봤다.
　유아기에 사랑이 하는 역할은 갓난아이들에게 신뢰심을 심어 주는 것이기에 사랑의 결핍으로 신뢰가 깨지면 불신이라는 원칙을 배우게 된다. 이 시기에는 일관성과 연속성을 가지고 아이를 대함으로 동일한 경험을 갖도록 하는 것이 중요하다. 초기 아동기는 자율성을 개발하는 시기로 아이들이 할 수 있는 것들을 하도록 격려하는 것이 필요하다.
　학령 전기는 아이의 창의성을 계발하고 솔선하는 정신을 개발하는 시기로 아이들이 실수하더라도 용납하고 격려해야 한다. 이 시기에는 아이들에게 탐험하고 실험할 수 있는 자유를 주고, 그들의 질문에 대답하는 시간을 내어 줘야 한다. 학령기는 어린이의 근면성을 개발하는 시기기에 어린이가 일을 잘할 수 있도록 격려하고 칭찬하며, 또 어려움을 느낄 때 잘 견디면서 끝내도록 도움을 줘야 한다.
　청소년기는 자아를 자각하고 정체성을 확립하는 시기이기에 부모는 자녀들에게 더 자유롭게 행동할 수 있는 자유와 여건을 허락해 줘야 한다. 사랑은 우리의 성격과 정체성이 형성되는 인생의 초기 단계에서 큰 영향을 끼치기에 아이들이 부모나 가까운 사람들로부터 참된 사랑을 받고 자라는 것은 너무나 중요하다.
　다음 장에서는 이렇게 인생에 있어서 필수적인 요소인 사랑이 결핍될 때 형성되는 잘못된 믿음 체계로 인해 나타나는 두 가지 유형을 구체적으로 살펴보게 될 것이다.

묵상과 적용

1. 이 장에서는 인생의 초기 단계인 모태에서부터 정체성이 확립되는 시절인 청소년기까지 사랑이 하는 역할이 얼마나 중요한가를 살펴 봤다.

   그렇다면 당신에게 있어서 가장 사랑이 결핍된 단계는 어떤 단계라고 생각하는가?

   그리고 그 단계 때 사랑의 결핍으로 인해 당신에게 형성된 잘못된 모습이 있다면 그것은 무엇인가?

   또 당신이 올바른 모습으로 변화되기 위해 당신에게 필요한 모습은 무엇인가?

   1) 당신에게 가장 사랑이 결핍된 단계는?

   2) 당신에게 형성된 잘못된 모습은?

   3) 올바른 모습으로 변화되기 위해 당신에게 필요한 모습은?

제4장

잘못된 믿음 체계와 반응 유형

우리 인생에 있어서 사랑은 필수적인 요소기에 사랑받지 못하고 거절당하게 되면 사람들은 대부분 잘못된 반응을 하기에 삶에 문제가 생기게 된다. 그중에서 가장 심각한 문제는 사랑의 결핍으로 생긴 거절감 때문에 하나님의 진리 말씀에서 벗어난 잘못된 '믿음 체계'(belief system) 혹은 '사고 체계'가 형성된다는 것이다.

이런 잘못된 믿음 체계가 마음에 형성되면 우리의 감정적인 영역과 지적인 영역과 영적인 영역에서 여러 가지 부정적인 모습이 나타나게 된다. 그러므로 우리의 여러 영역에서 부정적인 모습이 나타날 때 그것을 고치거나 제거하는 데 초점을 맞춰서는 안 된다. 부정적인 모습을 고치기도 결코 쉽지 않지만, 설혹 고쳤다 할지라도 조만간 다시 옛 모습으로 돌아가기 때문이다. 무엇보다 우리는 부정적인 모습의 근원이 되는 잘못된 믿음 체계를 성경적인 믿음 체계로 변화시키는 데 초점을 맞춰야 한다.

성경은 우리가 진정으로 새롭게 변화되기 위해서는 먼저 우리의 마음과 사고(mind)[1]가 변화돼야 한다고 말씀한다. 마음은 생명의 근원이기에

---

[1] 크리스천 정신과 및 신경과 의사며, 정신약리학자(psychopharmacologist)로서 경두개자

(잠 4:23) 우리의 됨됨이가 바로 우리 마음의 생각에 달려 있다[2](잠 23:7[3]). 제임스 알렌은 이 점을 명확하게 지적한다.

> 육체는 마음의 노예다. 육체는 의도적이건 무의식적이건 마음 가는 대로 움직인다. … 인간이 성취하는 모든 일과 인간이 성취하지 못하는 모든 일은 그 사람의 생각의 직접적인 결과다.[4]

기자극(TMS: Transcranial Magnetic Stimulation)과 우울증에 대한 약물치료 분야의 전문가인 티머시 R. 제닝스(Timothy R. Jennings)는 우리의 사고가 뇌의 배선을 바꿔 놓는다고 주장한다. 그는 하나님에 대한 진리를 아는 것이 그렇게도 중요한 이유는 그것이 뇌에 큰 영향을 미치기 때문이라고 말한다. 그는 이렇게 설명한다. "하나님은 우리를 그분의 형상대로 지으셨고, 우리의 선택과 경험에 기초해 적응하고 변화하는 능력을 주셨다. 하나님에 대한 거짓을 믿으면 그 잘못된 신념이 실제로 우리에게 해를 입히고, 신경회로를 바꿔 놓고, 사고와 성품을 비뚤어지게 한다. 반대로 진리를 받아들여도 우리는 변화한다. 즉 성령의 역사로 말미암아 하나님의 형상으로 다시 빚어진다. 우리의 사고가 실제로 뇌를 바꾸어 놓은 신기한 경로를 뇌 과학을 통해 어느 정도 알 수 있다. … 우리가 모든 생각을 사로잡아 그리스도에게 복종하게 해야만 하는 이유는 해로운 신경회로의 활성화를 능동적으로 중단하지 않으면, 그 해로운 사고방식이 약화하지 않아 우리의 성품이 그리스도의 형상으로 변화될 수 없기 때문이다. 어떤 신경회로가 활성화될지는 우리 마음의 결정에 달려 있다. 그 결정이 상상으로 그치든 행동으로 옮겨지든 관계없이 결국 활성화돼 강화되고 유지되는 신경회로는 우리 마음에서 정해진다. 우리가 하나님에 대한 모든 거짓말을 무너뜨려야 하는 이유는 전두대상 피질이 그런 거짓말을 받아들이면 해로운 신경회로가 가동돼 강해지고, 전전두피질이 손상되고, 사랑이 저해되고, 두려움이 자극되기 때문이다. 결국, 우리가 하나님에 대한 거짓말을 고수하면 그분이 우리 안에 자신의 형상을 회복하실 수 없다. 하지만 진리를 받아들이고 사랑의 하나님을 예배하면 전전두피질이 더 건강해져 두려움을 물리칠 수 있다." 티머시 R. 제닝스, 『뇌, 하나님의 설계의 비밀』(*The God-Shaped Brain: How Changing Your View of God Transforms Your Life*), 윤종석 역 (서울: CUP, 2019), 94-98, 155-168.

2 마음의 생각 중요성에 대해서는 아치발트 하트, 『마음의 습관: 마음을 다스리는 열 가지 방법』(*Habits of the Mind: Ten Exercises to Renew Your Thinking*), 윤후남 역 (서울: 요단출판사, 2005)을 참고하라.
3 대저 그 마음의 생각이 어떠하면 그 위인도 그러한즉(잠 23:7).
4 하트, 『마음의 습관』, 30, 33에서 인용.

그러므로 진정한 변화도 오직 마음과 사고가 새롭게 변화돼야 가능하다.[5] 로렌스 크랩(Lawrence Crabb)은 지혜로운 조언을 한다.

진정한 변화는 단순히 죄악 된 행동 유형을 바꾸는 것으로 충분하지 않다. 진정한 변화를 경험하기 위해서는 성령께서 우리의 본질적인 사고(체계)를 새롭게 하시도록 우리 자신을 온전히 드려야 한다. … 비록 성경 암송과 묵상이 좋고 바람직한 일이지만 마음이 새롭게 돼 진정한 변화가 나타나기 위해서는 그것만으로 충분하지 않다. … 진정한 변화는 곧 속사람의 변화를 말한다. 자신도 모르는 숨겨진 동기들로 가득 차 있는 거짓된 마음과 말로는 부정할지라도 실상은 속에 그대로 지니고 있는 어두워진 생각이 하나님의 말씀 앞에 노출돼야 하며, 그 말씀으로 처리돼야 하는 것이다.
… 내면의 변화가 중심이 되지 않는 한 외면의 개선은 단지 위선에 지나지 않는다. '나'라는 사람의 본질의 핵심 속에 깊이 뿌리박혀 있는 바로 그것이 변화를 절실히 필요로 하고 있는 것이다. … 변화는 우리의 환경이나 과거, 현재를 바꾸는 것에 달려 있지 않고 마음을 새롭게 하고 우리의 사고를 새롭게 하는데 달려 있다. 과거의 상처에 대한 기억을 치유하고 현재의 상황을 재조정하는 것만으로는 문제의 핵심을 해결할 수 없다.[6]

---

[5] 러셀 윌링엄, 『관계의 가면』(Relational Masks: Removing the Barrier That Keep Us Apart), 원혜영 역 (서울: IVP, 2006), 25-50.
본서의 제1장의 "성경적 내적치유의 목표"에서 지적한 것처럼 마음이 새롭게 변화되기 위해서는 반드시 죄악으로 인해 부패하고 왜곡되고 상한 마음에 진반적인 변화가 있어야 한다. 즉 성령의 역사로 인해 왜곡되고 상한 마음이 치유되고, 또 마음에 깊이 뿌리박혀 있는 죄악을 회개해야 마음이 새로워지고 참된 변화가 이뤄진다.
[6] 로렌스 크랩, 『인간 이해와 상담』(Understanding People), 윤종석 역 (서울: 두란노, 2011), 195-211.

그래서 성경은 " … 오직 마음('νοῦς'[nous],[7] mind)을 새롭게 함으로 변화를 받아 … "[8](롬 12:2)라고 분명하게 강조하고 있는 것이다.

예를 들어 보겠다. 뱀이 방에 들어올 때 사람들은 대부분 깜짝 놀라서 두려움에 사로잡혀 도망을 치게 된다. 그런데 어떤 사람들, 특히 뱀을 잡아서 파는 일을 직업으로 하는 땅꾼들은 오히려 좋아하면서 뱀에게 다가가 잡으려고 한다.

이렇게 같은 사건인데도 사람들의 감정과 행동이 전혀 다르게 나타나는 것은 둘 사이에 믿음 체계가 다르기 때문이다. 대부분의 사람은 "뱀은 위험하다"라는 믿음 체계를 가지고 있지만, 땅꾼들은 "뱀은 유익하다"라는 믿음 체계를 가지고 있다. 이런 서로 다른 믿음 체계로부터 전혀 다른 생각과 감정과 행동이 나타나게 되는 것이다.

또 다른 예를 든다면 믿었던 친구가 배반하는 일이 있었을 때 대부분의 사람은 분노하고 원망하고 슬퍼하면서 그 친구를 멀리한다. 그것은 "친구는 항상 신실해야 한다"라는 잘못된 믿음 체계를 가지고 있기 때문이다.

---

[7] 월터 바우어 렉시콘에 의하면 '누스'(nous)의 첫 번째 의미는 '지적인 인지 능력'(혹은 지적인 이해 능력)을 뜻한다. 두 번째 의미는 '사고하는 방법'(혹은 사고하는 태도)이며, 세 번째 의미는 '사고의 결과'(혹은 의견)다. 이렇게 '누스'는 감성적인 역할로서의 마음보다 이성적인 역할로서의 마음에 더욱 많은 비중이 있음을 알 수 있다. 성경에서 '누스'를 해석할 때는 인간 마음에 있어서 '이성적 사고 활동'이라는 그 자체에 비중을 두어 해석하되, 부분으로서의 인간의 마음이 아닌 '통전적인 관점'(wholistic viewpoint)으로서의 인간의 마음을 배제할 수는 없다는 것을 인정하고 해석해야만 하다. William F. Arndt, Walter Bauer, F. Wilbur Gingrich, *A Greek-English Lexicon of the New Testament and Other Early Christian Literature* (Chicago: University of Chicago Press, 2000), paragraph 680, 'νοῦς'(nous).

[8] 롬 12:2의 헬라어 원문을 직역하면 "그러나 너의 마음 혹은 생각(사고)하는 방식을 새롭게 함으로 계속해서 변화를 받으라"다. 『옥스퍼드 원어성경 대전』 117: 로마서 제9-16장(서울: 제자원, 2004), 304.

그러나 성경적인 믿음 체계는 그와 같지 않다. 성경은 '사람들은 다 거짓되고 신실하지 않다. 오직 하나님만이 언제나 참되고 신실하시다'(롬 3:4)라고 말씀하신다. 이런 성경적인 믿음 체계를 가지고 있다면 오직 하나님만을 온전히 신뢰하고 살기에 혹시 친구가 배반한다고 할지라도 그 친구를 용서할 수 있다.

이렇게 우리의 감정과 행동은 우리의 믿음 체계 혹은 사고 체계에 의해 결정되기에 우리가 성경적인 믿음 체계 혹은 사고 체계를 가지는 것은 너무나 중요하다.

잘못된 믿음 체계를 가지고 반응할 때 나타나는 두 가지 유형이 있다. 그것은 수동적인 유형과 공격적인 유형이다.

1. 수동적인 유형

잘못된 믿음 체계를 가지고 수동적으로 반응하는 사람들은 감정적 · 지적 · 영적 영역에서 다음과 같은 특징이 나타난다.[9]

---

9   탐슨, 『내 마음의 벽』, 97-116 참조. 본서의 제4장과 제5장의 많은 부분이 이 책의 도움을 받았다.

1) 감정적(정서적)인 영역

잘못된 믿음 체계를 가지고 수동적으로 반응하는 사람들이 거절을 당하게 되면 감정적인 영역에서 부정적인 반응이 나타난다. 인간은 하나님의 형상으로 창조된 지·정·의를 가진 인격적인 존재이기에 감정 자체는 죄가 아니지만 감정이 올바르게 다뤄지지 않을 때는, 즉 우리 내면의 잘못된 동기로 인해 부정적인 감정을 계속 품고 있거나 감정을 죄악 되게 표출하는 경우에는 하나님으로부터 멀어진 잘못된 믿음 체계로부터 나오는 죄악 된 감정이 있음을 알 수 있다. 그래서 성경은 에베소서 4:26-27에서 '분을 내어도 죄를 짓지 말며 해가 지도록 분을 품지 말고 마귀에게 틈을 주지 말라'라고 말씀하시는 것이다.[10] 잘못된 믿음 체계로부터 나오는 부정적인 감정으로는 다음과 같은 것들이 있다.

---

[10] 이 사실을 J. 애덤스는 이렇게 설명한다. "사도 바울은 '죄악 된 분노'(sinful anger)와 '거룩한 분노'(holy anger)를 구별하는 반면에 '분을 내어도 죄를 짓지 말라'라고 경고한다. '의로운 분노'(righteous anger)는 다음과 같은 두 가지 방법, 즉 '분노의 발산'(ventilation)에 의해서와, '분노의 내면화'(internalization)에 의해서 '불의한 분노'(unrighteous anger)가 될 수 있다. 이러한 두 가지 상반된 극단은 더욱 자주 '폭발'(blowing up)과 '침묵'(clamming up)으로 나타난다. 분노가 폭발할 때 그의 정서적 에너지가 다른 사람을 목표로 해 폭발되며, 침묵을 지킬 때는 그 육체적 긴장들이 자기 자신 안에서 이완된다. 두 경우 모두 분노의 정서적 에너지는 소모되며, 두 경우 모두 '파괴적으로' 사용된다." J. 애덤스, 『상담학개론』(The Christian Counselor's Manual), 정정숙 역 (서울: 베다니, 1999), 536-539. '분노를 극복하는 방법'에 대해서는 그의 책 539-564를 참조하고, 또 분노에 대한 성경적인 관점을 더 깊이 이해하려면 데이비드 폴리슨, 『악한 분노, 선한 분노』를 참고하라.

(1) 슬픔(Sadness)

거절을 당하게 되면 아픔을 느끼게 되고, 그 아픔이 계속될 때 마음에 슬픔이 자리잡게 된다. 예를 들면 자식을 잃거나 배우자를 잃은 사람들, 성폭력으로 고통을 당하는 사람들, 믿었던 사람들에게 배신당한 사람들, 자신의 간절한 꿈이 좌절된 사람들이 짧은 기간 동안 슬픔 속에 있는 것은 정상적일 수 있다. 그러나 오랜 기간 반복적으로 슬픔에 빠져, 슬픔이 만성적인 상태가 돼 정상적인 삶을 살지 못한다면 분명히 잘못된 모습이다.

그럴 때 우리의 슬픔의 눈물을 씻어 주실 위로의 근원이 되시고 진정한 위로자가 되시는 하나님께 나아가야 한다(욥 16:20; 시 116:8; 사 25:8; 계 7:17; 21:4). 이렇게 우리가 하나님 앞에 나아가 마음의 슬픔을 토하면서 눈물로 아뢸 때 우리는 하나님의 진정한 위로와 치유를 경험할 수 있다.

(2) 자기 연민(Self-pity)

거절로 인해 마음에 슬픔이 있는 상태에서 계속해서 거절을 당하게 되면 슬픔이 악화돼 자기 연민에 빠지게 된다. 자기 연민은 자기중심적 증세로 자신을 스스로 끊임없이 위로하게 된다. 자기 주변에 있는 사람들이 자기를 위로해 주기를 바라고, 심지어 다른 사람들을 교묘하게 조종해 자기 연민을 채우게 만든다. 이런 일을 계속하면 할수록 이 증세는 더 심해지지만 자신에게는 그 사실이 쉽게 보이지 않는다. 그는 자신만을 생각하고 측은히 여기며, 다른 사람들이 자기를 측은히 여겨 주길 바란다. '내가 얼마나 불쌍하고 내가 얼마나 위로받아야 할 만한 사람인가?'에 대해서만 생각하게 된다.

그는 다른 사람들이 상처를 주지 않아도 자신의 생각으로 다른 사람들로부터 상처를 잘 받는다. 다른 사람들이 자신과 많은 시간을 보내길 바라고 계속 얘기하기 원한다. 자기 연민에 빠진 사람은 부정적인 생각에 초점을 맞추고 있고, 또 민감한 사람이다.

진정으로 감사하는 마음을 갖는 것만이 치료할 수 있는 가장 확실한 성경적인 치유 방안이다. 치료를 받으면 하나님의 강한 사람이 되고 또 다른 사람에게 다가가서 도울 수 있다.

(3) 자기 증오(Self-hatred)

이것은 다른 사람에게 거절을 당한 후에 자신을 거절하는 것이다. 자신을 사랑하지 않고 스스로 원망하고 적대하고 증오한다. "난 쓸모없어. 누가 날 사랑해 주겠어"라는 거짓말을 믿는다. 어릴 때 성추행이나 성폭행 등과 같이 가까운 가족이나 친척으로부터 성적인 상처를 받아서 나타나는 경우가 있다. 그럴 때에 가해자에 대한 깊은 분노, 가해자가 그렇게 할 수 있도록 상황을 허락한 가족에 대한 원망, 그리고 자기 자신에 대한 죄책감과 불결함을 느끼면서 자기를 증오한다.

(4) 우울증(Depression)[11]

이것은 내적으로 무엇인가가 죽어 가고 있다는 것을 나타내는 한 증상이다. 처음에는 보통 생기와 활기가 사라지는 것을 느끼게 되며, 겉으로

---

[11] 우울증에 대한 자세한 설명은 다음 책들을 참고하라. 아치발트 하트, 『우울증 이렇게 치유할 수 있다』(Dark Clouds Silver Linings), 정동섭 역 (서울: 요단출판사, 2000); 웰치, 『뇌 책임인가? 내 책임인가?』, 113-130.

피곤하고 슬픈 모습이 나타난다. 그다음은 사회적 활동을 회피하게 되는데 심지어 가까운 친구들까지도 멀리하게 된다. 직장이나 가정에서의 활동도 저조해지며 모든 것이 어둡고 아무런 희망이 없는 것처럼 보인다. 사고 활동도 거의 마비되고, 사고한다 해도 희미한 정도에 거친다. 어떤 것에 집중하는 것이 힘들어진다.

우울증에 걸린 사람은 슬픔, 죄책감, 수치심, 불안, 절망을 경험하며 분노를 경험하기도 한다. 불면증, 식욕 감퇴, 성욕 감퇴가 많이 나타나며 기억력, 집중력, 사고력도 영향을 입을 수 있다. 평범한 일상 업무를 도저히 감당할 수 없기에 활동 수준과 대인관계가 현저하게 떨어지기도 한다. 많은 경우 자살을 생각하며 실제로 자살을 기도할 때도 있다.[12]

또한, 스스로에 대해 분노하고 미워하는 마음이 우울증에 빠지게 한다. 많은 실패감으로 자신을 생각한다. 자신을 지탱할 힘이 없고, "난 쓸모없어"라는 열등감을 가지고 있다. 무감각하게 되기에 "내게 어떻게 대해도 상관없어"라고 생각한다. 강한 수치심 때문에 일상적으로 죄책감을 느끼며 자기 비난과 자기 비하가 뒤따른다. 이 뒤에는 깊은 거절감이 있다.

(5) 무관심(Apathy)

이것은 인생이라는 도전 자체를 포기하고 냉담한 마음에 사로잡혀서 어떤 상황이든지 그냥 따라가는 것이다. 우울증이 자리잡고서 그 사람을 빼앗아 가는 것이다. 무관심은 거절이나 실패에 대한 생각과 느낌에서부터 나타난다.

---

[12] 맥그래스, 『자존감』, 70.

"도대체 소용없어. 해 봤자 되지도 않을 걸 말이야. 나는 계속 이렇게 살 거야!"

2) 지적인 영역

지적인 영역은 마귀의 가장 큰 심리적 활동 무대 중의 하나다. 성경은 가룟 유다가 예수님을 은 30에 팔아먹은 배후에 마귀의 미혹의 역사가 있었음을 분명히 지적하고 있다(요 13:2[13]). 가룟 유다가 예수님을 팔아먹은 것은 전적인 그의 잘못으로 그가 죄를 범한 것이지만 그 배후에 마귀의 강력한 미혹의 역사가 있었던 것을 보면서 우리는 마귀가 지적인 영역에서 얼마나 강력하게 역사하는지를 잊어서는 안 된다.

잘못된 믿음 체계를 가지고 수동적으로 반응하는 사람들이 거절을 당하게 되면 잘못된 믿음 체계로부터 나오는 사고 과정과 그 과정으로부터 파생되는 태도와 관련해 다음과 같은 부정적인 반응이 나타난다.

(1) 열등감(Inferiority)

많은 사람이 열등감으로 인해 씨름하고 있다. 삶 속에서 사람들이 반복해서 거절을 당할 때 자신이 실제로 열등하다고 느낀다. 마귀의 놀이터가 바로 이것이다. 마귀는 우리가 믿음의 행위를 하지 못하도록 집요하게 역사하고, 또 우리는 쉽게 마귀의 역사 앞에 굴복해 "나는 못해," "나는 부족

---

[13] "마귀가 벌써 시몬의 아들 가룟 유다의 마음에 예수를 팔려는 생각을 넣었더라" (요 13:2).

해," "나는 못났어"라는 생각에 사로잡힌다.

열등감은 불신앙과 아주 밀접한 연관이 있기에 열등감은 죄다. 열등감과 불신앙은 우리의 자신감을 완전히 빼앗아 갈 때까지 함께 하는 단짝이다. 이 둘은 언제나 합세해 믿음으로 얻을 수 있는 승리를 강탈해 간다.

(2) 불안정, 불안감(Insecurity)

대부분 깨어진 역기능 가정에서 자라 온 사람은 성장하면서 발생한 사랑의 결핍과 어릴 때 받은 거절감의 직접적인 결과로 마음에 불안감이 자리잡게 된다. 연구 조사에 의하면 사랑이 결핍된 환경에서 자라난 아이들은 흔히 깊은 불안감을 경험하게 된다. 예를 들면 원치 않은 임신, 부모가 원하던 성별의 아이가 아닌 경우, 부모가 바빠서 시간을 같이 보내지 못한 경우, 부모가 권위주의적이고 엄격하기만 한 경우 등이다. 이런 사람들은 마음에 깊이 자리잡은 두려움 때문에 불안정하게 되고 움츠러지게 된다.

(3) 실패감(Failure)

실패감은 부적합함과 무가치함과 깊이 연관이 있다. "나는 부적합한 자다. 무가치한 자다"라는 생각 때문에 실패감에 빠져서 사는 것이다. 거절감 속에서 살아가는 사람은 마음 깊은 곳에 자신이 가치가 없다는 느낌이 있다. "나는 아무 소용도 없고, 필요도 없고, 쓸데도 없고, 가치도 없다"라는 소리가 마음에 있다.

실패에 대한 두려움이 많은 사람은 실패를 하면 할수록 자신이 실패자라는 것을 더 깊이 확신하게 된다. 실패자라는 말은 우리의 생각과 깊이 연관이 있다. 우리 모두는 실수를 하지만 실수한다고 해서 실패자는 아니다.

(4) 죄책감(Guilty)

하나님은 우리가 회개하고 용서받기 위해서 우리 안에 '죄책감'의 경고장치를 주셨다. 바른 의미의 죄책감은 좋은 것이고 유익한 것이다. 경고장치 소리를 자세히 잘 들으면 생명을 살릴 수 있기 때문이다.

우리가 잘못된 죄책감과 씨름을 할 때 우울증에 빠지거나 반항하는 양상으로 나타난다. 우리는 진정한 죄책감에 올바르게 반응을 해야 한다. 그것은 무엇인가가 잘못됐다는 메시지기 때문이다.

3) 영적인 영역

사람들이 영적인 거절감으로 인해 자신의 운명을 그대로 받아들이고 믿어 버리면 그들의 영은 마치 촛불에 있는 불꽃이 점차 희미해지고 꺼져가는 것처럼 약해지고 죽어 가는 것처럼 된다. 예를 들면 소위 예언의 은사를 받은 사람이 예언하면서 당신은 어떤 특정한 날에 죽게 될 위험성이 아주 크다고 말했을 때, 그것을 그대로 받아들이면 그들의 영은 약해지면서 죽어 가게 된다.

사람들이 반복적으로 거절을 수용할 때 낙심과 절망에 빠져서 생명력이 없어지고 절망감에 사로잡히게 된다. 그래서 육체적, 감정적, 영적으로 스스로를 죽이며 심하면 자살을 시도하기도 한다.

2. 공격적인 유형

잘못된 믿음 체계를 가지고 공격적으로 반응하는 사람들은 수동적으로 반응하는 사람들과 그 모습이 많이 다르다. 그들은 거절을 당했을 때 공격적이고 반항적인 모습으로 반응한다.

예를 들어 보겠다. 공격적으로 반응하는 사람이 식당에 갔는데 여종업원이 다른 손님들에게는 물을 갖다 주면서 그에게는 갖다 주지 않았다. 화가 난 그는 여종업원을 불러서 항의했지만 대답만 하고 시간이 좀 지났는데도 물을 갖다 주지 않았다. 그는 사람들이 자신을 무시해 자기 얘기를 듣지 않는다는 생각이 들었고, 비통한 마음에 사로잡혀 분노하면서 여종업원에게 욕설을 퍼붓고 소리를 질렀다.

이렇게 잘못된 믿음 체계를 가지고 공격적으로 반응하는 사람들은 감정적 · 지적 · 영적 영역에서 다음과 같은 특징이 나타난다.[14]

1) 감정적(정서적)인 영역

(1) 적개심(Hostility)
적개심은 거절당하고 무시당하는 상처로부터 시작한다. 하나님은 우리에게 감정을 선물로 주셨다. 우리에게 어떤 감정이 일어나면 그 감정이 주는 진정한 메시지를 파악해 내야 한다. 적개심이 있다는 것은 거절당해 생긴 치유돼야 할 상처와 회개해야 할 죄악이 있다는 것을 의미한다.

---

14 톰슨, 『내 마음의 벽』, 117-137.

예를 들면, 과거에 어떤 사람에게 큰 상처를 받았기에 마음에 적개심이 있는 사람은 상처를 준 그 사람과 얼굴이 닮았거나 유사한 사람을 보면 적개심이 일어나서 죽이고 싶은 마음이 든다고 한다. 심할 경우에는 과거에 자기에게 큰 상처를 준 사람과 같은 성(性)씨를 가진 사람만 봐도 적개심이 일어나기도 한다.

(2) 자만심(Conceit)

자만심은 다른 사람들을 우습게 보는 마음으로 비성경적이고 교묘한 교만이다. 스스로 자신이 자기에 대한 권위자가 되는 것이다. 다른 사람들 앞에서 더 높은 사람인 양 나타내고 싶어하기에 상대에게 무시당한다는 느낌을 갖게 한다. 그런 모습이 다른 사람들과의 관계들을 가로막기에 외톨이가 될 수밖에 없다. 부부 안에서도 동일하게 나타나는데 상대 배우자를 낮추므로 말미암아 자기를 높이는 것이다.

(3) 복잡한 궤변(Sophistication)

궤변은 속이려는 의도를 가진 거짓된 말이나 행동을 가리킨다. 복잡한 궤변론자는 겉으로는 독립성과 자기 확신의 모습을 보이지만 속에는 불안정과 열등감, 병적인 공포증이 있다. 흔히 자만심이나 자기중심적인 사람들에 의해서 시도되는데, 자기 과거를 연상시키는 사람을 싫어하기에 사람들과의 관계가 발전되지 못한다.

(4) 심적 고조(Elation)와 심적 수축(Deflation)

감정을 완충시킬 장치가 없기에 감정의 기복이 심해서 기분의 변화가 매우 심하다. 기분이 좋았다 나빴다 하는 조증과 우울증의 양극단을 오간다. 어떤 때는 굉장히 말을 많이 하고 어떤 때는 지극히 조용해진다. 이것은 그 사람의 마음 안에 뭔가 위기가 있는 것을 나타내는 것이다.

감정의 진폭이 너무 크기 때문에 어느 순간에 무너져 내릴 것이다. 그럴 때는 감정적 통제력이 상실되거나 정신 이상의 상태가 발생하기도 한다. 휴식을 취하는 것과 내적인 갈등을 해결하는 것이 이를 방지하는 중요한 예방 조치다.

2) 지적인 영역

공격적으로 반응하는 사람들이 거절을 당하게 되면 잘못된 믿음 체계로부터 나오는 사고 과정과 그 과정으로부터 파생되는 태도와 관련돼 다음과 같은 부정적인 반응이 나타나게 된다.

(1) 우월감(Superior)

우월감은 관계에서 나타나는 것으로 자신이 얼마나 우월하고 강한 사람인지를 알리고 싶어하는 교만한 마음이다. 이것은 영적으로도 볼 수 있다. 마귀가 이것을 이용해서 우리의 관계를 깨뜨린다. 이러한 우월감을 나타내는 것은 우리 안에 무엇인가 상처를 가지고 있기 때문이다. 우월감은 열등감과 불안정감에서 나온다. 보통 억압된 고통스러운 열등감을 감추고 보상하려는 시도다.

우월감은 어릴 때 부모나 형제들, 선생님으로부터의 부당한 대우, 과도한 징계나 학대, 또래 집단의 괴롭힘으로 인해 자리잡게 됐을 수 있다. 우월감이 있는 사람은 자신의 인생에서 다른 사람과 의미 있는 관계들을 지속시키지 못한다.

(2) 경쟁심(Competitive)

경쟁심이 있는 사람은 자신과 남을 비교해 자신보다 강한 사람을 싫어한다. 힘을 과시하기 위해서 경쟁을 좋아한다. 승리를 위해 경쟁하는 것이 아니라 누군가 사랑해 주고 관심을 가지길 원해서다. 건강한 상태의 경쟁심도 있다. 그러나 잘못된 경쟁심은 다른 사람을 죽이기도 한다. 이와 같은 경쟁심은 서로 다른 사람과 비교하는 것을 통해서, 조건적인 사랑을 통해서 나타난다.

조건적인 사랑을 하는 부모 밑에서 자라는 아이들은 자신이 완벽하게 잘 하면 사랑을 받게 되고, 그렇지 못하면 사랑을 받지 못한다고 생각할 것이다. 그들은 건강하지 못한 상태에서 자란다. 어릴 때부터 부모의 기대에 자신을 맞춰야 하는 부담감을 가지고 자라게 된다. 만약 자신이 부모의 기대를 만족시키지 못하면 엄청난 스트레스를 받고 죄의식을 갖게 된다.

이렇게 성장한 아이는 하나님과의 관계에 있어서도 같은 생각을 가진다. "내가 하나님을 잘 섬기면 하나님이 사랑하고, 하나님을 잘 섬기지 못하면 사랑하지 않을 것이다"라고 믿는 것이다. 그러나 하나님은 우리가 실패했을 때에도, 하나님의 품을 떠나 죄 가운데 있었을 때도 우리를 사랑하셨다. 우리가 하나님과 원수 됐을 때 하나님은 우리를 조건 없이 사랑하시고 독생자 예수 그리스도를 보내 주셨다(롬 5:8[15]). 이것이 바로 하나님의 진리다.

우리는 무엇을 한 것에 상관하지 말고 그 사람 자체에 대해서 인정하고 칭찬하고 용납해 주는 것이 필요하다. 특별히 사랑의 결핍 속에 자라 문제가 많은 사람일수록 더 많은 사랑과 용납과 칭찬과 격려가 필요하다.

(3) 군림(Dominant)

군림은 자기가 주도하고 지배하려고 하는 교만한 마음인데, 사랑의 결핍으로 인한 불안정의 표시다. 관계에서도 자신이 모든 것을 다스리고 지배하려고 한다. 부부 관계에서도 배우자를 자기 손에 넣어야 안심이 되고 안정감이 생긴다. 또 자녀들 가운데도 무엇을 하든지 자기가 주도하려고 하는 자녀가 있다. 그것은 자신이 다스리고 있는 것이 그의 안정감이기 때문에 다른 사람이 다스리고 있으면 무척 싫어한다. 사랑과 용납을 받기 위해 자신이 다스리기 원한다. 자기 의견이 강한 사람이 된다. 심지어 속여서라도 조종하려고 한다.

결혼 생활 속에서도 부인들이 남편을 지배하고자 하는 양상을 보인다고 한다. 그 이유는 남편의 사랑을 받는다고 느끼지 못하고, 남편이 자신을 이용했다고 느끼고 있기 때문이다. 오늘날 많은 아내가 남편의 사랑을 받지 못하기 때문에 남편의 사랑을 얻기 위해 남편을 조종하거나 다스려서

---

[15] "우리가 아직 죄인 되었을 때에 그리스도께서 우리를 위하여 죽으심으로 하나님께서 우리에게 대한 자기의 사랑을 확증하셨느니라"(롬 5:8).

남편의 사랑을 얻으려고 하는 것이다. 그러나 이렇게 한다고 사랑이 얻어지는 것이 아니다.

(4) 완고함(Rigid)

공격적으로 반응하는 사람들은 융통성이 없고 다른 사람에게 굽히지 않기에 고집이 세게 나타난다. 자신이 항상 옳기에 다른 사람들이 아무도 논쟁을 할 수 없다. 어떠한 특정한 방식으로만 일을 해야 하고 그렇지 않으면 정체성의 위기를 맞이한다. 그래서 반드시 내가 하는 방법대로만 해야 한다고 주장하는 것이다. 자신의 견해와 같지 않은 다른 사람들의 의견을 받아들인다는 것은 자신이 그릇돼 있음을 인정하는 것이 되며, 자신을 쓸모없는 존재로 완전히 평가절하하는 것으로 생각하는 것이다.

(5) 고집(Stubborn)

공격적으로 반응하는 사람들은 머릿속에 어떤 것에 대한 나름대로의 의견을 가지고 있으며, 다른 사람의 의견이 더 좋다 하더라도 그것을 고집한다. 마음 안에 불안감이 있기 때문이다. 자기의 의견에 지나친 가치를 부여하고 있기에 포기하려고 하지 않는다. 그것이 자신의 안정감이기 때문에 자신의 의견이 강하고 자신의 의견을 우상시한다.

(6) 배우려고 하지 않음(Unteachable)

공격적으로 반응하는 사람들은 상대방이 자기보다도 많이 아는 것을 인정하면 상대방보다 내가 무식하거나 다른 사람보다 못하다고 인정하는 것으로 생각한다. 그래서 남의 말을 잘 듣지 않는다. 이 사람에게 있어서 가치는 지식에 있기 때문에, 만약 그가 모르는 것에 대해서 말을 하게 되면 이 사람은 위기감을 느끼게 될 것이다. 자신의 정체감이 자신의 아는 것에 있기에 마귀는 이 사람보다 많이 아는 사람들을 옆에 붙임으로 자신의 정체감을 흔들리게 한다. 사랑은 피차 배우는 일이 용이하도록 우리를 돕는다.

3) 영적인 영역

(1) 망상(Delusion)

거짓 신념이 진리라고 생각하기에 거짓에 묶여 있게 된다. 망상으로는 의처증, 의부증, 피해망상증, 과대망상증이 있다. 큰 상처를 입었거나 많은 피해를 당했을 때 용서하지 않게 되면 원한과 쓴 뿌리가 있는 사람으로 살게 하며, 이것은 우리 영혼에 독소를 뿜게 하기에 망상으로 발전되게 된다.

망상 중에서 피해망상은 남들이 자신을 의도적으로 해치려고 한다고 믿는 거짓 신념이다. 그것은 거의 확고부동하고 때로는 정교하며, 개연성이 없는데도 반박에 저항하는 중증 정신 질환의 한 가지 증상이다.[16]

(2) 원망(Resentment)과 쓴 뿌리(Bitterness)

우리가 누군가에게 상처를 받으면 용서하든지 원망하게 된다. 용서하지 않고 원망이 들어오도록 하면 쓴 뿌리가 생기게 된다. 이것은 정서적인

---

[16] 맥그래스, 『자존감』, 68-69.

암과 같아서 속으로부터 썩게 만들어서 정신적 · 육체적 이상을 초래하게 한다. 쓴 뿌리의 영을 가지고 있는 사람은 파괴적인데, 용서가 이뤄져야 치유가 가능하다.

(3) 비판(Critical)

이것은 우리의 사고를 날카롭게 하는 비판력이 아니라 다른 사람들을 끌어내리고 파괴하는 것이다. 비판적인 사람은 항상 다른 사람에게 무엇인가 잘못된 것이 있는가를 살핀다. 그는 다른 사람들, 특별히 권위자의 연약함을 지적하기 좋아한다. 비판적인 가정에서 자란 아이들은 무의식적으로 비판을 배운다.

(4) 지배(Controlling)와 소유욕(Possessiveness)

지배하는 자는 지배하는 때에만 안정감을 가지기에 다른 사람들을 자기 아래에 굴복시키려고 하고 자기 손안에 집어넣으려고 한다. 이런 사람은 쉽게 소유욕을 가지게 된다. 그래서 다른 사람의 삶을 고치려 하고 남의 인생을 대신 살려고 한다. 자신이 이루지 못한 인생의 꿈을 자녀들을 통해 이루려고 하는 부모들이 있다. 그들은 자녀들의 개성을 죽이게 된다.

(5) 조종(Manipulative)

사랑이 결핍됐을 때 사람을 이용해 사랑을 얻으려 한다. 사랑을 얻기 위해서 조종을 사용하는 것이다. 조종은 간접적이고 현혹적인 방법을 동원해 사람과 환경을 지배하고자 하는 시도다. 조종은 능동적일 수도 있고 수동적일 수도 있는데, 가끔 조종의 양상이 바뀌기도 한다. 쉽게 분노하는 강하고 공격적인 사람이 어떤 때는 자기 연민에 빠지는 희생자로 그 역할이 전이될 수도 있다. 수동적 조종은 지나친 돌봄, 자주 아픈 증세, 위축돼 멀리하는 행동, 무책임한 태도 등으로 나타난다. 조종은 관계를 지배하고 유지하는 수단으로 사용된다. 사람들을 지배하려는 욕심으로 자신의 목적을 위해 다른 사람들의 삶을 바꾸고 움직이려는 것이다. 조종하는 사람들은 이러한 노력이 무산될 때 종종 화를 내거나 무례해진다.[17]

조종은 사랑을 방해하고 파괴하기에 결혼 생활의 갈등과 가정 파탄의 주요 요인이 된다. 사랑과 조종의 근본적인 차이가 있다. 사랑은 주기 위해서 인간관계를 맺어 가는 것이고, 조종은 받기 위해서 인간관계를 맺어 가는 것이다.

요약

이 장에서 우리는 사랑의 결핍으로 생긴 거절감 때문에 하나님의 진리의 말씀에서 벗어난 잘못된 '믿음 체계'(belief system)가 우리 마음에 형성되고, 그래서 그 잘못된 믿음 체계로 인해 감정적인 영역과 지적인 영역과 영적인 영역에서 나타나는 여러 가지 부정적인 모습을 살펴봤다.

수동적인 유형의 사람들은 감정적인 영역에서 슬픔, 자기 연민, 자기 증오, 우울증, 무관심 등의 모습이 나타나고, 지적인 영역에서 열등감, 불안정(불안감), 실패감, 죄책감 등의 모습이 나타나며, 그리고 영적인 영역에

---

[17] 리치필드, 『하나님께 바로서기』, 69.

서 낙심과 절망 등의 모습이 나타난다.

공격적인 유형의 사람들은 감정적인 영역에서 적개심, 자만심, 복잡한 궤변, 심적 고조와 심적 수축 등의 모습이 나타나고, 지적인 영역에서 우월감, 경쟁심, 군림, 완고함, 고집, 배우려고 하지 않음 등이 나타나며, 그리고 영적인 영역에서 망상, 원망과 쓴 뿌리, 비판, 지배, 조종 등의 모습이 나타난다.

다음 장에서는 이런 잘못된 믿음 체계로 인해 감정적·지적·영적인 영역에서 나타나는 부정적인 모습들이 결합 돼 형성되는 네 가지 유형의 성격들을 살펴보게 될 것이다.

묵상과 적용

1. 잘못된 믿음 체계로 인해 감정적인 영역과 지적인 영역과 영적인 영역에서 나타나는 부정적인 모습 중에서 당신에게 해당되는 모습은 어떤 것인가?

   1) 수동적 유형: 슬픔, 자기 연민, 자기 증오, 우울증, 무관심, 열등감, 불안정(불안감), 실패감, 죄책감, 낙심, 절망

   2) 공격적 유형: 적개심, 자만심, 복잡한 궤변, 심적 고조와 심적 수축, 우월감, 경쟁심, 군림, 완고함, 고집, 배우려고 하지 않음, 망상, 원망, 쓴 뿌리, 비판, 지배, 조종

2. 당신에게 이런 부정적인 모습이 나타나게 된 원인은 무엇인가?

3. 그 원인은 아직도 당신에게 영향을 미치고 있는가?

   있다면 어떤 점에서 그런가?

4. 이런 부정적인 모습을 변화시키기 위해서 당신은 무엇을 할 수 있다고 생각하는가?

제5장

네 가지 유형의 성격들과 성격 장애

우리는 인생을 살면서 사건마다 하나님의 진리에 근거한 성경적인 믿음 체계에 의해 올바르게 반응해야 한다. 권위자가 우리를 거절하고 무시해 상처를 줄 때도 "저 사람이 저렇게 나를 거절하지만, 하나님은 나를 거절하시지 않아. 하나님은 나를 사랑하시고 받아 주시고 용서해 주시고 용납해 주셔"라고 생각하고 그 사람을 용서하면 상처와 쓴 뿌리는 남지 않는다.

그러나 대부분의 경우 우리는 그렇게 하지 못하고 잘못된 믿음 체계에 의해 부정적으로 반응하게 된다. 수동적인 유형의 사람들은 권위자로부터 거절당해 상처를 받으면 이제 더 이상 사람들을 신뢰하지 못하고 다른 사람들을 거절하면서 속으로 움츠러들며 자신을 방어한다. 그때 나타나는 모습이 앞 장에서 살펴본 슬픔, 자기 연민, 자기 증오, 우울증, 무관심, 열등감, 불안정(불안감), 실패감, 죄책감, 낙심, 절망 등이다.

공격적인 유형의 사람들은 권위자로부터 거절당해 상처를 받으면 이제 더 이상 사람들을 신뢰하지 못하고 다른 사람들을 공격하면서 자신을 방어한다. 그때 나타나는 모습이 적개심, 자만심, 복잡한 궤변, 심적 고조와 심적 수축, 우월감, 경쟁심, 군림, 완고함, 고집, 배우려고 하지 않음, 망상, 원망과 쓴 뿌리, 비판, 지배, 조종 등이다.

이런 잘못된 모습들이 결합되면 네 가지 유형의 성격들을 형성하게 된다.[1] 이 네 가지 유형의 성격들은 인간의 전체 성격들을 다 보여 주는 것은 아니지만 흔히 보이는 보편적이고 일반적인 성격의 유형들이다. 인간에게는 누구나 네 가지 성격들의 어떤 모습이 있지만, 그중에서 두드러지게 많은 모습이 그 사람의 성격이다.[2]

1. 수동적인 유형

수동적인 유형의 사람들에게 나타나는 두 가지 성격이 있다. 그것은 순종형 성격과 부정형 성격이다.

1) 순종형 성격[3]

순종형 성격은 겉으로 나타나는 모습이 유한 모습이기에 '유순형'이라고도 부른다. 또 그들이 순종하는 동기가 사랑받고자 하고 인정받고자 하

---

[1] 우리의 성격은 '기질'처럼 타고난 선천적 성격과 살아오면서 형성된 후천적 성격으로 나눌 수 있는데, 이 둘이 합쳐져서 우리의 성격을 형성하게 된다. 원래의 성격은 외향적이었는데 자라 오면서 거절당한 경험으로 말미암아 내향적인 성격으로 바뀌는 경우도 있다.
[2] 김준수 교수는 자신을 보호하기 위한 인간의 본능적인 대처 유형을 크게 세 가지로 나누고 있는데, 이것은 인간의 성격 유형으로도 볼 수 있다. **첫째**, 힘으로 상대방을 누르고 공격함으로써 우위를 차지하려는 '대항형'이다. **둘째**, 공격을 당하는 상황을 피해서 도피함으로써 상황을 모면하려는 '회피형'이다. **셋째**, 상대방에게 잘 보여서 문제를 해결하는 '접근형'(수용형)이다. 김준수, 『마음의 치유』, 217-250.
[3] 탐슨, 『내 마음의 벽』, 140-143 참조.

는 마음이기에 '회유형'이라고 부르기도 한다. 순종형 성격의 사람은 부모나 영적 지도자 등의 권위자를 통해서 무엇인가에 도달해 보려고 하는 사람이기에 권위자를 좋아하며 가까이 가길 원한다. 그들은 권위자를 기쁘게 하려고 애쓴다.

순종형 성격의 사람들의 마음에는 두 가지 핵심적인 내용이 있다. 그것은 "내가 당신을 이렇게 섬길 테니까 당신은 제게 이렇게 해 주세요"라는 마음이다.

"당신이 원하시는 것은 무엇이든지 도와드릴게요. 언제든지 당신을 위해 봉사하며 당신에게 충성할게요."

그렇게 말하는 그들의 내면에서 원하는 것이 있다.

"그러니 저를 사랑해 주시고 인정해 주세요."

순종형 성격의 사람들은 비록 자신이 싫다 할지라도 다른 사람들에게 "아니오"라는 말을 못 한다. 그들은 자신과의 관계에 신경을 쓰기보다 다른 사람들의 필요를 채우는 데 힘을 썼기에 순교자가 되고 만다.

순종형의 사람들은 훌륭하게 섬기는 사람들일 것이다. 그들은 굉장한 봉사자며 조력자일 수 있다. 때로는 상대가 느끼기도 전에 상대의 필요를 민감하게 인식하면서 그것을 채워 주려고 하고 섬기려고 한다. 그리고 그렇게 할 때 능률적이고 효과적이다.

그러나 그들이 그렇게 하는 내면의 동기는 사랑과 인정을 받으려는 욕망 때문이다. 그들의 필요가 채워지지 않으면 자신의 삶에 큰 위기감을 느낄 것이다. 왜냐하면, 필요가 채워질 때만이 자신이 사랑받고 인정받고 돌봄을 받고 있다고 느끼기 때문이다. 만약 사랑과 인정을 구하는 권위자가 실망시키면 거절과 실의에 빠지게 된다. 그래서 더욱 움츠리게 되고 다음에 인간관계를 맺을 때는 다른 사람을 신뢰하지 않게 된다.

이런 성격의 사람들은 상대가 하나님이 돼 주기를 기대하는 것이다. 그래서 그런 요구를 받는 상대는 그들의 하나님이 돼서 필요를 채워 줘야 한다. 결국, 그들은 하나님의 사랑을 벗어나 사람들의 사랑을 찾고 있으며 하나님보다 인간을 의존하는 마음, 즉 우상을 섬기고 있는 것이다(골 3:5[4]).

그러나 우리는 하나님이 아니기 때문에 그들의 욕구를 채워 줄 수 없고 결국 그들은 거절감에 빠져서 실망하게 된다. 순종형의 성격의 소유자가 빈번히 거절을 맛보게 되면 '할 수 없어'라며 부정형의 성격을 갖게 될 가능성이 크고, 더욱 상태가 악화되면 성격 장애가 나타나게 된다.

순종형 성격의 사람들은 다른 사람들의 필요를 채우는 데 있어서 굉장히 민감한 사람들이기에 사람들을 잘 돌봐줄 수 있는 귀한 자질이 숨겨져 있다. 그래서 치유되면 좋은 봉사자와 조력자와 상담자가 될 수 있다.

순종형 성격의 사람들의 상태가 악화될 경우에 '의존성 성격 장애'(복종적 유형)와 '배우형 성격 장애'(사교적 유형)가 나타난다.[5]

(1) 의존성 성격 장애

의존성 성격 장애가 있는 사람은 홀로서는 것을 두려워하고 다른 사람에게 의존하려는 경향이 강하다. 이런 유형의 사람들에게는 다음과 같은

---

[4] "그러므로 땅에 있는 지체를 죽이라 곧 음란과 부정과 사욕과 악한 정욕과 탐심이니 탐심은 우상 숭배니라"(골 3:5).

[5] 웨인 오우츠, 『그리스도인의 인격 장애와 치유』(Behind the Masks), 안효선 역 (서울: 에스라서원, 1996), 15-54. 본서에서 설명하는 성격 장애 유형은 이 책의 내용에서 많은 도움을 받았다.

특징들이 나타난다.[6]

① 다른 사람들을 지나치게 의존한다.

의존성 성격의 사람들은 자신을 믿지 못하고 다른 사람들의 힘과 도움을 의존해서 살아가려는 욕구가 강하다. 그들은 자신이 의존하는 사람의 어떤 말에도 순종하기에 그 사람의 노예처럼 보이고, 그 정도가 너무 지나치기에 상대방은 오히려 불편을 느끼게 된다. 그들은 스스로 판단과 결정에 따른 독자적인 삶을 계획하지 못하고, 다른 사람들이 삶의 방향을 제시해 주고 선택과 결정을 내려 주기를 원한다. 자기 스스로 약한 존재로 보고, 자신이 내리는 판단에 확신이 없기에 자신의 능력과 취향을 무시한다. 자기 의견이 없고 뚜렷한 주장이 결여돼 있다. 주도권을 행사하거나 독자적으로 일을 추진해 가지 못한다. 습관적으로 의지하는 사람들이 있는데, 그들이 떠나게 될 것이라고 느낄 때는 극히 연약해지기에 분리에 대한 염려와 공포에 시달린다.

부모의 과잉보호 속에 자란 자녀들 가운데 의존성 성격을 가진 사람들이 많다. 그들은 성장한 후에도 홀로서기를 잘 하지 못하고, 부모 역시 자녀들을 떠나보내지 못하고 계속 붙들어 놓으면서 사사건건 간섭하기에 자녀가 결혼한 후 부부 갈등의 원인이 되기도 한다.

② 부정적인 자아상을 가지고 있다.

자기 스스로 매우 약하고 무능하며 사리판단을 잘 하지 못하는 사람

---

[6] 김준수, 『마음의 치유』, 235-237; 오우츠, 『그리스도인의 인격 장애와 치유』, 16-24.

으로 생각한다. 자신은 혼자 살아갈 수 있는 능력이 없고 누군가를 의지해야 살아갈 수 있다는 사고가 강하다. 자신의 생각이나 의견을 말하기보다는 일방적으로 지시받는 것을 좋아한다. 자존감이 낮기 때문에 학교나 직장이나 가정이나 결혼 문제 등의 중요한 결정을 내려야 할 때면 우유부단해지고 자신이 책임지는 일을 회피한다. 자신들보다 더 우월하다고 생각되는 사람들이 결정을 내려 주기를 원하고 그 결정을 따라 살아간다.

③ 사람들에 대한 두려움이 있다.

일반적으로 의존성 인물들은 호감이 가고 우호적이고 매우 친절하며 순종적이다. 겉으로는 상냥하고 성품이 좋아 보인다. 온순하고 경쟁을 싫어하기에 긴장이나 갈등, 그리고 대인관계에서 일어나는 불편한 일을 멀리한다. 그것은 그들의 내면에 거절당할 것에 대한 두려움과 불안, 회의와 절망으로 가득하기 때문이다. 이렇게 그들은 거절당할 것에 대한 깊은 두려움이 있기에 다른 사람들의 평가나 반응에 매우 예민하게 반응한다. 다른 사람들과의 관계에서 어려움을 당하면 자신의 생존에 위협을 느끼기에 그들의 단점에 대해서도 너무 관대하게 넘어가서 보는 사람들을 힘들게 만든다.

홀로 있는 것을 두려워하기에 자신에게 고통을 주는 인간관계도 단절하지 못한다. 학대와 배신과 버림을 당하면서도 결혼 생활을 지속하기에 오히려 주변 사람들이 힘들어한다. 이렇게 다른 사람들이 부당하게 대할 때도 번뇌해 수면서 자신을 격하시키는 것은 마음에 거절당할 것에 대한 깊은 두려움이 있기 때문이다. 그 두려움이 사람에 대한 두려움으로 나타나는 것이다. 그래서 다른 사람들의 눈치를 자주 보고 그들의 말이나 태도나 행동에 대해 과잉반응을 하는 경우가 많다. 신앙생활하면서 봉사할 때도 하나님을 의식하기보다 사람들을 더 의식하며, 사람들의 평가나 반응을 의식하는 경향이 강하다.

의존성 인물들은 마음에 깊은 상처를 받은 자들이다. 하나님께서 그들에게 능력을 주셨는데도 사람들이 그들의 능력을 믿지 않고 상처를 줬고, 거기에 대해 올바르게 반응하지 못했기에 그런 부정적인 성격이 형성된 것이다. 우리는 그들을 불쌍히 여기면서 위로하고 격려하며 신뢰를 보여 줘야 한다. 왜냐하면, 하나님은 의존적 인물들을 사랑하시고 불쌍히 여기시고 끝까지 믿어 주시고 그들이 치유되고 회복되기를 간절히 원하시기 때문이다.

(2) 배우형 성격 장애

일반적으로 배우형 인물들은 다른 사람들을 의식하고, 사람들의 인기를 끌며, 연예인처럼 행동하고, 화려하게 다른 사람의 주의를 끄는 생활 방식으로 살아가는 사람들이다. 이처럼 겉으로는 배우처럼 살아가지만 사랑하는 사람, 친구들, 그리고 동료들과 진실 되고 성실한 관계를 지속적으로 맺고 살지는 못한다.

그들은 의존성 인물과 비슷하지만 다른 사람들에게 수동적으로 의존하지 않는다. 다른 사람들의 인정을 받기 위해 공격적으로 인간관계를 맺고 조종하려고 하며, 다른 사람들의 칭찬을 듣고자 무대에서 갖가지 '가면'

을 쓰고 행동하는 멋지게 포장된 사람들이다. 그들은 다른 사람들과 지속적으로 성실하고 충성스러운 관계를 맺을 능력이 심각하게 결여돼 있다.

내면에 공허함이 있지만 이것이 바로 자신들의 문제인 것을 잘 느끼지 못한다. 겉으로는 생동감이 있고 극적으로 행동하며 과장도 기가 막히게 잘한다. 사람을 대하는 것도 겉으로는 매력적이고 사교성이 있는 것처럼 보이지만 진실성이 결여되고 피상적인 관계만 유지하기에 마음을 터놓는 진실한 친구가 없다. 쉽게 친구를 사귀지만 일단 친구가 되면 자기중심적이며 요구하는 것이 많아지고 상대방의 입장을 고려할 줄 모르기에 친구가 질려서 그 곁을 떠나게 된다.

피상적으로 살아가면서 사람들과 형식적인 관계만을 맺고, 또 자신의 내면을 깊이 바라보기를 회피하는 이유는 이전에 어떤 사람들과 나쁜 관계를 맺으면서 상처받은 기억이 있기 때문이다. 스스로 자신의 모습에 대해 불만이 있기에 피상적인 삶보다 진지한 삶을, 일시적인 것보다 지속적인 것을 받아들이기 위해 자신의 마음을 열고 싶은 도전을 받는다. 이러한 변화가 나타나기 위해서는 그들에게 접근해 그들과 진실하고 지속적인 인간관계를 맺음으로써 시작된다.

2) 부정형 성격[7]

부정형 성격의 사람들은 스스로 포기한 사람들이다. 그들은 권위자들의 사랑이나 인정을 기대하지 않기에 될 수 있으면 권위자로부터 멀어지려고

---

[7] 탐슨, 『내 마음의 벽』, 143-147 참조.

하는 사람들이다. 자신이 불쌍한 사람이라고 생각한다. 그 영에 상처가 있고 소망을 잃었다. 순종형 성격과는 아주 반대 유형이다.

부정형 성격의 사람들의 마음에도 두 가지 핵심적인 내용이 있다.

"나를 사랑해 주는 사람은 아무도 없어요. 내 이야기를 들어주는 사람은 아무도 없고, 내게 신경 쓰는 사람도 아무도 없어요. 노력해 봤자 아무 소용없어요."

"그래서 난 포기하겠어요."

부정형 성격은 열심히 노력해도 칭찬과 인정과 격려를 받지 못할 때 자신이 사랑받을만한 가치가 없는 사람이라고 생각하면서 포기하는 것이다. 자신은 사랑을 받을 수 없다고 생각하기에 우울증, 자기 연민, 자기 증오, 수치심에 빠져서 자기가 해야 할 기능을 잘 발휘하지 못한다. 거절의 상처로 말미암아 권위의 인물에 의존하는 대신 "못 한다"라는 생각으로 가득 차 어떠한 도움도 거절해 버린다. 그래서 상처받는 경험을 하게 되는 그러한 생각을 정면으로 대항할 수 없기에 모든 사람으로부터 후퇴해 갑옷 속으로 들어가고 만다.

부정형 성격의 사람이 자신에 대해서 정직하게 마음을 열고 하나님의 사랑으로 치유되면 훌륭한 교사가 돼 하나님의 놀라운 일을 감당하게 될 것이다. 치유를 받게 되면 자신의 거짓 신념을 발견하게 되고 자기를 인식하게 된다. 이 사람들에게는 온유함과 동정심이 있고 직관적이며 예민하기에 치유되면 좋은 봉사자와 조력자와 상담자가 될 수 있다. 그래서 다른 사람들의 축복의 도구로 사용된다.

부정형 성격의 사람들의 상태가 악화될 경우에는 '정신 분열성 성격 장애'(비사교적 유형), '회피성 성격 장애'(고립적 유형), '수동-공격성 성격 장애'(부정적 유형)가 나타난다.[8]

(1) 정신 분열형 성격 장애

'정신 분열성 성격'은 매우 수줍어하는 성격으로 스스로에 대한 부끄러움으로 인해 사람들을 대하고 어울리는 것 자체를 아주 꺼려하는 경향이 강한데,[9] 수동적으로 자신을 격리하는 비사교성 인물에게 나타난다.

그들은 정서적으로나 사회적으로 너무 위축돼 있기에 스스로 가치가 없는 사람이라고 생각한다. 그렇지만 일상생활에서는 별다른 이상한 모습은 보이지 않고 대부분의 사람처럼 일상적인 삶을 살아간다. 그러나 사회적으로 고립돼 있으면서 다른 사람들과 관계를 맺고자 하는 의도를 전혀 보이지 않는다.

그들의 가장 두드러진 특징은 감정과 사고의 빈곤이고, 가장 심각한 문제점은 사람들에게 흥미를 느끼지 못한다는 점이다. 사람들과 만나 어울리고 교제하는 것에 별로 관심이 없기에 만나는 사람들을 지루하게 만들고 힘들게 만들기에 대부분의 사람은 그들과 관계 맺기를 포기하게 된다. 이런 일들을 경험하게 되면 그들은 스스로에 대해 중요하지 않은 사람이라는 확신을 갖게 되고, 사람들과 관계를 맺으려는 노력이나 감수해야 하는 어려움을 모두 피하려고 한다.

---

[8] 오우츠, 『그리스도인의 인격 장애와 치유』, 136-156, 98-114; 이관직, 『성경인물과 심리분석』, 152-153 참조.
[9] 김준수, 『마음의 치유』, 243.

그들은 지속적으로 자기 자신을 비하하고 무가치한 존재라고 생각하는데, 어릴 때 부모의 잘못된 양육 태도 때문에 생긴 경우들이 많다. 많은 경우 그들의 부모는 애정 표현에 인색하고 차갑고 엄격하다.

그들 중에는 성장하면서 부모의 따뜻한 사랑과 관심과 돌봄을 제대로 받지 못하고 방치된 가운데 성장했거나 사회성을 발달시킬 수 있는 기회를 갖지 못한 사람들이 많다. 일반적으로 부모가 양육하는 동안 따뜻한 관심과 애정과 정신적 자극을 주지 않았다. 그래서 그들 역시 감정 표현이 별로 없고 말로 표현을 잘 하지 않는다.

결혼 생활에서도 상대 배우자에게 무감각하고 감정적인 표현이 없기 때문에 부부 생활에 어려움을 겪게 되고, 다른 인간관계에도 어려움을 겪을 수밖에 없다. 직장이나 학교나 교회에서도 친구나 가깝게 지내는 사람이 없어 외톨이가 된다.[10] 그렇기 때문에 우리는 그들의 표정이나 몸짓으로 표현하는 비언어적 메시지에 관심을 보이고 주의를 기울여야 한다.

우리는 그들의 외롭고 한적한 삶의 가치를 인정해야 한다. 오늘날과 같이 복잡하고 분주한 경쟁 사회에서는 사교적이고 또 말로 표현하는 것에 가치를 두지만 그들의 외롭고 한적한 삶에도 특별한 가치가 있는 것이다. 그들은 세상과 사람들로부터 너무 떨어져 있고, 또 감정과 사고의 빈곤이 문제지만 그들에게서 귀한 것을 배울 수 있다.

우리는 이 세상에서 너무나 많은 사람을 만나 이야기하느라고 정말 중요한 우리 자신과 세상을 성찰하는데 필요한 여유와 시간과 에너지가 부족하다. 그러므로 그들처럼 세상과 사람들에게 거리를 두면서 외롭고 한

10　김준수, 『마음의 치유』, 243-244.

적한 삶을 사는 것도 필요하고 소중한 일이다.

이렇게 그들에게는 우리에게 부족한 귀한 것들이 있다는 점을 인정하면서 그들이 알지 못하는 하나님의 은혜를 말해 주고 나타내 줘야 한다. 그렇게 함으로써 자신들이 있는 모습 그대로 존중받고 사랑받는다는 것을 깨닫게 해 그들의 내면 깊숙이 하나님의 사랑과 진리가 심길 수 있도록 도와줘야 한다. 그때 그들은 우리를 신뢰할 만한 소중한 친구로 인정하게 될 것이고, 우리는 그들의 치유와 변화를 위해 도움을 줄 수 있다.

(2) 회피성 성격 장애

'회피성 성격 장애'의 사람들은 능동적으로 자신을 격리하는 회피성 인물(은둔형)들이다. 요즘 '은둔형 외톨이'나 '방콕'(방에 콕 틀어박혀 산다는 의미)으로 불리는 사람들이 바로 회피성 인물들이다.

수동적으로 자신을 격리하는 비사교적인 사람들과 능동적으로 자신을 격리하는 고립적인 사람들은 둘 다 외롭고 고립된 삶을 살지만 성장 과정 중의 부모의 양육 방식에 큰 차이가 있다. 비사교적인 인물들은 일반적으로 부모가 양육하는 동안 따뜻한 관심과 애정과 정신적 자극을 주지 않았다. 회피성 인물들은 부모가 이런 것들을 주지 않았을 뿐만 아니라 면전에서 아이를 배척하고 놀리고 비하하고 모욕을 주면서 '언어폭력'을 행사했다.

이처럼 회피성 인물들은 성장 과정에서 부모나 주위 사람들에게 직·간접적인 육체적 언이직 폭릭을 낭한 사례들이 많다. 그래서 감정적·지적 불구가 됐을 뿐만 아니라 그런 경험이 관계에도 영향을 미쳐 다른 사람들로부터 배척이나 모욕을 당하지 않기 위해 거리를 두게 됐다. 또한, 이와 같은 경험은 사고에도 부정적인 영향을 미쳐서 부모나 형제들이나 주위 사람들의 평가가 옳고, 다른 사람들의 존경을 받을 자격이 없다고 생각하게 된다. 이런 잘못된 사고는 자신들의 성취에서도 그대로 나타나 아무런 가치가 없는 것으로 생각하고, 또 자신들의 단점을 보면서 매우 실망하게 된다.

이런 만성적이고 극단적인 낮은 자존감 때문에 자신은 사회적으로 부적합하고 무능한 존재며, 자신이 비판과 거부를 감당하는 것은 거의 불가능하다고 생각한다. 심한 열등감이 있기에 다른 사람들을 자신을 비판하는 존재로 여긴다. 사람들과 거의 관계를 맺지 못하고, 맺고 있는 관계가 있을 때에도 잠재적 거부에 대한 두려움이 있다.[11]

그들은 세상과 인생에 대한 부정적인 생각에 사로잡혀 있기에 슬픔, 분노, 외로움, 두려움, 소외감 등을 복합적으로 느끼면서 산다. 이렇게 잘못된 세계관을 가지고 살기에 다른 사람들과 사회로부터 자신을 심하게 격리한다. 거절당하고 상처받을 것에 대한 두려움 때문에 사람들을 가까이 하면서 교제를 나누는 것을 심히 꺼린다. 사람들을 멀리하고 교회나 직장이나 사회에 적극적으로 참여하지 않고 주변에서만 머무른다.

또한, 그들은 거부당하는 것에 대해 아주 예민하기에 당황스런 일이 발생하거나 모욕을 당하게 되면 심한 거부 반응을 보인다. 다른 사람들이 진솔하게 이야기해도 모욕당하는 것으로 느끼고, 가벼운 농담도 놀리는 것으로 생각한다. 그들은 자신을 무가치하게 생각하기에 늘 거부당할 것을

---

[11] 맥그래스, 『자존감』, 64.

두려워하고, 심지어 거부당할 것까지 예상하기에 별일 아닌 일에도 쉽게 오해해 관계가 더 이상 지속될 수 없게 한다. 이렇게 회피가 일어날 것을 두려워하며 살기 때문에 결국 회피의 결과가 일어나게 된다. 사람들은 그들과 관계를 맺게 되면 인내하는 것이 불가능하기에 다음부터는 어떤 관계도 맺지 않으려고 한다.

회피성 인물은 심각하게 상처를 받은 사람들이기에 싫어하는 환경을 피하는 것이 불가능할 경우에는 불안, 공포, 병적 우울증, 강박 관념으로 고통을 당하게 되고, 신체적 질병이나 분열형 장애가 나타나기도 한다. 그들이 이렇게 예민하게 반응하는 것의 배후에는 깊은 마음의 상처가 자리잡고 있기 때문이다.

그들은 이런 깊은 마음의 상처로 인해 겪는 감정적 고통으로부터 자신을 지키는 것을 가장 중요한 가치로 여긴다. 그들은 스스로 별 볼 일 없는 사람이라고 생각하면서 다른 사람들로부터 자신을 격리하고 숨어서 산다. 이런 그들의 모습을 보면서 그들이 얼마나 마음이 아픈 사람이고 상처받기 쉬운 사람인지를 깊이 이해하게 되면 그들과 올바른 관계를 맺으면서 그들의 치유를 위해 많은 도움을 줄 수 있다.

회피성 인물을 잘 돌보기 위해서는 그들이 불의에 대한 반응에 예민하다는 사실을 명심해야 한다. 어릴 때 어른들로부터 냉혹하고 무자비하게 '언어폭력'을 당했던 그들은 불의에 대해 너무 예민하기에 조금만 상처를 받아도 사람들을 멀리한다. 그들은 어릴 때부터 불의를 당해 왔기에 인간 관계에 있어서 공의와 자비와 겸손이 가능하다는 사실을 믿지 않게 됐다. 그들과 관계를 맺을 때는 조급해하지 말고 인내심을 가지고 서서히 점진적으로 관계를 맺어 가야 한다. 그들의 마음에 깊이 자리잡고 있는 '불신'의 뿌리를 제거하도록 도우면서 그들과 신뢰할 수 있는 관계를 갖는 것이 중요하다. 그것은 그들이 희망을 품게 되는 원동력이기에 그들이 실망하지 않도록 약속을 성실히 지키는 것이 필요하다.

그러기 위해서는 서로 간에 명확한 약속이 있어야 하고, 또 이 약속을 지키기 위해서는 참고 인내하는 것이 반드시 필요하다. 왜냐하면, 그들은 쉽게 약속을 깨뜨리려고 하기 때문이다. 그때마다 우리를 거부하는 것이 아니라 우리의 약속을 테스트하는 것으로 생각하면서 그들과의 관계를 더욱 굳건히 하도록 힘써야 한다. 특히 주의할 점은 약속한 것보다 더 많이 해 주고, 너무 큰 것을 약속하지 않는 것이다.

우리가 인내하면서 그렇게 행해 나가면 그들은 우리를 신뢰하면서 변화에 대한 희망을 갖게 된다. 그래서 자신의 어린 시절의 성장기에 당했던 불의와, 그로 인한 아픔을 자연스럽게 드러내게 되고, 우리는 그들의 치유를 위해서 필요한 도움을 줄 수 있다. 그들은 심각하게 상처받은 사람들로서 가장 깨어지기 쉬운 민감한 사람들이다. 따라서 그들의 상처가 치유돼 하나님의 형상을 가진 자로서 회복되기까지는 오랜 기간 인내하는 것이 필요하고, 또 전문적인 훈련을 받은 사람들의 도움도 필요하다.

(3) 수동-공격성 성격 장애

'수동-공격성 성격'의 사람들은 권위에 저항하고 자기가 해야 할 일에 소극적 저항을 보인다.

그들의 일반적인 중요한 특징으로는 해야 할 일을 미루고, 빈둥거리고, 고집을 부리고, 의도적으로 비효율성을 보이고, 건망증을 보인다. 시간에 얽매이지 않고 시간 개념 없이 살아간다. 지금만을 중요하게 생각하고, 과거의 실패에서 교훈을 찾지 않으며, 기회를 얻기 위해 미래를 준비하지 않는다. 학력이나 경력을 중시하는 사회에 적응하며 살기 위해서는 반드시 희생을 치르고 자기 훈련 · 교육 등을 받아야 하는데 소극적으로 이런 것들을 거부한다. 학교, 직장, 교회, 결혼, 가정생활에서의 의무를 제대로 하지 못한다. 큰일을 추구하면서도 거기에 동반되는 자기 절제나 훈련은 하기 싫어하고, 또 실제로 하지 않는다.

수동-공격성 성격의 사람들은 자신이 마땅히 해야 할 일은 제대로 하지 않으면서 잘못된 결과가 초래되면 다른 사람들을 탓하면서 그들에게 책임을 전가한다. 문제의 원인을 발견하고 변화를 시도하지는 않으면서 환경이나 다른 사람들을 탓하면서 불평을 터뜨린다. 실천 행동은 미루고, 빈둥거리고, 잊어버리고, 결국 기회를 잃고 만다. 결코 경쟁하는 일이 없이 되는 대로 살아간다.

이런 사람들은 자신을 위한 꼭 필요한 결정과 적절한 행동을 시도하지 않다가 불이익을 당하게 된다. 이런 좋지 않은 결과가 발생하면 우울해지고, 충동적이 되며, 난폭하게 변한다. 정상적으로 판단하는 능력이 없기에 충동적으로 직장을 바꾸고, 과도하게 돈을 낭비하고, 예측하지 못했던 일을 시도해 가족들이나 주위 사람들을 불안하게 한다.

그들은 배우려는 마음이 없다. 권위자로부터 돈이나 필요한 도움은 받으려고 하지만 그들의 충고나 조언이나 훈계는 받으려고 하지 않는다. 무엇을 원하는지 자신도 모르는 경우가 많고, 어떤 결정을 내려야 할 때는 우유부단하다. 이런 우유부단함 때문에 죄책감과 상대방에 대한 분노로 인해 심적 고통을 당한다.

그들은 완벽(완전)주의가 강하고 실수할 것에 대한 두려움이 있다. 완벽주의로 인해 미루는 경향이 강하고 우유부단하기에 학교나 직장이나 결혼 생활에서 비생산적이 된다. 학교나 직장에서 중요한 일을 행할 때나 행해야 할 일이 가까이 다가오면 심각한 불안 증세를 보여서 숨이 가빠지고, 심장에 쇼크를 받은 것과 같은 신체적인 증상이 두드러지게 나타난다.

그들은 자아실현의 의무에 대한 거부감이 있으면서, 또 한편으로는 자아실현을 하려고 하지 않는 데서 오는 절망감도 있다. 자아실현을 위한 자기 훈련과 희생, 그리고 의무를 감당하는 것을 싫어하고 거부한다. 자신의 어두운 면에 사로잡혀서 죄책감과 불안감에 시달리고, 자살하고 싶은 충동을 느낄 만큼 우울증에 빠져 있다.

그들은 시간 개념이 없고 미리 준비해야 한다는 생각을 하지 못하기에 실제 행동도 준비하는 것과 상관없다. 앞으로 닥칠지도 모르는 인생의 위기나 또 자신의 미래에 대한 준비가 없다.

그들은 분명한 목표를 세운 후 그 목표를 이루기 위해 헌신하거나 희생하지 않는다. 우리가 열정을 가지고 추구할 분명한 목표가 있을 때 자신을 훈련하고 절제하면서 실력을 향상시키고 기쁨을 누릴 수 있는데 그들은 그렇게 하지 못하다. 자신감을 잃고서 회복하지 못하며, 열등감에 사로잡혀서 자기 훈련을 제대로 하지 못한다. 총명하고 재능이 많고 장점을 많이 가지고 있지만 부정적인 태도로 인해 그들의 재능과 장점이 제대로 발휘되지 못한다.

수동-공격성 성격을 형성하게 된 몇 가지가 이유가 있다.

첫째, 부모가 성공한 경우다.

부모가 성공하기 위해서 스스로 완전해지길 요구한 것처럼 자녀들에게도 그렇게 했을 때, 혹은 부모가 그렇게 요구하지 않았을지라도 자녀가 그렇게 요구한다고 느꼈을 때다. 그들은 어린 시절에 부모의 기대나 요구에 부응하지 못해 죄의식을 느끼면서 부모에 대해 존경과 분노도 함께 느끼게 된다. 이처럼 '성공'을 추구하는 가정에서는 수동-공격성 성격을 형성하게 된다.

둘째, 부모의 사랑과 관심을 빼앗기는 경우다.

수년 동안 외아들이나 외딸로 지내면서 부모의 관심과 귀여움을 독차지하다가 동생이 태어난 후부터는 동생에게 그 사랑을 빼앗겼다고 생각하게 된다. 이럴 경우에 큰아이는 그것이 부당하다고 느끼는 감정과 외로움과 상처를 직접적이고 공격적으로 표현하지 못하고 수동적으로 표현하게 된다. 그래서 해야 할 일을 미루고 빈둥거리며 무슨 일이든지 성취감이 없어지고 비생산적인 모습으로 변해가는 것이다.

셋째, 부부가 화목하지 못하는 경우다.

부부가 항상 상대방을 비하하고 말다툼을 하고 갈등하는 가정에서는 결국 아이들이 수동-공격적 반응을 습관적으로 보이게 된다. 수동-공격성 인물의 애매모호함과 우유부단함은 이런 화목하지 못한 가정의 모습을 분명히 나타내 보여 준다.

수동-공격성 성격의 사람의 치유를 돕기 위해서는 무엇보다 그들과 부드럽게 지내는 것이 중요하다. 그들의 모습을 보면 본능적으로 멀리하게 되고 싫어지고 참지 못하고 분노하게 된다. 그들이 그런 모습을 보이는 것은 관계를 끊기 원해 계획적으로 그렇게 하는 것은 아니라 제2의 천성이기 때문이다. 자신들의 심각한 불안감을 방어하기 위해서 그런 모습이 무의식적으로 나타나는 것이다.

우리는 그들이 자신의 잠재 능력을 개발시키고 자신감을 심어 주며 그들에게 부족한 긍정적 자아상을 회복하도록 도와야 한다. 그들이 삶의 방향을 잡지 못하고 목표가 분명하지 못해서 방황하며 고통을 당할 때 위로하고 격려하고 힘을 줘야 한다.

2. 공격적인 유형

공격적인 유형의 사람들에게도 두 가지 성격이 나타난다. 그것은 경쟁형 성격과 비판형 성격이다.

1) 경쟁형 성격[12]

경쟁형 성격은 권위자의 옆에 있으면서 도전하는 사람이다. 모든 상황을 자기가 지배(control)하려고 하기에 지도자의 힘과 에너지를 소모시키는

12　탐슨, 『내 마음의 벽』, 147-153 참조.

사람이다.

경쟁형 성격의 사람들의 마음에도 두 가지 핵심적인 내용이 있다.

"나는 누구보다도 일을 더 잘할 수 있어요. 나는 완벽한 사람이에요."

그러므로 이렇게 말한다.

"당신은 내가 없어서는 안 될 사람인 것을 인정하세요. 나를 사랑하는 것 이외에는 다른 선택이 있을 수 없어요."

경쟁형 성격의 사람들은 하나님을 위해 매우 바쁘게 일하는 사람이다. 일 중심, 프로그램 중심, 실행 중심의 사람이기에 일과 사역을 위해 사람들을 희생하는 것을 개의치 않는다. 일과 사역을 좇아가는 사람으로 무엇이든지 잘하려고 하기에 천천히 하는 법이 없다. 자신이 완전히 지칠 때까지 전속력으로 달려간다. 그래서 주변에 있는 사람들이 무척 피곤해하고 주변에 있는 사람들에게 상처를 준다.

경쟁형 성격의 사람들은 어릴 때 무엇인가 항상 잘해야 권위자(부모)의 사랑과 인정을 받는 조건적인 상황 속에서 양육됐다. 그래서 그들은 권위자의 사랑과 용납을 얻기 위해서 항상 무언가를 이뤄야 했고, 현재보다도 훨씬 나은 것을 추구하기 위해 계속적으로 분투·노력할 수밖에 없게 됐다.

이런 모습은 성장해 하나님과의 관계에도 그대로 적용이 됐다. 하나님의 사랑을 얻기 위해서 무엇인가를 해야 한다고 생각하는 것이다. 사역 위주의 사람이다. 하나님께 사랑을 얻기 위해 일을 한다. 활동이 연속이기에 쉬면서도 일을 한다. 그러나 하나님이 우리를 사랑하시는 것은 우리를 구속하셔서 하나님의 자녀로 삼아 주셨기 때문이지 하나님을 위해서 무엇인가 열심히 행했기 때문이 아니다(롬 5:8[13]).

경쟁형 성격의 사람은 사랑받기 위해 행동하기 때문에 자기중심적이고 늘 긴장에 쌓여 있다. 그래서 긴장을 풀기 위해 농담을 하고, 말을 많이 하고, 많이 먹는다. 또, 다른 사람들에게도 자기처럼 계속 일을 하라고 하기 때문에 사람을 잃게 된다.

경쟁형 성격의 사람들에게는 다음과 같은 두드러진 특징이 나타난다.

① **학대적이다.** 자신과 다른 사람들을 학대한다.
② **중독적이다.** 중독적인 행동을 취할 수 있다. 술을 마시고, 또 입으로 하는 것으로 긴장을 풀기 위해 담배를 피운다. 이것은 경쟁형 성격의 사람들에게 일반적으로 나타나는 현상이다.
③ **강박적이다.** 긴장과 스트레스의 수준이 아주 높아질 수 있기에 자신을 억제하지 못하는 행동을 할 수 있다.

경쟁형 성격의 사람들이 치유된 후에 나타나는 긍정적인 현상들이 있다.

① **반응적이다.** 기회가 있을 때 반응이 빠르다.
② **열정적이다.** 영적인 책임을 지니고 있을 때 아주 많은 일을 할 수 있기에 좋은 영향을 팀에게 미친다.

---

[13] "우리가 아직 죄인 되었을 때에 그리스도께서 우리를 위하여 죽으심으로 하나님께서 우리에게 대한 자기의 사랑을 확증하셨느니라"(롬 5:8).

③ **즉흥적이다.** 하나님께서 영적으로 무언가 알려 주실 때 금방 표현할 수 있기에 아이디어와 전략을 만들 수 있다.
④ **성취적이다.** 일을 잘 해내기에 그 사람이 하는 일에 대해 믿을 수 있고, 팀에 큰 도움을 준다. 그리고 실제적이기에 어떻게 적용할 줄을 안다.
⑤ **생산적이다.** 자신이 투자한 것에 대해서 많은 성과를 거둔다.

경쟁형 성격의 사람들의 상태가 악화될 경우에 '강박성 성격 장애'(순응적 유형)가 나타난다.[14]

(1) 강박성 성격 장애

수동-공격적 성격의 사람들에게는 완벽주의가 내면에 숨겨져 있는 반면에 강박성 성격의 사람들에게는 완벽주의가 외부로 뚜렷이 드러난다. 강박성 성격의 사람들은 아주 사소한 문제에 대해서도 계속 신경을 쓰면서 강박관념을 보인다. 사소한 일에 붙잡혀 전체를 보지 못하기에 자신도 힘들고 주위 사람들도 힘들게 한다. 예를 들면 신용 카드를 분실한 경우에 온 집안을 발칵 뒤집어 놓고 그것을 찾기 위해 많은 시간을 보내면서 에너지를 소모한다. 다시 만들면 되는데도 잃은 버린 그 카드를 꼭 찾아야 한다고 강박적으로 생각하기 때문이다.

그들은 여러 가지 면에서 인색한데, 특히 감정이나 물질적인 면에 있어서 인색하기에 다른 사람을 칭찬하거나 호의를 베푸는 경우가 거의 없다.

---

[14] 오우츠, 『그리스도인의 인격 장애와 치유』, 115-135; 이관직, 『성경인물과 심리분석』, 153.

인색하고 욕심이 많은 자린고비처럼 살아가기에 가족들이나 가까운 사람들과 돈 문제로 다투는 경우가 많다. 너무 경직돼 있고 따뜻하고 부드러운 감정 표현을 하는 능력이 부족하고 지나치게 공식적이다.

그들은 다른 사람들을 지배하려고 하기에 주위 사람들을 많이 힘들게 한다. 완벽주의적인 모습이 강하게 드러나서 자기 잣대로 다른 사람들을 판단하고 또 자기처럼 해야 한다고 강하게 요구한다. 사소한 일들까지 시시콜콜 간섭하며 요구하기에 가족이나 주위 사람들은 어쩔 수 없이 자신들의 계획이나 추구하는 것을 포기해야 한다. 그때 그들이 느끼는 괴로움과 좌절과 분노는 생각조차 하지 않는다. 원칙을 철저히 지키려는 모습은 특히 가정이나 직장에서 강하게 나타나기에 가족이나 주위 사람들을 감정적으로 많이 힘들게 만든다.

그들은 일이나 생산성을 중시하기에 일에 중독돼 있고, 즐거움이나 대인 관계는 고려하지 않는다. 취미나 휴가나 여행 등을 통해 즐기는 것 자체도 마치 일처럼 계획을 세워 추진해 나가야 할 것으로 생각한다.

강박성 성격의 사람들은 다음과 같은 여러 가지 심각한 문제를 가지고 있다. 시간과 여유가 있어도 편히 휴식을 취하지 못하고, 여건이 가능함에도 일을 떠나 잠시만이라도 휴가를 떠나기를 망설이고, 가족을 위해 거의 시간을 보내지 못한다. 자신이 할 수 없는 일에 대해서도 과도하게 신경을 쓰면서 의무감을 느끼고, 잘 하지 못하고 있다는 과도한 느낌으로 힘들어한다. 해야 할 많은 일에 있어서 한계를 정하지 못한다. 즐거움을 추구하는 데에 죄책감을 느끼고, 자기에게 이로운 것과 이기심을 구분하지 못한다.

그들은 실수할 것에 대한 과도한 두려움으로 인해 필요한 결정을 잘 내리지 못한다. 사소한 일에 집착하느라 전체적으로 보지 못하기에 일을 끝마치는 데 있어서 심한 어려움을 겪는다. 특히 자신이 속한 공동체에서 자신이 어떤 지위나 위치에 있는지에 대해 과도하게 신경을 쓰면서 아주 예민하게 반응한다. 그래서 직장이나 가정에서 마땅히 권위에 순종해야 함에도 불구하고 그것에 대해 계속 불평한다.

그들은 자신을 비롯한 다른 사람들을 통제하는 것을 마치 사명으로 여기는 것같이 보이는데, 자라면서 부모나 교사들로부터 따뜻한 보살핌을 받지 못하고 오히려 질서를 지키도록 강요당하고 사소한 일까지 심하게 간섭을 받았기 때문이다. 그 결과, 그 역시 장성한 후 그렇게 행하기에 자신을 힘들게 할 뿐만 아니라 가족이나 직장 동료들에게도 끊임없이 요구하고 잔소리를 하기에 모든 인간관계 속에서 갈등을 일으키고 관계를 경직시키게 된다. 이런 모습은 자신만 힘들게 하는 것이 아니라 결혼 생활에까지 부정적인 영향을 미쳐서 배우자와 자녀들에게도 심한 고통을 준다.

강박성 성격의 사람들의 내면에는 항상 긴장감이 쌓여 있기에 그들이 긴장을 풀고 마음을 편하게 가지도록 돕는 것이 중요하다. 그들이 차분하게 서두르지 않고 천천히 행동하도록 따뜻하게 권하는 것이 그들에게 도움이 된다. 그들은 하나님의 용서와 사랑을 받기 위해서도 자신의 노력과 힘과 수고를 다해야 한다고 잘못 생각하고 있다.

그들의 변화를 위해서는 먼저 하나님에 대한 잘못된 관념을 바꾸도록 해 줘야 한다. 하나님은 죄와 마귀의 종 노릇하던 우리를 독생자를 통해 구원하셔서 보배롭고 존귀한 하나님의 자녀로 삼아 주신 분이시고, 우리와 함께 일하는 동역자시며, 죄책감과 수치와 죄로부터 구속하셔서 자유롭게 하신 분이시며, 사랑과 자비와 긍휼이 한없이 많은 분인 것을 그들과 함께 하면서 지속적으로 알려 줘야 한다. 그래서 그들이 하나님과 이와 같은 관계를 실제적으로 가질 수 있도록 도와줘야 한다.

강박성 성격의 사람들이 단기간에 극적으로 치유되고 변화되는 것은 거의 불가능하다. 오랜 기간에 걸쳐서 지속적인 치유와 변화가 필요하다. 그들 자신이 하나님을 의뢰하면서 인내심을 갖고 노력해야 하고, 또 그들을 돕는 사람들도 인내심을 갖고 기도하면서 권면하고 섬겨야 한다.

2) 비판형 성격[15]

비판형 성격은 권위자를 신뢰하지 않고 비판하면서 등을 돌린다. 스스로 권위자가 돼 있다. 비판형 성격의 사람들의 마음에도 두 가지 핵심적인 내용이 있다. 자신은 옳다고 생각하고, 그래서 다른 사람들을 비판하는 것이다.

"나는 내가 옳다는 것을 알아요."
"일을 좀 제대로 할 수 없나요?"
모든 것이 다 당신의 잘못이에요."

자신은 완벽하다고 생각하기에 다른 사람들을 쉽게 판단하고 비판하고 정죄하면서 아주 공격적으로 행동을 한다.

---

[15] 탐슨, 『내 마음의 벽』, 152-155 참조.

자신이 쓰는 말로 사람들이 호감을 가지지 못하게 한다. 말을 할 때 화살처럼 쏘기에 남을 아프게 한다. 자신에게 상처와 아픔이 있어서 아픔 속에서 교제하고자 하기 때문이다. "야, 바보야, 멍청아, 나쁜 자식아" 등 부모의 입술을 통해 나온 거절이라는 부정적인 행위는 어린이의 가치 감각을 말살시키고, 그 어린이에게 모든 인생의 동기를 상실하게 만드는 원인이 된다. 책망과 사랑은 항상 병행돼야 한다.

비판형 성격의 사람들에게는 다음과 같은 일반적인 특징이 있다.

① 우유부단하기에 결정을 내리는 데 어려움이 있다.
② 두려움과 무서움이 많다.
③ 모순적일 수가 있다. 말을 해 놓고는 다음에는 다른 말을 한다.
④ 불안정해 예측할 수 없는 사람이다. 갑자기 화살이 꽂히기도 한다.
⑤ 율법주의로 나갈 수 있다. 사람들은 이런 사람들에게 호감을 느끼지 않는다. 고슴도치처럼 찌르는 것이 있어서 사람들이 다가가지 못한다. 그러나 치유되면 사랑스러운 사람이 된다.

비판형 성격의 사람들이 치유된 후에 나타나는 긍정적인 현상들이 있다.

① 신뢰할 만하고 헌신적인 사람이 된다.
② 일을 충성스럽게 잘 마칠 수 있다.
③ 원리 원칙을 잘 알고 잘 지킨다.
④ 관계 중심적이고 양심적이다.
⑤ 분별력이 있고 지도력이 강하다.

비판형 성격의 사람들의 상태가 악화될 경우에 '자기애성 성격 장애'(자기중심적 유형)와 '반사회성 성격 장애'(적대-공격적 유형)가 나타난다.[16]

(1) 자기애성 성격 장애

자기애성 성격의 사람들은 아첨하는 말을 듣고 자신의 우월성을 인정받고자 하는 욕망을 채우기 위한 것 외에는 다른 사람들에게서 그 어떤 것도 필요로 하지 않는다. 자신을 칭찬하고 자기 혼자만으로 만족한 삶을 살아가며 연약한 것이나 의존적인 삶을 경멸한다. 자신을 특별하고 우월한 존재라고 생각하고 다른 사람들을 경멸하는 데서 삶의 존재 의미와 만족을 찾는다.

이런 사람들은 자신을 다른 사람들보다 더 강하고, 더 지혜가 있고, 실수도 더 적게 하는 중요한 사람으로 여기고, 다른 사람들은 열등한 존재나 자신의 잠재적 숭배자로 본다. 이런 생각은 아무 근거도 없는 순진한 생각이지만 자기애적 성격을 가진 사람들은 항상 이렇게 생각한다.

타락한 인간은 누구나 예외 없이 자기중심적이고 자기애적 성향을 갖고 있지만, 자기애적 성격을 가진 사람들은 특히 이런 성향이 강하다. 그들은 자기들만으로 충분하다고 생각하기에 다른 사람들을 의존하거나 도움을 받거나 감사할 필요가 없다. 자기주장을 강하게 내세우고 뻔뻔스럽게 자신을 나타내 보이며 오만하게 자신의 재능을 자랑한다. 그렇지만 객관적으로 자기를 평가하고 비판하는 능력이 결여돼 있는데 이것이 그들의 심

---

16 오우츠, 『그리스도인의 인격 장애와 치유』, 55-97; 이관직, 『성경인물과 심리분석』, 155-158.

각한 문제다.

  자신의 욕망을 채우고자 다른 사람들을 이용하고 조종한다. 다른 사람들이 그들을 위해서 무엇인가 행하면 자신들이 그런 대접을 받는 것과 다른 사람들이 자신을 섬기는 것을 당연한 것으로 여기며 살아간다. 자신이 마음껏 누릴 자격이 있고, 규정에 제약받지 않으며, 자신의 욕망을 충족시키기 위해 남을 이용할 권리가 있다고 생각한다. 그래서 다른 사람들의 권리는 무시하고 자신은 특별 대우를 기대하며 요구하기도 한다. 자기애성 인물에게는 동정심이 없어서 다른 사람들의 입장에 서서 그들이 무엇을 필요로 하는지를 알아보려는 능력이 결여돼 있다. 이렇게 그들은 사람들이 함께 살아가면서 지키는 일반적인 법칙을 무시한다.

  그들이 자기애성 성격을 갖게 된 주요한 이유는 성장하면서 부모나 자신을 양육한 사람들로부터 깊은 거절을 당해 사람들을 신뢰할 수 없게 됐기 때문이다. 그들은 누구의 도움도 없이 자신의 힘으로 살아남아야 한다고 생각하게 됐고, 살아남기 위해서는 수단과 방법을 가리지 않게 됐다. 그 결과 자신이 필요하고 원하는 것을 다른 사람들이 행하거나 채우도록 교묘하게 조종하는 법을 배웠다. 이런 과정을 겪으면서 조종하는 모습이 제2의 천성이 되고 만 것이다. 이렇게 다른 사람들을 조종하는 것이 어릴 때는 단지 살아남기 위한 수단이었지만 장성한 후에는 세상을 사는 현명한 처세술로 생각하는 오만한 자로 변모하게 된 것이다.

  자기애성 성격을 갖게 된 또 다른 이유는 어릴 때 부모가 양육하면서 과대평가하며 양육했거나 응석을 너무 받아 준 것 때문이다. 이것은 자녀들을 거절하고 배척함으로 깊은 상처를 주고 부정적인 영향을 미치는 것과 유사하게 자녀들에게 부정적인 영향을 강하게 미친다.
   자기애성 성격의 사람이 치유되고 변화되기 위해서는 마음을 열고 자신의 상처와 아픔과 문제를 숨기지 말고 솔직하게 드러내야 한다. 그들의 치유와 변화는 단시간 내에 급격하게 이뤄지지 않고 오랜 시간이 걸린다. 그러나 그들에게는 순진한 점이 있고 교활하지는 않다. 그래서 우리가 하나님의 도우심을 구하면서 지혜롭게 돕고, 또 그들도 자신들의 진정한 문제를 직시하면서 하나님을 의뢰하며 노력해 나가면 결국은 광산에서 캐내어 제련소에서 정련한 귀한 금속처럼 아름답게 변화되게 될 것이다. 우리는 그들과 함께 이런 소망을 가지고 인내하면서 힘써야 한다.

(2) 반사회성 성격 장애

   반사회성 성격의 적대-공격적인 사람들은 무엇을 행할 때 무모하고 충동적으로 행한다. 그들은 자신감이 넘치며 자만심과 강한 자부심을 가지고 있다. 전투적이고 호전적이기에 싸움을 잘하며 인내심이 부족하다. 화가 날 때면 가족들에게 분노를 터뜨리면서 욕설을 퍼붓고 폭력을 행사하는 것이 일반적인 모습이다.
   그들은 거절이나 상처를 받고도 눈물을 흘리는 법이 거의 없고, 복수하면서 갚는다. 그리고 다른 사람에게 복수하고서도 죄의식을 느끼는 법이 없고 갚아야 할 빚을 마땅히 갚은 것으로 위안을 삼는다. 미래를 멀리 바라보지 못하고 눈앞의 것에 연연해하기에 원하는 것을 즉시 얻지 못하면 참지 못하고 단기간에 자신의 욕심을 채우려고 한다.

다른 사람들에 대해 냉소적이고, 자신의 불신과 적대적이고 복수심에 찬 태도를 오히려 다른 사람들에게 전가함으로써 자신을 정당화시키려고 한다. 다른 사람들을 신뢰하지 않고, 난폭하고 무정한 자신의 모습을 정당화하면서 변명하는 데 급급하다.

반사회성 성격의 적대-공격적인 사람들은 비윤리적이고 세력을 얻기 위해서 잔혹함을 보이고, 또 사람들을 조종하고 강요한다. 기득권을 유지하려고 하고, 사람들과 관계를 맺을 때마다 지위와 세력을 얻으려고 노력한다. 만약 세력을 얻지 못하면 난폭해지면서 복수를 하고, 또 복수할 때는 주위에 있는 사람이나 조직을 이용한다. 일시적인 만족과 자신의 능력을 과시하는 데 초점을 두고 살기에 긴 안목을 가지고 미래를 준비하며 살지 못한다.

그들은 사람들과 관계를 맺을 때 자기가 주도하려고 하는데, 어렸을 때 부모나 가족들이나 교사들로부터 버림을 받았거나 또는 부모를 만족시키지 못해 부모의 배척과 적대감을 받으면서 위협과 두려움을 느끼며 살아왔기 때문이다. 이렇게 다른 사람들의 배척과 적대를 당하면서 성장했기에 다른 사람들을 불신하는 것이 제2의 천성이 되고 말았다.

자신의 영역을 잃을 것에 대한 두려움 때문에 그들은 다른 사람들과의 경계를 무시하고 그 사람들의 영역에 개입하는 경우들이 많다. 그래서 그들은 자신의 영역을 지키는 것이 절대 사명이 됐다. 적대적이고 공격적인 그들의 모습 이면에는 깊은 문제가 자리잡고 있다. 그것은 어린 시절에 배척받았던 상처와 두려움, 다른 사람들을 믿고 의지하는 것에 대한 불신, 혼자서도 가능하고 충분하다고 생각하는 자신감과 자족감의 문제 등이다.

우리가 그들의 뻔뻔스러움과 오만과 농간의 배후에 있는 두려움과 배척과 깊이 상처받은 마음을 이해하고 진실하게 용납하면서 돕는다면 그들의 마음을 뒤흔들어 놓기에 변화의 길로 들어서게 될 것이다.

반사회성 성격의 적대-공격적인 사람들이 변화되기 위해서는 오랜 기간이 필요하다. 그들은 평생 다른 사람들의 입장을 생각하는 훈련을 계속해야 하고, 끊임없이 온유함과 동정심을 연습해야 한다. 그들이 마음의 문을 여는 데 있어서 가장 강력한 무기는 온유함이다. 그들이 자신을 대하는 사람들의 온유한 태도와 겸손한 모습을 보게 되면 자신의 모습과 너무나 다르기에 혼란스러워하고, 호기심을 느끼며, 도전을 받게 된다. 그래서 마음을 열고 도움을 받으면서 변화의 길로 나아가게 된다.

요약

이 장에서는 잘못된 믿음 체계에 의해 형성된 네 가지 유형의 성격과 상태가 악화될 경우에 나타나는 성격 장애의 모습을 살펴봤다. 수동적인 유형의 사람들에게는 순종형 성격과 부정형 성격 유형이 나타나고, 공격적인 유형의 사람들에게는 경쟁형 성격과 비판적 성격이 나타난다.

순종형 성격의 사람들의 상태가 악화될 경우에는 '의존성 성격 장애'와 '배우형 성격 장애'가 나타나고, 부정형 성격의 사람들의 상태가 악화될 경우에는 '정신 분열성 성격 장애'와 '회피성 성격 장애,' 그리고 '수동-공격성 성격 장애'가 나타난다. 경쟁형 성격의 사람들의 상태가 악화될 경우에는 '강박성 성격 장애'가 나타나고, 비판형 성격의 사람들의 상태가 악화될 경우에는 '자기애성 성격 장애'와 '반사회성 성격 장애'가 나타난다.

4가지 유형의 성격들

반응 유형	성격	성격 장애
수동적인 유형	순종형 성격	의존성 성격 장애
		배우형 성격 장애
	부정형 성격	정신분열형 성격 장애
		회피성 성격 장애
		수동-공격성 성격 장애
공격적인 유형	경쟁형 성격	강박성 성격 장애
	비판형 성격	자기애성 성격 장애
		반사회성 성격 장애

다음 장부터는 성경적 내적치유가 이뤄지기 위한 과정을 구체적으로 살펴보게 될 것이다.

묵상과 적용

1. 당신의 성격은 네 가지 유형의 성격 가운데 어떤 성격 유형인가?

   당신의 삶 속에서 그것들이 어떻게 시작되고 발전됐는지 그 경로를 추적해 보라.

2. 당신의 성격에서 약점이 되는 영역이 어떤 것인지 살펴보고 그 약점을 강점으로 바꾸기 위해서 당신이 할 수 있는 일이 무엇인지 생각해 보라.

3. 당신의 성격 속에 아래에 열거한 '성격 장애 유형' 가운데 해당되는 부분은 없는가 살펴보고, 있다면 당신의 삶 속에서 그 유형들이 어떻게 시작되고 발전됐는지를 생각해 보라.

   > 의존성 성격 장애(복종적 유형), 배우형 성격 장애(사교적 유형), 강박성 성격 장애(순응적 유형), 정신 분열성 성격 장애(비사교적 유형), 회피형 성격 장애(고립적 유형), 수동-공격성 성격 장애(부정적 유형), 자기애성 성격 장애(자기중심적 유형), 반사회성 성격 장애(적대 공격적 유형)

4. 당신의 성격 속에 성격 장애의 유형이 있다면 당신은 성격 장애를 치유하고 건강한 성격을 가져야 한다. 성격 장애의 유형에서 제시된 성격 장애 치유법을 다시 숙지하고, 당신이 더욱 관심을 기울이면서 힘써야 할 일들이 무엇인지 생각해 보라.

제6장

성경적 내적치유가 이뤄지기 위한 과정 ①, ②

마음의 상태 지각과 회개

이제까지 우리는 성장해 오는 과정에서 겪었던 수많은 부정적인 경험과 올바르게 반응하지 못함으로 인해 형성된 잘못된 믿음 체계, 또 그로 인해 발생하게 된 여러 가지 모습들과 그 모습들이 쌓여서 형성된 성격 유형들, 그리고 그 유형들이 악화됐을 때 나타나는 성격 장애를 살펴봤다.

이제부터는 그런 문제들을 치유하고 해결하기 위해서 성경적 내적치유가 이뤄지기 위한 구체적인 과정을 살펴보려고 한다. 본 장에서는 첫 번째 과정과 두 번째 과정을 살펴보겠다.

1. 하나님께서 우리 마음의 상태를 보여 주셔야 한다(Revelation)

성경적 내적치유가 이뤄지기 위해서는 자신의 진정한 자아(내면)를 보는 데서부터 시작된다. 우리가 자신의 마음의 상태를 알기 위해서는 단순한 지식으로는 불가능하고 하나님께서 '지혜와 계시의 영'이신 성령을 통해 깊은 통찰력(지혜와 총명)을 주셔서 우리 마음을 볼 수 있도록 해 주셔야 한다(엡 1:8, 17-18[1]). 하나님께서는 이런 깊은 통찰력을 하나님 앞에서 하나님을 기다리며 순종하는 자에게 주신다. 반면에 불순종은 우리가 속임에 이르게 하고, 하나님으로부터 깊은 통찰력을 받을 기회를 상실하게 한다.

인간에게는 다음과 같은 4가지 마음의 영역이 있다.[2]

1	3
2	4

1의 영역은 '나도 알고 타인도 아는 영역'(open area)으로 항상 우리 자신이 변화돼야겠다고 스스로 생각하고 있는 영역이다. 예수를 믿고 난 후 가장 많이 변화될 수 있는 영역이다.

2의 영역은 숨겨진 아픔과 상처처럼 '나는 알지만 타인은 알지 못하는 영역'(hidden area)으로 은밀히 하나님 앞에서 고치려고 노력하는 영역이다.

---

[1] "우리 주 예수 그리스도의 하나님, 영광의 아버지께서 지혜와 계시의 영을 너희에게 주사 하나님을 알게 하시고 너희 마음의 눈을 밝히사 그의 부르심의 소망이 무엇이며 성도 안에서 그 기업의 영광의 풍성함이 무엇이며"(엡 1:17-18).

[2] 이것은 '조하리의 창'(Johari Window)이라고 불리는데, 상담 과정에서 사용하는 효과적인 방법으로 상호 교류에서 자주 일어나는 드러냄과 변화의 역동성을 설명해 준다. 브루스, 바바라 탐슨,『우리의 눈이 열릴 때: 엠마오 길의 두 여행자와 마음의 눈(insight)을 찾아 떠나는 여행』(From Eyesight to Insight), 김태완 역 (서울: 예수전도단, 2013), 41-46; 주서택 외,『내 마음속에 울고 있는 내가 있어요』, 47-48 참조.

우리가 자신의 세계를 열고 다른 사람들과 교제하면서 우리 아픔을 다른 사람에게 고백함으로 알려진다.

3의 영역은 '나는 모르지만 타인은 알고 있는 영역'(blind area)이다. 주님께서는 타락해 무지해진 인간은 다른 사람의 눈에 있는 티는 잘 보지만 자기 눈에 있는 들보는 보지 못하는 영적 맹인이라고 말씀하셨다(마 7:3-5[3]). 철학자 소크라테스도 "너 자신을 알라!"라는 유명한 말을 했다.[4] 이 영역은 다른 사람들의 충고와 제안을 겸손하게 받아들일 때 알 수 있다.

4의 영역은 '나도 모르고 타인도 모르는 영역'(unknown area)으로 오직 하나님만이 알고 계시는 영역이다(렘 17:9-10[5]). 이 영역은 일반적으로 4가지 영역 중에서 가장 큰 부위를 차지하는데, 오직 하나님께서 깊은 통찰력을 주실 때만 알 수 있다. 이 영역은 우리 마음의 대부분을 차지하고 있고 우리 마음에 끼치는 영향도 크다. 신앙이 성숙한다는 것은 바로 이 영역이 줄어드는 것이다.

필자가 시무하는 교회의 '성경적 내적치유 수련회'에 참석했던 어느 여집사님이 있었다. 그는 어린 시절 부모님의 잦은 부부싸움으로 인해 상처가 컸기에 자신의 가정의 모습을 다른 사람들에게 보이기가 싫었다. 또 위

---

[3] "어찌하여 형제의 눈 속에 있는 티는 보고 네 눈 속에 있는 들보는 깨닫지 못하느냐 보라 네 눈 속에 들보가 있는데 어찌하여 형제에게 말하기를 나로 네 눈 속에 있는 티를 빼게 하라 하겠느냐 외식하는 자여 먼저 네 눈 속에서 들보를 빼어라 그 후에야 밝히 보고 형제의 눈 속에서 티를 빼리라"(마 7:3-5).
[4] 이 말은 소크라테스가 남긴 경구(警句)로 알려져 있지만 사실은 델포이(Delphoe)에 있는 아폴론 신전에 적힌 말이라고 한다.
[5] "만물보다 거짓되고 심히 부패한 것은 마음이라 누가 능히 이를 알리요마는 나 여호와는 심장을 살피며 폐부를 시험하고 각각 그의 행위와 그의 행실대로 보응하나니"(렘 17:9-10).

축된 모습을 보이면 사람들이 의심해 자존심이 상할까 봐 외적으로는 더욱 명랑하고 활발한 모습으로 지내게 됐다. 그러므로 그를 아는 사람들은 그의 마음에 그런 아픔이 있을 것이라고는 상상도 못 할 정도로 자신을 숨기고 또 숨기며 살았다. 마음 한편으론 아버지에 대한 원망이 날로 깊어 갔고, 자신의 인생이 불행한 이유 중 하나는 아버지로 인한 행복하지 못한 어린 시절의 가정의 모습 때문이었다고 생각하면서 큰 실패감과 절망감을 가지고 심히 고통당하고 있었다. 그래서 아버지에 대한 상처 입은 마음을 치유받고 싶어서 '성경적 내적치유 수련회'에 참석했다.

그런데 참 희한하게도 '치유기도회' 시간에 기도하는데 아버지에 대한 미워하는 감정은 온데간데없고 이상하게 다른 일이 생각났다. 이제까지 그는 한 번도 엄마를 미워해 본 적이 없었다. 엄마는 자식들을 위해서 참고 사셨고, 아버지 때문에 늘 고생만 하신 가엾은 엄마기에 자신이 지켜줘야 할 존재라고만 생각했다. 그런데 느닷없이 기도 중에 중학교 때 엄마가 아빠와 싸우고 집을 나간 일이 기억이 나기 시작했다.

그는 '성경적 내적치유 수련회'에 참석하면서 분명히 아버지에 대한 상처가 많기에 그 부분을 치유받고 싶다는 마음이 생겼다. 그런데 주님께서는 전혀 생각지도 않았던 엄마에 대한 상처를 알게 해 주셨다. 그 집사님의 의식 속에서는 전혀 생각하지 못하고 느낌조차 들지 않았던, 어린 시절에 엄마로부터 받았던 '거절감'에 대한 깊은 상처를 알게 해 주셨다.

'치유기도회' 시간에 중학교 때 엄마가 아빠와 싸우고 집을 나간 일이 기억나기 시작해 분명히 중학교 시절의 감정을 가지고 기도를 시작했다. 그런데 기도를 계속하다 보니 자신이 아주 어린 아이의 모습으로 어린 시절 자신이 살던 집의 안방 안에서 아무도 없는 캄캄한 방안에 혼자 있는 것 같았다. 그 순간 마음이 얼마나 외롭고 두렵고 슬픈지 막 울면서 기도를 하는데, 엄마를 용서해야만 할 것 같은 마음이 들었다. 그래서 혼잣말로 "엄마, 용서해 줄게 …"라고 고백하자마자 마음이 얼마나 편안해지고 시원해지는지 몰랐다. 그리고 나서 주님께서는 얼마나 많은 눈물로 회개를 시키시는지 …. 아주 작은 사소한 일까지도 영화 필름처럼 지나가면서 마구 회개했다.

'성경적 내적치유 수련회'가 끝난 후 그는 엄마를 찾아가서 '성경적 내적치유 수련회'를 통해 주님께서 행하신 일들을 나눌 수 있는 시간을 가졌다. '성경적 내적치유 수련회' 기간 동안 엄마와의 관계 속에서 주님께서 보여 주신 일들을 이야기하면서 "어린 그 시절에 엄마가 나를 버렸다고 느껴져서 마음이 참 아팠다"라고 자신의 마음을 전했다. 그러면서 기도할 때 이상하게도 어린 시절로 돌아가서 어린 아이처럼 기도를 했다고 말씀을 드렸다. 그러자 갑자기 엄마가 땅바닥에 무릎을 꿇고 대성통곡하면서 이렇게 말씀하셨다.

> 네가 어릴 때 아빠와의 관계가 너무 힘들어서 너를 놓고 친정으로 가서 다시는 돌아오지 않으려고 했다. 그런데 너를 차마 버릴 수가 없어서 다시 돌아왔단다.

그러면서 정말 미안하다고, 사랑한다고 하셨다. 엄마와 딸은 서로 부둥켜안고 울면서 서로 용서하고 용서받았다.

하나님께서는 그 집사님에게 자신도 전혀 몰랐던 아기 때의 일과, 또 그로 인해 생긴 마음의 깊은 상처를 지혜와 계시의 영이신 성령을 통해 알려 주셨다. 그리고 아기 때 받았던 상처와 거절감을 치유하시고 새롭게 회복시켜 주셨다.

그 후부터 그 집사님의 삶은 변화되기 시작했다. 아버지를 용서하면서 그동안 많이 힘들었던 아버지와의 관계도 회복됐다. 그리고 이전에는 사람들과의 관계를 많이 힘들어하고, 또 어려움도 많이 있었는데 성경적 내적치유 수련회를 통해서 은혜를 깊이 경험한 후부터는 사람들과의 관계가 많이 좋아졌고 편안해졌다.

하나님께서 그 집사님에게 성령을 통해 자신도 알지 못하는 아주 어릴 때 엄마로부터 심하게 상처받은 그 사건과 그로 인한 깊은 아픔을 보여 주시고 알게 해 주신 이유가 무엇인가?

그것은 그 사건과 그로 인한 상처와 아픔이 그 집사님의 인생에 부정적인 영향을 심각하게 미치고 있었기 때문이다.

우리가 말씀 묵상과 기도 등을 통해 하나님과 친밀히 교제할 때 하나님은 성령을 통해서 우리의 마음 상태를 알려 주신다. 하나님의 알려 주심을 통해서 숨겨진 부분은 점점 좁혀 가고 개방된 부분이 더 넓어질 것이다. 그래서 하나님과의 교제와 다른 사람들과의 교제의 폭이 더 넓어지고 깊이도 더 깊어져서 자유와 생명의 교제가 이뤄지게 될 것이다.

우리는 하나님께서 주시는 깊은 통찰력을 통해서 하나님의 사랑을 진정으로 알 수 있고 경험할 수 있다. 머리로 이해하는 하나님 아버지의 사랑과 실제로 하나님 아버지의 사랑을 마음으로 깨닫는 것은 다르다.

머리로는 하나님의 사랑을 알지만 실제로 마음으로는 그 사랑을 깨닫지 못하는 사람들이 있다. 그들은 성경이 말씀하시는 하나님 아버지를 올바로 이해하지 못하고 있다. 그렇게 된 중요한 이유 가운데 하나는 육신의 부모, 특히 아버지와의 잘못된 경험이 그런 잘못된 사고의 형성에 영향을 많이 끼쳤기 때문이다.[6]

존 엘드리지(John Eldredge)는 자기의 남성성을 찾아가는 여정에서 자신의 삶이 예수님뿐만 아니라 하나님과 깊은 관계가 있다는 사실을 깨달았지만 그 하나님은 아버지로서의 하나님이 아니었다고 고백했다. 왜냐하면, 그에게 있어서 육신의 아버지가 고통과 좌절의 근원이었기 때문이다. 그리고 다른 사람들에게 있어서도 아버지가 고통과 좌절의 뿌리가 되는 경우가 많다.[7]

이렇게 육신의 아버지가 하나님 아버지를 올바르게 인식하는 데 있어서 방해 요소가 되는 경우가 많기에 이 시대의 선지자로 불렸던 토저(A. W. Tozer)는 이렇게 지적했다.

> 인간은 대개 육신의 아버지와 어머니로부터 받는 느낌을 토대로 하나님 아버지에 대한 느낌과 인식을 발전시킨다. 이러한 느낌은 마음속에서 정리가 되지 않은 채 혼란을 일으킨다.[8]

---

[6] 잭 프로스트, 『아버지 품에 안기다』(Experiencing Father's Embrace), 정동섭 역 (서울: 사랑플러스, 2005), 98, 124-142; 브루스 리치필드, 『하나님께 바로서기』, 203, 205-206; 플로이드 맥클랑, 『하나님의 아버지 마음』(The Father Heart of God), 김대영 역 (서울: 예수전도단, 2012), 8.
[7] 존 엘드리지, 『마음의 회복』(Wild at Heart), 강주헌 역 (서울: 좋은씨앗, 2004), 215.
[8] 데이빗 A. 씨맨즈, 베스 펀크, 『상한 감정의 치유 워크북: 상처받은 영혼을 위한 치유 학습서』(Healing For Damaged Emotions Work Book: A Recovery Workbook for Healing for Damaged Emotions), 김재서 역 (서울: 예찬사, 2017), 35-36에서 인용.

데이비드 씨맨즈 역시 같은 설명을 한다.

> 우리가 가장 먼저 하나님을 느끼게 되는 것은 가정에서 우리 부모와의 관계를 통하여 이뤄진다. 부모들의 성격의 상당히 많은 부분이 하나님의 성품에 대한 우리의 개념에 투입되며 부모들의 가르침을 통해서, 그리고 그들의 삶을 통해서 하나님의 성품을 (잘못) 배우게 된다.[9]

사람들은 자주 자신의 나쁜 부모에 대한 이미지를 하나님께 투영해[10] 하나님에 대해 오해는 경우들이 많다. 일반적으로 엄격하고 엄한 부모, 특히 엄한 아버지 밑에서 자란 자녀들이 성장해 신앙생활을 할 때 하나님에 대해서도 엄격하고 엄한 하나님으로 잘못 인식해 경직되고 율법주의적인 모습으로 신앙생활을 하는 사람들이 많다. 이렇게 육신의 부모, 특히 아버지에 대한 삐뚤어진 안경으로 하나님 아버지를 보기에 하나님을 올바르게 인식하지 못해 생각으로는 하나님과 그분의 사랑을 알지만 마음 중심으로는 모르는 경우가 많이 있다.

그러나 그렇다고 해서 우리가 성경이 말씀하시는 하나님과 그분의 사랑을 알 수 없는 것은 결코 아니다. 예수 그리스도의 십자가와 하나님의 진리의 말씀, 그리고 성령의 역사로 우리는 아버지와의 부정적인 경험이 있음에도 불구하고 하나님 아버지의 진정한 사랑을 알 수 있고 경험할 수 있

---

[9] 데이빗 A. 씨맨즈, 『치유하시는 은혜』(*Healing Grace*), 윤종석 역 (서울: 두란노, 1996), 54.
[10] 데이빗 포울리슨, 『성경적 관점으로 본 상담과 사람』(*Seeing with New Eyes: Counseling and the Human Condition through the Lens of Scripture*), 김준 역 (서울: 그리심, 2009), 252.

다(요일 4:10; 롬 5:5; 8:15-16).[11]

19세기 스코틀랜드의 신학자 조지 맥도날드(George MacDonald)는 나쁜 아버지를 둔 아들과 딸들에게 이렇게 권면한다.

> 아버지라는 이름에서 기쁨을 얻지 못하는 아들, 딸에게 나는 이렇게 말해 주고 싶다. 여러분의 삶에서 이제까지 경험하지 못한 것들로 '아버지'라는 단어를 해석해야만 한다. 인간의 인자함이 줄 수 있는 모든 것, 아니 그 이상의 제한 없는 모든 것까지도 완전한 아버지, 곧 창조자인 그분(하나님)이 주실 수 있다.[12]

---

[11] 사람들이 자주 자신의 나쁜 부모에 대한 이미지를 하나님께 투영하는 점을 인정하지만 그것이 다음과 같은 주장을 합리화할 수는 없다. "육신의 아버지에 대한 경험이 하나님 아버지의 이미지를 지배하기 때문에 특정한 종류의 재양육과 교정적인 감정의 경험이 필요하다. 즉 하나님을 사랑의 아버지로 경험하기 위해서는 아버지를 대신할 새로운 사람(심리치료사나 멘토 혹은 서포트 그룹)의 사랑이 필요하다." 성경적 상담학자인 데이비드 포울리슨은 이런 주장이 합리화될 수 없는 이유를 이렇게 설명한다. "당신의 아버지에 대한 경험이 하늘에 계신 아버지에 대한 생각을 결정한다는 견해는 성경에서 기원한 것이 아니라 정신역학적 심리학에서 기원한 것이다. 그들은 '아래에서 위로' 접근해가는 패턴을 가지고 하나님이란 개념을 정의하려고 하고, 살아 계신 하나님이 '위에서부터 아래로' 자신을 계시한다는 사실을 부정한다. 정신역학에 나타나는 신은 인간 정신이 투영되는 대상일 뿐이다. … 사람들은 성령이 하나님의 사랑을 복음을 통해 그들의 가슴에 불어넣을 때 변화한다. 누구든지 하나님의 자녀로서 양자의 영을 받은 사람은 '아바 아버지'라 부르짖는 것을 배운다. 사람들은 그들이 하나님에 대해 잘못 믿고 있었다는 책임감을 느낄 때 변화한다. 삶의 경험은 거짓을 믿는 것의 평계가 될 수 없다. 성경의 진리가 이전 삶의 경험보다 더 크고 생생한 소리로 다가올 때 사람들은 변화한다. … 그러므로 당신의 아버지가 당신을 사랑하지 않았더라도 당신은 하나님의 사랑을 알 수 있다. 부모나 친구 혹은 믿음의 상담자는 좋은 수단이 될 수 있지만 변화의 가장 중요한 요소는 당신과 하나님 사이에 있지 당신과 다른 사람 사이에 있지 않다." 포울리슨, 『성경적 관점으로 본 상담과 사람』, 250-264.

[12] 엘드리지, 『마음의 회복』, 215에서 인용.

이상에서 살펴본 것처럼 마음이 우리의 인생 스타일과 방식을 결정하기에(잠 4:23; 23:7) 우리가 하나님이 주시는 깊은 통찰력으로 우리 마음의 상태가 어떤 상태인지를 올바르게 인식하는 것은 너무나 중요하다. 치유와 회개를 통한 진정한 변화는 바로 여기서부터 시작된다.

2. 회개해야 한다(Repentance)

히브리어의 '회개'(*shûwb*, 슈브)는 '방향을 바꾸다'(turn, return), '되돌아가다, 완전히 뒤로 돌아서다'(turn back)라는 뜻으로 완전히 새롭게 방향을 바꾸어 돌이키는 것을 의미한다. '슈브'는 회개의 두 가지 필수 요소가 결합돼 있는데, 악으로부터 돌아서는 것과 선을 향해 나아가는 것이다. 그러므로 구약에서의 회개는 죄를 깨닫고, 악으로부터 돌아서며, 더 나아가 하나님께로 돌아가는 것을 뜻한다.[13] 즉 마음의 변화를 반영하는 외적인 행동의 변화를 강조한다.

헬라어의 '회개'(*metanoia*, 메타노이아)는 "사람의 마음을 바꾸다"라는 뜻인데 진정한 회개의 내적 본질을 강조한다. '메타노이아'는 궁극적으로 마음의 변화를 뜻한다. 곧 자신의 실수와 잘못을 혐오하기 시작하는 동시에, 더 나은 삶의 과정으로 들어가기를 결심한 사람들에게 나타난 마음의 변화를 의미하는 것이다. 그러므로 회개는 죄에 대한 인식과 더불어 그것

---

[13] R. Laird Harris, Gleason L. Archer, Bruce K. Waltke, *Theological Wordbook of the Old Testament*, vol. 1 (Chicago: The Moody Bible Institute, 1980), 2: 909.

에 대한 슬픔까지 느끼게 된다. 더 나아가 선행에 대한 징표와 효과로서 진심 어린 개선까지 이루게 된다.[14]

이처럼 성경이 말씀하는 회개는 외적인 행동으로 전격적인 방향 전환을 가져오는 내부적인 마음의 변화 혹은 믿음 체계나 사고방식의 전환을 가리킨다.

회개는 진정한 변화를 위해서 반드시 필요한 것이며, 결코 멈춰서는 안 되는 하나의 과정이다. 회개는 우리 마음을 겸손히 하나님 앞에 열어 놓는 것이며, 하나님 앞에서 나 자신이 책임을 지는 것이다.[15] 이렇게 할 때 주님께서는 귀를 기울이신다. 회개는 감정적인 면을 가리키지 않고 하나의 결단을 내리는 의지적인 행위다.

마릴린 퍼거슨(Marilyn Ferguson)은 "누구도 억지로 타인을 변화시킬 수 없다. 우리는 각자 변화의 문을 지키고 있으며 그 문 안에서만 열린다"[16]라고 했다.

하나님은 우리 마음에 변화가 있는가를 살피신다. 그 변화는 나 자신이 현재의 내 모든 모습에 책임을 지는 것이다. 환경이나 다른 사람을 탓하거나 판단하는 것을 그만둘 때 주님은 우리를 향해 귀를 기울이시고 긍휼을 베풀어 주신다. 내가 상처를 입고 내 마음에 쓴 뿌리가 생긴 데에는 물론 다른 사람의 잘못도 있고 책임도 있다. 그러나 궁극적인 책임은 나 자신에

---

[14] Joseph Thayer, *Thayer's Greek-English Lexicon of the New Testament*, second edition (New York: Harper & Brothers, 1889), paragraph 6359.
[15] 고든 맥도날드, 『영적 성장의 길』(*Resilient Life*), 홍종락 역 (서울: 두란노, 2006), 158-159.
[16] 에버렛 워딩턴, 『용서와 화해: 상처를 치유하고 마음을 이어주는 9계단』(*Forgiving and Reconciling: Bridges to Wholeness and Hope*), 윤종석 역 (서울: IVP, 2006), 317에서 인용.

게 있는 것이다. 왜냐하면, 상처를 받았을 때 내가 올바른 반응을 보이지 못하고 원망하고 미워하고 분노하고 도피하면서 잘못된 반응을 보였기에 내 마음속에 상처가 쌓였고 결국에는 그 상처들로 인해 쓴 뿌리가 생겼기 때문이다. 다음에 나오는 이야기는 그 사실을 분명히 보여 준다.

어느 가정에 두 형제가 있었다. 아버지는 심각한 알코올 중독자였고, 어머니는 술 취한 아버지를 향해 늘 정신병자처럼 고함을 질러대는 사람이었다. 두 형제는 이런 열악한 환경에서 많은 상처를 받으면서 성장했다. 그러나 20년이 지난 후 두 형제의 인생은 완전히 엇갈리고 말았다. 형은 의과대학의 저명한 교수가 돼서 '금주 운동'을 전개했고, 동생은 알코올 중독자가 돼서 병원에 입원해 있었다. 어느 기자가 형을 찾아가서 물었다.

"당신은 어떻게 의과 대학의 저명한 교수가 돼서 '금주 운동'을 전개하고 있습니까?"

"알코올 중독자였던 아버지 때문이었습니다."

그 기자는 병원에 입원해 있는 동생을 찾아가서도 동일한 질문을 했다.

"당신은 어떻게 알코올 중독자가 돼서 병원에 입원해 있습니까?"

그러자 동생도 형과 똑같은 대답을 했다.

"알코올 중독자였던 아버지 때문이었습니다."

형과 동생은 동일한 비극적인 환경 속에서 자라면서 똑같이 많은 상처를 받았다. 그런데 형은 상처를 받을 때 바른 태도로써 올바르게 반응하고 행동했다. 아버지를 반면교사(反面敎師)로 삼아 술은 입에도 대지 않았고 술자리는 참석하지도 않았다. 아버지와 같은 알코올 중독자들을 돕고 치료하기 위해서 의사가 되기로 굳게 결심하고 열심히 공부해 결국은 의사가 됐다. 그러나 동생은 그렇게 하지 않았다. 알코올 중독자였던 아버지를 원망하면서 미워했고 분노했다. 불행한 환경을 탓하면서 술을 가까이했고 자포자기하는 인생을 살았다. 결국, 그는 아버지와 똑같은 알코올 중독자가 되고 말았다.

이제부터는 회개를 전 영역에서 재조명해 보려고 한다.

우리는 무엇으로 어떤 것의 가치를 정하는가?

그것을 샀을 때의 가치로 결정된다. 우리는 얼마나 가치가 있는가?

하나님은 예수님을 대신 주시고 우리를 사셨다(고전 6:19-20[17]). 우리는 가격을 매길 수 없는 예수님의 가치와 동등한 무한한 가치를 지닌 사람들이다.[18]

이것은 우리가 그런 소중한 존재고 선하고 가치 있는 존재여서가 결코 아니다. 원래 우리는 야곱처럼 벌레(worm) 같은(사 41:14) 가장 약하고 비천한 존재들이다. 그뿐만 아니라 전적으로 타락하고 부패한 전혀 소망 없는 죄인들이며, 죄와 율법과 사망과 마귀에게 비참하게 종 노릇하던(롬 6:6; 딛 3:3; 갈 4:3, 8-9; 히 2:15) 본질상 하나님의 진노의 자식들이었다(엡 2:3). 그런데 긍휼에 풍성하신 하나님의 그 큰 사랑으로 인해(엡 2:4) 모든 죄를 용서받았고 구원을 얻어 하나님의 보배롭고 존귀한 자녀가 된 것이다(사 43:4).

이렇게 하나님의 놀랍고 원대한 사랑으로 인해 원래 우리는 전혀 그런 존재들이 아니었음에도 불구하고 이제 그리스도 안에서 진정으로 가치 있

---

[17] "너희 몸은 너희가 하나님께로부터 받은 바 너희 가운데 계신 성령의 전인 줄을 알지 못하느냐 너희는 너희 자신의 것이 아니라 값으로 산 것이 되었으니 그런즉 너희 몸으로 하나님께 영광을 돌리라"(고전 6:19-20).
[18] 탐슨, 『내 마음의 벽』, 218.

는 존귀한 자가 된 것이다.[19] 그럼에도 우리는 그리스도 안에서 하나님의 사랑을 받는 보배롭고 존귀한 자녀라고 느끼지 못하고 인정하지 못할 때가 많이 있다.

자신이 가치 있는 존재라고 느끼지 못하는 중요한 이유는 마음속에 있는 불신앙 때문이다. 우리는 머리로는 그것을 아나 마음으로는 알지 못한다. 우리 마음속에 있는 불신앙이 그리스도 안에 있는 우리의 참된 가치와 진가를 부정하고 있는 것이다.[20] 그렇게 된 중요한 이유는 자라 오면서 권위자들의 잘못된 영향으로 인해 "나는 실패자다. 나는 못난이다. 나는 거절 받았다"라고 우리 마음이 느끼기 때문이다. 어려서부터 가치 있는 자로 인정받지 못했기 때문에 하나님의 놀라운 사랑과 은혜로 그리스도 안에서 하나님의 보배롭고 존귀한 자녀가 됐음에도 마음속에 불신을 가지고 있는 것이다.

1) 불신앙의 뿌리

우리에게 부정적인 모습이 나타나는 중요한 요인은 마음속에 하나님을 신뢰하지 못하는 불신앙의 뿌리가 깊이 자리잡고 있기 때문이다. 순종형의 성격과 부정형의 성격의 사람들의 마음속에는 불신앙의 뿌리가 깊이 자리잡고 있다. 순종형의 성격은 사람을 기쁘게 함으로써 자신이 가치 있는 사람, 인정받는 사람으로 생각한다. 즉 하나님을 기쁘시게 하는 믿음이

---

19 엔서, 『하나님의 용서를 경험하는 삶』, 61-76.
20 탐슨, 『내 마음의 벽』, 219.

없다. 부정형의 성격은 불신앙으로 인해 어떤 사람도 나를 사랑하지 않으므로 하나님도 나를 사랑하지 않을 것이라고 믿는 것이다.

우리가 거절을 당하면 신뢰가 깨진다. 신뢰가 깨지면 사랑도 깨진다. 신뢰하지 않을 때 갈등이 생기게 된다. 과거에 부모나 다른 사람들에게서 거절감을 받은 것에서 올 수 있다. 이러한 상태에서 개인적으로 계속 거절감을 받으면 악화된다. 우리가 이것을 알지 못하면 너무나 쉽게 상대의 태도에 불신의 반응을 보일 수 있고, 또 불신으로 반응을 할 때 상태가 더 악화된다.

불신앙은 마귀의 거짓말을 믿는 것이다. 어렸을 때 권위자들(부모나 교사)이나 친구의 말이 굉장히 영향을 준다.

"야, 바보야! 이런 멍청이! 너는 아무것도 아니다."

권위자로부터 이런 말을 들으면 거절감을 느끼게 된다. 부모는 자녀에게 자극을 줘 좀 더 잘하도록 하는 말들이 많은 경우 자녀들에게 거절감을 주게 된다.

하나님의 위치는 사랑과 용서와 용납의 위치다. 하나님이 말씀하시는 것은 "내가 너를 사랑한다. 용납한다. 용서한다"다. 그러나 사람들은 이런 하나님의 말씀보다 사람의 말을 더 믿게 된다. 그래서 많은 불신이 오게 되고 생각과 마음에 거짓말을 믿게 된다. 이것이 마귀의 견고한 진이 된다. 우리가 많은 거절감을 받고 쌓아 두기 때문에 불신의 뿌리는 우리 마음 깊은 곳에서 쌓여 있다.

불신앙은 마귀가 하와를 꾀어 하나님을 의심하도록 속였던 에덴동산에서부터 지금까지 너무나 성공적인 전략으로 사용되고 있기에 마귀는 다른 전략을 사용할 필요가 없게 됐다(창 2:16-17; 3:1-4). 순종형의 성격과 부정

형의 성격의 사람들의 뿌리는 불신앙이다.[21]

불신앙의 죄는 하나님이 보실 때 매우 심각한 죄다. 이스라엘 백성들은 이 불신앙의 죄 때문에 하나님이 유업으로 주신 젖과 꿀이 흐르는 가나안 땅에 들어가지 못했다(히 3:15-19[22]).

우리 안에 불신앙이 발견되면, 하나님은 우리가 책임을 지기를 원하신다. 왜냐하면, 하나님이 주신 유업에 도달하기 위해서는 이 불신의 벽이 제거돼야 하기 때문이다. 하나님은 우리를 위해서 많은 큰일을 하기를 원하시지만 우리의 불신앙 때문에 하지 못하시는 것이다(막 6:5-6[23]).

오늘날 믿는 자들 가운데 너무나 많은 사람이 불신앙 때문에 자신의 유업을 받지 못하고 여생을 광야에서 비참하게 방황하고 있다. 우리는 불신앙의 죄악에서 벗어나야 한다. 그것은 우리에게서 하나님의 유업과 은혜와 사랑을 훔쳐 가기 때문이다.

마음 깊은 곳에 쌓여 있는 불신앙의 뿌리를 다루기 위해서는 성령께서 우리 마음 깊은 곳에 오셔서 다루셔야 한다. 마음은 생명의 근원이 된다. 우리는 머리로 사는 것이 아니라 마음으로 산다. 그래서 '무릇 지킬만한 것보다 더욱 네 마음을 지키라고 하셨다'(잠 4:23). 주님은 성령을 통해 생명

---

21 탐슨,『내 마음의 벽』, 220.
22 "성경에 일렀으되 오늘 너희가 그의 음성을 듣거든 격노하시게 하던 것 같이 너희 마음을 완고하게 하지 말라 하였으니 듣고 격노하시게 하던 자가 누구냐 모세를 따라 애굽에서 나온 모든 사람이 아니냐 또 하나님이 사십 년 동안 누구에게 노하셨느냐 그들의 시체가 광야에 엎드러진 범죄한 자들에게가 아니냐 또 하나님이 누구에게 맹세하사 그의 안식에 들어오지 못하리라 하셨느냐 곧 순종하지 아니하던 자들에게가 아니냐 이로 보건대 그들이 믿지 아니하므로 능히 들어가지 못한 것이라"(히 3:15-19).
23 "거기서는 아무 권능도 행하실 수 없어(NIV: He could not do any miracles there) 다만 소수의 병자에게 안수하여 고치실 뿐이었고 그들이 믿지 않음을 이상히 여기셨더라"(막 6:5-6).

의 근원인 우리 마음 안에 있는 불신앙의 뿌리를 뽑으시고 수술하기를 원하신다.

2) 교만의 뿌리

우리에게 부정적인 모습이 나타나는 또 하나의 중요한 요인은 마음속에 교만의 뿌리가 깊이 자리잡고 있기 때문이다. 교만은 하나님과 그분의 은혜를 의지하는 대신에 자신과 자기 자원을 의지하는 것이고, 하나님과 그분의 은혜를 자랑하는 대신에 자신과 자기 자원을 자랑하는 것이다.

경쟁적인 성격과 비판적인 성격을 가진 사람의 마음속에서는 교만의 뿌리가 깊이 자리잡고 있다.[24] 경쟁적인 성격은 사랑을 획득하기 위해서 자신이 일을 성취해야 하고, 강하게 드러나야 하고, 실패나 실수를 해서는 안 되는 사람이다. 이 사람의 근본적인 문제는 교만이다. 비판적 성격은 다른 사람들을 무시하며 자신의 상처로 다른 사람을 상처 낸다. 교만은 자신이 진정 누구인지 드러내지 않으며 자신의 좋은 점만 드러낸다. 교만은 우리를 진정한 우리와 분리시키는 것이다.

경쟁적인 성격의 사람들과 비판적인 성격의 사람들은 의식적으로나 무의식적으로 자신의 참된 모습이 알려지는 것을 꺼리거나 또는 거짓으로 무엇이나 되는 인물인 양 자신들을 속여서 선전하는 교만한 인생에 뿌리를 두고 있다.

교만이 자아와 어떻게 연관되는가?

---

[24] 탐슨, 『내 마음의 벽』, 220-221.

자신을 있는 그대로 보지 못하게 속인다. 다른 사람과 경쟁하며 다른 사람을 자신과 비교한다. 그래서 다른 사람보다 못하게 보이면 시기, 질투가 있게 된다. 또 다른 사람보다 괜찮게 보이면 자아도취케 하고 자신으로 하나님을 대신하게 한다. 내면에 담을 쌓고 가면을 더 개발하면서 자신과의 관계를 깨뜨린다.

다른 사람들과의 관계에서 교만은 자신을 높이기 위해 다른 사람들을 깎아내리기에 사람들로부터 고립된다. 그래서 건강한 관계를 가로막게 되고 홀로 독립적이 된다.

하나님과의 관계에서 교만은 하나님이 자신을 배척하는 것과 같고 대적하는 것 같다(벧전 5:5). 교만을 마음에 품고 있으면 하나님이 우리를 대적하시기에 폭풍이 와서 산산조각을 낸다. 그래서 이제까지 내가 노력해서 쌓아 놓은 나의 모든 것이 파괴당한다.

C. S. 루이스는 교만이 얼마나 무섭고 심각한 죄인가를 이렇게 표현했다.

> 교만은 영적으로 가장 핵심적이고 궁극적인 악이다. 그러므로 교만은 인간이 범할 수 있는 죄 가운데 가장 무서운 죄다. 교만은 영적인 암이다.

스펄젼 목사 역시 교만의 죄의 끔찍함을 이렇게 표현한다.

> 하나님이 다른 죄는 손가락으로 다루시지만 교만은 팔을 걷어붙이고 다루신다. 탐심에 대해서는 무서운 심판을 내리시지만 교만에 대해서는 열 배로 더 무거운 심판을 내리신다.

하와에게 선악과를 먹으면 "너는 하나님과 같게 될 것이다"라고 말해 하와를 교만하게 함으로써 인간을 속인 후부터 사탄은 계속 이러한 교만을 사람들 가운데 넣어 주고 있다. 하나님은 교만을 결코 용납하지 않으신다.

교만과 불신앙, 이 두 가지는 우리 마음 안에 있는 중요한 죄다. 사탄은 이것들을 통해서 우리의 유업을 빼앗으려고 한다. 그러므로 내 마음속에 어떤 뿌리, 어떤 죄를 가지고 힘들어하는가를 질문해 봐야 한다. 이것이 우리 삶에 있는지 하나님으로부터 깊은 통찰력을 받아야 한다.

3) 겸손한 마음으로 불신앙과 교만을 회개함

우리가 겸손한 마음으로 마음 깊은 곳에 자리잡은 불신앙과 교만을 회개하기 위해서는 무엇보다 십자가에서 나타난 하나님의 공의와 사랑을 깊이 깨달아야 한다. 왜냐하면, 십자가는 우리 죄의 끔찍함과 그 죄에 대한 하나님의 무서운 공의를 보여 줄 뿐만 아니라 죄인들을 향한 하나님의 크신 사랑도 보여 주기 때문이다.

우리는 십자가를 바라볼 때마다 우리가 범하는 죄가 얼마나 악하고 저주스럽고 끔찍한 것인가를 깊이 깨닫게 된다. 또한, 하나님이 얼마나 공의로운 분이신가도 확인하게 된다. 우리의 죄는 하나님이 무한한 사랑으로 사랑하시고 온전히 기뻐하시는(마 3:17; 17:5) 독생자인 예수님을 십자가에 못 박아 처참하게 심판하실 만큼 악하고 무섭고 끔찍한 죄였다. 하나님은 사랑하는 독생자임에도 우리 죄를 대신 짊어진 '죄인'으로 십자가에 달리셨을 때 그 아들에게 끔찍한 진노와 저주를 다 쏟아부으실 만큼 절대적으로 거룩하시고 의로우시고 공의로우신 분이다.

또한, 우리는 십자가에서 우리 죄의 끔찍함과 하나님의 거룩하시고 공의로우신 성품뿐만 아니라 죄인인 우리를 향한 하나님의 큰 사랑도 분명히 볼 수 있다. 우리가 회개하고 돌이키기만 하면 하나님은 언제나 예수 그리스도의 십자가 희생을 근거로 해서 우리의 모든 죄를 기꺼이 용서해 주신다(요일 1:8).

이 진리를 깨달을 때 우리는 범죄할 때마다 하나님의 크신 긍휼과 용서를 힘입기 위해 '은혜의 보좌' 앞으로 나아가 하나님의 긍휼을 구하며 회개하게 된다(히 4:16). 그래서 용서를 체험하면서 하나님과 올바른 관계를 회복하고 그분의 사랑을 깊이 경험할 수 있다.

이렇게 십자가의 은혜를 경험한 사람들은 겸손히 하나님께 나아가 자신의 죄를 회개한다. 겸손은 자신과 자기 자원을 의지하지 않고 주님과 그분의 은혜를 의지하는 것이고, 자신과 자기 자원을 자랑하지 않고 주님과 그분의 은혜를 자랑하는 것이다. 겸손한 자는 자신의 있는 모습 그대로 알려지는 것을 기꺼이 받아들인다. 겸손은 하나님의 은혜가 우리 안에 임해 자유롭게 역사하실 수 있도록 마음의 문을 열어 주는 열쇠다[25](벧전 5:5-6; 약 4:10; 빌 2:3-8). 우리는 주님 앞에 겸손한 마음을 가지고 우리의 불신앙과 교만을 회개해야 한다.

어떻게 회개하는가?

우리는 마음의 문을 열고 기꺼이 자신의 약점을 형제들에게 드러내 보여야 하며, 또 어느 정도 신뢰하며 인간관계가 두터워진 사람에게 우리의

---

25 탐슨, 『내 마음의 벽』, 223.

잘못과 실패와 죄를 고백할 수 있어야 한다. 그때 하나님은 찾아오셔서 놀라운 치유의 손길을 펼치기 시작하실 것이다(약 5:16[26]; 사 57:15).[27]

성경이 그리스도인들을 향해 '너희 죄를 서로 고백하라'(약 5:16)라고 하시는 이유는 우리가 그리스도 안에서 연합됐기 때문이다. 그 사실을 저명한 개혁주의 교의 신학자로 미국 칼빈신학교의 교수였던 안토니 A. 후크마는 『성경이 가르치는 자아형상』에서 이렇게 설명한다.

> 그리스도 안에서 연합됐다는 것은 무엇보다도 먼저 '우리가 서로를 용서받은 죄인'으로 취급해야 한다는 것을 의미한다. 우리를 그리스도 안에서 하나로 묶는 것은 우리가 죄인이라는 사실이 아니라 우리는 '용서받은 죄인 혹은 깨끗함을 받은 죄인'이라는 사실이다. 그러므로 우리는 하나님께서 그리스도를 인하여 우리를 용서해 주신 것처럼 항상 서로를 용서해 줘야 한다(엡 4:23). 우리가 용서받은 죄인들과 동료 관계에 있다는 사실은, 필요하다면 우리의 죄를 서로 기꺼이 고백해야 함을 의미한다(약 5:16). … 우리가 그리스도 안에서 진정으로 연합돼 있다면 우리는 스스로 동료 죄인들로서 서로에게 가서 스스럼없이 우리의 죄를—하나님에게뿐만 아니라—우리의 형제, 자매에게도 고백해야 한다. 우리가 그렇게 할 때 크고 말로 다할 수 없는 영적인 힘과 위안을 받게 된다.[28]

---

[26] "그러므로 너희 죄를 서로 고백하며 병이 낫기를 위하여 서로 기도하라 의인의 간구는 역사하는 힘이 큼이니라"(약 5:16)
[27] 죄의 고백의 구체적인 사례에 대해서는 리처드 포스터가 『영적 훈련과 성장』의 「고백의 훈련」에서 자신의 경우를 예로 든 부분을 참고하라. 리처드 포스터, 『영적 훈련과 성장』(Celebration of Discipline), 권달천 역 (서울: 생명의말씀사, 2009), 216-218.
[28] 안토니 A. 후크마, 『성경이 가르치는 자아형상』(The Christian Looks at Himself), 정정숙 역 (서울: 베다니, 1999), 106-107; 포스터, 『영적 훈련과 성장』, 210-211; 강성모, 『이

후크마 교수는 그리스도인 상호 간에 서로 죄를 고백하는 것의 중요성을 말하면서 본회퍼(Dietrich Bonhoeffer)가 『신도의 공동생활』(Gemeinsame Leben)의 마지막 장에서 죄의 상호 고백의 중요성을 강조한 사실을 지적한다.[29] 본회퍼는 그리스도인들이 함께 예배하고 함께 기도하고 함께 섬기는 삶을 살면서도 홀로 남겨진 외톨이가 될 수 있다고 말한다. 그것은 그들이 사귐에 이르는 마지막 장벽을 무너뜨리지 못하기 때문이다. 그들은 경건치 못한 죄인들로서 만나지 않고 서로가 (자기의 죄를 감추는) 신실하고 경건한 자로서 교제하기 때문이라고 설명한다.[30]

> 경건한 공동체는(서로 자신의 모습을 거짓 없이 겸손하게 드러내지 않는 그리스도인들의 교제는) 그 누구도 죄인이 되는 것을 허락하지 않는다. 그래서 사람들은 저마다 자기 자신과 공동체 앞에서 자신의 죄를 숨길 수밖에 없다. 감히 죄인이 돼서는 안 된다는 것이다(즉 감히 죄인임을 고백할 수 없는 것이다). 그러므로 경건한 사람들 가운데 정말 죄인이 갑자기 나타나는 것은 많은 그리스도인에게는 생각조차 할 수 없는 경악스러운 일이 되고 만다. 그래서 우리는 우리의 죄와 더불어 홀로 살아가는 것이다. 거짓과 위선 속에서 말이다. 왜냐하면, 누가 뭐래도 우리는 다 죄인이기 때문이다.[31]

사람을 보라: 본회퍼의 삶과 신학』(서울: 나눔사, 2005), 269-270도 참고하라.
29 후크마, 『성경이 가르치는 자아형상』, 106.
30 디이트리히 본회퍼, 『신도의 공동생활 성서의 기도서』(Gemeinsame Leben/Das Gebetbuch der Biel), 디트리히 본회퍼 선집⑥(Dietrich Bonhoeffer Werke, DBW 5), 정지련, 손규태 역 (서울: 대한기독교서회, 2012), 115.
31 본회퍼, 『신도의 공동생활 성서의 기도서』. 요한 크리스토프 아놀드 역시 다음이 같이 말한다. "죄는 은밀히 들어온다. 그리고 이 죄가 힘을 잃게 하기 위해서는 드러내는 길밖에 없다. 하지만 종종 우리는 '훌륭한 그리스도인,' 믿음이 강하고 덕망 있고 헌신적인 신앙인으로 보여지고자 하는 욕구 때문에 죄를 고백하지 못한다. 대신 우리는 잘못

죄의 고백을 위험한 도덕적 손상으로만 보고 죄의 고백이 세상 죄를 짊어지신 예수 그리스도의 형상에 다시 이르는 것으로 보지 못하는 것은 불신이다. 왜냐하면, 자유로운 죄의 고백은 할 수도 있고 하지 않을 수도 있는 일이 아니라 교회에 예수 그리스도의 형상이 나타나는 일이기 때문이다. 교회는 기쁘게 이 변화를 경험하든지, 그렇지 않으면 그리스도의 교회가 되는 것을 그만두어야 한다. 누구든지 교회가 죄를 고백하는 것을 막거나 변조하면, 그는 그리스도에게 용서받을 수 없는 죄를 짓는 것이다. 교회는 사람들이 죄를 고백하는 것으로 죄를 면제해 주는 것이 아니라, 죄를 고백하는 공동체의 교제로 그들을 불러들이는 것이다.[32]

이렇게 본회퍼는 교회 공동체에, 믿음의 형제들 간에 죄 고백의 중요성을 강조하지만 그것을 율법 식으로 강요하지는 않는다. 그는 다음과 같이 반문한다.

믿음의 형제들끼리 죄를 고백하는 것이 하나님의 법이란 말인가?
죄의 고백은 율법이 아니라 죄인을 위한 하나님의 도우심이라는 선물이다. 물론 형제에게 죄를 고백하지 않고도 하나님의 은혜로 확신과 새 생명, 십자가와 공동체의 사귐에 들어갈 수 있는 사람이 있을 수 있다. 그리고 용서와 죄의 고백에 대해 한 번도 의심해 본 적이 없는 사람도 있을 수 있으며,

---

들을 애써 기억에서 지워 보려고도 해 보다가 그나마 그것도 안 되면 그냥 붙어 무러고 한다. 그러나 이것은 죄에 죄를 더하는 것이다." 요한 크리스토프 아놀드, 『잃어버린 기술 용서: 용서를 통해 회복을 경험한 사람들의 이야기』(The Lost Art of Forgiving: Stories of Healing from the Cancer of Bitterness), 전병욱 역 (서울: 쉴터, 2003), 150.

[32] 디이트리히 본회퍼, 『제자의 길과 십자가』, 강철성 역 (서울: 오리진, 1999), 153-154.

홀로 하나님 앞에서 고백함으로써 모든 것을 선사받은 사람도 있을 수 있다. 그러나 우리가 여기서 말하는 사람은 그렇지 못한 사람들을 위해서다. 루터도 형제에게 죄를 고백하지 않고는 그리스도인으로 살 수 없다고 생각하는 사람 가운데 하나였다. 그는 대교리문답서에서 이렇게 말한다.

"따라서 내가 죄를 고백하라고 권면하는 것은 그리스도인이 되라고 권면하는 것이다."[33]

이처럼 우리가 그리스도 안에서 진정으로 연합돼 있다면 필요할 경우에, 즉 하나님께 계속 회개함에도 불구하고 용서받은 확신이 없고 잘못된 죄책감으로 인해 계속 마음이 답답하고 힘든 경우에는 동료 그리스도인들에게 우리의 죄를 고백하면서 도움을 받을 필요가 있다.[34]

물론 이런 경우에 부작용이 생기지 않도록 신중하게 접근해야 한다. 근래에 들어와 선교단체나 교회 가운데 대중 앞에서나 소그룹에서 공개적인 죄 고백을 행함으로 인해 논란이 되고 있다. 우리가 믿음의 형제에게 죄를 고백하면서 도움을 받을 때 대중이나 소그룹보다는 개인적으로 도움을 받는 것이 바람직하다. 특히 아무에게나 함부로 말할 수 없는 어려운 문제를 갖고 있는 경우에는 크리스천 상담 분야의 상담 훈련을 받은 경험이 있는 사람으로서 치료와 회복을 주님의 능력에 의존하는 성숙한 그리스도인과 신중한 가운데서 지혜롭게 그런 문제를 해결하는 것이 바람직하다.

오랫동안 심한 죄책감으로 인해 교회 출석조차 힘들어하고 사람들의 눈

---

[33] 본회퍼, 『신도의 공동생활 성서의 기도서』, 122.
[34] 포스터, 『영적 훈련과 성장』, 212-213 참조.

도 잘 쳐다보지 못하는 자매가 있었다. 그 자매는 성경적 내적치유 세미나에 참석해 믿음의 형제에게 죄를 고백할 필요성에 대한 강의를 들은 후 상담자를 찾아왔다. 상담자는 그 자매를 짓누르고 있는 심한 죄책감이 어디에서 비롯됐는지 물었고, 그 자매는 죄책감의 원인이 되는 과거의 일들을 솔직하게 고백했다. 이제까지 그 자매는 거듭해서 회개하며 주님께 용서를 구했지만 용서받은 확신이 없었고 자유함이 없었다.

상담자는 자매의 솔직한 고백을 듣고 그 일에 대해 다시금 회개하며 주님께 용서를 구하는 기도를 하도록 인도했다. 그리고 하나님의 말씀에 근거해 그 자매의 모든 죄가 그리스도의 보혈로 깨끗이 씻음 받고 용서받았음을 선포했다.

> 만일 우리가 우리 죄를 자백하면 그는 미쁘시고 의로우사 우리 죄를 사하시며 우리를 모든 불의에서 깨끗하게 하실 것이요(요일 1:9).

또한 하나님께서 용서해 주셨기에 자신을 용서하도록 도와줬고, 그 자매를 주님께 올려 드리는 기도를 드렸다. 그러자 그 자매는 용서받은 확신을 갖게 됐고 오랫동안 자신을 괴롭혔던 잘못된 죄책감으로부터 자유함을 누리게 되면서 눈물로 하나님께 감사드렸다. 그리고 다음 주부터 기쁨으로 교회에 출석해 성도들과 교제하며 열심히 봉사하게 됐다.

본회퍼는 믿음의 형제에게 죄를 고백할 필요가 있는 사람은 아무리 찾고 애써도 공동체의 사귐과 십자가와 새 생명과 확신에서 오는 큰 기쁨을 발견하지 못하는 사람들이라고 지적한다. 그런 사람들에게는 믿음의 형제에게 죄를 고백할 때에 하나님에게서 오는 선물이 어떤 것인가를 우리가 보여 줄 필요가 있다고 그는 주장한다.[35]

본회퍼는 또한 우리가 찾아가서 죄를 고백하면서 도움을 받을 수 있는 사람은 무엇보다 예수님의 십자가 아래 사는 사람, 십자가에 대한 말씀이 살아 있는 사람, 예수님의 십자가 속에서 모든 사람의 깊은 죄악과 자신의 마음의 깊은 죄악을 깨달은 사람이라고 주장한다.

그 사람에게는 그 어떤 죄도 다른 사람의 것이 아니다. 그는 예수님을 십자가에 못 박은 자신의 죄를 보면서 경악하고 두려워 떨어 본 일이 있는 사람이기에 형제의 어떤 지독하고 무서운 죄에도 놀라지 않는다. 그는 예수님의 십자가로부터 사람의 마음을 보고 인식한다. 그는 사람의 마음이 죄와 연약함으로 완전히 파멸됐으며 죄로 인해 완전히 길을 잃고 방황하고 있다는 것을 알 뿐만 아니라 또한 하나님의 은총과 자비로 용납됐다는 사실도 안다. 이처럼 오직 십자가 아래 있는 형제만이 우리의 죄의 고백을 들어줄 수 있다.[36]

리처드 포스터는 우리가 죄를 고백하기 위해 찾아가서 도움을 받을 수 있는 사람의 필요한 자질로서 다음과 같은 것들을 든다. 영적 성숙, 두려움 없이 죄를 드러냄, 고백의 본질과 가치 이해, 용서의 능력 확신, 주님을 기뻐함, 지혜, 동정심과 이해력, 비밀 준수 능력, 상식, 건전한 유머 감각 등이다.[37]

우리가 공개적으로 자신이 누구인지를 드러내게 되면 수치심이 전체적

---

[35] 본회퍼, 『신도의 공동생활 성서의 기도서』, 122.
[36] 본회퍼, 『신도의 공동생활 성서의 기도서』, 122-124.
[37] 포스터, 『영적 훈련과 성장』, 221-222.

으로 자신을 둘러싸게 된다. 이 수치심과 정죄감은 우리를 파괴시키고자 하는 마귀의 공격이며 전략이다. 우리가 이 마귀의 공격과 전략을 깨뜨려 버리고 겸손히 나 자신의 약점과 허물과 죄악을 신중한 가운데서 지혜롭게 믿음의 형제 앞에 고백할 때 하나님의 놀라운 은혜가 임하고 성령의 강한 치유의 역사를 체험할 수 있다. 겸손히 형제에게 죄를 드러내는 고백은 죄와 마귀의 강력한 권세를 깨뜨려서 맥을 못 추게 만든다.
이 사실을 본회퍼는 이렇게 설명한다.

> 죄는 홀로 있는 사람과만 같이 머물려고 한다. 죄는 공동체의 사귐에서 떠나게 한다. 외로우면 외로울수록 죄의 권세는 사람에게 더 큰 파괴력을 발휘한다. 죄는 드러나기를 원치 않는다. 죄는 빛을 두려워한다. 그리고 죄가 표출되지 않고 어두움 속에 웅크리고 있으면, 죄는 인간의 전 존재에 독소를 퍼뜨린다. 그러나 죄를 고백함으로 복음의 빛이 닫힌 어두운 마음 속으로 비쳐 들어온다. 죄는 빛 앞에 폭로돼야 한다. 마음에 감추어 두었던 것이 표출되고 고백된다. 은밀하게 숨겨져 있던 모든 것이 이제 환하게 드러난다. 죄를 드러내어 고백하기까지는 치열한 싸움이 벌어진다. 그러나 하나님은 놋 문을 깨뜨리시며 쇠 빗장을 꺾으신다(시 107:16). 이같이 그리스도인 형제 앞에 죄를 고백할 때 자기를 옳다고 주장하는 마지막 아성(牙城)을 포기하는 것이다. 죄인은 항복한다. 그는 자기의 모든 악을 내버린다. 그는 자신의 마음을 하나님께 바친다. 그리고 예수 그리스도와 형제들과의 사귐에서 자신의 모든 죄가 용서받았음을 발견하게 된다. 표출되고 고백 된 죄는 모든 힘을 상실한다. 그 죄는 이미 죄로 드러나 심판을

받았다. 이제는 공동체의 사귐이 형제의 죄를 짊어진다. 그는 이제 자신의 죄와 홀로 있는 것이 아니다. 그는 죄의 고백을 통해 자신의 죄악을 '벗어서' 하나님께 맡긴다. 그의 죄악은 그에게서 떠났다. 이제 그는 예수 그리스도의 십자가 안에서 하나님의 은총으로 사는 죄인들의 공동체의 사귐 속에 존재한다. 이제 그는 죄인이기를 두려워하지 않으면서 하나님의 은총을 즐거워하게 된다.[38]

요약

이 장에서는 성경적 내적치유의 첫 번째 과정과 두 번째 과정을 살펴보았다. 성경적 내적치유의 첫 번째 과정은 우리 마음의 상태를 지각하는 것이다. 성경적 내적치유가 이뤄지기 위해서는 우리 자신의 내면을 봐야 하는데, 이것은 단순한 지식으로는 불가능하고 하나님이 은혜로 우리에게 깊은 통찰력을 주셔서 마음을 볼 수 있도록 해 주셔야 한다. 하나님은 그분을 기다리면서 순종하는 자에게 깊은 통찰력을 주셔서 자신의 마음의 상태를 보게 하신다.

성경적 내적치유의 두 번째 과정은 우리의 죄를 회개하는 것이다. 성경적 내적치유가 이뤄지기 위해서는 반드시 회개해야 한다. 회개는 진정한 변화를 위해서 필수적인 것이며, 결코 멈춰서는 안 되는 하나의 과정이다. 회개는 우리 마음을 겸손히 하나님 앞에 열어 놓는 것이며, 하나님 앞에서

---

[38] 본회퍼, 『신도(信徒)의 공동생활/성서의 기도서』, 117-118; 아놀드, 『잃어버린 기술 용서』, 149-150 참조.

나 자신이 전적인 책임을 지는 것이다.

무엇보다 우리는 마음속에 있는 하나님을 신뢰하지 못하는 불신앙을 깊이 회개해야 한다. 순종형의 성격과 부정형의 성격인 사람의 마음속에는 불신앙의 뿌리가 깊이 자리잡고 있기에 자신의 불신앙을 철저히 회개해야 한다.

또 우리는 마음속에 깊이 자리잡고 있는 하나님과 그분의 은혜보다 자신을 의지하고 자랑하는 교만을 깊이 회개해야 한다. 경쟁적인 성격과 비판적인 성격인 사람의 마음속에서는 교만의 뿌리가 깊이 자리잡고 있기에 자신의 교만을 철저히 회개해야 한다.

우리는 주님 앞에서 겸손한 마음을 가지고 불신앙과 교만을 철저히 회개해야 한다. 무엇보다 겸손한 마음을 가진 사람은 십자가에서 나타난 하나님의 공의와 사랑을 깊이 깨달은 사람이다. 겸손한 사람은 마음을 열고 자신의 약점을 믿음의 형제들에게 솔직하게 드러낼 수 있고, 신뢰 관계가 형성돼 있고 도움을 줄 수 있는 성숙한 사람에게 자신의 잘못과 실패와 죄를 신중한 가운데서 지혜롭게 고백할 수 있다. 만약 그렇게 한다면 잘못된 죄책감과 정죄감으로 우리를 계속 묶고 속박하려고 하는 마귀의 공격과 전략을 깨뜨리고 하나님의 놀라운 치유와 자유함과 변화의 역사를 경험할 수 있다.

다음 장에서는 성경적 내적치유가 이뤄지기 위한 세 번째 과정인 영적전쟁과 영적치유에 대해 구체적으로 살펴보게 될 것이다.

묵상과 적용

1. 성경적 내적치유가 이뤄지기 위해서는 먼저 우리 마음의 상태를 볼 수 있어야 한다. 마음의 상태를 보기 위해서,

   1) 다른 사람들의 충고와 제안을 겸손하게 받아들이도록 하라.

   2) 하나님께서 깊은 통찰력을 주시도록 간절히 사모하면서 기도하고 깊이 살펴보도록 하라.

2. 당신의 마음속에 불신앙과 교만의 뿌리가 깊이 자리잡고 있지는 않은지 살펴보고 겸손히 회개하면서 성령께서 불신앙과 교만의 뿌리를 뽑아 주시도록 기도하라.

3. 과거에 당신이 범한 죄 가운데 하나님께 계속 회개했음에도 불구하고 여전히 죄 용서받은 확신이 없고 잘못된 죄책감으로 인해 계속 마음이 답답하고 힘들다면 당신은 사죄의 확신을 갖기 위해서 성숙한 믿음의 형제의 도움을 받을 필요가 있다. 특히 당신이 가지고 있는 문제가 다른 사람들에게 말하는 것이 쉽지 않은 어려운 문제인 경우에는 크리스천 상담 분야의 상담 훈련을 받은 사람으로서 긍휼의 마음을 품고 당신을 도와줄 수 있는 성숙한 그리스도인과 신중한 가운데서도 지혜롭게 그 문제를 해결하는 것이 바람직하다. 당신이 겸손한 마음으로 죄를 고

백하고 도움을 요청한다면 그는 하나님께서 당신의 죄를 이미 용서해 주신 것을 확신케 해 당신에게 잘못된 죄책감에서 벗어날 수 있도록 요긴한 도움을 줄 수 있을 것이다. 당신이 이런 경우에 해당된다면 위의 제안을 따라 하나님의 인도하심을 받으면서 성숙한 믿음의 형제의 도움을 받도록 시도하라.

상한마음의
치유와 회복

제7장

성경적 내적치유가 이뤄지기 위한 과정 ③

영적전쟁과 영적치유

　앞 장에서 성경적 내적치유가 이뤄지기 위한 과정 중에서 첫 번째 과정인 우리 마음의 상태를 지각하는 것과, 두 번째 과정인 우리의 죄를 회개하는 것에 대해 살펴봤다. 이제 세 번째 과정인 영적전쟁과 영적치유에 대해 살펴보려고 한다. 우리 안에 있는 상처가 치유되고, 또 마음에 깊이 뿌리박혀 있는 불신앙과 교만의 죄를 회개함으로 마음이 새로워지고 변화되기 위해서는 반드시 성경적 내적치유를 방해하는 사탄의 역사(役事)를 분별하고 대적해야 한다(recognize & renounce). 그래서 영적전쟁과 영적치유가 반드시 필요하다.

1. 영적전쟁과 영적치유의 필요성

성경적 내적치유를 통해서 마음을 새롭게 함으로 변화되려고 할 때 가장 큰 반대자는 사탄이다. 그래서 사탄의 역사(役事)로 말미암아 두려움, 의심, 염려, 좌절, 조롱, 혼돈, 권위자들의 거짓말과 기만 등 여러 가지 어려움을 겪게 된다. 사탄과의 영적 싸움에서 승리하기 위해서는 반드시 사탄의 전략과 역사를 분별할 줄 알아야 한다.

『손자병법』 제3편 「모공」(謀攻)에는 '知彼知己, 百戰不殆'(적을 알고 나를 알면 백 번 싸워도 위태롭지 않다)라는 말이 나온다.[1] 이 말은 사탄과의 영적 싸움에도 그대로 적용된다. 우리가 영적전쟁에서 자주 패배하는 이유는 사탄을 모르고 있기 때문이다. 사탄은 우리를 너무 잘 알고 있지만 우리는 사탄의 전략과 역사를 너무 모르고 있다. 우리가 아무리 외적으로 탁월한 은사와 능력과 재능과 지혜를 가지고 있다 할지라도 내적인 강건함이 없으면 사탄은 결코 우리를 두려워하지 않는다.

일생 동안 인도 선교사로 헌신했던 스탠리 존스(Stanley Jones)는 지극히 고통스러운 임종의 순간, 도무지 입이 떨어지지 않는 상태에서 겨우 몇 마디를 할 수 있었다. 그 내용은 자신의 내적 강건함을 등산가의 밧줄로 비유하면서 그의 인생 여정을 요약한 것이었다.

---

[1] 원문은 다음과 같다. "知彼知己, 百戰不殆. 不知彼而知己, 一勝一負. 不知彼不知己, 每戰必殆"(적을 알고 나를 알면 백 번 싸워도 위태롭지 않다. 적을 알지 못하고 나를 알면 한 번 이기고 한 번 진다. 적도 모르고 나도 모르면 싸울 때마다 반드시 위태롭다). Daum 백과에서 인용.

가장 내부에 있는 줄이 가장 튼튼하다. 나에게는 내 믿음을 받쳐 줄 외부의 버팀목이 필요 없다. 왜냐하면, 믿음이 나를 붙들고 있기 때문이다.

이런 내적인 강건함이 스탠리 존스에게 있었지만 사역 초기에 그는 1년 이상을 영적 · 육체적 무력감에 시달렸다.

영적 침체가 육체적인 침체로 이어졌다. 내면의 경험이 외부 세계를 지탱할 힘이 없었기 때문에 밖으로 붕괴한 것이다. 내면세계와 외면세계가 한꺼번에 붕괴되었다.[2]

이처럼 내적인 강건함이 외적인 강건함보다 훨씬 더 중요하고 내적인 강건함이 핵심이다. 영적 존재인 사탄은 우리의 내적 약점을 금방 알고, 그래서 내적 문제를 건드리면서 공격한다. 찰스 스펄전(Charles Haddon Spurgeon) 목사는 말했다.

심지어 가장 가까운 친구에게도 당신은 약점을 숨길 수 있다. 하지만 지독한 원수에게는 도무지 감출 길이 없다.[3]

2　고든 맥도날드, 『내면세계의 질서와 영적 성장』(Ordering Your Private World), 홍화옥, 김명희 역 (서울: IVP, 2018), 257-258에서 인용.
3　베스 모어, 『넘어짐의 은혜: 죄에 넘어진 성도들을 일으키시는 하나님의 회복』(When Godly People Do Ungodly Things), 주지현 역 (서울: 좋은씨앗, 2005), 195에서 인용.

그러기에 철저히 대비하고 있지 않으면 아무리 외적으로 강한 사람이라 할지라도 두 눈 뽑힌 삼손처럼 조롱거리가 될 수밖에 없다. 사탄이 주로 사용하는 전략은 외적인 것보다는 우리 내면의 문제를 이용해 공격하는 것이다. 그처럼 능력 있는 사역자도 외부의 적으로부터 무너지기보다는 내면의 해결되지 않은 부분의 공격을 받고 허물어진다.

교회에 문제를 일으키고 사탄에게 조종당하는 대부분의 사람은 영적으로 문제 있는 사람들이고, 정신적으로 아픈 사람들이며, 마음의 상처와 쓴 뿌리가 깊이 자리잡고 있는 사람들이다. 특별히 그러한 사탄의 공격이 욥의 경우처럼 배우자, 부모, 자녀, 형제, 친구, 교인들과 같은 가까운 사람들을 통해 나타날 때는 매우 위험스러울 수 있다.

사탄이 그렇게 하는 목적은 우리의 마음에 덫을 놓고, 우리를 의심과 불신앙과 교만의 덫 속에 빠뜨려서 하나님이 우리를 위해 세우신 목적과 계획들을 파괴하는 것이다. 그때 우리는 사람을 두려워하지 말고 겸손히 하나님을 의지하면서 사탄의 역사와 전략을 분별하고 대적해 무력화시켜야 한다.

사탄의 모든 공격을 물리치고 승리할 수 있는 비결이 있다.

첫째, 모든 문제를 하나님께 의탁하는 것이다(잠 29:25[4]). 우리가 하나님 이외의 존재를 두려워하게 되면 인간 공포의 덫에 걸리게 돼 있다. 그래서 하나님과 그분의 말씀을 소중히 여기는 대신 사람들의 소견, 평, 조언, 그

---

[4] "사람을 두려워하면 올무에 걸리게 되거니와 여호와를 의지하는 자는 안전하리라"(잠 29:25).

리고 우리의 생각과 우리가 처한 상황을 더 중요하게 여기게 된다. 그때 우리는 이미 사람을 두려워하는 덫에 걸려 있는 상태다. 우리는 오직 하나님만을 두려워하면서 그분께 모든 것을 맡겨야 한다.

미국 풀러신학대학원의 찰스 크래프트(Charles H. Kraft) 박사는 『신자가 소유한 놀라운 권세』에서 이렇게 말한다.

> 우리가 정녕 하나님을 두려워한다면, 우리는 두려워해야 할 게 아무것도 없다. 하나님이 기뻐하지 않을까 두려워하는, 경건한 두려움은 우리를 책임감 있게 만들고 자유함 가운데 일할 수 있게 한다. 여호수아가 약속의 땅을 정복하는 동안에 그를 성실하게 지키며 인도했던 것도 바로 그 두려움이었다.[5]

둘째, 마귀가 공격할 틈을 주지 않기 위해 세심한 주의를 기울이면서 경계를 늦추지 않아야 한다(벧전 5:8). 마귀가 자신의 하수인들을 사용해 우리를 욕하고 비방하고 대적하지 못하도록 틈을 주지 말아야 한다. 그러기 위해서는 성을 파수하는 파수꾼처럼 늘 정신을 차리고 깨어 경성하면서 기도하며 경계를 늦추지 말아야 한다(벧전 4:7).

셋째, 최악의 역경 속에서도 결코 쉬지 않고 오직 목표를 향해서 정진해 나가야 한다(느 4:21).

---

[5] 찰스 크래프트, 『신자가 소유한 놀라운 권세』(I Give You Authority), 이윤호 역 (서울: 은성, 2003), 90.

하나님께서 사탄을 대적하도록 우리에게 주신 놀라운 영적전쟁의 무기와 무장이 있다. 영적전쟁의 무기로는 다음과 같은 것들이 있다.

① **예수 이름의 권세**(빌 2:9; 엡 1:19-22; 막 16:17; 눅 10:17): 모든 권위와 능력이 다 예수 그리스도의 이름 아래 있다. 예수의 이름은 모든 결박 당한 자들을 풀어 주고 모든 악한 것을 결박한다. 우리는 이 예수님의 이름의 권세로 귀신을 쫓아낸다. 이 예수님의 권세와 능력을 하나님께서는 교회에게 위임하셨다. 우리는 이 권세와 능력을 사용할 수 있는 하나님의 자녀들이며 그리스도의 몸이다. 하나님은 오직 예수 이름의 권세만이 능력 있음을 믿고, 그것을 합법적으로 우리에게 주신 것을 알고 믿는 자들을 통해 그것을 사용하실 것이다. 모든 승리는 전적으로 예수 이름의 권세에 있다.

② **하나님의 말씀**(엡 6:11; 마 4:1-11): 우리가 원수 마귀와 싸울 때 하나님의 말씀을 사용해 싸우는 것이다.

③ **예수 그리스도의 보혈의 권세**(계 12:11[6]): 예수님의 보혈을 원수 마귀는 두려워하고 싫어한다. 예수님의 보혈을 찬양하고 높일 때 놀라운 역사가 일어난다.

④ **하나님의 말씀을 증거함, 간증**(계 12:11): 하나님의 말씀, 복음의 내용, 하나님의 은혜의 역사를 선포하고 전파하는 것을 의미한다.

---

6 "또 우리 형제들이 어린 양의 피와 자기들이 증언하는 말씀으로써 그를 이겼으니 그들은 죽기까지 자기들의 생명을 아끼지 아니하였도다"(계 12:11).

⑤ **성령의 능력과 은사**(마 12:28; 눅 9:1; 10:19): 사탄의 멍에를 깨뜨리는 것은 성령의 기름 부으심에서 온다. 성령의 기름 부음 받은 찬양들도 영적전쟁의 놀라운 무기가 된다.

⑥ **금식과 기도**(마 17:21; 막 9:29): 기도와 금식은 사탄의 세력들을 파하는 강력한 영적전쟁의 무기다.

⑦ **안수**: 하나님께서는 당신의 양떼를 잘 보살피고 돌볼 수 있도록 영적 지도자들에게 성령의 능력을 부어 주신다. 그러므로 영적 지도자가 안수할 때 성령의 역사로 말미암은 능력이 나타난다.

⑧ **성결함**: 성결은 영적 전투에 있어서 참으로 중요한 주된 무기다.[7] 프랜시스 프랜지팬(Francis Frangipane)은 "하나님 앞에 정결한 마음을 갖는 것은 마귀를 대항해 싸우는데 가장 큰 방어 무기다"라고 했다.

야고보서 4:7-8[8]에서 성경은 "마귀를 대적하라"라고 명령하면서 그 앞 구절과 뒷 구절에서 "하나님께 복종하라," "하나님을 가까이하라," "손과 마음을 성결하게 하라"라고 말씀하신다. 이것은 우리가 마귀를 대적하기 위해서 구체적으로 어떻게 해야 할 것인지를 분명히 보여 준다. 그것은 하나님께 복종하고, 그분을 가까이하며, 성결한 삶을 사는 것이다.

---

7 베스 모어, 『주의 말씀, 내 기도가 되어』(Praying God's Word), 서은재 역 (서울: 좋은씨앗, 2005), 19.
8 "그런즉 너희는 하나님께 복종할지어다 마귀를 대적하라 그리하면 너희를 피하리라 하나님을 가까이하라 그리하면 너희를 가까이하시리라 죄인들아 손을 깨끗이 하라 두 마음을 품은 자들아 마음을 성결하게 하라"(약 4:7-8).

하나님께서 또 마귀를 대적하도록 우리에게 주신 영적전쟁의 무장이 있다. 그것은 '하나님의 전신 갑주'(엡 6:13-18[9])를 입는 것이다. 원래 '전신 갑주'(全身甲冑)는 고대에 전쟁에 나가는 병사들이 자기의 온몸을 보호하기 위해 입었던 갑옷을 가리킨다. 마귀와 맞서 싸우는 우리 역시 자신을 보호하고 마귀를 무찌르기 위해서 하나님의 전신 갑주를 입어야 한다. 성경은 우리가 무장해야 할 하나님의 전신 갑주로 7가지 무장을 말씀한다.

① **진리의 허리띠**: 영적인 백병전에 참여하는 십자가의 군사들은 먼저 영적인 허리띠를 견고하게 매야 한다. 영적인 허리띠는 진리의 허리띠다. 여기서 '진리'는 하나님의 '말씀 진리'와, 이 말씀 진리 안에서 살아가는 성도들의 '거룩한 삶'을 가리킨다.

마귀는 하나님의 말씀 진리를 굳게 믿고 그 진리의 말씀에 순종하며 사는 성도들을 결코 이길 수 없다. 반면에 마귀가 가장 쉽게 공격해 패배시키는 성도는 말씀 진리 위에 서지 못하고 그 진리 안에서 살지 못하는 성도들이다. 우리는 날마다 진리의 허리띠를 굳게 매면서 영적 무장을 철저히 해야 한다.

② **의의 호심경**(흉배): 의의 호심경은 마귀의 공격으로부터 우리의 영적인 급소를 지켜 준다. 우리의 의는 예수 그리스도를 믿는 믿음을 통

---

[9] "그러므로 하나님의 전신 갑주를 취하라 이는 악한 날에 너희가 능히 대적하고 모든 일을 행한 후에 서기 위함이라 그런즉 서서 진리로 너희 허리 띠를 띠고 의의 호심경을 붙이고 평안의 복음이 준비한 것으로 신을 신고 모든 것 위에 믿음의 방패를 가지고 이로써 능히 악한 자의 모든 불화살을 소멸하고 구원의 투구와 성령의 검 곧 하나님의 말씀을 가지라 모든 기도와 간구를 하되 항상 성령 안에서 기도하고 이를 위하여 깨어 구하기를 항상 힘쓰며 여러 성도를 위하여 구하라"(엡 6:13-18).

해서 하나님이 은혜의 선물로 주신 '하나님의 의'다(전가[轉嫁]된 의[義]). 그리고 하나님으로부터 의롭다 함을 받은 우리는 삶 속에서 하나님이 기뻐하시는 의를 나타내어야 한다(도덕적 의[道德的 義]). 하나님 앞에서 믿음으로 의롭다 함을 받은 것과 날마다 삶 속에서 그 의를 나타내는 것이 바로 우리가 무장해야 할 의의 호심경이다.

사탄은 범죄할 때마다 우리를 비방하고 참소하기에 영적인 전투에서 승리하기 위해서는 반드시 의의 호심경을 착용하면서 영적으로 철저히 무장해야 한다.

③ **평안의 복음의 신발**: 하나님께서 주신 복음은 마귀를 대적하며 하나님 앞에서 견고한 삶을 살 수 있도록 하나님과 화목게 하는 평안의 복음이며, 또 이웃과 화목게 하는 화평의 복음이다. 우리는 평안의 복음의 신을 신고 영적으로 무장해 이곳저곳으로 다니면서 복음을 증거해야 한다.

④ **믿음의 방패**: 위에서 설명한 무기가 다 중요하지만 이 모든 무기가 효력을 발휘하기 위해서는 반드시 믿음의 방패를 가져야 한다. 영적 전쟁에 있어서 믿음의 방패가 없이는 결코 승리할 수 없다. 마귀는 우리를 넘어뜨리기 위해 계속해서 불신앙, 염려, 두려움, 의심, 낙심, 실망, 정죄감, 유혹, 시험 등의 불화살을 쏘아대고 있다. 이렇게 끊임없이 쏘아대는 사탄의 불화살을 소멸하고 승리하기 위해서는 반드시 하나님과 그분의 말씀을 온전히 신뢰하는 믿음의 방패를 가지고 영적으로 철저히 무장해야 한다.

⑤ **구원의 투구**: 이것은 우리의 생각, 사고, 사고방식을 보호한다. 대부분 귀신은 우리의 생각과 사고 생활에 계속적인 공격을 시도하기에 부정적이고 비판적인 생각과 사고는 대부분 악령으로부터 온 것이다. 우리는 부정적이고 비판적이라고 생각되는 모든 사고를 항상 경계하면서 하나님의 말씀에 기반을 둔 올바른 사고방식을 가져야 한다.

⑥ **성령의 검인 하나님의 말씀**: 우리에게 가까이 접근해 오는 마귀와 그의 군사들을 무찌르기 위해서는 앞에 나온 무장만으로 불가능하다. 그들을 물리칠 수 있는 유일한 길은 성령의 검인 하나님의 말씀으로 대적하는 것이다. 세상의 철학과 사고방식과 풍조를 이기는 길은 오직 하나님의 말씀이기에 하나님의 말씀을 우리의 삶의 기준으로 삼아야 한다. 우리가 하나님의 말씀으로 철저히 무장되기 위해서는 날마다 말씀을 열심히 읽고 공부하고 묵상하고 암송해 부지런히 적용하는 삶을 살아야 한다.

⑦ **기도와 간구**(엡 6:18[10]): 마귀의 세력들과의 영적전쟁에서 승리하는 가장 강력한 무장은 기도다. 에베소서 6:10-17에서 성경은 영적전쟁 시에 우리가 무장해야 할 하나님의 전신 갑주에 대해 말씀한 후, 곧이어 18절에서 기도에 대해 말씀한다. 헬라어 원문 성경을 보면 17절과 18절은 콤마로 서로 연결되는 문장으로 돼 있다. 영적으로 무장하고 있는 하나님의 전신 갑주가 놀라운 효력을 발휘하기 위해서

---

[10] "모든 기도와 간구를 하되 항상 성령 안에서 기도하고 이를 위하여 깨어 구하기를 항상 힘쓰며 여러 성도를 위하여 구하라"(엡 6:18).

는 반드시 기도가 필요하다. 그래서 성경은 사탄의 간계를 능히 대적하기 위해 하나님의 전신 갑주로 무장하라고 말씀하면서 결론 부분에서 그처럼 기도와 간구를 강조하고 있는 것이다.

2. 성경적 내적치유와 영적전쟁, 영적치유

1) 성경적 내적치유에 있어서 영적전쟁과 영적치유의 필요성

성경적 내적치유는 하나님께서 대적의 영향을 깨뜨리기 위해 우리에게 주신 중요한 전략이며, 사탄의 세력들에 의해 포로 된 자들에게 자유를 주시고자 하시는 예수님의 사역에 동참하는 것이다.[11] 성경적 내적치유는 사람들을 억누르고 악영향을 끼치려는 귀신들의 궤계와 책략을 강력하게 무너뜨린다.[12] 왜냐하면, 성경적 내적치유는 귀신들이 사람들에게 악한 영향력을 끼치거나 사람들 속으로 침투할 수 있도록 만드는 출입구와 발판을 제거하기 때문이다.

귀신들이 출입구와 발판으로 삼는 것은 사람들의 삶 가운데 고백되지 않은 죄나 우상 숭배와 사교, 마술에 개입했던 경험, 혹은 과거에 받은 학대나 감정적 상처와 쓴 뿌리 등이다.[13]

---

[11] 마이크 플린, 더그 그레그, 『내적치유와 영적 성숙』(Inner Healing: A Handbook for Helping Yourself & Others), 오정현 역 (서울: IVP, 1996), 223.
[12] 플린 외, 『내적치유와 영적 성숙』, 219.
[13] 플린 외, 『내적치유와 영적 성숙』.

내적치유 기도를 하다 보면 때때로 귀신이 그 사람의 삶 가운데 고백되지 않은 죄나 우상 숭배와 사교, 마술에 개입했던 경험, 혹은 과거에 받은 학대나 감정적 상처와 쓴 뿌리 등을 발판으로 해서 그를 사로잡고 있는 것을 발견하게 된다. 그러므로 성경적 내적치유를 하다 보면 필연적으로 영적전쟁을 할 수밖에 없다. 내적치유와 영적치유는 서로 밀접하게 연결돼 있고, 또 내적치유와 영적치유는 육체적인 치유와도 밀접한 관련이 있다.

프란시스 맥너트(Francis MacNutt)는 『치유』(Healing, 1995)에서 우리를 괴롭히는 병을 세 가지로 설명한다. '영적인 병'은 개인적인 죄로부터 오는 것으로 회개 기도가 필요하다. '감정의 병'은 과거의 감정적 상처로부터 오는 것으로 내적치유 기도와 영적 상담을 통해 효과적으로 다뤄질 수 있다. '육체의 병'은 질병, 사고, 감정적 스트레스로부터 오는 것으로 의료적인 치료뿐 아니라 육신적치유를 위한 기도를 통해 다뤄질 수 있다. 이 병들은 서로 영향을 끼치며 연결돼 있고 마귀의 억압으로 더 심해질 수 있기 때문에, 때로는 축사(逐邪)를 위한 기도가 필요한 경우도 있다.[14]

2) 영적전쟁

교회와 그리스도인들의 영적 현주소는 본질상 그리스도와 연합돼 거듭난 존재들이고, 하나님 나라의 백성들이며, 또한 그리스도의 제자들이다. 그러므로 그리스도께서 직면하셨던 것처럼 사탄과 사탄의 왕국의 세력들

---

14   플린 외, 『내적치유와 영적 성숙』, 224-225에서 인용.

과 조우할 수밖에 없다.[15] 우리는 그리스도의 몸이며 하나님의 백성이라는 역할뿐만 아니라 우리의 내면적인 악인 육욕(肉慾)과 사회적인 악인 세상, 그리고 초자연적인 악인 사탄의 세력들과 계속 싸워야 하는 하나님 나라의 영적 군사로서의 역할도 함께 담당하고 있다.[16]

우리가 이 세상을 살아가려면 필연적으로 우리의 대적인 사탄의 세력들과 영적인 싸움을 해야만 한다(엡 6:12[17]; 계 12:7-12). 영적전쟁은 그리스도인으로서 선택 사항이 아니라 필수 사항이다. 영적전쟁에서 사탄의 세력들은 결코 공격의 고삐를 늦추지 않기에 우리는 늘 깨어 경성해서 자신과 공동체를 지켜야 한다.

우리가 싸우는 악은 비인격적인 존재가 아니라 인격을 가진 사탄의 왕국을 구성하고 있는 초자연적인 존재들이다. 우리의 구주와 주님이시며, 하나님 나라의 군대의 총사령관이신 예수 그리스도는 우리가 십자가의 용맹스러운 군사가 되기를 요구하신다. 우리는 하나님이 주신 영적전쟁의 무기와 하나님의 전신 갑주로 철저히 무장해서 사탄의 세력들과 싸워 승리해야 한다. 그리스도 안에서 말씀을 선포하고 기도하는 것을 통해 세상 사람들을 노예로 삼고 있는 악한 세력들에게 도전해야 한다.[18]

우리가 영적전쟁에서 승리할 수 있는 비결은 영적전쟁의 무기와 하나님의 전신 갑주로 철저히 무장하고, 늘 성령의 다스림 속에서 살아감으로 인

---

[15] 배본철, 『귀신추방: 성경적, 역사적, 성령론적 접근』(경기 용인: 기독교 학술원 킹덤북스, 2014), 171.
[16] 에드 머피, 『영적 전쟁 핸드북』(*The Handbook for Spiritual Warfare*), 노항규 역 (서울: 두란노, 1999), 머리말.
[17] "우리의 씨름은 혈과 육을 상대하는 것이 아니요 통치자들과 권세들과 이 어둠의 세상 주관자들과 하늘에 있는 악의 영들을 상대함이라"(엡 6:12).
[18] 머피, 『영적 전쟁 핸드북』, 머리말.

해 주 안에서와 그 힘의 능력으로 강건한 삶을 사는 것이다(엡 6:10).

3) 견고한 진(Stronghold, 요새)[19]

사탄의 세력들이 우리 인생에 들어와 우리를 억압하고 파멸시키려고 할 때 사용하는 기본 전술은 '견고한 진'들을 통해 공격하는 것이다. 견고한 진은 강력하게 요새화된 곳으로서 사탄의 세력들이 강하게 역사하고 있는 곳을 의미한다. 요새는 남한산성과 같이 방어를 위해서 튼튼하게 세워진 견고한 성을 말한다. 성경에서 이 단어는 긍정적인 의미와 부정적인 의미로 사용되고 있다. 긍정적인 의미로는 하나님이 우리의 요새라고 말씀하며(시 9:9; 18:2[20]), 부정적인 의미로는 경건치 않은 '견고한 진'에 대해 말씀하신다(고후 10:3-4[21]).[22]

하나님의 은혜로 애굽에서 구원받은 이스라엘은 사십 년의 광야 생활을 마치고 여호수아의 인도로 가나안 땅을 취했지만 그 땅의 일부 지역은 그들의 통치 밖에 있었다. 어떤 견고한 진들은 아주 오랫동안, 수십 년, 심지어 수백 년간 적들의 수중에 있었다. 여부스(예루살렘) 성은 다윗 왕이 정복할 때까지 200년간 이스라엘의 수중에 들어오지 않았다(수 15:63; 삿 1:21; 대상 11:4-7).

---

[19] '견고한 진'에 대한 자세한 설명은 모어, 『주의 말씀, 내 기도가 되어』를 참고하라.
[20] "여호와는 나의 반석이시요 나의 요새시오"(시 18:2).
[21] "우리의 싸우는 무기는 육신에 속한 것이 아니요 오직 어떤 견고한 진도 무너뜨리는 하나님의 능력이라 모든 이론을 무너뜨리며 하나님 아는 것을 대적하여 높아진 것을 다 무너뜨리고 모든 생각을 사로잡아 그리스도에게 복종하게 하니"(고후 10:4-5).
[22] 짐 에글리, 『내적치유 수양회(리더용)』(Encounter God), 한국터치본부 역 (경기 성남: NCD[엔시디], 2003), 11-12.

마찬가지로 우리가 예수 그리스도를 구주와 주님으로 믿고 영접해 우리의 삶을 주인 되신 그리스도께 다 드렸다고는 하지만 우리 삶에서 어떤 영역들은 여전히 그리스도의 '통치와 다스림 밖에' 있을 수 있다.[23] 예를 들면 분노, 정욕, 탐욕, 두려움, 원한, 용서 못 함 등이다. 사탄의 세력들은 이 영역을 침략의 거점(교두보)으로 사용한다. 그러므로 '견고한 진'이란 우리 삶 속에 사탄의 세력들이 들어올 수 있는 출입구나 발판 역할을 한다.[24]

성경은 분노, 용서 못 함, 쓴 뿌리, 죄악 된 생각과 사고방식이 사탄의 세력들이 들어올 수 있는 구실로 작용하는 출입구나 발판이 돼 큰 문제를 일으키게 만들 수 있다고 하신다.

① **분노**[25](엡 4:26-27)

> 분을 내어도 죄를 짓지 말며 해가 지도록 분을 품지 말고 마귀에게 틈[26]을 주지 말라(엡 4:26-27).

---

[23] 에글리, 『내적치유 수양회 (리더용)』, 12; 찰스 H. 크래프트, 『사악한 영을 대적하라』(*Defeating Dark Angels*), 윤수인 역 (서울: 은성, 2006), 29-30; 로저 K. 버포드, 『귀신들림과 상담』(*Counselling And the Demon*), 기독교 상담 시리즈 3, 오성춘 역 (서울: 두란노, 2007), 203 참조.
[24] 에글리, 『내적치유 치유 수양회 (리더용)』, 12; 배본철, 『귀신추방』, 96.
[25] 머피, 『영적 전쟁 핸드북』, 837, 843-845; 배본철, 『귀신추방』, 96; 크래프트, 『사악한 영을 대적하라』, 93-94.
[26] 스트롱의 신약 헬라어 사전에 의하면 틈('토포스')은 거주 장소나 점유 장소를 의미한다. *Strong's Greek Dictionary of the New Testament*, paragraph 1. https://accordance.bible/link/read/Greek_Strong's#5041
미국 탈봇신학교(Talbot Theological Seminary)의 클린턴 아놀드(Clinton Arnold) 교수는 '토포스'는 어떤 주거 공간(inhabited space)나 주거 공간에 들어갈 수 있는 발판(foothold)

② **용서 못 함**[27](엡 4:31-32): 예수님은 '만 달란트 빚진 자의 비유'를 통해 우리가 다른 사람들을 용서하지 않으면 우리 자신을 감옥에 가두게 되고, 빚을 다 갚을 때까지(용서할 때까지) 거기서 옥졸들로부터 말할 수 없는 괴롭힘과 고통을 당할 것이라고 경고하셨다(마 18:34). 이렇게 용서하지 않을 때 옥졸들인 사탄의 세력들이 권세를 잡고 영적·정신적·육체적 고통을 마음껏 가하면서 우리를 파멸의 길로 끌고 가게 된다. 우리가 감옥에 갇혀서 옥졸들로부터 심한 고통을 당하게 될 때 불면증, 분노장애나 공황 장애, 우울증 등으로 우울하고 무기력한 삶을 살게 된다.

또 진정한 평안과 만족을 누릴 수 없다. 용서하기 전까지는 감옥에서 빠져나갈 길을 찾을 수 없고, 옥졸들의 계략에 넘어가 고문을 당하면서 파괴적이고 절망적인 인생을 살게 된다.[28]

을 의미한다고 설명한다. Clinton Arnold, *3 Critical Questions about Spiritual Warfare* (Grand Rapids: Baker Books, 1997), 88-89. 영어 성경(NIV)도 "틈을 주지 말라"를 "발판을 주지 말라"(do not give the devil a foothold)라고 번역한다. 이처럼 "마귀에게 틈을 주지 말라"라는 것은 "마귀에게 거주(점유) 장소를 주지 말라," 또는 "마귀에게 거주(점유) 장소에 들어갈 수 있는 발판을 주지 말라"라는 의미다. 그러기에 죄악 된 분노는 마귀가 우리 속에 들어와서 점유(거주)할 수 있는 발판(출입구)이 될 수 있고 빌미를 줄 수 있는 위험한 일이다.

27 크리스티 김, 『인생의 응어리를 풀라』, 15-77; 머피, 『영적 전쟁 핸드북』, 837, 843-845; 버포드, 『귀신들림과 상담』, 167; 리치필드, 『하나님께 바로서기』, 168; 크래프트, 『두 시간의 내적치유 기적』, 123-126; 닐 앤더슨, 『이제 자유입니다』(*The Bondage Breaker*), 유화자 역 (서울: 죠이선교회, 2004), 213; 잭 윈터, 『아버지의 집으로』(*The Homecoming*), 오대원 역 (서울: 예수전도단, 1998), 142; 에글리, 『내적치유 수양회(리더용)』, 56.

28 빈스 머카단테, 『이해할 수 없는 은혜: 우리가 알지 못하는 하나님의 은혜에 대한 솔직한 이야기』(*The Offense of Grace*), 유정희 역 (서울: 예수전도단, 2009), 183-186.

찰스 스윈돌(Charles R. Swindoll)은 『영적 성숙』(Growing Strong in the Seasons of Life)에서 용서하지 못함의 위험성을 이렇게 지적한다.

> (용서하지 못하고) 원한의 쓴 뿌리를 키우면서 동시에 그것을 숨기기란 불가능하다. 쓴 뿌리는 쓴 열매를 낳기 마련이다. 당신은 그것을 숨기고 … 더불어 살아가며 쓴웃음을 지으면서 견디어낼 수 있으리라 생각할지 모르지만 그럴 수는 없다. 천천히 그리고 무자비하게 용서치 않음의 날카롭고도 예리한 칼끝이 결국은 드러나 표면화될 것이다.[29]

필자가 인도했던 '성경적 내적치유 세미나'에 몇 년 동안 참석했던 분이 있었다. 그는 사기를 당해 거액의 금전적인 손해를 입었을 뿐 아니라 사기를 친 지인이 계속 거짓말을 하며 자신을 속였기에 마음에 큰 상처를 받아 지인을 용서하지 못하고 계속 미움과 원망의 마음을 품고 있었다. 그는 몇 년 동안 성경적 내적치유 세미나에 참석해 기도회 시간에 기도할 때마다 귀신이 드러나서 괴로움과 고통을 당했지만 귀신은 나가지를 않았다. 그럴 때마다 필자는 그에게 상처를 준 그 지인을 주님의 이름으로 용서하라고 계속 권면했지만 용서하지 못했었다. 그분은 그 후 몇 년 동안 계속 그 문제로 씨름하다가 결국 용서하게 됐고, 그래서 영적 속박으로부터도 자유롭게 됐다. 이렇게 용서하지 못하고 계속 미움과 원망의 마음을 품고 있으면 귀신이

---

[29] 잰 프랭크, 『소망의 문: 성적 학대로부터의 치유와 회복』(Door of Hope), 박성호 역 (서울: 진흥, 2001), 176-177에서 인용.

역사할 수 있는 발판이 될 수 있다.

③ **쓴 뿌리**(히 12:15)

④ **죄악 된 생각과 사고방식**[30](고후 10:4-5): 이것은 악한 영들의 가장 주요한 침입 통로다. 그리스도인과 마귀의 세력들과의 싸움에서 가장 크고 주된 전쟁터는 생각이다.[31] 가룟 유다가 예수님을 은 30에 판 것은 전적인 그의 책임이지만 그 배후에 마귀의 강력한 미혹의 역사가 있었다. 마귀는 가룟 유다의 마음속에 예수를 팔려는 생각을 넣어 줬고,[32] 그 생각은 그의 사고 기능에 지속적으로 간여했다. 결국 가룟 유다는 그 생각을 자기 것으로 받아들임으로써 마귀가 가룟 유다의 속에 들어가[33] 그를 자기의 하수인으로 사용했던 것이다.[34]

---

[30] 김남준 목사는 죄의 지배 아래 있는 뚜렷한 징후로 죄가 특정한 악에 대해 상상력(생각)을 지배하고, 이어서 사고 기능에 지속적으로 간여할 때라고 설명한다. 이렇게 죄악 된 생각(상상력)이 우리의 사고 기능에 지속적으로 간여함으로써 구체적인 악을 불러일으키게 되는데, 그 대표적인 것이 교만과 육욕, 그리고 불신앙과 미움이라고 지적한다. 김남준, 『죄와 은혜의 지배』 (서울: 생명의말씀사, 2005), 168-177.

[31] 크리스티 김, 『인생의 응어리를 풀라』, 134-149; 모어, 『주의 말씀, 내 기도가 되어』, 14; 닐 앤더슨, 『내가 누구인지 이제 알았습니다』(*Victory over the Darkness: Realizing the Power of Your Identity in Christ*), 유화자 역 (서울: 죠이선교회, 2005), 158-170; 리치필드, 『하나님께 바로 서기』, 217; 헐, 『성령의 능력에 관한 솔직한 대화』, 326-328.

[32] "마귀가 벌써 시몬의 아들 가룟 유다의 마음에 예수를 팔려는 생각을 넣었더라"(요 13:2).
여기서 '넣었더라'로 번역된 헬라어 '베블레 코토스'는 '발로'의 완료 분사이므로 과거에 이미 이뤄진 일의 현재 남아 있는 결과나 상태에 강조점이 있다. 『옥스퍼드 원어성경대전』, 111' 요한복음 제13-21장 (서울: 제사원, 2004), 31.

[33] "조각을 받은 후 곧 사탄이 그 속에 들어간지라 이에 예수께서 유다에게 이르시되 네가 하는 일을 속히 하라 하시니"(요 13:27).

[34] "유다가 군대와 대제사장들과 바리새인들에게서 얻은 아랫사람들을 데리고 등과 횃불과 무기를 가지고 그리로 오는지라"(요 18:3).

이렇게 마귀의 세력들과의 영적전쟁은 생각에서 먼저 시작되기에 성 어거스틴은 "나는 머리 위에 새들이 날아다니는 것을 방해할 수 없다. 그러나 새들이 내 머리 위에 둥지를 트는 것은 방해할 수 있다. 하나님이 내게 주신 도덕적인 양심과 용기를 가지고 나는 이 유혹의 새들이 내 머리 위에 죄악의 둥지를 트는 것은 방해할 수 있다"[35]라고 했다.

마귀와의 영적전쟁에서 승리해 죄의 유혹을 이기기 위해서는 반드시 주님께서 우리의 생각을 다스리시도록 해야 한다.

견고한 진의 원인으로는 고백 되지 않은 죄(특히 습관적인 죄),[36] 용서하지 않는 마음, 사교(occult)나 이교(우상) 숭배, 충격적인 인생 경험들(참상) 등이다.[37]

참상(慘狀)은 어릴 때 다음과 같은 일들을 당한 경우다. 성폭행을 당함, 부모가 이혼함, 부모가 자녀를 버림(遺棄), 심한 왕따를 당함, 부모나 가족이 자살함 등이다. 이런 참상으로 인한 충격 등은 악한 영들이 침범할 수 있는 통로를 제공한다. 또한 어떤 사람이 사고로 인해 받은 충격이 가장 클 때 귀신에 들릴 위험성이 농후하다. 지진, 홍수와 같은 천재지변 및 폭동, 약탈, 집단살인, 전쟁과 같은 재난 역시 마귀가 이용할 수 있는 좋은 재료가 된다.

'견고한 진'이란 우리 내면에 자리잡은 요지부동한 어두운 부분을 말한다. 그것은 아직도 사탄의 세력이 영향력을 행사할 수 있는 내적인 상태

---

[35] 이동원, 『첫 믿음의 계승자들 이삭, 야곱, 요셉』 (서울: 나침반사, 1989), 208에서 인용.
[36] 크래프트, 『깊은 상처를 치유하시는 하나님』, 307-308.
[37] 크래프트, 『신자가 소유한 놀라운 권세』, 198-200; 에글리, 『내적치유 수양회(리더용)』, 13; 버포드, 『귀신들림과 상담』, 162-167.

로 내 삶 속에 고백되지 않는 죄들, 치유받지 못한 상처가 남아 있어서 내 삶 속에 영적인 속박을 가져오는 것이다. 부모나 부부를 통한 상처들, 사람 통한 아픔들, 은밀한 죄악들을 회개하고 정리하지 않았을 때 우리에게 보이지 않는 영적인 굉장한 압박을 준다. 쉽게 상처를 주고받고, 내적으로 잘못된 죄의식을 갖게 된다. 그래서 우리에게서 자유함과 영적 축복을 빼앗아 가기에 반드시 해결해야 한다.

영적으로 눌리는 것이 있을 때 그 근본적인 뿌리를 다루지 않은 채 그것을 없애려고 노력하는 것은 대부분 헛수고다. 우리가 맨 밑의 뿌리를 다루지 않고서 우리에게 영향을 미치는 악의 힘에 대항하는 것은 항상 무의미하다.[38]

예수님은 십자가의 죽음과 부활을 통해 이런 모든 속박에서 우리를 자유롭게 하셨다. 그러므로 우리가 더 이상 치를 대가는 없다. 우리는 이 사실을 믿음으로 받아들이고, 믿음으로 고백하고 선포하며, 날마다 삶 속에서 믿음으로 적용하며 살아야 한다. 그때 우리는 우리를 속박하고 있는 죄를 깊이 회개함으로 끊어 버리게 되고 주님의 말씀처럼 참된 자유함을 누릴 수 있다.

진리를 알지니 진리가 너희를 자유롭게 하리라(요 8:32).

미국의 어느 젊은 목회자가 분노의 문제를 가지고 있었는데, 그는 집에 조금이라도 어려운 문제가 생기면 아내에게 격노하면서 아내를 끊임없이

---

[38] 에글리,『내적치유 수양회 (리더용)』, 14.

힐책하는 습관이 있었다. 이를 위해 상담을 받았지만 아무 소용이 없었다. 그러다가 어느 날 성령의 역사하심으로 포르노에 대한 죄를 깊이 깨닫게 됐고, 그 죄를 철저히 회개한 후에 음란 비디오와 잡지를 버렸다. 그 후부터 그에게서 분노하는 일이 사라지게 됐다. 이 부분에서 사탄이 그에게 영적 압박을 주고 가정에 파탄을 일으키게 했던 것이다.[39]

4) 영적치유

습관적인 범죄나 중독적인 행위, 사교(occult)나 우상 숭배 등의 저변에는 언제나 귀신들이 만들어 놓은 함정이 있다. 그러나 자신을 하나님 앞에 솔직히 내어놓고 은혜를 사모하면서 성령의 역사를 간구하며 기도하면 하나님께서 은혜를 부어 주셔서 성령의 놀라운 역사로 진정한 회개를 하게 되고, 마음이 새롭게 돼 행동까지도 변화되게 된다.[40] 제랄드 G. 메이는 『중독과 은혜』에서 하나님의 은혜의 놀라운 능력과 강력함에 대해 이렇게 증거한다.

> 은혜는 세상에서 가장 강력한 힘이다. 은혜는 억압과 중독, 그리고 그 밖에 모든 인간의 마음의 자유를 억압하는 내적 혹은 외적 힘들을 능가할 수 있다. 은혜에 우리의 희망이 있다.[41]

---

[39] 에글리, 『내적치유 수양회(리더용)』, 14.
[40] 배본철, 『귀신추방』, 275 참조.
[41] 메이, 『중독과 은혜』, 15.

이렇게 하나님의 은혜로 진실한 회개가 이뤄지고 성령의 새롭게 하시는 역사가 나타날 때 우리는 정결해지고, 사탄의 세력들의 영적 압박과 속박은 파해지게 되며, 우리는 참된 자유를 누리게 된다.

이런 놀라운 축복을 누리지 못하게 하고 어두움의 세력들이 우리를 압박하고 속박하도록 만드는 심각한 죄악들이 있다.

(1) 습관적인 죄

모든 죄는 생각에서 시작되고, 그것이 일단 마음에 뿌리를 내리면 실제로 죄악 된 행동으로 옮겨진다.[42] 이러한 죄의 행동들이 일정 시간 계속되다 보면 쉽게 죄를 범하고 그 죄가 습관으로 발전해 가게 된다.

습관적인 죄는 사람들이 계속해서 갈등하는 영역으로 자기 스스로 통제할 수 없는 강제에 가까운 것이다. 그것의 예로는 알코올, 도박, 포르노, 간음, 금전횡령, 도벽, 마약 중독 등과 같은 것들이다. 우리가 알코올이나 마약의 영향을 받거나 반복해서 죄를 범하게 되면 바로 원수 마귀의 세력들이 자리를 차지하게 되고 우리 삶에 대해 권한을 행사하게 돼 악순환으로 발전하게 된다. 이런 습관적인 죄의 성향은 다음 세대에 악한 영향을 미칠 수 있다.[43]

3년 전에 인도네시아 수마트라 메단에서 '성경적 내적치유 세미나'를 인도할 때였다. 기도회 시간에 어느 젊은 사역자에게서 귀신이 드러났고,

---

[42] 김남준, 『거룩한 삶의 실천을 위한 마음 지킴』, 103-108; 『죄와 은혜의 지배』, 167-182.
[43] 노마 디어링, 『힐링 터치』(The Healing Touch), 박홍래 역 (서울: 서로사랑, 2003), 95-96; 앤더슨, 『내가 누구인지 알았습니다』, 161; 버포드, 『귀신들림과 상담』, 166 참조.

성령의 역사로 인해 그 귀신이 쫓겨 나갔다. 기도회가 끝난 후 그 사역자는 자기 속에 귀신이 들어온 원인을 인터넷 포르노 사이트에 자주 들어가서 포르노를 봤기 때문이라고 고백했다.

다음 해에 그곳에서 가진 '성경적 내적치유 세미나'에 그 사역자가 참석했는데, 작년 세미나에 참석해서 음란의 죄를 회개하고 성령의 역사로 인해 귀신이 나간 후부터 지금까지 인터넷 포르노 사이트에 들어가서 포르노를 본 적이 없었다고 했다.

이렇게 습관적인 죄는 귀신이 우리 속에 들어올 수 있도록 영적으로 속박하는 심각한 죄이기에 습관적인 죄에 빠지지 않도록 정말 조심해야 한다. 그리고 그런 습관적인 죄에 빠져 있다면 우리의 죄를 철저히 회개해 용서를 받고, 또 영적인 속박이 있다면 성령의 역사하심으로 자유롭게 되기를 간구해야 한다.

(2) 신접함, 사교(邪敎), 우상 숭배

신접함은 하나님이 아닌 다른 것들을 통해 지식과 힘을 얻으려고 하는 것이다. 이렇게 하나님의 인도함을 구하지 않고 다른 것들로부터 인도함을 구하는 것은 하나님의 주권과 거룩함을 대적하고 모욕하는 심각한 죄악이다(레 20:6; 신 18:10-13). 모든 형태의 신접함은 사탄의 세력들이 좋아하는 무기 중 하나로서 사람들에게 영적인 혼돈과 혼란을 가져다준다. 이러한 혼돈은 우리가 기도하고 성경을 이해하고 하나님의 말씀을 듣는 것을 방해한다.[44]

---

[44] 디어링, 『힐링 터치』, 96, 186-189.

제7장 성경적 내적치유가 이뤄지기 위한 과정 ③   253

신접함에는 다음과 같은 것들이 있다. 주술적인 행동, 심령술, 부적이나 액막이, 사탄 숭배, 점(점술), 손금, 사주, 관상, 정월 보름에 달을 보고 소원 빌기 및 쥐불놀이, 새해 첫날 떠오르는 태양을 보고 소원 빌기, 카드 점(타로 카드 점, 르노르망 카드 점), 오늘의 운세 보기, 궁합 보기, 초능력, 텔레파시, 최면술, 초혼(招魂, 죽은 영혼을 불러오는 것), 강신술(降神術), 점성술, 마술(마법),[45] 흑색 마술(Black Magic),[46] 영매(靈媒), 복술(점쟁이), 탁자를 떠오르게 하는 것, 공중 부양, 영서(靈書), 전생 체험, 저승으로의 여행, 심령 여행, 마인드 컨트롤(Mind Control), 사령(死靈) 카페,[47] 풍수지리, 미래 예언, 단전호흡, 단(丹) 월

---

[45] 성결대학교 신학대학 배본철 교수는 마술의 위험성에 대해 다음과 같이 설명한다. "마술의 기원은 고대 이집트나 페르시아에서 종교 사제들에 의해 행해진 제의적(祭儀的) 기술에 연유하고, 중세 시대 때도 역시 초자연적인 주술이나 오컬트(occult)와 연계돼 있었다. 마술은 그 근본적인 성격상 사람들의 인지력과 감각 작용의 약점을 이용해 속임수를 통해 신기한 일이 발생한 듯이 느끼게 하기에 사람들에게 심리적 혼란을 일으키게 할 수 있다. 마술이 선한 동기와 목적으로 행해질 때, 단지 사람들에게 즐거움을 줄 목적으로 행해질 때는 악하다고 말할 수는 없을 것이다. 최근에 기독교계에서 '가스펠 매직'(gospel magic)이라든지 기독교 마술이라는 것을 통해 복음을 전하고 기독교적 가치관을 표현하는 사례들이 있다. 그런 특별한 경우에는 마술을 통해 좋은 결과를 기대할 수 있다. 그러나 마술이 갖고 있는 고유한 특성상 그것은 언제든지 사람의 마음을 교란시킬 수 있고, 또 악용될 경우에는 사람들의 마음뿐만 아니라 물리적이거나 육체적인 영역에 있어서도 특정한 사람들을 구속할 수 있기 때문에 깊이 유의해야 한다." 배본철, 『귀신추방』, 107-108.
대한예수교장로회(통합)는 제102회 총회(2017년)에서 마술은 인간의 눈속임을 통한 감탄과 재미 유발에 불과하기에 '사용 금지'를 결의했다.

[46] 흑색 마술은 어떤 보이지 않는 영이나 보이지 않는 어떤 영향력에서 능력을 받고자 하는 악한 목표를 지니고 행하는 마술이기에 귀신들의 악한 영향을 깊이 받게 되고, 보통 초자연적인 기적 현상과 육체적치유의 능력을 나타낸다. 흑색 마술은 일반적으로 마귀의 세력과의 특정한 계약을 동반하며, 주문에 의해 마귀의 세력을 불러들이기도 한다. 배본철, 『귀신 추방』, 108; 마틴 로이드 존스, 『귀신들림, 점술, 강신술』(Not Against Flesh and Blood), 김헌군 역 (서울: 꿈지기, 2006), 56-59.

[47] 사령(死靈) 카페는 죽은 사람의 영혼에 대한 정보를 나누고 또 실제로 영혼을 부르는 방법이나 그 경험 등을 공유하는 인터넷 모임을 말한다. 배본철, 『귀신 추방』, 105-106.

드(단학, 뇌 호흡, 명상, 기체조), 선(禪), 요가, 초월 명상(Transcendental Meditation), 뉴에이지 운동,[48] 기 수련, 심령 치료, 무당, 미신, 공포 영화, 사교(邪敎)에 근거를 둔 컴퓨터 게임 등을 모두 포함한다.[49]

몇 년 전에 필자가 목회하는 교회에서 청년들을 대상으로 성경적 내적치유 수련회를 열었다. 그런데 저녁 식사 후 찬양 시간에 모두가 함께 뜨겁게 주님을 찬양하는데 갑자기 어느 형제에게서 귀신이 강하게 드러났다.

그 모습을 본 모든 청년과 청년 교사, 그리고 섬기는 분은 그 형제의 고통당하는 모습을 보고는 너무나 안타까워서 함께 애타게 주님의 이름을 부르면서 주님께서 그 형제를 귀신들로부터 자유롭게 해 주시기를 간절히 기도하기 시작했다. 그리고 한참 동안 그렇게 모두가 합심해서 간절히 기도하는 가운데 그 형제를 괴롭히던 귀신은 형제에게서 떠나갔다. 지금 그 형제는 귀신에게 얽매어서 더 이상 고통을 당하지 않고 자유롭게 하신 주님 안에서 평안함과 자유함을 누리면서 살고 있다.

---

[48] 뉴에이지 운동에 대해서는 머피, 『영적 전쟁 핸드북』, 951-967을 보라.
[49] 존스, 『귀신들림, 점술, 강신술』, 50-106; 마틴 로이드 존스, 『로이드 존스의 의학과 치유』(*Healing and Medicine*), 정득실 역 (서울: 생명의말씀사, 2003), 174-175; 크리스티 김, 『인생의 응어리를 풀라』, 157-162; 배본철, 『귀신추방』, 104-110, 114-116; 디어링, 『힐링 터치』, 194-197; 버포드, 『귀신들림과 상담』, 127, 162-165; 앤더슨, 『이제 자유입니다』, 126-138; 찰스 크래프트, 『깊은 상처를 치유하시는 하나님』(*Deep Wounds Deep Healing: Discovering the Vital Link between Spiritual Warfare and Inner Healing*), 이윤호 역 (서울: 은성, 2003), 304-306; 메릴 F. 엉거, 『성도를 향한 귀신들의 도전』(*What Demons Can Do to Saints*), 정학봉 역 (서울: 요단출판사, 1993), 207-226, 233-260; 짐 에글리, 『내적치유 수양회(학생용)』(*Encounter God*), 한국터치본부 역 (경기 수정: NCD, 2003), 내적치유 점검표(2); 안점식, 『세계관을 분별하라: 성경적 종교신학, 선교변증론』 (서울: 죠이선교회, 2017), 209-220, 251-257, 277-328, 355-360, 367-393 참조.

그런데 그 형제는 악한 귀신이 들어온 계기를 설명하면서 자신이 어릴 때 무서운 공포 영화를 보곤 했었는데, 그때 귀신이 들어왔다고 했다.

헤비메탈 록 음악, 에이시드, 펑크 등의 부도덕하고 파괴적인 음악이나 음악 그룹들 가운데 많은 그룹이 귀신적이며 밀교 의식을 행하고 있다.[50]

우상 숭배[51]에는 사당설치, 제사, 푸닥거리, 액막, 굿, 치성(致誠) 드림(정화수), 서낭당, 불상 앞에 절하기, 시주, 독경(讀經) 듣기, 찬불가 부르기, 소금 뿌리기, 음식 놓아두기 등이 포함된다.

필자가 목회하는 교회에 새신자인 자매가 등록했다. 그 자매가 등록한 지 얼마 되지 않아 상담을 요청해서 만났는데, 자기 안에 귀신이 있어서 너무 힘들다는 하소연을 했다. 얼마나 귀신이 자기를 괴롭히고 힘들게 하는지 그 귀신에게 끌려가지 않기 위해 이를 악물고 필사적으로 싸우면서 그 귀신을 쫓아내기 위해 이 기도원, 저 기도원을 다니면서 이 사람, 저 사람에게 기도를 받는다고 했다.

그 자매에게 그렇게 하면 오히려 영적으로 더 혼란스러워지고 더 힘들어질 수 있기에 그렇게 하지 말고 교회에서 말씀으로 양육을 받고, 기도 모임에도 열심히 참석해 기도하고, 성경적 내적치유 수련회에 참석해 은혜도

---

50 머피, 『영적 전쟁 핸드북』, 853-854. 에드 머피 박사는 딸 캐롤린이 무심코 비술(秘術) 단체(occult)와 관계하면서 헤비 록과 초월 명상을 즐김으로 귀신이 들린 사건(demonization)을 고백했다. 그는 '귀신들림'을 '귀신에게 사로잡히는 것'(demon possession)으로 설명하지 않고 사탄이 귀신들을 시켜 그리스도인이나 비그리스도인의 삶의 한 부분, 또는 여러 부분을 직접 지배한다는 뜻으로 설명한다. 머피, 『영적 전쟁 핸드북』, 17-23. 로이드 존스 목사는 "기독교인들도 이면 환경 속에서 악한 세력들에게 마음의 문을 연다면 귀신들릴 수가 있다"라고 주장한다. 존스, 『로이드 존스의 의학과 치유』, 175.
51 머피, 『영적 전쟁 핸드북』, 316-37; 안점식, 『세계관을 분별하라』, 329-335, 337-343, 345-353, 361-366, 405-415.

받도록 권면했다. 그리고 너무 힘들 때는 찾아와서 기도도 받도록 했다. 그 자매는 자기에게 귀신이 들어오게 된 경위를 다음과 같이 설명했다.

몇 년 전에 친한 친구가 바닷가에 놀러 가자고 해서 함께 갔다고 한다. 그런데 나중에 알고 보니 친구와 둘만 가는 여행이 아니라 그 친구의 친구도 함께 가는 세 사람의 여행이었다. 그런데 그 친구의 친구는 무당이었고, 그 무당이 바닷가에 간 목적은 굿을 해서 신내림을 강하게 받아 영험 있는 무당이 되는 것이었다. 그 무당이 말하기를 아침에 해변에서 해가 떠오를 때 떠오르는 해를 바라보면서 굿을 하면 신내림이 강하게 임해서 영험한 무당이 된다고 했다는 것이다. 그 자매는 바닷가에서 아침에 해가 떠오를 때 그 친구의 친구인 무당이 굿을 하는 것을 옆에서 지켜봤는데, 바로 그때 귀신이 들어왔다는 고백을 했다.

이렇게 굿을 하는 것과 같은 우상 숭배는 사람들을 영적으로 위험한 상태에 빠뜨리기에 정말 조심해야 한다.

사교(혹은 이단)에는 불교, 원불교, 라마 불교, 이슬람교, 힌두교, 신도(神道), 안식교(Seventh Day Adventists, 제칠일안식일예수재림교회), 몰몬교(The Church of Jesus Christ of Latter-day Saints, 예수그리스도후기성도교회 혹은 말일성도예수그리스도교회), 여호와의 증인, 통일교, 박태선교(전도관, 천부교), 하나님의 교회 세계선교협회(안상홍 증인회, 장길자), 신천지(장막성전, 이만희), 권신찬-유병언 구원파(기독교복음침례회), 이요한(이복칠) 구원파(대한예수교침례회, 생명의말씀선교회, 서울중앙교회), 박옥수 구원파(기쁜소식선교회, 기쁜소식OO교회), 지방교회(Local Church, 워치만 니[Watchman Nee], 위트니스 리[Witness Lee], 한국복음서원), JMS(정명석, 애천교회), 성락침례교회(김기동), 다미선교회(이장림), 한국예루살렘교회(이초석), 만민중앙교회(이재록), 세계일가공회(世界一家公會, 양도천), 종교다원주의, 프리메이슨단(Freemasonry), 크리스천 사이언스(Christian Science), 사이언톨로지(Scientology), 장미십자회, 대종교, 천도교, 증산도가, 대순진리회 등이 있다.[52]

성경적 내적치유 수련회를 인도하다 보면 제사를 극성맞게 행하는 집안에서 성장했기에 어릴 때부터 제사 자리에 열심히 참석한 사람들에게서도 귀신이 많이 드러나는 것을 볼 수 있다. 이런 모습은 하나님이 미워하시고 싫어하시는 우상 숭배가 얼마나 사탄이 우리 삶 속에 들어오도록 역사하는 중요한 수단으로 사용되는지를 잘 보여 준다.

신접함과 사교와 우상 숭배는 원수 마귀의 세력들이 우리의 삶으로 들어오는데 사용하는 중요한 수단 중 하나며, 그 어느 것보다도 마귀의 견고한 진이 된다. 그러므로 신접함은 진심에서뿐만 아니라 호기심에서 단지 재미로 했을지라도 반드시 참여했던 모든 것들을 철저히 회개해야 한다.[53]

(3) 거룩하지 못한 연합인 성적인 죄

성적인 접촉으로 인해 거룩하지 못한 연합이 이뤄질 때 단순히 육체적인 연합만 이뤄지는 것이 아니다. 성적인 접촉은 심각한 영적인 연결 고리를 만들기에 사람들을 영적으로 묶어 둔다. 그리고 이런 영적인 묶임은 귀

---

[52] 배본철,『귀신추방』, 126-157; 크래프트,『사악한 영을 대적하라』, 167; 찰스 H. 크래프트, 돔 화이트, 에느 머피 외,『영적 전투에서 승리하라』(Behind Enemy Lines: An Advanced Guide to Spirit Warfare), 상미숙 역 (서울: 은성, 2004), 114-115; 에글리,『내적치유 수양회(학생용)』, 내적치유 점검표(2); 마틴 로이드 존스,『영적 투쟁: 에베소서 강해 ⑦』(The Christian Warfare: An Exposition of Ephesian 6 : 10 to 13) (서울: CLC, 2002), 155-207 참조.

[53] 디어링,『힐링 터치』, 192-194; 머피,『영적 전쟁 핸드북』, 328.

신들이 한 개인의 삶에 개입할 수 있는 중요한 통로가 되기도 한다.[54]

베스 모어는 『주의 말씀, 내 기도가 되어』와 『넘어짐의 은혜』에서 성적인 유혹이 사탄이 사용하는 가장 강력한 무기가 되는 중요한 이유를 다음과 같이 설명한다.[55]

사탄은 깨끗한 인간이 자신을 더러운 존재로 여기게 만들어서 그들이 더럽게 행동하도록 만든다. 물론 모든 유혹 거리가 성적인 부분에만 국한되는 것은 아니다. 사탄의 유혹은 다양한 모습으로 나타날 수 있다. 돈과 명예, 권력과 지위, 거짓 교리, 육체의 정욕을 일으키는 모든 것이 다 유혹 거리다. 그렇지만 성적 유혹만큼 깨끗한 사람을 유혹해서 더러운 생각을 갖게 하고 더러운 감정을 품게 하며 더러운 행동을 하게 만들어, 사탄의 목표를 잘 이루게 하는 일은 찾아보기가 쉽지 않다.

사탄은 성적 유혹이 다른 모든 유혹보다 훨씬 더럽게 보이게 만들고 수치스럽게 만든다. 또한, 오랜 기간 그 효과가 지속되도록 역사하면서 부추긴다. 성적 범죄는 사탄의 목표를 성취하는 가장 완벽한 방법이다. 오늘날 사탄은 불신자들은 물론이고 심지어 많은 그리스도인과 지도자를 성적으로 유혹함으로써 크게 성공을 거두고 있다.[56]

---

[54] 디어링, 『힐링 터치』, 205; 버포드, 『귀신들림과 상담』, 165-166; 모어, 『주의 말씀, 내 기도가 되어』, 212-213; 에글리, 『내적치유 수양회(학생용)』, 50, 52; 크래프트, 『신자가 소유한 놀라운 권세』, 280; 『사악한 영을 대적하라』, 94; 랄프 네이버, 『새로운 삶 시리즈 3권 실천』(The Arrival Kit: A Guide for Your Journey in the Kingdom of God), 폴정 역 (서울: NCD, 2010), 150-153.
[55] 모어, 『주의 말씀, 내 기도가 되어』, 207-227; 모어, 『넘어짐의 은혜』, 38-49.
[56] 프루븐 멘(Proven Men) 사역 기관과 바나 그룹이 미국에서 전국적으로 실시한 조사에 따르면 미국 남성의 64%는 매달 포르노를 보며 기독교인 비율도 똑같다. 매달 한 번 이상 포르노를 보는 남자를 연령대별로 보면 18-30세는 79%, 31-49세는 67%, 50-68세는 50%다. 기혼 남성의 55%, 미혼 남성의 70%가 매달 포르노를 본다. 또 여성의

그리스도의 몸이요, 그분의 신부인 교회는 역사상 그 어느 때보다 성적인 영역에서 지금 사탄의 집중적인 공격을 받고 있다. 특히 인터넷과 스마트폰의 전 세계적인 보급은 성인은 말할 것도 없고, 심지어 초등학생들에까지 성적인 유혹의 문을 활짝 열어 줬고, 그 폐해의 심각성은 가히 상상을 초월할 정도다.

이런 모습이야말로, 오늘 우리가 주님의 재림이 임박한 마지막 때를 살고 있음을 가장 명백하게 보여 주는 분명한 증거다. 주님께서는 '불법이 성행함'을 시대의 종말과 재림의 징조라고 말씀하셨고(마 24:12), 바울 사도도 '사람들이 쾌락을 사랑하기를 하나님 사랑하는 것보다 더하는' 모습이 말세의 고통받는 때의 분명한 모습임을 경고했다(딤후 3:4).

이것은 왜 사탄과 그의 세력들이 오늘날 그렇게 집요하고 강력하게 성적 유혹으로 사람들을, 심지어 그리스도인들과 지도자들까지 유혹하고 있는지를 분명히 보여 주고 있다. 그것은 '자기의 때가 얼마 남지 않았음'을 절실하게 깨닫고 지금 크게 분노한 상태에 있기 때문이다(계 12:12).

성적 범죄는 매우 습관적이고 중독성이 극도로 강하며[57] 그 어떤 죄보다 수치심을 가져온다. 그 결과 사탄이 오랫동안 영향력을 발휘하기에 유달

25-35%와 남성의 15-20%가 20세 이전에 성희롱을 당하는데, 그 비율은 기독교 가정도 전체 인구의 경우와 똑같다. 티머시 R. 제닝스, 『마음, 하나님 설계의 비밀』(*The God-Shaped Heart*), 윤종석 역 (서울: CUP, 2019), 19-20에서 인용.

스티브 갤러허(Steve Gallagher)는 '인터넷 포르노로 황폐화된 세상'이라는 글에서 "(미국의) 포르노에 빠진 비신자들의 비율이나 그리스도인들의 비율에 거의 차이가 없다. 목회자들과 평신도 사역자들을 대상으로 『리더십 매거진』이 조사한 결과에 따르면, 그중 62%가 정기적으로 포르노를 본다"라고 지적한다. 모어, 『넘어짐의 은혜』, 44에서 인용.

[57] 머피, 『영적 전쟁 핸드북』, 255-256.

리 끔찍한 결과를 초래한다.

열린교회 김남준 목사는 『거룩한 삶의 은밀한 대적, 자기 자랑』이라는 책에서 자기 자랑의 죄는 간음죄와 아주 유사하다고 하면서 성적인 죄악의 위험성을 이렇게 설명하고 있다.

> 간음죄는 거기에 마음을 집중하게 되면 오직 그것 하나가 전부인 양 마음을 집중하게 하는 힘이 있습니다. 그 덫에 걸리게 되면 사람들은 신앙의 깊이와는 상관없이 쉽게 넘어집니다. 청교도 존 오웬(John Owen)도 '간음의 죄가 인간에게 가장 강력하고 무서운 힘을 가진 죄'라고 말했습니다. 죄악이 가져올 결과는 너무나 뻔하고 그것이 드러나게 됐을 때 나타나게 될 무서운 파괴력은 어마어마합니다. 이처럼 치명적인 결과가 예상됨에도 불구하고 사람들이 그런 죄를 짓게 되는 이유는 그 죄가 가지고 있는 강한 흡입력 때문입니다. 여름밤에 날아다니는 나방을 생각해 보십시오. 불을 향해 맹렬히 날아들어 타 죽습니다. 앞서 죽은 동료의 타는 냄새에도 아랑곳하지 않고 날아듭니다. 뜨거워서 도망갔다가도 다시 돌아와 결국 그 불에 뛰어들어 죽는 것입니다. 간음의 죄는 나방에게 있어 불빛과 같아서 강력한 힘으로 인간을 빨아들입니다.[58]

사탄은 우리의 성적인 부분을 공격하는 것이 우리를 타락하게 만들고 우리의 자아상을 손상시키는 가장 좋은 방법이라는 것을 발견했다. 고린도전서 6:18-20은 그 이유를 이렇게 설명한다.

---

[58] 김남준, 『거룩한 삶의 은밀한 대적 2, 자기자랑』(서울: 생명의말씀사, 2006), 45-46.

음행을 피하라 사람이 범하는 죄마다 몸 밖에 있거니와 음행하는 자는 자기 몸에 죄를 범하느니라 너희 몸은 너희가 하나님께로부터 받은 바 너희 가운데 계신 성령의 전인 줄을 알지 못하느냐 너희는 너희 자신의 것이 아니라 값으로 산 것이 되었으니 그런즉 너희 몸으로 하나님께 영광을 돌리라 (고전 6:18-20).

성적인 묶임, 즉 견고한 성적 요새가 강력한 지배력을 행사하면서 사탄적인 영향을 그토록 강하게 미치는 이유가 있다.[59] 하나님은 남편과 아내와의 관계가 그리스도와 교회와의 관계의 '모형'이라고 말씀하신다 (엡 5:22-32). 사탄은 하나님께서 그리스도와 그분의 신부라는 '원형'을 보여 주기 위해 만드신 결혼 관계를 손상시키고 흉내내기 위해 집요하게 악하고 음흉한 방법을 사용하고 있다. 사탄은 거룩하게 하시고 정결하게 하시는 그리스도의 역사를 훼손하려고 수단, 방법을 가리지 않고 있다.

사탄은 모든 그리스도인이 더러움에서 순결함으로 '구별되었고'(set apart), 부정함에서 떠나 거룩하게 됐다는 사실을 알고 있다. 그뿐만 아니라 그리스도인들이 부르심을 따라 하나님의 거룩한 백성으로 살아갈 때, 하나님은 그들 가운데 능력 있게 이적을 행하신다는 사실도 잘 알고 있다 (수 3:5[60]). 정결함이 없으면 능력도 없기에 정결함은 무한한 능력이다.

사탄은 성적인 범죄가 가져오는 엄청난 영향력을 잘 알고 있다. 사탄은 성적인 범죄가 그리스도인의 몸에 미치는 공격력과 영향력이 얼마나 지내

---

[59] 모어, 『주의 말씀, 내 기도가 되어』, 211-215; 모어, 『넘어짐의 은혜』, 40-41.
[60] "여호수아가 또 백성에게 이르되 너희는 자신을 성결하게 하라 여호와께서 내일 너희 가운데에 기이한 일들을 행하시리라"(수 3:5).

한지 잘 안다. 그리스도의 영이 성도들의 몸인 성전에 거하시기 때문에 성도들이 성적인 죄를 범하도록 하는 것은 그리스도를 직접 공격하는 최상의 방법이다.

그 사실을 알기에 우리는 하나님의 은혜를 구하면서 승리하려고 최선을 다하는 것이다. 우리가 자신의 몸에 죄를 범하는 것은 훨씬 더 강한 내성을 지니기에 끊임없이 그 죄에 집착토록 하며, 우리가 그 죄를 '저질렀다'라는 사실보다는 우리 자신이 바로 그 더러운 죄, 그 '자체'인 것처럼 느끼게 만드는 최악의 방법이다.

이렇게 성적인 죄의 심각한 위험성이 바로 여기에 있다. 대부분 심각하게 귀신들린 성인 그리스도인들에게서 성적인 귀신들을 발견할 수 있다. 사람들이 성적으로 절뚝거리게 되면, 그들의 존재 전체가 상처를 입게 된다. 성이 타락하면 영적으로 타락하는 것을 제외한 어떤 종류의 타락보다도 해로운 결과를 초래하게 된다. 가장 파괴적인 형태의 아동 학대는 육체적인 학대가 아니라 성적으로 육체를 학대하는 것이다. 성적으로 학대하고 왜곡시키는 귀신들은 공중, 즉 모든 곳에 떠다니고 있다고 말해도 과언이 아니다. 그들은 가장 활동적이며 미묘하고 사악한 귀신들이다.[61]

우리가 다른 사람과 육체적인 관계를 갖게 되면 그것이 간음이나 간통, 동성연애든 우리는 그 사람과 감정적, 영적으로 연합하게 된다.[62] 성적인 관계를 갖는 것은 두 사람을 하나로 묶는데 그 결속은 육체적인 결속 이상의 것인 영적 결속(영적 묶임)이다(고전 6:16[63]). 따라서 어떤 사람이 이

---

[61] 머피, 『영적 전쟁 핸드북』, 845-846; 버포드, 『귀신들림과 상담』, 128 참조.
[62] 디어링, 『힐링 터치』, 20; 에글리, 『내적치유 수양회(리더용)』, 50.
[63] "너희 몸이 그리스도의 지체인 줄을 알지 못하느냐 내가 그리스도의 지체를 가지고 창

미 귀신들린 사람과 성관계를 갖는 과정에 악한 영들이 얼마든지 침입할 수 있다.

이 사실을 리처드 포스터는 『돈 섹스 권력』에서 이렇게 지적한다.

> 성교는 단순히 육체적인 것 이상이며, 심지어는 정서적 및 정신적(psyche) 이상의 어떤 것을 포함한다. 그것은 각 사람의 영혼(spirit) 깊은 곳을 어루만지며 '한 몸'이 되는 확고한 결합을 이루는 것이다. … 육체의 깊은 곳을 만진 것은 곧 영혼을 만진 것이나 다름이 없다. … (한 몸)으로서의 삶의 연합에 대한 의도 없이 맺어진 연합 행위에 빠져들었다는 것은 심령에 상처를 입힌 행위다. 이때의 상처는 종종 곪기도 하고 감염이 돼서 그 독이 영적 생활 전반에 미치게 된다.[64]

하나님께서는 성을 선하고 순결하게 지으셨다. 그것은 거룩한 결혼을 통해 부부에게 주어지는 아름다운 선물이다. 우리의 성은 마치 아름다운 강물과도 같다. 강둑 안에서 흐를 때는 아름답고 유용하고 유익한 것이지만 경계를 넘어 강둑으로 흘러넘치게 되면 모든 것을 파괴하는 홍수와도 같다.[65]

결혼은 하나님께서 정하신 것이고 그분의 결혼에 대한 계획은 분명하고 특별한 것이었다. 하나님께서 남자와 여자를 지으시고 성적으로 결합

너의 지체를 만들겠느냐 결코 그럴 수 없느니라 창녀와 합하는 자는 그와 한 몸인 줄을 알지 못하느냐 일렀으되 둘이 한 육체가 된다 하셨나니"(고전 6:15-16).
64　리처드 포스터, 『돈 섹스 권력』(Money, Sex & Power), 김영호 역 (서울: 두란노, 2011), 133.
65　에글리, 『내적치유 수양회(리더용)』, 47, 50.

해 하나 되게 하신 것은 거룩하고 경건하고 성결케 하기 위한 것이었다 (창 2:24; 히 13:4; 말 2:15). 이렇게 성은 하나님께서 우리에게 허락하신 아주 귀하고 중요한 선물이지만 너무나 자주 사람들에 의해 오용되고 왜곡되고 있다. 그것은 원수 마귀가 성적인 연합의 아름다움과 그리스도인의 결혼에 대한 개념을 무너뜨리려고 많은 시간과 에너지를 쏟고 있기 때문이다.[66]

사탄은 우리의 성적인 부분에 특별히 관심을 갖는데 그가 '생명의 적'이기 때문이다. 그는 우리 안에서 생명을 만드는 부분을 가장 강력하게 공격해 그것을 파괴하고 타락시킨다. 사탄은 특히 여성들을 성적으로 학대하는 방법을 많이 사용하는데 그것은 '여인들은 생명을 낳기 때문에' 특히 여자들을 미워하는 것이다.

하나님께서 결혼을 통해 남자와 여자에게 의도하셨던 것들을 사탄의 세력들이 악한 손길로 왜곡시킨 것들이 강간, 근친상간, 성적 학대, 간음, 간통, 동성애와 같은 성적인 죄악들이다. 그리스도인은 결코 그 경계를 늦춰서는 안 된다. 우리가 잘못된 성에 대한 묘사가 범람하는 인터넷, 스마트폰, 유튜브, TV, 영화, 게임, 누드집, 책, 만화, 뮤직비디오, 음악 등의 매체에 자신을 노출하게 되면, 성에 대한 죄악 되고 타락한 생각들이 우리 마음으로 침투해 들어와서 머지않아 우리 삶의 일부가 된다. 그래서 우리의 육체는 점점 이러한 죄악 된 생각들과 유혹에 반응하게 되고, 다양한 방법으로 파괴적인 형태의 성적인 죄악에 사로잡히게 된다.[67]

---

[66] 디어링, 『힐링 터치』, 206-207.
[67] 디어링, 『힐링 터치』, 207; 크리스티 김, 『인생의 응어리를 풀라』, 154-156.

대표적인 것이 포르노인데 포르노는 하나님의 완전한 사랑으로 주어진 선물인 아름답고 거룩하고 창조적이며 신비로운 성적인 본능을 단순한 쾌락으로 여기고 돈을 벌기 위한 수단으로 여기는 것이다. 사탄은 포르노를 통해 인간의 타락한 성적 욕망을 부추겨서 우리를 묶고 속박하는 데 사용한다. 이것은 하나님의 사랑이 남편과 아내 사이에 성적인 본능으로 진실하고 거룩하게 표현되는 것을 방해하고 대적한다.[68]

또 다른 파괴적인 형태의 행동은 성도착이다. 그것은 매춘이나 간음, 원조교제, 근친상간, 성적인 학대와 동성연애 등이다. 이것들은 하나님께서 완전하고 거룩한 연합으로 계획하신 결혼에 완전히 반대되는 것들로서 분명히 죄다.

하나님께서는 결혼 관계를 그리스도와 교회의 관계에 비유하셨다(엡 5:22-32). 성경은 그리스도를 '신랑'이라고 부르시고 교회를 그의 '신부'라고 부르고 계신다(계 21:9). 이것이 하나님께서 가지고 계신 결혼에 대한 청사진이기에 우리는 그분의 관점에 대해 좀 더 많은 관심을 기울여야만 하고 하나님께서 기뻐하실 만큼 가치 있고 성숙한 결혼을 만들려고 노력해야 한다. 이미 성적인 죄를 범했다면 우리의 과거를 바꿀 수는 없지만 주님께 회개하면서 우리의 죄를 용서해 주실 것을 구하고, 또 죄로 인해 생긴 상처들을 치유해 주시고 마음을 새롭게 해 주셔서 거룩한 삶을 살도록 간구해야 한다.[69]

잘못된 성관계의 이유가 어떻든지 상관없이 사람들은 자신이 관계한 모

---

[68] 디어링, 『힐링 터치』, 207-208.
[69] 디어링, 『힐링 터치』, 208.

든 성적 파트너로부터 영적, 감정적, 정신적, 육체적으로 자유롭게 돼야만 한다. 사람들이 성적으로 결합할 때에 그 결합으로 말미암아 그들은 내적으로, 그리고 대인관계에 영향을 받는다. 결혼 전의 성적인 관계가 해결되지 않았을 경우 배우자가 그런 관계를 알든 모르든 그들의 결혼 관계는 커다란 손상을 입는다.

그러나 우리가 하나님께 나아가 진실한 마음으로 깊이 회개하면 하나님은 우리의 죄를 용서해 주신다. 그리고 묶여 있던 결합을 끊어 주시고 우리를 그러한 결합의 영향으로부터 치유해 주시고 자유롭게 해 주신다. 그러므로 우리는 회개하면서 우리의 몸과 마음과 영을 깨끗하게 해 주시고 성결케 해 주시기를 기도해야 한다.

특히 축첩(蓄妾), 간음과 근친상간, 포르노, 성도착이나 동성애와 관련된 가족력이 있다면 자신의 죄와 가족들의 죄를 철저히 회개하고 악한 영향력을 끊어 주시도록 기도하고 하나님의 긍휼을 간구해야 한다.

우리나라에서 몇 년 전부터 심각한 문제로 대두되고 있는 것이 동성애 문제다. 이제 동성애는 서구뿐만 아니라 우리나라를 비롯한 세계 여러 나라에서 인권으로 공공연하게 인정해 가는 추세고, 이런 풍조는 기독교계 안에도 예외가 아니어서 성경학자들이 출간한 많은 학술서적도 동성애에 대한 입장을 옹호하거나 용인하고 있다. 그런 추세 속에서 동성애와 동성결혼을 인정하는 교단과 교회가 갈수록 늘어 가고 있다.[70]

---

[70] 안드레아스 쾨스텐버거, 데이비드 존스, 『성경의 눈으로 본 결혼과 가정』(*God, Marriage, and Family, Second Edition*), 윤종석 역 (서울: 아바서원, 2016). 241. 동성애에 대한 성경적인 관점에 대해서는 이 책 241-269; 그레그 엘 바안슨, 『성경이 가르치는 동성애』(*Homosexuality: A Biblical View*), 최희영 역 (서울: 베다니, 2000); 침례신학연구소, 『동성애, 성경에서 답을 찾다』(대전: 침례신학대학교 출판부, 2020)을 참조하라.

그러나 동성애는 하나님의 창조 원리와 질서를 대적하는 악한 죄악임을 성경은 분명히 말씀하고 있다. 하나님께서는 첫 사람 아담과 하와를 각각 남자와 여자로 창조하신 후 짝지어 부부가 되게 하셨다. 그리고 그들을 중심으로 가정을 이루게 하셨다. 이것이 하나님의 창조 원리와 질서다(창 1:27; 2:24[71]).

바리새인들이 예수님을 시험하기 위해 이혼에 대한 질문했을 때도 예수님께서는 하나님의 창조 원리와 질서에 따라 동일한 말씀을 하셨다(마 19:4-5[72]; 막 10:6-8[73]).

이렇게 하나님께서는 동성이 아니라 이성(異性)인 남자와 여자를 각각 창조하시고 이성 사이인 그들을 짝지어 부부가 되게 하셨다. 그리고 이성인 부부를 기초로 해 가정을 세우셨다. 그러기에 동성애와 동성 결혼은 이런 하나님의 창조 원리와 질서, 또한 결혼과 부부와 가정에 대한 하나님의 분명한 뜻을 거역하고 대적하는 패역한 죄악이다.

이 사실을 사우스이스턴침례신학대학원(Southeastern Baptist Seminary)에서 신약학을 가르치는 안드레아스 쾨스텐버거(Andreas J. Köstenberger)는 이렇게 지적한다.

---

[71] "하나님이 자기 형상 곧 하나님의 형상대로 사람을 창조하시되 남자와 여자를 창조하시고 … 이러므로 남자가 부모를 떠나 그의 아내와 합하여 둘이 한 몸을 이룰지로다"(창 1:27; 2:24).

[72] "예수께서 대답하여 이르시되 사람을 지으신 이가 본래 그들을 남자와 여자로 지으시고 말씀하시기를 그러므로 사람이(남자가) 그 부모를 떠나서 아내에게 합하여 그 둘이 한 몸이 될지니라 하신 것을 읽지 못하였느냐"(마 19:4-5).

[73] "창조 때로부터 사람을 남자와 여자로 지으셨으니 이러므로 사람이 그 부모를 떠나서 그 둘이 한 몸이 될지니라 … "(막 10:6-8).

이성애(異性愛)는 하나님이 설계하신 결혼의 명백한 요소다. 창조 시에 제정된 이성애의 원리는 하나님이 설계하신 결혼의 필수 요소다. 동성 결혼이라는 개념은 동성 간 성관계를 금지한 성경의 명백한 명령에 저촉될 뿐 아니라 창조주가 설계하신 결혼에 어긋난다. 하나님이 세우신 결혼의 법칙에 명백히 드러나 있는 것은 동성애가 아니라 이성애다(창 2:24). 더욱이 부부로서 가능한 배합은 오직 그것뿐이다. 창조주가 부부들에게 "생육하고 번성하여 땅에 충만하라"라고 명령하셨고 그것을 바라시기 때문이다(창 1:28). 동성 간 성관계는 출산으로 이어질 수 없으므로 동성애는 비정상이며 논리적으로 결혼의 가능성을 내포할 수 없다. 하나님은 동물들도 "그 종류대로" 즉 종별로 암컷과 수컷을 지으셨으며 이는 명백히 번식을 위한 것이었다(창 1:21, 24, 25). 더욱이 출산은 인류가 하나님을 위해 땅을 다스리고 정복하는 대리 통치의 일면인데(창 1:27-28), 두 남자나 두 여자 사이에서는 출산이 불가능하다. 따라서 동성애는 하나님이 설계하신 결혼을 대적할 뿐 아니라 그분의 창조 질서까지 대적한다.[74]

그래서 성경은 여러 곳에서 동성애를 엄히 금하고 있다. 또 동성애는 인간이 극도의 타락과 죄악에 빠질 때 나타나는 분명한 증상이라고 엄히 경고하신다(레 18:22; 20:13; 신 23:7; 롬 1:26-27; 고전 6:9-10).

이렇게 동성애는 하나님의 창조 원리와 질서, 사랑, 그리고 결혼과 부부와 가정에 대한 하나님의 분명한 뜻을 거역하고 대적하는 패역한 죄악이기에 하나님의 무서운 심판이 임하게 된다. 하나님의 무서운 유황불 심

---

[74] 쾨스텐버거 외, 『성경의 눈으로 본 결혼과 가정』, 44-45, 242-243.

판을 당한 소돔과 고모라(창 19:1-29),[75] 사사 시대의 비극의 역사(삿 19:1-21:25)의 한가운데에 동성애가 있었다. 우상 숭배와 성적인 범죄가 만연해 결국 파멸로 끝난 이스라엘 역사에도 수많은 사람이 동성애의 죄를 범했다(왕상 14:24; 15:12; 22:46; 왕하 23:7; 욥 36:14).

성경은 그리스도의 재림이 임박할수록 성적인 범죄가 만연하며, 특히 동성애가 증가할 것을 말씀하고 있다. 주님께서는 재림에 대한 표적을 구하는 사람들에게 노아의 때와 롯의 때를 들어서(눅 17:26-30) 말씀하셨다. 노아 시대의 사람들의 특징은 창세기 6:5에 분명히 묘사돼 있다.

> 여호와께서 사람의 죄악이 세상에 가득함과 그의 마음으로 생각하는 모든 계획이 항상 악할 뿐임을 보시고(창 6:5).

롯이 살고 있었던 소돔 성에는 동성애의 죄악이 만연해 있었다(창 19:1-11). 오늘 우리 시대의 가장 두드러진 현상 가운데 하나는 온갖 종류의 성적인 범죄가 만연해 있고, 특히 동성애가 극적으로 증가하고 있다는 것이다.[76]

동성애는 우리 시대에 영혼을 노략질하는 이리인 사탄이 '인권'이라는

---

[75] 소돔과 고모라가 하나님의 유황불 심판을 받은 원인이 동성애가 아니라 이성애 집단 강간, 혹은 소홀한 손님 대접이나 기타 동성애와 무관한 죄(또는 일부 잘못된 동성애)라고 주장하는 학자들이 늘어나고 있다. 최근에 번역돼 나온 제닝스, 『마음, 하나님 설계의 비밀』, 276 283에서도 같은 주장을 한다. 이런 주장들에 대한 자세한 소개와 비판은 쾨스텐버거 외, 『성경의 눈으로 본 결혼과 가정』, 241-269; 바안슨, 『성경이 가르치는 동성애』, 40-45; 이상원, "성경이 경고하는 동성애: ① 동성 간 성애와 소돔의 멸망," 「국민일보」 미션라이프, 2020.01.09., 제36면을 참고하라.

[76] 모어, 『주의 말씀, 내 기도가 되어』, 217.

양의 탈을 쓰고 사람들, 특히 교회와 그리스도인을 미혹하는 간교하고 사악한 전략이다. 그는 세계 여러 곳에서 떠들썩하게, 그리고 미묘하게 동성애를 선전하고 있다.

이 달콤하고 교활한 선전 앞에서 교회와 그리스도인들은 갈수록 무장을 해제하고서 파멸의 길로 가는 것도 모르고 그 길을 따라가고 있다. 이보다 더 거짓과 세상 권력과 교권이 총동원되는 영적 속박도 없을 것이다. 거짓이 정말 모든 사탄의 견고한 진을 함께 묶어 놓는 접착제라면, 그것은 동성애라는 영역에서 가장 강력한 접착력을 자랑할 것이다.[77]

우리 사회는 이 거대한 사탄의 거짓말과 미혹에 완전히 속아 넘어가고 있고, 그래서 파멸의 길로 걸어가고 있다. 동성애와 동성 결혼은 하나님을 대적하는 패역한 죄악이기에 하나님의 진노와 심판이 임하는 국가적인 재앙을 초래한다. 우리는 성경을 정확무오(正確無誤)한 하나님의 말씀으로 믿으면서 우리 신앙과 생활의 유일한 법칙으로 받아들인다. 그러기에 우리는 하나님의 창조 원리와 질서를 대적하는 심각한 죄악인 동성애를 반대할 수밖에 없다.

그뿐 아니라 동성애는 우리 인간의 건강한 삶을 치명적으로 위협하고, 건강한 미래 세대를 형성하는 것을 불가능하게 만들며, 다수의 인권을 역차별하고 신앙의 자유를 박탈한다. 우리는 그런 여러 가지 이유로 동성애를 반대한다.

그렇지만 동성애자들을 증오하거나 혐오하거나 차별해서는 안 된다. 그들 역시 하나님의 형상으로 창조된 존엄한 사람들이고, 그리스도의 구속

---

[77] 모어, 『주의 말씀, 내 기도가 되어』, 218 참조.

(救贖) 은혜로 구원받아야 할 천하보다 귀한 영혼들이다. 우리가 비록 죄는 미워하지만 죄인은 사랑해야 하는 것처럼 동성애는 미워하고 반대하지만 동성애자들은 사랑하면서 그들의 구원에 힘쓰고 그들의 건강한 삶을 위한 치유와 회복에 힘써야 한다. 그럴 때 우리는 동성애에 대한 균형 잡힌 올바른 관점을 가지게 되고, 그래서 동성애는 단호하게 배격하면서도 동성애자는 주님의 사랑으로 사랑하고 섬기면서 올바른 길로 인도하게 될 것이다.

동성애는 보통 필요들이 채워지지 못한 삶의 형태와 관련이 있다. 어린 시절 필요한 사랑과 보살핌을 받지 못함으로 인해 마음에 깊은 공허함이 생겼고, 성장해 이 공허함을 거짓된 사랑인 정욕으로 채우려고 시도하는 경우들이 많이 있다.

동성애를 시작하는 많은 사람이 바로 이 사랑과 보살핌의 기본적인 갈망을 죄악 된 정욕으로 채우려고 노력한다. 또 동성애는 사랑과 보살핌으로 채워지지 않은, 필요의 역사를 갖고 있는 가족의 유전적 요소도 작용한다. 부모 자신이 전에 그러한 사랑을 받지 못했기에 그러한 사랑과 보살핌을 줄 수 없고, 또 태어나기도 전에 받은 거절당한 상처나 판단, 두려움, 상실감 등이 연관돼 있을 수도 있다.

같은 성의 부모로부터 보살핌을 받지 못할 수도 있고 감정적, 육체적, 성적인 학대가 있을 수도 있다. 이때 아이들은 엄마나 아빠의 성적인 것들과 다른 것들이 본질을 그들을 따라 함으로 배우게 된다.[78]

거룩하지 못한 연합인 성적인 죄로부터 자유롭게 되기 위해서는 죄를 고

---

[78] 모어, 『주의 말씀, 내 기도가 되어』, 211-212.

백함과 성경적 내적치유가 중요하다. 우리가 주님께 성적인 죄를 고백하고, 또 그 죄로 인한 상처와 부끄러움과 죄책감을 치유해 주시고 하나님과의 관계를 회복시켜 주시도록 기도하면 주님께서는 기꺼이 그렇게 해 주신다. 주님께서는 이 일을 위해 하나님으로부터 보내심을 받아 우리에게 오셨다.

그리스도의 거룩하고 순결한 빛이 어둡고 죄악 되고 소외된 곳에 들어와서 그분의 사랑과 용서와 평안으로 채우신다. 그래서 몸이 깨끗해지고 성결케 되는 역사가 일어날 뿐만 아니라 영혼과 심령 또한 깨끗게 되고 성결케 된다. 그런 후 우리는 전에 한 번도 경험해 보지 못한 평안함과 자유함을 누리면서 새로움과 신선함으로 하나님을 위해 살 수 있다.[79]

이렇게 성적인 죄를 용서받고 그 죄로 인해 묶여 있던 거룩하지 못한 연합이 깨질 때 우리는 자유함을 누리게 되고, 또 성경적 내적치유를 경험함으로 주님과의 새로운 교제와 대화의 통로가 열리게 돼 주님과 영적으로 친밀하게 교제하게 된다. 주님과의 영적인 친밀함은 하나님께서 우리 각자를 위해 지으신 거룩한 연합의 아름다움과 거룩함을 이해하고 그곳으로 들어갈 수 있도록 돕는다. 그래서 부부가 육체뿐만 아니라 영적, 감정적으로 새로운 하나 됨을 경험할 수 있게 된다.[80]

(4) 건강하지 못한 관계[81]

거룩하지 못한 성적 결합뿐만 아니라 성행위가 포함되지 않은 건강하

---

79 모어, 『주의 말씀, 내 기도가 되어』, 213-214.
80 모어, 『주의 말씀, 내 기도가 되어』, 215.
81 모어, 『주의 말씀, 내 기도가 되어』, 217-222; 크래프트, 『신자가 소유한 놀라운 권세』, 280-281; 네이버, 『새로운 삶 시리즈 3권 실천』, 150-153 참조.

못한 관계들도 새롭게 변화돼야 하고, 또 묶여 있는 것들이 있다면 끊어져야 한다. 이것은 영적인 묶임이나 통제나 조종으로 만들어진 건강하지 못한 관계들의 결과물이다.

어떤 사람이 다른 사람(부모를 포함)에게 지배되거나 한 사람이 다른 사람을 굉장히 존경하거나 또는 너무나 강렬한 우정 관계에 있을 때 영적인 속박이 일어날 수 있다. 그 사람이 자유를 얻으려면 다른 사람과 맺은 이러한 영적 관계를 깨뜨리고 인격적인 건강한 관계로 새롭게 변화돼야 한다. 이런 관계들은 건강하지 못한 방법으로 다른 사람들에게 묶여 있거나 통제나 조종 때문에 만들어진 것이다. 그래서 관계의 분화가 없고 경계가 없기에 여러 가지 문제를 일으킨다.

영적인 묶임은 누군가를 맹목적으로 따르거나 자신의 중요한 결정을 그들이 하도록 할 때 만들어진다. 부모나 배우자, 자녀들, 목회자, 영적 지도자, 영적 선배, 영적 동역자, 상담가, 의사, 친구 등이 우리를 위해 결정을 하도록 그들을 전적으로 의지하거나 그들이 그렇게 하길 원할 것으로 생각하는 대로 우리가 결정한다면 우리는 영적으로나 다른 것에 의해 학대를 받을 위험을 갖게 된다.

한 사람이 이렇게 다른 사람에게 질식할 정도로 묶이게 되면 건강하지 못한 부작용이 일어나게 돼 자신의 인격이나 자신감을 잃게 된다. 하나님 외에 다른 사람을 의지하거나 그 사람으로 자신의 우상이 되게 하는 것은 영적으로 매우 위험한 일이다.

이렇게 부모나 가족들이나 영적 지도자, 영적 선배, 영적 동역자를 지나치게 의존하게 되면 큰 어려움을 겪게 된다. '조종하는 사람'이 가족이나

고용주, 영적 지도자와 같이 완전히 그 고리를 끊을 수 없는 사람일 경우 정말 심각한 문제가 된다. 부모들 가운데는 장성한 자녀들을 통제하고 조종하거나 그들의 삶을 대신 살아 주려고 하는 사람들이 있다. 그런 부모들은 자신들의 꿈을 자녀들을 통해서 대신 이루려고 하는 것이다. 이럴 경우 부모와 자녀들은 '상호 의존' 관계 속에서 건강하지 못한 방법으로 서로 묶여 있고 얽혀 있게 된다.

우리가 이렇게 다른 사람들과 관계돼 있다면 너무도 분명하게 하나님보다 사람을 더 의지하는 것이며, 우리 눈을 주님께 두기보다 사람들에게 더 두는 것이다. 불건전한 상호 의존 관계나 한쪽의 지배를 당하는 우정 관계는 심지어 결혼 관계를 포함해서 영적인 속박을 초래할 수 있다.

요약

이 장에서는 성경적 내적치유의 과정 중에서 세 번째 과정인 영적전쟁과 영적치유를 살펴봤다. 우리가 성경적 내적치유를 통해서 마음을 새롭게 해 변화되려고 할 때 사탄은 이를 두려워하기에 강력하게 방해한다. 그것은 성경적 내적치유가 사람들을 억누르고 악영향을 끼치려는 귀신들의 궤계와 책략을 강력하게 무너뜨리기 때문이다. 성경적 내적치유는 귀신들이 사람들에게 악한 영향력을 끼치거나 사람들 속으로 침투할 수 있도록 만드는 출입구와 발판을 제거한다. 따라서 우리는 성경적 내적치유를 강력하게 방해하는 사탄의 역사(役事)를 반드시 분별하고 대적해야 한다. 그래서 영적전쟁과 영적치유가 필요한 것이다.

하나님께서 사탄을 대적하도록 우리에게 주신 놀라운 영적전쟁의 무기와 무장이 있다. 영적전쟁의 무기로는 예수 이름의 권세, 하나님의 말씀, 예수 그리스도의 보혈의 권세, 하나님의 말씀을 증거함과 간증, 성령의 능력과 은사, 성령의 기름 부음 받은 찬양, 금식과 기도, 안수, 성결함 등이 있다. 영적전쟁의 무장은 '하나님의 전신 갑주'인데, 진리의 허리띠, 의의 호심경, 평안의 복음의 신발, 믿음의 방패, 구원의 투구, 성령의 검인 하나님의 말씀, 기도와 간구가 있다.

우리가 사탄의 세력들과의 영적전쟁에서 승리하기 위해서는 반드시 하나님이 주신 영적전쟁의 무기와, 또 무장인 하나님의 전신 갑주로 철저히 무장해야 한다.

사탄의 세력들이 우리를 억압하고 파멸시키려고 할 때 사용하는 기본 전술은 '견고한 진'들을 통해 공격하는 것이다. 견고한 진으로는 분노, 정욕, 탐욕, 두려움, 원한, 용서 못 함, 쓴 뿌리, 죄악 된 생각과 사고방식 등이 있다. 발생 원인으로는 고백 되지 않은 죄, 특히 습관적인 죄, 용서하지 않는 마음, 사교(occult)나 이교(우상) 숭배, 충격적인 인생 경험들인 참상 등이 있다.

이런 습관적인 범죄나 중독적인 행위, 사교나 우상 숭배, 거룩하지 못한 연합인 성적인 죄, 그리고 건강하지 못한 관계 등의 저변에는 많은 경우 사탄의 세력들이 만들어 놓은 함정이 있고, 또 그것들을 견고한 진으로 사용하는 경우들이 많이 있다. 우리에게 그런 모습이 발견되면 죄를 철저히 회개하면서 성령께서 우리 마음을 새롭게 해 주시고 행동까지도 변화시켜 주시도록 간절히 기도해야 한다. 그때 하나님께서는 은혜를 베푸셔서 우리 죄를 용서해 주시고 정결케 해 주실 뿐만 아니라, 사탄의 세력들의 영적 압박과 속박을 파해 주심으로 참된 자유함을 누리게 해 주실 것이다.

다음 장에서는 성경적 내적치유가 이뤄지기 위한 네 번째 과정인 용서에 대해서 구체적으로 살펴보게 될 것이다.

묵상과 적용

1. 하나님께서 사탄의 역사를 대적하도록 우리에게 주신 영적전쟁의 무기와 무장을 당신은 어떻게 사용하고 있는가?

   부족한 부분이 있다면 잘 사용할 수 있도록 기도하라.

   1) 영적전쟁의 무기:
      예수 이름의 권세, 하나님의 말씀, 예수 그리스도의 보혈의 권세, 하나님의 말씀을 증거함과 간증, 성령의 능력과 은사, 성령의 기름 부음 받은 찬양, 금식과 기도, 안수, 성결함 등

   2) 영적전쟁의 무장(하나님의 전신 갑주):
      진리의 허리띠, 의의 호심경(흉배), 평안의 복음의 신발, 믿음의 방패, 구원의 투구, 성령의 검(하나님의 말씀), 기도와 간구

2. 당신의 삶 가운데 견고한 진으로 의심되는 영역은 없는가 살펴보고, 그 원인이 무엇인지 살펴보라.

   1) 견고한 진:
      분노, 정욕, 탐욕, 두려움, 원한, 용서 못함, 쓴 뿌리, 죄악 된 생각과 사고방식

2) 발생 원인:

고백 되지 않은 죄(특히 습관적인 죄), 용서하지 않는 마음, 사교(occult)나 이교(우상) 숭배, 충격적인 인생 경험들(참상)

3. 당신의 삶 속에 습관적인 범죄나 중독적인 행위, 사교(occult)나 우상 숭배의 모습은 없는가 살펴보고, 있다면 당신의 죄를 철저히 회개하라. 하나님께서 당신의 기도를 들으시고 당신의 죄를 용서해 주시고 정결케 해 주시도록 간절히 기도하라. 성령께서 당신의 마음을 새롭게 해 주시고 행동까지도 변화시켜 주시도록, 그리고 사탄의 세력들의 영적 압박과 속박을 파해 주심으로 참된 자유함을 누리게 해 주시도록 간절히 기도하라.

1) 습관적인 범죄:

2) 중독적인 행위:

3) 신접함:

주술적인 행동, 심령술, 부적이나 액막이, 사탄 숭배, 점(점술), 손금, 사주, 관상, 정월 보름에 달을 보고 소원 빌기 및 쥐불놀이, 새해 첫날 떠오르는 태양을 보고 소원 빌기, 카드 점(타로 카드 점, 르노르망 카드 점), 오늘의 운세 보기, 궁합 보기, 초능력, 텔레파시, 최면술, 초혼, 강신술, 점성술, 마술(마법), 흑색 마술, 영매, 복술(점쟁이), 탁자를 떠오르게 하는 것, 공중 부양, 영서, 전생 체험, 저승으로의 여행,

심령 여행, 마인드 컨트롤, 사령 카페, 풍수지리, 미래 예언, 단전 호흡, 단(丹) 월드(단학, 뇌 호흡, 명상, 기체조), 선, 요가, 초월 명상, 뉴에이지 운동, 기 수련, 심령 치료, 무당, 미신, 공포 영화, 사교에 근거를 둔 컴퓨터 게임, 헤비메탈 록 음악, 에이시드, 펑크

4) 우상 숭배:

사당 설치, 제사, 푸닥거리, 액막, 굿, 치성 드림(정화수), 서낭당, 불상 앞에 절하기, 시주, 독경 듣기, 찬불가 부르기, 소금 뿌리기, 음식 놓아두기

5) 사교(혹은 이단):

불교, 원불교, 라마 불교, 이슬람교, 힌두교, 신도, 안식교, 몰몬교, 여호와의 증인, 통일교, 전도관, 하나님의 교회 세계선교협회, 신천지, 권신찬-유병언 구원파, 이요한 구원파, 박옥수 구원파, 지방교회, JMS, 성락침례교회(김기동), 다미선교회(이장림), 한국예루살렘교회(이초석), 만민중앙교회(이재록), 세계일가공회(양도천), 종교다원주의, 프리메이슨 단, 크리스천 사이언스, 사이언톨로지, 장미 십자회, 대종교, 천도교, 증산도가, 대순진리회

4. 당신의 삶 속에 거룩하지 못한 연합인 성적인 죄, 그리고 긴깅하지 못한 관계 등의 모습이 발견된다면 이 시간 당신의 죄를 철저히 회개하라. 하나님께서 당신의 기도를 들으시고 당신의 죄를 용서해 주시고 정결케 해 주시도록 간절히 기도하라. 성령께서 당신의 마음을 새롭게 해

주시고 행동까지도 변화시켜 주시도록, 그리고 사탄의 세력들의 영적 압박과 속박을 파해 주심으로 참된 자유함을 누리게 해 주시도록 간절히 기도하라.

1) 성적인 죄와 관련된 거룩하지 않은 행동들:

포르노, 에로 영화, 에로 비디오, 에로 잡지, 에로 소설, 나체 사진, 누드 사진첩, 자극적인 TV 쇼, 미성년자 관람 불가 영화, 성인방송, 성적 공상, 엿보는 행위, 유혹하는 행동, 추잡한 행위, 자위행위, 혼전 성교(결혼식에서 서약하고 공포하기 전), 간음, 간통, 원조교제, 근친상간, 성희롱, 강간, 동성연애, 낙태, 사이버 섹스, 폰 섹스, 변태 섹스, 안마 시술, 성인 스포츠 마사지, 성인 PC방, 남성 휴게소, 휴게텔, 전화방, 성인 비디오방, 유리방, 대화방, 대딸방, 키스방, 변태 이발, 단란주점, 매춘, 지나친 스킨십(키스, 애무), 성인 만화 등

2) 건강하지 못한 관계들:

당신의 관계들은 건강한가, 그렇지 못한가?
주님께서 그것들을 올바른 관계들이라고 인정하신다고 생각하는가?
하나님보다 다른 사람들을 더 의지하지는 않는가?
당신은 죄책감과 부끄러움, 조종과 두려움으로 다른 사람들을 통제하고 있지는 않은가?
또 동일한 방법으로 당신을 통제하고 있는 사람은 없는가?

제8장

성경적 내적치유가 이뤄지기 위한 과정 ④

용서

본 장에서는 성경적 내적치유가 이뤄지기 위한 과정 중에서 네 번째 과정인 용서에 대해 살펴보려고 한다.

마음이 새로워지고 변화되기 위해서는 반드시 용서를 통해 묶여 있는 것을 풀어 줘야 한다. 우리는 용서를 통해 다른 사람과 자신을 묶고 있는 것을 풀어 준다. '용서'로 번역된 헬라어 단어 '아페시스'(ἄφεσις)는 "속박이나 감옥에서 풀어 주다, 해방시키다, 놓아 주다"(release as from bondage or imprisonment)라는 뜻이다.[1]

누가복음 4:18이 대표적인 구절이다.

---

1   Joseph Thayer, *Thayer's Greek-English Lexicon of the New Testament, 2* (New York: Harper & Brothers, 1889), paragraph 859, 'ἄφες'(afesis); 리치필드, 『하나님께 바로서기』, 156, 169; 켄 산데, 『피스메이커』(*The Peacemaker*), 신대현 역 (서울: IDI, 2010), 262-263; 탑슨, 『내 마음의 벽』, 235-237; 스툼, 『부모를 용서하기 나를 용서하기』, 194; 안시, 『놀라운 하나님의 은혜』, 111; 에글리, 『내적치유 수양회 (리더용)』, 55; 에글리, 『내적치유 수양회 (학생용)』, 34 참조.

주의 성령이 내게 임하셨으니 이는 가난한 자에게 복음을 전하게 하시려고 내게 기름을 부으시고 나를 보내사 포로 된 자에게 자유를, 눈먼 자에게 다시 보게 함을 전파하며 눌린 자를 자유롭게 하고(눅 4:18).

여기서 '포로 된 자에게 자유를 준다'와 '눌린 자를 자유롭게 한다'라는 표현은 같은 단어 '아페시스'를 번역한 것인데,[2] 이 단어는 재판에서 법적으로 풀어 주는 행위를 의미한다.[3]

다른 사람을 용서할 때 그 사람을 묶고 있는 것을 풀어 줄 뿐만 아니라 우리 자신을 묶고 있는 것도 풀어 준다. 용서는 과거의 고통으로부터 우리를 자유롭게 하는 열쇠로서 우리의 영적, 정서적, 육체적 건강에 필수적인 것이다.[4] 용서하지 않을 때 가해자와 피해자 모두 자신들을 묶고 있는 어둠의 세력의 포로가 되기에 어느 한쪽이 문을 열 때까지는 둘 다 이 어둠에서 벗어나지 못한 채 사로잡혀 있게 된다. 용서만이 둘 다 풀려날 수 있는 유일한 출구다.[5]

윌리엄 폴 영(William Paul Young)의 장편 소설 『오두막』(The Shack)에는 딸이 납치돼서 살해당한 오두막에서 파파인 하나님께서 아버지 맥에게 권면하는 장면이 나온다.

---

2 Thayer, *Thayer's Greek-English Lexicon of the New Testament*, 2, paragraph 859, 'ἄφεσις'(afesis).
3 리치필, 『하나님께 바로서기』, 156.
4 스툽, 『부모를 용서하기 나를 용서하기』, 182; 얀시, 『놀라운 하나님의 은혜』, 111; Smedes, *Shame and Grace*, 141.
5 아놀드, 『잃어버린 기술 용서』, 124.

네가 용서하기 바란다. 용서란 너를 지배하는 것으로부터 너 자신을 해방시키는 일이다. 또한 완전히 터놓고 사랑할 수 있는 너의 능력과 기쁨을 파괴하는 것으로부터 너 자신을 해방시키는 일이지.[6]

용서하기를 거부하면 우리 마음에 암과 같은 원망과 쓴 뿌리가 자리잡게 되고, 그곳에 마귀가 틈을 탄다. 그것을 제거하는 오직 한 가지 유일한 방법은 용서다. 마음의 상처와 쓴 뿌리가 치유되기 위해서는 나에게 상처와 아픔을 준 사람을 용서해야 한다. 그때 우리의 마음 깊은 곳에 맺혀 있던 응어리들은 풀리게 되고, 묶여 있던 자신이 풀려나는 참된 자유함을 맛보게 된다.

이처럼 용서는 상처를 치유하는 데 있어서 본질적인 부분이며 핵심이다.[7] 알란 패턴은 말했다.

> 한 가지 변함없는 법칙이 있다. … 우리가 깊은 상처를 입었을 때, 용서하지 않는 한은 어떤 치유도 없다는 것이다.[8]

루이스 스미디스 역시 같은 지적을 한다.

> 용서는 우리의 기억에 달라붙어서 끊임없이 고통을 주는 쐐기풀을 제거하는 매우 효과적이고 유용한 다른 조치들 가운데 좀 나은 치료법이 아니다.

---

6 윌리엄 폴 영, 『오두막』(The Shack), 한은경 역 (서울: 세계사, 2013), 370.
7 Benner, Healing Emotional Wounds, 31, 113; 씨맨즈, 『기억의 치유』, 214.
8 아놀드, 『잃어버린 기술 용서』, 12, 83에서 인용.

용서는 유일한 치료법이다.⁹

　용서는 나와 다른 사람 모두를 살린다. 용서는 우리의 상처와 아픔과 쓴 뿌리를 치유하고, 우리에게 참된 자유와 평안을 주는 주님이 처방하신 '생명의 약'이다.
　종종 우리는 잘못을 범한 사람들을 용서하기가 쉽지 않은 것을 발견하게 된다. 그것은 용서에 대한 성경적인 개념을 올바르게 이해하지 못하기 때문에 발생하는 경우들이 많다. 우리는 다른 사람들을 용서하거나 혹은 다른 사람들에게 용서를 구하기 전에 먼저 용서에 대한 올바른 성경적인 개념을 이해해야 한다. 용서를 베풀지 못하게 막는 많은 장애물은 우리가 용서에 대한 잘못된 개념을 올바로 이해하고 성경적인 개념을 정립하면 사라지게 될 것이다.¹⁰
　데이비드 베너는 용서를 네 단계로 기술한다. 우리가 용서를 저항하는 이유를 이해하는 단계(understanding why I resist forgiveness), 용서의 본질에 관한 오해를 명확히 하는 단계(clarifying my misunderstandings about the nature of forgiveness), 용서의 결과에 대한 우리의 기대를 제한하는 단계(limiting my expectations about what will results from forgiveness), 그리고 분노가 사라지도록 하는 단계(letting go of the anger)다. 이 네 단계 중에서 처음 세 단계는 용서의 실행 단계가 아니라 용서하기 위한 실제적인 준비 단계다.¹¹

9　루이스 스미디스, 『용서의 미학』(*The Art of Forgiving*), 이여진 역 (서울: 이레서원, 2005), 서문.
10　아놀드, 『잃어버린 기술 용서』, 191 참조.
11　Benner, *Healing Emotional Wounds*, 113. 그가 설명하는 용서의 네 단계에 대한 구체적인 설명은 그의 책 113-127을 참고하라.

용서를 실천하며 살기 위해서는 용서하기 전에 실제적으로 충분히 준비해야 한다. 그 준비 중에는 용서의 본질을 올바르게 이해하는 것이 필수적이다. 용서의 본질을 이해하고 용서에 대한 올바른 성경적인 개념을 정립하기 위해 먼저 용서에 대한 잘못된 개념부터 살펴보겠다.

1. 용서에 대한 잘못된 개념

1) 용서는 문제를 덮어두는 것이 아니다

우리에게 일어났던 어떤 사건이나 문제에 대해서 적당히 덮어두고 넘어가는 것, 애써 부인하고 회피하는 것은 용서가 아니다.[12] 의식적으로는 아무렇지 않은 것처럼 생각하고 말할 수 있을지 몰라도 우리 마음 깊은 곳에는 상처와 고통의 앙금이 남는다. 루이스 스미디스는 말했다.

> 용서는 결코 부정직하거나 현실을 부인하지 않는다. 우리가 자기에게 일어난 고통스러운 사실을 인정하지 않으면 용서가 가능하지도 않다.[13]

---

[12] 이동원, 『서로가 서로를 위하여: 성도의 교제, 그 원리와 실천』 (서울: 나침반, 1994), 140-141; 이동원, 『양심 클린투피아(Cleantopia)』 (서울: 생명의말씀사, 2000), 161-162; 미로슬라브 볼프, 『베풂과 용서: 값없이 주신 은혜의 선물』(Free of Charge), 김순현 역 (서울: 복있는사람, 2008), 266-269; 폴리슨, 『악한 분노, 선한 분노』, 141; 씨맨즈, 『좌절된 꿈의 치유』, 143-144.

[13] 스미디스, 『용서의 미학』, 99.

용서는 그 사건을 정면에서 충분히 바라본 후 그 사건은 하나님의 세계에 설 자리가 없는 잘못이라고 사실 그대로 진술한다.[14]

용서는 범죄 행위의 용서할 수 없는 본질에도 불구하고 주어져야 하는 것이다.[15]

누군가의 범죄를 용서한다는 것은 그 죄의 심각성을 축소하는 것이 아니다. 용서는 수동적으로 관용을 베푸는 것이 아니다. 관계를 파괴하는 범죄는 분명 잘못된 것이다. "판단을 받지 않으려거든 판단하지 말라"라는 태도로 죄를 묵과하거나 문제를 덮어두는 것은 자신과 상대방 모두의 인격적인 존엄성을 부인하는 것이다.[16]

진정한 의미에서의 용서는 우리에게 잘못을 범해 상처를 준 사건이나 문제, 그리고 우리에게 가해진 상처와 고통을 무시해 버리지 않고 직시하며, 용서해야 할 사람이나 용서를 받아야 할 사람과 마주쳐서 그 문제를 해결하는 데서부터 시작된다. 이처럼 용서는 현실을 피하려 들지 않고 우리에게 상처가 됐던 사실을 있는 그대로 직면하는 것이기에 용서는 상처를 직면하는 용기를 필요로 한다.[17] 이런 용서의 특징 때문에 용서는 의도적으로 '불공평하게' 갚는 것이고, '자비로운 불공평'을 의미한다.[18]

---

14 스미디스, 『용서의 미학』, 94.
15 Benner, *Healing Emotional Wounds*, 118-119.
16 아놀드, 『잃어버린 기술 용서』, 192.
17 리치필드, 『하나님께 바로서기』, 170; Benner, *Healing Emotional Wounds*, 119; 폴리슨, 『악한 분노, 선한 분노』, 141, 146-147, 152; 씨맨즈, 『좌절된 꿈의 치유』, 149-154.
18 폴리슨, 『악한 분노, 선한 분노』, 141.

2) 용서는 잊어버리는 것이 아니다

용서하는 것은 고통스러운 일이나 행위를 잊어버리는 것이 아니다. 우리가 잊는다면 결코 용서할 수 없다. 우리가 가해자에게 당한 행위를 기억할 때 그의 잘못을 정확히 용서할 수 있다. 상처로 인한 실제적인 고통이 중단된 후에도 기억은 그 고통을 생생하게 지니고 있다. 기억은 고통을 저장하는 창고와 같기에 치유가 필요한 우선적인 이유도 바로 그 기억 때문이다. 용서는 기억에서 잊어버리는 것이 결코 아니기에 용서하는 것과 망각하는 것을 혼동해서는 안 된다.[19] 우리의 과거를 지워 버리는 것은 불가능할 뿐만 아니라 그래서도 안 된다.

요한 크리스토프 아놀드는 말한다.

> 어떤 경우에 있어선, '용서하고 잊어버리는 것'은 불가능할 뿐만 아니라 비윤리적이기까지 하다.[20]

---

[19] 루이스 스머즈, 『용서의 기술』(Forgive and Forget), 배응준 역 (서울: 규장, 2004), 84-87; 스툽, 『부모를 용서하기 나를 용서하기』, 214, 220-224, 234-239, 300-301; 데이빗 스툽, 잔 스툽, 『남편과 아내가 함께 기도할 때: 부부가 함께 기도할 때 숨겨진 상처가 치유된다』(When Couples Pray Together), 나삼엽 역 (서울: 규장, 2008), 190-191, 데이비드 옥스버거, 『일흔 번씩 일곱 번』(The Freedom of Forgiveness), 처종상 역 (서울: 생명의말씀사, 1984), 23-26; Benner, Healing Emotional Wounds, 117-118; 애덤스, 『상담학 개론』, 117-121; 셸, 『아직도 아물지 않은 마음의 상처』, 155-156 참조.

[20] 아놀드, 『잃어버린 기술 용서』, 75, 188.

용서는 기억을 치유하는 것이지 지워버리는 것이 아니다.[21] 혹시 의식과 기억 속에서는 잊혔을지라도 마음 깊은 곳에서는 잊히지 않는다.

용서란 과거에 개의치 않고 앞을 향해 발을 내딛는 것이다. 진정한 의미에서의 용서는 단순히 망각하는 것이 아니라 의지적으로 더 이상 그것을 문제 삼지 않는 것이다.[22] 용서는 고통스러운 상처를 지워 없애는 것이 아니라 상처의 고통에서 자유로워지는 것을 의미한다. 에버렛 워딩턴(Everett L. Worthington Jr.)은 『용서와 화해』에서는 지적한다.

> 용서란 상처의 기억을 대체하는 것이 아니라, 그 기억에 연계된 부정적 정서를 대체하는 것이다.[23]

온전한 용서인 정서적 용서가 이뤄지면 우리는 과거의 상처를 다시 떠올릴 수는 있지만 그 아픔까지 되살아나진 않는다.[24] 우리가 하나님의 관점에서 볼 수 있다면 과거의 상처와 고통은 하나님께서 독특하게 우리를 만지시고, 또 우리에게 그분의 임재하심의 복된 경험을 하도록 만드는 은혜의 선물이며, 거룩함과 성숙함과 지혜를 향한 디딤돌임을 발견하게 될 것이다.[25]

---

21 아놀드, 『잃어버린 기술 용서』, 192; Benner, *Healing Emotional Wounds*, 117-118.
22 산데, 『피스메이커』, 260-262; 리치필드, 『하나님께 바로서기』, 170-171; 이동원, 『서로가 서로를 위하여』, 141-143; 이동원, 『양심 클린토피아』, 162-163.
23 워딩턴, 『용서와 화해』, 167.
24 아놀드, 『잃어버린 기술 용서』, 191-192 참조.
25 Benner, *Healing Emotional Wounds*, 131-132; 아놀드, 『잃어버린 기술 용서』, 192.

3) 용서는 묵인하는 것이 아니다

용서하는 것과 묵인하는 것은 다르다. 우리가 어떤 사람을 용서할 수 있다고 해서 그 사람의 부당한 행위를 반드시 묵인해야 하는 것은 아니다. 우리는 묵인할 수 있는 행위와 묵인할 수 없는 행위를 명확하게 정해야 한다. 용서하면 우리가 치유되지만 묵인하면 결국 우리만 큰 상처를 입게 되고 고통에 처하게 된다.[26]

필자가 잘 아는 권사님의 딸이 식당을 운영하는데 홀에서 서빙을 하고 카운트도 보는 직원을 고용해 일을 맡겼다. 그런데 1년이 지난 후 이전보다 매상이 상당히 준 것을 발견하게 됐다. CCTV를 확인한 결과 그 직원이 일 년 동안 400만 원이 넘는 돈을 횡령한 것을 발견하게 됐다. 주인이 그 직원을 불러 CCTV를 증거로 제시하면서 추궁하자 그녀는 자신의 잘못을 인정하고 눈물로써 용서를 구했다. 주인은 그 직원을 용서해 줬지만 그녀의 잘못을 묵인하지 않았다. 그 직원이 횡령한 돈 전액을 변상시킨 후 해고했다.

이렇게 용서하는 것과 묵인하는 것은 다르기에 우리는 용서하면서 묵인할 수 있는 행위와 용서하지만 묵인할 수 없는 행위를 분명히 구분해서 거기에 맞게 합당하게 처리해야 한다.

---

[26] 스미디스, 『용서의 기술』, 99-103; 데이빗 스툽, 잔 수툽, 『남편과 아내가 함께 기도할 때』, 191; 폴리슨, 『악한 분노, 선한 분노』, 141; 리치필드, 『하나님께 바로서기』, 171 참조.

4) 용서는 책임을 묻지 않는 것이 아니다

이 세상에 죄가 없는 사람은 아무도 없지만 죄를 범했을 때 책임 소재를 분명히 하는 것은 필요하다. 잘못을 범한 사람이 죄에 대한 책임을 지지 않는다면 용서할 기회도 없는 것이다. 모든 것을 상황과 환경의 탓으로 돌리면서 책임을 묻지 않는 것은 옳지 않다. 모든 일에는 사람들이 감당하기 힘든 외적인 요인들과 사정들이 있기 마련이지만 그런 상황들에 대해 어떻게 반응하는가는 자신에게 달린 문제고, 그러기에 책임 또한 자신이 져야 한다.[27]

5) 용서는 갈등을 덮어두는 것이 아니다

용서는 인간관계에서 일어나는 갈등을 덮어버리는 것이 아니다. 그렇게 하면 우리는 용서할 기회를 박탈하게 되고, 또 용서를 통해서 서로의 상처를 치유할 기회도 박탈하게 된다. 갈등을 대강 덮어두는 기술과 상처를 입힌 사람들을 용서하는 사랑을 혼동하면 안 된다. 갈등을 해결하지 않고 덮는 것과 서로 용서하도록 돕는 것은 다르다.[28]

---

[27] 아놀드, 『잃어버린 기술 용서』, 192; 산데, 『피스메이커』, 266-267.
[28] 스미디스, 『용서의 기술』, 94-95.

6) 용서는 수용하는 것이 아니다

사람들을 수용하는 것과 용서하는 것은 비슷하게 보이지만 그 둘은 결코 같지 않다. 우리가 사람들을 수용하는 까닭은 비록 그들이 약점이나 결점이 있음에도 우리에게 좋은 사람이기 때문이다. 반면에 우리가 사람들을 용서하는 까닭은 그들이 우리에게 잘못을 범했기 때문이다. 부정을 저지른 배우자를 용서하는 것과 밤마다 심하게 코를 골고 이를 가는 배우자를 받아들이는 것과는 전혀 다른 것이다.

우리에게 깊은 상처를 준 사람을 받아들이는 것은 '수용'이 아니라 '용서'다. 어떤 사람이 우리에게 도저히 수용하지 못할 짓을 저질렀을 때 우리는 그를 용서하는 것이다.[29]

7) 용서는 화해하는 것이 아니다

용서한다고 해서 꼭 화해해야 한다거나 화해할 수 있는 것은 아니다. 용서의 궁극적인 목적은 깨진 관계가 회복되는 것이다.[30] 용서의 절정은 가해자와 피해자 두 사람이 화해해 다시 연합하는 것이다.[31] 그렇지만 우리에게 상처를 준 사람을 용서할 때 반드시 깨어진 관계가 회복된다는 보장

---

29 스미디스, 『용서의 기술』, 95-99.
30 김남준, 『냇킨 것을 풀어야 녕혼이 산다: 용서와 지유의 길』 (서울: 누란노, 1998), 30-31; 아놀드, 『잃어버린 기술 용서』, 192; Benner, *Healing Emotional Wounds*, 122; 씨맨즈, 『좌절된 꿈의 치유』, 179-181; 리치필드, 『하나님께 바로서기』, 171 참조.
31 스미디스, 『용서의 기술』, 139; 스툽 외, 『남편과 아내가 함께 기도할 때』, 192-193 참조.

은 없다. 관계를 회복하기 위해서는 두 사람이 다 필요하지만,[32] 그 관계를 회복시키느냐 마느냐는 상당 부분 용서받는 사람에게 달려 있다.[33]

상대방을 용서하기 원하지만 그가 용서받기를 원하지 않을 경우에도 용서하는 것을 포기해서는 안 된다. 용서는 일방적인 행위로 시작하는 것이다. 상대방을 용서하고 싶은데 그가 용서받기를 원하지 않는다면 그렇게 하도록 내버려둘 수밖에 없다. 그럴 경우에도 우리가 행하는 용서는 진실한 용서이고, 우리는 용서의 실체와 축복을 맛보게 된다.

8) 용서는 쉽지 않다

용서하는 것은 힘든 일이기에 반드시 희생과 대가를 치러야 한다. 용서는 힘과 용기가 없이는 불가능하다. 용서하는 것은 용서하지 않는 것보다 훨씬 더 많은 신앙의 힘과 인격의 힘과 용기가 요구된다. 용서는 정의라는 명목으로 다른 사람에게 고통을 주는 것이 아니라 사랑으로써 기꺼이 상처와 아픔을 받아들이는 것을 의미한다.

따라서 용서는 믿음이 연약한 자, 인격이 미성숙한 자, 비겁한 약자들이 할 수 있는 것이 아니다. 믿음이 강한 자, 인격이 성숙한 자, 용기 있는 자가 하는 것이다. 용서는 원한과 쓴 뿌리의 포로 되기를 거부하고 진정한 자유를 누리기를 원하는 사람들이 하는 것이다.[34]

---

[32] 아놀드, 『잃어버린 기술 용서』, 192, 223; 스톱, 『부모를 용서하기 나를 용서하기』, 206-207, 315-320; 씨맨즈, 『좌절된 꿈의 치유』, 180-181.
[33] 스미디스, 『용서의 미학』, 52.
[34] 아놀드, 『잃어버린 기술 용서』, 193.

용서하는 것은 정말 힘들고 고통스럽고 희생과 대가를 치러야 하는 일이지만, 실제로는 용서하지 않는 것이 훨씬 더 고통스럽고 더 많은 희생과 대가를 지불해야만 한다는 사실을 우리는 기억하고 반드시 용서해야 한다.

이 사실을 데이비드 베너는 이렇게 설명한다.

> 물론 용서하는 데는 위험 요소들이 있지만, 용서하지 않는 데도 위험 요소들이 있다. 그리고 후자의 위험 요소들이 훨씬 더 크다. 용서하지 않는 것의 위험 요소는 만성적인 쓴 뿌리와 증오다. 그리고 그것의 말기 상태는 육체와 심령과 영의 파괴를 포함한다.[35]

요한 크리스토프 아놀드 역시 같은 지적을 한다.

> 용서는 힘겨운 작업이지만, 실제로는 용서하지 않는 것이 훨씬 더 힘들다. 복수와 냉혹함, 쓴 뿌리, 원한, 그리고 분노로 가득 찬 용서하지 못하는 마음은 그 사람의 삶에 큰 대가를 지불하게 한다. 마음에 품은 증오심은 점점 자라서 자신의 영혼뿐만 아니라, 다른 사람과의 사귐까지 오염시키고 만다. 용서하지 않는 것은 우리의 삶을 가로막는 막다른 골목이다. 마음에 쓴 뿌리를 묶어 두는 것은 우리 자신을 병들게 할 뿐만 아니라, 그냥 놔두면 주위 사람들에게까지 해를 입히게 될 것이다.[36]

---

[35] Benner, *Healing Emotional Wounds*, 116-117.
[36] 아놀드, 『잃어버린 기술 용서』, 204.

9) 용서하고 싶은 생각이나 감정이 들어야만 용서가 가능한 것이 아니다

용서에 있어서 중요한 것은 생각이나 감정이 아니다. 용서는 감정이 아니라 "내가 용서하겠다"라고 의지로써 선택하는 것이다.[37] 우리가 의지적인 결단으로 용서하기를 선택하고 용서한다고 고백할 때 하나님은 우리에게 은혜를 베푸신다.

용서의 결단은 가식이나 위선이 아니라 용서하라는 하나님의 명령에 순종하는 것이다.

> 하나님, 저는 용서하고 싶은 마음이 없습니다. 내키지 않습니다. 제 감정은 여전히 밉고 용서하고 싶지 않습니다. 그러나 용서하라고 하나님께서 명령하시니 제가 하나님의 명령에 순종해 용서하기로 결단합니다.

이것이 성경이 말씀하시는 용서다.

C. S. 루이스(C. S. Lewis)는 다음과 같이 말했다.

> 이웃을 '사랑'하는지 아닌지 고민하느라 시간을 낭비하지 말라. 사랑하는 것처럼 행동하라. … 당신이 누군가를 사랑하는 것처럼 행동할 때 그를 사

---

[37] 스툽, 『부모를 용서하기 나를 용서하기』, 193, 195; 씨맨즈, 『좌절된 꿈의 치유』, 160-163; 셸, 『아직도 아물지 않는 마음의 상처』, 153-154; Benner, *Healing Emotional Wounds*, 125; 엘드리지, 『마음의 회복』, 214; 에글리, 『내적치유 수양회 (리더용)』, 55; 에글리, 『내적치유 수양회 (학생용)』, 34.

랑하게 될 것이다.[38]

이것은 용서에도 그대로 적용된다. 즉 "이웃을 '용서'하는지 아닌지 고민하느라 시간을 낭비하지 말라. 용서하는 것처럼 행동하라. … 당신이 누군가를 용서하는 것처럼 행동할 때 그를 용서하게 될 것이다."

인간의 감정은 결코 우리 스스로 조절할 수 없다. 그런데 많은 사람이 자신의 감정을 조절한 후에 용서하려 한다. 용서하고 싶은 감정이나 마음이 일어나야만 용서했다고 스스로 확인하는 것이다.

그러나 하나님은 용서하라고 명령하실 때 우리의 감정이 아니라 의지를 향해서 명령하신 것이다. 명령이란 우리의 의지를 향해서 내려지는 것이다. 하나님도 우리가 용서하는 것이 어떤 때는 생명을 내려놓는 것과 같은 고통과 괴로움이 따르는 것을 아신다. 그러기에 하나님은 결코 우리의 감정을 바꾸라고 명령하시는 것이 아니라 상대방의 잘못을 용서하기로 의지적으로 선택하라고 명령하시는 것이다.

내게 상처와 아픔을 준 사람을 용서하고 용납하는 것은 감정의 문제가 아니라 선택의 문제고 의지적인 결단의 문제다.[39] 내 감정과 생각은 결코 용서할 수 없고 용납할 수 없음에도 우리는 하나님의 명령에 순종해 의지적인 결단으로 용서해야 하고 용납해야 한다. 나의 감정이 변화하는 것,

---

[38] 제임스 에머리 화이트, 『이해할 수 없는 하나님 사랑하기』(Embracing the Mysterious God: Loving the God We don't Understand), 전의우 역 (서울: IVP, 2014), 163과 산데, 『피스메이커』, 280에서 인용.

[39] 산데, 『피스메이커』, 260-262; 리치필드, 『하나님께 바로서기』, 172; 애덤스, 『상담학 개론』, 121-126; 이동원, 『양심 클린토피아』, 163; 이동원, 『서로가 서로를 위하여』, 145; 이동원, 『예수님의 거룩한 습관』 (서울: 두란노, 2008), 186; 엘드리지, 『마음의 회복』, 214.

혹은 상대방의 감정이 변하는 것은 오직 하나님만이 하시는 일이다.[40] 그러므로 우리가 용서의 감정을 만들려고 노력하거나 용서의 감정이 생길 때까지 기다린다면 우리는 평생을 상처와 아픔과 쓴 뿌리를 마음에 가득 채우면서 용서하지 못하고 살게 될 것이다.

하나님께서 우리에게 용서하라고 명령하신 이유는 우리가 해야만 하는 어떤 부분이 있기 때문이다. 이것은 하나님도 대신할 수 없는 오직 나만이 할 수 있는 일이기에 만약 내가 용서하지 않으면 하나님의 용서를 진정으로 체험하면서 살 수 없다. 그리고 만 달란트 빚을 탕감받은 자처럼 용서할 때까지 고통과 분노와 절망의 감옥에 갇혀서 옥졸들인 마귀의 세력들에게 끊임없이 고통당하면서 비참하게 살게 될 것이다(마 18:34[41]).

비록 감정은 용서가 되지 않지만 우리가 하나님의 명령에 순종해 용서하기로 의지적으로 선택한다면, 하나님은 우리의 선택을 도우셔서 결국은 감정까지도 미움과 분노의 묶임으로부터 완전히 자유롭게 하실 것이다. 네덜란드의 코리 텐 붐(Corrie Ten Boom) 여사의 실례는 이 사실을 잘 보여 준다.

제2차 세계대전 당시 코리 텐 붐의 부모님들이 자기 집에 유대인을 숨겨준 죄로 가족들 모두가 독일군에 체포돼 강제 수용소에 갇혔다. 부모님과 언니는 가혹한 고문을 이기지 못해 수용소에서 죽었지만 코리 텐 붐은 구사일생으로 살아서 고국으로 돌아오게 됐다. 그 후 코리 텐 붐은 네덜란드 땅 전역과 유럽의 다른 나라와 미국에 가서 강연을 했다.

---

40 씨맨즈, 『좌절된 꿈의 치유』, 163-167 참조.
41 "주인이 노하여 그 빚을 다 갚도록 그를 옥졸들에게 넘기니라"(마 18:34).

어느 날 코리 텐 붐은 뮌헨의 한 교회에서 라벤스브루크 강제 수용소의 샤워실 입구에서 보초를 서던 친위대원을 만나게 됐다. 그 사람을 보는 순간 강제 수용소에서 있었던 악몽 같은 끔찍한 기억들이 주마등같이 스쳤다. 그 사람은 다가와서 환한 얼굴로 고개 숙여 인사하며 말했다.

"메시지 정말 감사합니다. 말씀하신 것처럼, 하나님께서 제 죄를 모두 씻어 없애 주셨다고 생각하니 기쁘기 그지없습니다."

그는 악수하려고 그녀에게 손을 내밀었다.

코리 텐 붐은 이제까지 그렇게 용서를 역설해 왔지만 그 사람의 손을 잡아 줄 수가 없었다. 속에서 분노와 복수심이 들끓는 것을 느끼면서 그렇게 하는 것이 얼마나 큰 죄인지 생각했다.

'예수 그리스도는 이 사람을 위해서 죽으셨다. 그렇다면 내가 그 이상을 요구할 수 있는가?'

그래서 코리 텐 붐은 기도했다.

"주 예수님, 저를 용서해 주시고, 제가 이 사람을 용서할 수 있도록 도와주옵소서."

코리 텐 붐은 웃으려고 애썼고, 그 사람의 손을 잡으려고 몸부림쳤지만 할 수가 없었다. 그래서 속으로 다시 기도했다.

"예수님, 이 사람을 용서할 수가 없습니다. 당신의 용서를 저에게 주옵소서."

그렇게 기도하면서 코리 텐 붐이 그 사람의 손을 잡았을 때 참으로 믿을 수 없는 일이 일어났다. 그녀의 어깨로부터 팔과 손을 거쳐 무언가가 흘러 그 사람에게 전해졌고, 동시에 그녀의 가슴으로부터 그 사람에 대한 사랑이 솟아 나와 주체할 수 없었다. 이런 놀라운 은혜를 경험한 후 코리 텐 붐은 이렇게 고백했다.

> 주님께서 원수를 사랑하라고 말씀하실 때 그분은 명령뿐만 아니라 그것에 필요한 사랑까지도 우리에게 주시는 분이다. 그러기에 이 세상이 치유되는 길은 우리의 선함에 근거를 둔 용서가 아니라 오직 주님의 용서에 있다.[42]

주님께서는 먼저 십자가에서 원수를 용서하셨기에 우리도 주님처럼 용서하시기를 간절히 원하신다. 그래서 그분의 뜻에 의지적으로 순종할 때 우리에게 용서할 수 있는 사랑과 은혜를 주시는 것이다. 진정한 용서는 우리의 결심과 노력에 달린 것이 아니라 전적으로 하나님의 은혜에 달려 있다.

우리가 진정으로 용서할 수 있는 하나님의 은혜를 실제로 경험하기 위해서는 '용서하라'라는 하나님의 명령에 의지적인 결단으로 순종하는 것이 필수적인 요소다. 우리가 계속 하나님을 의지하고 은혜를 구하면 아무리 큰 죄를 짓은 사람일지라도 하나님이 주시는 은혜로 용서할 수 있다.[43]

---

[42] 코리 텐 붐, 『주는 나의 피난처』(The Hiding Place), 양은순 역 (서울: 생명의말씀사, 2014), 332.
[43] 산데, 『피스메이커』, 274-276 참조.

10) 용서는 일시적인 행위로 끝나는 것이 아니다

용서는 일시적인 행위가 아니라 계속돼야 하는 과정이다.[44] 데이비드 옥스버그(David Augsburger)는 『직면할 정도로 충분히 돌보기』(*Caring Enough to Confront*)에서 "용서는 많은 단계로 이뤄진 긴 여정이다"라고 했다.[45] 진정한 용서에는 시간이 걸린다. 그것은 지름길이 없는 과정이다. 그러므로 우리가 과거에 일어난 일과 그에 대해 느낀 감정에 대해 적절한 작업을 하지도 않고 너무 빨리 용서하게 되면 진정한 용서가 이뤄지지 않게 되고, 그래서 용서가 불완전하게 된다.[46]

마틴 루터 킹 목사는 "용서란 가끔가다 하는 행동이 아니다. 용서는 '영속적인 태도'다"[47]라고 했다. 우리는 날마다 용서를 연습해야 한다. 그 과정 가운데 가장 중요한 단계는 용서하는 사람의 기억이 치유된다는 것이다.

용서하는 데는 시간이 걸린다. 용서한다고 고백했지만 부정적인 정서가 느껴지면 하루에 수백 번을 용서한다고 고백할 수도 있다. 입으로 고백하는 것이 감정으로 느껴질 때까지 하는 것이다. 하루에 몇 번이고 반복하다 보면 어느 날 부정적 정서가 사라지는 '정서적 용서'가 이뤄지는 것을 보

---

[44] Benner, *Healing Emotional Wounds*, 112, 124; 고든 맥도날드, 『영적 성장의 길』(*A Resilient Life: You Can Move Ahead No Matter What*), 홍종락 역 (서울: 두란노, 2005), 167.
[45] 스톱, 『부모를 용서하기 나를 용서하기』, 261에서 인용.
[46] 스톱, 『부모를 용서하기 나를 용서하기』, 246-247; Benner, *Healing Emotional Wounds*, 112; 수톱 외, 『남편과 아내가 함께 기도할 때』, 188-190 참조.
[47] 아놀드, 『잃어버린 기술 용서』, 30; 요한 크리스토프 아놀드, 『왜 용서해야 하는가』 (*Why Forgive?*), 원마루 역 (서울: 포이에마, 2015), 221에서 인용.

게 된다.[48] 마치 손바닥에 볼펜으로 적은 후에 손을 반복해서 씻으면 처음에는 여전히 보이지만 매번 씻을 때마다 자국이 흐려지게 되고, 많이 씻으면 결국 볼펜 자국이 완전히 씻겨지는 것과 유사하다.

입으로 고백하는 것이 마음으로부터 우러나오는 용서의 출발점이다. 어떤 때는 이렇게 하는 것이 대단히 어렵다. 마귀가 그렇게 하지 못하도록 강력하게 방해하기 때문이다. 우리는 하나님의 은혜를 구하면서 마귀를 대적하고, 입으로 용서를 선포해야 한다.

2. 용서와 화해

1) 우리가 피해자인 경우

용서하는 데는 어떠한 조건 — 가해자가 자신의 잘못을 알고 깨달음, 미안하게 생각함, 잘못을 인정하면서 용서를 구함 — 도 전제되지 말아야 한다. 용서는 아무것도 요구하지 않는다.[49] 단지 용서하는 사람이 고통에서 벗어나 파괴된 관계를 회복하고자 간절히 바라기만 하면 된다. 용서는 상대편의 사과를 기다리지 않는다.

우리는 자신의 유익을 위해 잘못을 뉘우치지 않는 상대방을 용서해야

---

[48] 사람의 정서가 변하는 '정서적 용서'는 머리로부터 시작된 용서가 가슴까지 도달해 온전한 용서가 이뤄지는 것을 의미한다. 그 결과 상처 입은 마음이 치유되는 '치유적 용서'가 이뤄지게 된다. 왜냐하면, '치유적 용서'는 사람의 정서가 변해야 비로소 이뤄지기 때문이다. 워딩턴, 『용서와 화해』, 50-55 참조.

[49] Benner, *Healing Emotional Wounds*, 122-124.

한다.⁵⁰ 우리에게 아픈 상처를 줬으면서도 용서를 받든 말든 전혀 신경 쓰지 않는 사람들까지도 용서해야 하는 까닭은 우리가 비참한 불행에 빠지지 않기 위해서다.⁵¹ 이런 경우 그 사람의 상처는 그 사람이 치유하게 내버려두는 수밖에 없다.⁵²

이 점에 있어서 유대인의 고대 문서인 『열두 족장의 증거』(*Testaments of the Twelve Patriarchs*)는 지혜로운 교훈을 준다.

---

50   '자신의 치유를 위해' 용서하는 것을 가리켜서 비판자들은 '치유(치료)적 용서'라고 부른다. 그들은 '치유적 용서'가 자신의 자아를 치유하려는 열망으로 용서하는 것이기에 자기중심적이며 이기적인 것으로 용서를 세속적 혹은 기독교적 심리치료로 만들려는 잘못된 시도라고 비판한다. 워딩턴, 『용서와 화해』, 82-83; 스미디스, 『용서의 미학』, 107-108 참조. 그러나 루이스 스미디스는 이런 주장을 반박한다. "용서는 쌍방 모두에게 영향을 미치기에 상호관계가 있다. 우리는 다른 사람이 잘되기를 바랄 때만 자신에게도 유익을 줄 수 있고, 또한 자신을 치유한 후에야 남에게 유익을 줄 수 있다. 용서는 자기중심적이면서 동시에 타인 중심적이다. 그렇지 않으면 용서의 효과가 없다. 용서를 통해 우리의 고통을 치유해야 다른 사람의 고통도 치유할 수 있게 된다. 치유적 용서라고 비난하는 사람들은 이상적인 용서는 사랑의 행동이어야 한다고 말한다. 만약 용서가 사랑의 행동이 아니라면 용서는 아무것도 아니지만 용서는 우리가 상대방에게 받은 상처들을 치유할 때에만 행할 수 있는 사랑의 행동이다. 용서는 사랑처럼 우리에게 자기중심적인 것과 타인 중심적인 것 중에서 선택하게 하지 않는다. 만일 내가 오직 나 자신만을 위해서 어떤 이를 사랑한다면, 내 사랑은 건강하지 않고 건설적이지 못하며 속이는 것이 된다. 만일 내가 상대방만을 위해서 그 사람을 사랑한다면, 내 사랑은 사탕발림에 불과한 자선이자 비열한 동정이 돼 버린다. 용서도 마찬가지다. 우리는 자기중심적인 용서와 타인 중심적인 용서 중에서 하나를 선택할 수 없다. 상대방을 용서함으로써 나 자신에게 유익이 있는 경우에 한해, 상대방을 용서하고 그 사람에게 멋진 유익을 줄 수 있다. 이것은 인생에서 가장 행복하고 멋진 순환이다." 스미디스, 『용서의 미학』, 107-112.

51   스티브 맥도널드(Steven McDonald)는 자신이 용서한 이유를 이렇게 설명한다. "그리 힘든데, 왜 용서했느냐고? 등에 박힌 총알보다 가슴속에서 자라는 복수심이 더 끔찍하니까요." 아놀드, 『왜 용서해야 하는가』, 5.

52   스미디스, 『용서의 기술』, 138; 스미디스, 『용서의 미학』, 135-137과 에글리, 『내적치유 수양회(리더용)』, 55; 에글리, 『내적치유 수양회(학생용)』, 34도 참조하라.

만일 어떤 사람이 당신에게 죄를 지었는데 그가 잘못을 뉘우치고 고백한다면 용서하라. 설령 그 사람이 부끄러운 것도 모르고 계속 잘못을 저지른다 해도 마음속으로 용서하라. 그러나 그 행위에 대한 보응은 하나님께 맡기라.[53]

이 교훈은 우리에게 심각한 죄를 범하고 큰 잘못을 저질렀음에도 용서 받든 말든 전혀 관심이 없고 신경조차 쓰지 않는 사람들을 대하는 가장 지혜로운 방법이라고 할 수 있다.[54]

진정한 용서는 쓰라린 과거의 고통과 상처를 치유하는 주님이 처방하신 유일한 치료제이기에 어떤 잘못을 저지른 인간이라도 용서받을 수 있다는 사실을 부정하면 안 된다.[55]

2004년 여성들과 부유층 노인 등 20명을 살해한 희대의 살인마 유영철과 같은 악인도 우리는 용서해야 한다. 그는 무고한 생명 20명을 끔찍하게 죽이고 피해자들의 가정을 쑥대밭으로 만들고도 전혀 뉘우치지 않고 "감옥에서 조폭이나 경제 사범을 한두 명 더 죽이고 형장의 이슬로 사라지겠다"라고 했다. 그럼에도 불구하고 우리는 그런 악인도 용서해야 한다. 왜냐하면, 우리가 희생자가 됐을 경우에 상대방의 잘못이 너무 사악해서 용서할 수 없다면 평생 고통으로 시달리기 때문이다. 우리는 살인범 유영철의 피해자 가족들의 모습 속에서 그 사실을 분명히 확인할 수 있다.[56]

---

[53] 스미디스, 『용서의 기술』, 138.
[54] 스미디스, 『용서의 기술』.
[55] 스미디스, 『용서의 기술』, 159; 볼프, 『베풂과 용서』, 282-286.
[56] "유영철 악몽 … 피해자 17가족 세상과 인연 끊고, 3가족은 풍비박산," 「조선일보」, 2011.07.18; 조욱희, '용서 그 먼길 끝에 당신이 있습니까?' (2008) [다큐멘터리 영화]

안재삼 씨 가족은 유영철로 인해 큰형이 참혹하게 살해당한 후 시신이 불태워졌고 그 충격으로 큰형을 돕던 둘째 형과 막내 남동생마저 잇따라 자살해 온 가정이 풍비박산(風飛雹散) 났다. 형수는 유영철이 다시 찾아올까 무섭다며 조카를 데리고 떠난 뒤 소식이 없다. 안 씨는 유영철에 대한 분노를 삭이지 못하고 있으며 만일 정부가 유영철을 처벌하지 않는다면 직접 구치소에 들어가서라도, 죽어서 지옥에까지 따라가서라도 복수하겠다고 말한다.

이렇게 안 씨가 유영철을 용서하지 못하고 증오하고 분노하며 살고 있기에 그의 방에는 유영철을 떠올릴 때마다 집어 던진 깨진 그릇과 서랍 등으로 가득 차 있다. 그리고 밤마다 죽은 형제들의 목소리가 들려 한숨도 자지 못하는 경우가 다반사(茶飯事)고, 자살도 몇 번을 시도했다.

반면에 연쇄살인범 유영철에게 어머니와 부인, 그리고 4대 독자 아들을 모두 잃은 고정원 씨는 용서의 축복을 경험하며 살고 있다. 그는 유영철이 검거된 후 자살을 결심하기도 했다. 그는 유영철을 용서해 주고 죽기로 결심했지만, 유영철을 용서하는 순간 다시 삶에 대한 욕구가 생겼다고 말한다. 이후 그는 유영철과 서신을 교환하고 사형에 반대하는 탄원서를 내는 등 적극적인 활동을 펼치고 있다.

용서에는 결단의 용서와 정서적 용서가 있다. 결단의 용서는 우리가 다른 사람들로부터 상처나 모욕이나 손해를 당할 때 가해자를 피하거나 복수를 꾀하지 않고 우리의 감정과 무관하게 그를 용서하고 그와의 관계를 이전의 상태로 회복하겠다고 다짐하는 것이다. 이것은 행동의 변화를 바라는 것이다.

정서적 용서는 우리가 다른 사람들로부터 상처나 모욕이나 손해를 당할 때 가해자를 피하거나 복수를 꾀하지 않고 오히려 가해자에게 공감, 동정, 긍휼, 아가페 사랑, 그리고 낭만적 사랑 등의 긍정적인 정서를 품는 것이다. 우선, 긍정적 정서가 부정적 정서인 분노와 뜨거움의 정서의 강도를 줄여 주게 되고, 이런 모습이 강해지고 오래 지속되면 용서하지 못하는 마음이 변화돼 '온전한 용서'인 정서적 용서가 이뤄진다.[57]

이것은 정서까지도 용서가 되는 가슴을 변화시키는 용서다. 정서적 용서는 가해자가 잘되도록 기도하고 축복해 줄 수 있는 상태를 의미한다. 이런 온전한 용서가 이뤄지기 위해서는 반드시 순종과 은혜가 필요하다.[58] 결단의 용서를 하는 것은 쉬워도 정서와 동기까지 변화시키는 정서적 용서가 되려면 훨씬 오랜 시간이 걸린다. 머리와 가슴은 그만큼 멀다.[59]

치유적 용서는 사람의 정서가 변해야 비로소 이뤄진다. 결단의 용서는 중요하며 용서의 어느 시점에서든지 가능하다. 그러나 그 자체가 정서가 변하는 가슴으로 용서했다는 뜻은 아니다.[60] 하나님은 우리가 상처를 참고, 빨리 결단의 용서를 베풀고, 부정적 정서를 가해자를 향한 사랑과 공감과 동정과 긍휼의 긍정적 정서로 바꾸기를 원하신다.

성경에는 결단의 용서와 정서적 용서가 다 나온다. 우리는 결단의 용서의 의무와 정서적 용서의 체험적 자유를 함께 강조해야 한다. 넓게 보면

---

57 워딩턴, 『용서와 화해』, 50-51.
58 리치필드, 『하나님께 바로서기』, 172-173.
59 워딩턴, 『용서와 화해』, 51. 김남준 목사는 "이 세상에서 가장 먼 길은 머리에서 가슴까지의 거리다"라고까지 말한다. 김남준, 『거기 계시며 응답하시는 하나님』 (서울: 생명의말씀사, 2019), 144.
60 워딩턴, 『용서와 화해』, 55.

결단의 용서와 정서적 용서는 용서의 양면으로 둘 다 필요하다. 하나님은 우리가 마지못해 빚 탕감해 주는 것을 원치 않으신다. 하나님은 우리가 기꺼이 결단의 용서를 베풀기를 원하시며(마 6:12), 또한 중심으로 형제를 용서하기 원하신다(마 18:35). 우리는 빚을 탕감해 주되 마음의 변화도 경험해야 한다. 용서하지 못함으로 인한 원한, 적개심, 적의, 증오, 분노, 두려움이 정서적 용서의 동정, 공감, 긍휼, 사랑으로 바뀌어야 한다.[61]

결단의 용서가 정서적 용서까지 가기 위해서는 의식적으로 상대방을 비난하지 않는 훈련을 해야 하고, 또 상대방의 긍정적인 면을 보면서 그것을 반복해서 생각하는 것이 필요하다.[62] 마틴 루터 킹 목사는 이렇게 말한다.

> 우리는 용서의 능력을 개발하고 유지해야 한다. 용서할 힘이 없는 사람은 사랑할 힘도 없다. 가장 악한 사람 속에도 선이 있고 가장 선한 사람 속에도 악이 있다. 그것을 깨달으면 원수를 미워하는 성향이 줄어든다.[63]

용서할 때는 우리에게 잘못한 사람 자체를 용서하는 것이 아니라 그들의 잘못한 행동을 용서하는 것이다. 몹시 기분 나쁘고, 이기적이고, 악한 그들의 성격을 용서하는 것이 아니라 그들의 악한 행동을 용서하는 것이다.[64]

---

[61] 워딩턴, 『용서와 화해』, 65-67.
[62] 워딩턴, 『용서와 화해』, 170-171; 산데, 『피스메이커』, 279.
[63] 워딩턴, 『용서와 화해』, 117; 아놀드, 『왜 용서해야 하는가』, 221.
[64] 스미디스, 『용서의 미학』, 31-42; Benner, *Healing Emotional Wounds*, 126.

2) 우리가 가해자인 경우

우리가 다른 사람의 마음을 아프게 했다면 반드시 뉘우쳐야 한다. 오직 뉘우침만이 용서로 들어갈 수 있는 가장 정직한 입장권이기 때문이다.[65]

성경은 '회개하고 죄 용서함을 받으라'(행 3:19)라고 말씀하시면서 죄를 뉘우쳐야만 용서받을 수 있다고 말씀하신다. 이렇게 우리가 용서받기 위해서 죄를 뉘우쳐야 하는 것은 뉘우침이 하나님께 필요한 조건이 아니라 우리에게 필요한 조건이기 때문이다. 하나님은 우리를 진정으로 용서해 주기를 원하실 뿐만 아니라 우리가 진정으로 용서받았다고 느끼면서 하나님과 다시 연합하기를 원하신다. 하나님이 우리에게 뉘우침을 요구하시는 까닭은 '뉘우침'이야말로 회개의 진실성을 보여 주는 유일한 방법이기 때문이다.[66]

어느 신문에 "재일동포 5년 만의 '속죄 편지'"라는 제목으로 다음과 같은 기사가 보도됐다. 우리는 그 기사를 통해 가해자가 뉘우침으로 자신의 회개의 진실성을 보여 주고 있음을 알 수 있다.

> 재일동포 이모(63) 씨는 5년 전 면목동에 사는 아들을 방문해 함께 대형 마트에 쇼핑 갔다가 순간적인 충동으로 샴푸 5개, 린스 2개, 내복 한 벌 등 20만 원 상당의 물품을 계산하지 않고 가지고 나왔다. 당시에는 공짜라는 생각에 기분이 좋았지만 시간이 흐르면서 죄책감은 커져만 갔고, 이 씨는

---

65 스미디스, 『용서의 기술』, 136; 볼프, 『베풂과 용서』, 287-297.
66 스미디스, 『용서의 기술』, 136-137; 아놀드, 『잃어버린 기술 용서』, 198.

그 사건을 계기로 교회에 나가게 됐다. 이 씨는 속죄하는 마음으로 불쌍한 사람도 돕고 하나님께 매일 사죄 기도를 올렸지만 마음 한구석에 자리 잡은 죄책감을 떨쳐버릴 수 없었다. 이 씨는 편지에서 "나쁜 짓을 한 사람은 반드시 피해자에게 사과해야 하며, 그것이 물질이라면 그대로 돌려줘야 한다는 목사님의 설교를 듣고 감정이 북받쳤다"라고 말했다. 그는 또 "훔친 물건의 액수에서 조금이라도 모자라면 속죄가 안 될 것 같아 5만 원을 더해 25만 원을 넣었다. 용서해 주신다면 지금 죽더라도 편히 눈을 감을 수 있을 것 같다"라고 고백했다.

용서와 화해에 있어서 뉘우침의 중요성을 루이스 스미디스는 이렇게 설명한다.

> 하나님은 정직한 재결합[67]을 원하시기 때문에 사람이 먼저 회개하지 않으면 하나님께 용서받기를 기대할 수 없다. 인간 사이에서도 마찬가지다. 누구든 먼저 자기가 상처 입힌 일을 뉘우치지 않는다면 자기 때문에 상처 입은 사람에게 용서받거나 재결합하기를 기대할 수 없다.[68]

용서는 일방적인 행위로 시작하는 것이지만 용서의 궁극적인 목적은 깨진 관계의 회복이다. 용서한다는 것은 관계의 회복을 소망하면서 노력하는 것을 의미한다. 우리는 우리에게 해를 입히고 상처를 준 사람에 대해

---

[67] 재결합은 화해의 단계 중에서 제일 마지막 단계다. 워딩턴, 『용서와 화해』, 235.
[68] 스미디스, 『용서의 미학』, 134-135.

선의와 신뢰를 다시 쌓아 가도록 힘써야 한다.[69] 화해란 신뢰가 손상된 관계에서 신뢰를 회복하는 것이다. 화해하려면 양쪽 모두 신뢰를 쌓아야 한다.[70] 화해가 이뤄지기 위해서는 가해자에게 진실한 후회와 가책, 그리고 회개의 마음이 있어야 한다. 피해자는 용서해야 하고 가해자는 회개해야 한다. 그리고 두 사람 모두 사과해야 한다.[71]

화해에는 먼저 주도적으로 하는 것이 필요하다. 용서한다는 것은 가해자가 먼저 숙이고 들어오길 기다리는 것이 아니라, 우리가 먼저 사과하는 것을 말한다. 이런 자발적인 마음과 자세가 없으면 우리는 늘 용서 주변을 겉돌면서 용서라는 문으로 결코 들어갈 수 없을 것이다.[72] 무엇보다 자신이 가해자일 경우 주도적으로 나서서 화해에 힘써야 한다.[73] 그렇지만 화해에 대한 성경의 모든 본문을 보면(마 18:15-17; 고후 13:1-3; 2:5-11) 모든 그리스도인은 그가 가해자든 피해자든 상관없이 화해에 주도적으로 나서야 한다.[74] 그렇게 해야 할 중요한 이유 가운데 하나는 우리는 대부분 상대방을 가해자로 보고 우리는 피해자로 보기 때문이다.

듀크대학교 신학부 학장이었던 그렉 존슨(L. Gregory Jones)은 다음과 같이 지적했다.

---

[69] 아놀드, 『잃어버린 기술 용서』, 192-193.
[70] 워딩턴, 『용서와 화해』, 212.
[71] 아놀드, 『잃어버린 기술 용서』, 223; 스툽 외, 『부모를 용서하기 나를 용서하기』, 318.
[72] 아놀드, 『잃어버린 기술 용서』, 224.
[73] 워딩턴, 『용서와 화해』, 217.
[74] 워딩턴, 『용서와 화해』, 217, 232; 씨맨즈, 『좌절된 꿈의 치유』, 180.

많은 상황에서 화해 가능성이 사라지는 것은 양쪽 다 준비는 돼 있지만 용서받을 준비는 전혀 돼 있지 않기 때문이다.[75]

루이스 스미디스는 『용서의 미학』에서 용서와 화해[76]의 마지막 단계인 '재결합'의 차이를 이렇게 설명한다.[77]

나는 내 펜을 훔쳐 간 사람이 그 펜을 내게 여전히 돌려주지 않더라도 그 사람을 용서할 수 있다고 생각한다. 그러나 그 사람이 펜을 돌려주지 않는 한(진정한 회개를 보여 주지 않는 한) 그와 친구가 돼서는 안 된다.

용서하는 데는 한 사람이 필요하다. 재결합하는 데는 두 사람이 필요하다. 용서는 상처받은 사람 내면에서 일어난다. 재결합은 두 사람 사이의 관계에서 일어난다.

상대방이 미안하다고 말하지 않더라도 우리는 그 사람을 용서할 수 있다. 그 사람이 정말 정직하게 미안하다고 하지 않는다면 우리는 진정으로 재결합할 수 없다.

우리를 한 번 학대한 사람이 다시는 그러지 않을 것을 믿을 수 없을 때도 용서할 수 있다. 우리를 한 번 학대한 사람이 다시는 그러지 않을 것을 신뢰할 때만 재결합할 수 있다.

용서에는 부대조건이 없다. 재결합에는 부대조건이 몇 개 있다.

---

[75] 아놀드, 『잃어버린 기술 용서』, 236.
[76] 용서와 화해에 대해 존 T. 폴리코스키는 이렇게 설명한다. "용서의 공적인 형태는 화해다. 화해는 훨씬 길고 복잡한 과정일 수밖에 없다. … 화해는 회개, 뉘우침, 책임의 수용, 치유, 마지막으로 재결합 등 여러 단계로 이뤄진다." 워딩턴, 『용서와 화해』, 235.
[77] 스미디스, 『용서의 미학』, 48-49.

3. 관계 속에서 용서의 의미

용서하는 순간 우리는 하나님과 다른 사람들, 그리고 우리 자신에 대해 중요한 일을 행하게 된다.

1) 하나님과의 관계에 있어서 용서의 의미

성경을 보면 하나님께서 친히 자신을 알려 주시는 하나님의 자기 계시가 나온다. 자기 계시는 가장 정확한 하나님에 대한 표현이기에 하나님을 이해하는데 있어서 아주 중요하다. 자기 계시 가운데 가장 중요한 계시가 바로 '나 여호와는 용서하는 하나님'(출 34:6)이라는 것이다.[78] 하나님은 그 본성과 성품 자체가 용서하는 분이다. 용서는 하나님께서 시작하신 일로서[79] 모든 용서의 참된 원천과 동인(動因)은 하나님이시다. 하나님은 어떤 죄인이라도 진실한 마음으로 회개하면 반드시 용서해 주신다(참조. 므낫세 왕의 경우, 대하 33:1-13).

우리가 용서하는 이유는 하나님이 용서하시기 때문이다. 하나님이 용서하시기에 우리도 용서하는 것이고, 우리가 하나님 앞에서 용서받았기 때문에 우리도 다른 사람을 용서하는 것이다. 이처럼 우리가 하는 용서는 하나님이 하시는 용서의 '메아리'며, 하나님으로부터 용서받은 것의 '그림

---

[78] 김남준, 『거룩한 삶을 위한 교리 묵상, 하나님의 용서』 (서울: 생명의 말씀사, 2005), 110.
[79] 스툽 외, 『부모를 용서하기 나를 용서하기』, 189.

자'에 지나지 않는다.[80]

다른 사람이 용서받을 가치가 있는가—그 사람이 자신의 잘못을 알고 깨닫는가? 미안하게 생각하는가? 용서를 구하는가?—하는 것이 중요한 것이 아니다. 하나님께서 나에게 자비와 긍휼을 베풀어 주셨고 나를 용서하셨기 때문에 나도 다른 사람에게 자비와 긍휼을 베풀고 용서하는 것이다.[81]

그래서 C. S. 루이스는 말했다.

> 그리스도인이라는 것은 용서할 수 없는 것을 용서한다는 뜻이다. 왜냐하면, 하나님이 당신에게서 용서할 수 없는 것을 용서하셨기 때문이다.[82]

요한 크리스토프 아놀드 역시 같은 설명을 한다.

> 우리가 용서해야 하는 이유는 바로 십자가의 비밀에서 찾을 수 있다. "우리가 아직 죄인 되었을 때에 그리스도께서 우리를 위하여 죽으셨느니라" (롬 5:8). 용서는 아무런 대가 없이 하나님께 용서받은 사람이 마음으로부터 하는 자연스러운 응답이다. 자비는 자비를 낳고 은혜는 은혜를 낳는다. 용서는 용서받음으로써 다시 그 용서가 흘러넘치게 되는, 바로 그러한 것이다.[83]

---

[80] 볼프, 『베풂과 용서』, 207, 305, 341; 옥스버거, 『일흔 번씩 일곱 번』, 19, 22; Benner, *Healing Emotional Wounds*, 109-110; 폴리슨, 『악한 분노, 선한 분노』, 144, 152.
[81] 엔서, 『하나님의 용서를 경험하는 삶』, 242 참조.
[82] 화이트, 『이해할 수 없는 하나님 사랑하기』, 167에서 인용; 스툽 외, 『부모를 용서하기 나를 용서하기』, 189-192 참조.
[83] 아놀드, 『잃어버린 기술 용서』, 187.

우리 자신이 얼마나 용서가 필요한 사람인가를 알 때, 비로소 우리는 사랑과 연민의 마음으로 다른 사람을 대할 수 있게 된다. 그리고 우리가 다른 사람에게 얼마나 깊게 상처 입혔는가를 깨달을 때, 우리 자신의 깊은 상처도 치유받을 수 있는 것이다.[84]

용서는 기독교의 핵심이다. 하나님은 자비와 무궁한 사랑으로 예수님의 십자가 죽음을 통해 우리를 용서하신다. 우리가 믿음으로 하나님의 용서를 받아들일 때 용서함을 받고 그리스도인이 된다.

그러나 하나님이 우리를 용서하시는 것은 우리가 하나님의 용서를 받아들이기 때문이 아니다. 하나님이 용서의 주체가 되셔서 주도적으로 용서하신다. 하나님께 용서받은 사람은 감사하면서 올바른 반응으로 자기를 해치는 사람들을 용서하기로 결단하고, 이후 지속적으로 용서하게 된다.[85]

이처럼 요점은 이것이다.

우리 모두는 하나님의 자비하심을 이미 받은 사람들이며, 하나님의 자비가 필요한 사람이라는 것이다. 열쇠는 우리가 그것을 인식하고 다른 사람

---

[84] 아놀드, 『잃어버린 기술 용서』, 37-38. 이동원 목사도 동일한 고백을 한다. "우리가 이웃을 쉽게 용서하지 못하는 이유는 아직도 우리가 주님께 받은 용서가 얼마나 값비싼 용서인지 모르고 있기 때문이다. 이 사실을 단적으로 보여 주는 주님의 비유가 만 달란트 빚진 자의 비유다(마 18:21-35). 만 달란트의 빚을 주인으로부터 탕감받은 종이 백 데나리온 빚진 자기 친구를 용서하지 못했다. 이것이 우리 인생의 모습이다. 우리가 받은 용서는 하나님의 아들 그리스도가 생명을 바쳐 얻어 낸 것이다. 십자가 보혈로 용서받은 사람들이 왜 이웃의 작은 잘못을 용서하지 못하는가? 그것은 우리가 하나님께 받은 용서가 얼마나 엄청난지 깨닫지 못해서다. 우리는 만 달란트의 빚을 탕감받은 자보다 더 어리석은 자인지 모른다." 이동원, 『서로가 서로를 위하여』, 147-148.
[85] 위딩턴, 『용서와 화해』, 74 참조.

들을 대할 때도 그런 식으로 대해야 하는 것이다. 우리는 용서함(forgiveness)으로써 우리가 용서받았음(forgivenness)을 표현해야 한다.[86]

이렇게 우리가 이미 하나님으로부터 받은 용서의 질이 다른 사람들에 대한 용서의 질을 결정한다. 우리를 용서하신 하나님의 용서는 우리가 다른 사람들을 용서하는 용서의 모델일 뿐만 아니라 우리의 용서의 근원이다. 하나님께 아무 조건 없이 용서받은 사람은 아무 조건 없이 다른 사람들을 용서할 수 있다.[87]

그러므로 우리는 다른 사람들에 대한 용서의 문제를 다루기 전에 먼저 우리가 얼마나 긍휼에 풍성하신 하나님의 크신 사랑과 말로 다 할 수 없는 용서를 입었는지를 분명히 알고 인식해야 한다. 그러기 위해서는 무엇보다 주님의 십자가에서 나타난 하나님의 사랑을 깊이 깨달아야 한다.

주님께서는 십자가에 달려 여섯 시간 동안 끔찍한 고통을 당하셨기에 모든 육체의 기력을 다 소진해 완전히 탈진 상태에 계셨다. 그런데도 주님께서는 "엘리 엘리 라마 사박다니!" "나의 하나님, 나의 하나님, 어찌하여 나를 버리셨나이까?"(마 27:46)라고 큰 소리로 부르짖으신다. 그것은 십자가에서 느끼는 감당할 수 없는 영혼의 깊은 고통 때문이었다.

이제까지 주님께서는 아버지 하나님으로부터 끊임없는 사랑을 받아 오셨다. 주님께서는 영원 전부터 아버지 하나님의 사랑을 받으시면서 그 아버지와 끊임없이 교제하셨던 하나님의 독생자였다.

---

[86] 스툽 외, 『부모를 용서하기 나를 용서하기』, 192, 358; 스툽 외, 『남편과 아내가 함께 기도할 때』, 192; 산데, 『피스메이커』, 271-274.
[87] Benner, *Healing Emotional Wounds*, 128 참조.

그런데 죄인인 우리를 대신해 모든 죄를 짊어지시고 십자가에 달리신 그 순간, 거룩하신 하나님은 그 아들을 외면하셨고 완전히 버리셨다. 지옥의 문을 여시고 말로 다 할 수 없는 진노와 저주를 그 아들에게 격렬하게 쏟아 부으시면서 혹독하게 심판하셨다. 그러자 예수님은 자신을 향해서 쏟아지는 하나님의 저주와 진노를 더 이상 견딜 수가 없어서 아버지를 향해 피맺힌 절규를 토하신다.

"엘리 엘리 라마 사박다니!"

이 주님의 모습을 보면서 우리의 죄가 얼마나 악하고 끔찍한 것인가를 깊이 깨닫게 된다. 또한 하나님이 얼마나 공의로우신 분이신가도 확인하게 된다. 우리의 죄는 하나님이 사랑하시고 기뻐하시는 독생자인 예수님을 십자가에 못 박아 처참하게 죽일 만큼 악하고 무섭고 끔찍한 죄였다. 하나님은 사랑하는 독생자라도 죄인으로 십자가에 달리셨을 때 그 아들에게 끔찍한 진노와 심판과 저주를 다 쏟아부으실 만큼 절대적으로 거룩하시고 의로우시고 공의로운 분이시다.

우리는 십자가에서 죄의 끔찍함과 하나님의 공의로운 성품만을 볼 수 있는 것이 아니다. 죄인인 우리를 향한 하나님의 큰 사랑도 분명히 볼 수 있다. 우리를 향한 하나님의 사랑은 독생자 예수 그리스도를 우리 대신 십자가에서 처참하게 죽게 하신 것으로 확증됐다(롬 5:8). 주님의 참혹한 십자가를 보면서 우리를 향하신 '긍휼이 풍성하신 하나님의 그 큰 사랑'(엡 2:4)을 가슴 깊이 느낄 수 있다. 주님께서 십자가에서 우리 대신 하나님의 저주와 심판을 다 받으셨기에 우리의 모든 죄는 용서받았다. 십자가로 인해 우리는 하나님과 화목하게 됐고 구원을 선물로 얻었다.

범죄한 인간은 거룩하신 하나님 앞에 나아갈 수가 없었다. 그런데 예수 그리스도께서 십자가에 달려 저주와 형벌을 당하심으로 우리를 하나님과 화목하게 하셨다. 그 결과, 우리는 거룩하시고 의로우신 하나님 앞에 '담대함과 확신을 가지고' 나아갈 수 있게 됐다(엡 3:12). 하나님의 자녀가 돼 넘치는 사랑과 은혜를 입게 됐다.

십자가는 죄에 대한 하나님의 무서운 공의를 보여 줄 뿐만 아니라 죄인들을 향한 하나님의 큰 사랑도 보여 준다. 십자가는 하나님의 공의와 하나님의 사랑이 마주치는 곳이다. 하나님께서 죄인인 우리를 얼마나 사랑하시는가를 분명히 보여 주는 사건이 바로 십자가 사건이다.

십자가에서 나타난 하나님의 크신 사랑과 용서를 경험한 사람들은 자신에게 잘못한 사람들을 불쌍히 여기면서 용서하게 될 것이다. 그것은 우리가 구원받아 하나님의 자녀가 되면 성령으로 말미암아 우리 안에 하나님의 사랑과 용서가 부어지기 때문이다(롬 5:5[88]). 우리는 우리 안에 있는 하나님의 사랑과 용서로 다른 사람들, 특히 우리에게 잘못을 범한 사람들을 사랑하고 용서하게 될 것이다.

자랄 때 내게 상처를 준 부모나 교사들, 내가 도움을 필요로 했을 때 도와주지 않고 나를 놀리거나 무시했던 형제들이나 친구들, 나를 배반했던 사람들, 또한 나를 사랑하고 존중하고 안위하고 보호해 줄 것을 약속한 후 오히려 나에게 대들고 비난하고 상처를 준 나의 아내나 남편, 깊이 생각해 보면 그들 또한 불쌍한 사람들이며 결국 모든 것의 원인은 나 자신과 다른

---

[88] "소망이 우리를 부끄럽게 하지 아니함은 우리에게 주신 성령으로 말미암아 하나님의 사랑이 우리 마음에 부은 바 됨이니"(롬 5:5).

사람들의 죄 때문이다.

  나를 사랑하셔서 내 죄를 용서하신 하나님은 그들도 사랑하셔서 그들의 죄도 용서하셨다. 상처받은 나를 위해 대신 상처받으셨고, 나의 죄를 위해 대신 죽으셨던 주님은 내게 상처 준 그 사람을 위해서도 대신 상처받으셨고 대신 죽으셨다. 그러므로 나도 나에게 상처를 준 그 사람을 반드시 용서해야 하고 용납해야 한다. 우리는 하나님의 용서와 용납을 경험한 사람으로서 자연스럽게 그 사람을 용서할 수 있고 용납할 수 있다(골 3:13-14[89]).

  그런데 만약 우리가 용서하지 않으면 어떻게 되는가?

  마태복음 18:21-35[90]에 나오는 '만 달란트 빚진 자의 비유'는 이 질문에 대한 분명한 답을 제시해 준다.

---

[89] "누가 누구에게 불만이 있거든 서로 용납하여 피차 용서하되 주께서 너희를 용서하신 것 같이 너희도 그리하고 이 모든 것 위에 사랑을 더하라 이는 온전하게 매는 띠니라" (골 3:13-14).

[90] "그 때에 베드로가 나아와 이르되 주여 형제가 내게 죄를 범하면 몇 번이나 용서하여 주리이까 일곱 번까지 하오리이까 예수께서 이르시되 네게 이르노니 일곱 번뿐 아니라 일곱 번을 일흔 번까지라도 할지니라 그러므로 천국은 그 종들과 결산하려 하던 어떤 임금과 같으니 결산할 때에 만 달란트 빚진 자 하나를 데려오매 갚을 것이 없는지라 주인이 명하여 그 몸과 아내와 자식들과 모든 소유를 다 팔아 갚게 하라 하니 그 종이 엎드려 절하며 이르되 내게 참으소서 다 갚으리이다 하거늘 그 종의 주인이 불쌍히 여겨 놓아 보내며 그 빚을 탕감하여 주었더니 그 종이 나가서 자기에게 백 데나리온 빚진 동료 한 사람을 만나 붙들어 목을 잡고 이르되 빚을 갚으라 하매 그 동료가 엎드려 간구하여 이르되 나에게 참아 주소서 갚으리이다 하되 허락하지 아니하고 이에 가서 그가 빚을 갚도록 옥에 가두거늘 그 동료들이 그것을 보고 몹시 딱하게 여겨 주인에게 가서 그 일을 다 알리니 이에 주인이 그를 불러다가 말하되 악한 종아 네가 빌기에 내가 네 빚을 전부 탕감하여 주었거늘 내가 너를 불쌍히 여김과 같이 너도 네 동료를 불쌍히 여김이 마땅하지 아니하냐 하고 주인이 노하여 그 빚을 다 갚도록 그를 옥졸들에게 넘기니라 너희가 각각 마음으로부터 형제를 용서하지 아니하면 나의 하늘 아버지께서도 너희에게 이와 같이 하시리라"(마 18:21-35).

어느 날 베드로가 "주여 형제가 내게 죄를 범하면 몇 번이나 용서하여 주리이까 일곱 번까지 하오리이까?"라고 질문했을 때 주님께서는 "일곱 번뿐 아니라 일곱 번을 일흔 번까지라도 할지니라"라고 대답하시면서 '만 달란트 빚진 자의 비유'를 예로 드셨다. 주님께서는 만 달란트 빚진 자가 왕에게 자기 빚을 탕감받은 후 백 데나리온 빚진 자를 용서해 주지 않고 옥에 가둬 놓은 사실을 비유로 말씀하시면서 "너희가 각각 마음으로부터 형제를 용서하지 않으면 나의 하늘 아버지께서도 너희에게 이와 같이 하시리라"(마 18:35)라고 하셨다.

주님의 이 말씀은 무슨 뜻인가?

머리로는 하나님의 용서를 믿고 받아들였음에도 우리의 마음으로는 그렇지 못한 경우가 많다는 것이다. 우리의 마음으로는 하나님의 용서를 믿음으로 받아들이지 못하고 마음을 닫아 버리는 것이다.[91]

하나님은 예수 그리스도의 십자가를 통해서 우리의 죄의 문제를 다 해결해 놓으셨다. 그러므로 누구든지 하나님 앞에서 자신의 죄를 회개하고 예수 그리스도를 믿으면 하나님의 전적인 은혜로 모든 죄를 용서받고 구원을 얻는다.

그런데 하나님의 은혜를 의뢰하지 않고 자기 행위를 의뢰하는 불신앙과, 거기서 비롯된 심한 열등감과 죄의식이 마음 안에 자리잡고 있는 사람은 예수 그리스도의 십자가에서 확증된 하나님의 사랑과 무조건적인 용서를 믿음으로 마음에 받아들이지 못하게 된다. 의식에서는 하나님의 은혜

---

[91] 이성훈, 『상한 마음을 찾으시는 하나님』, 79-83; 이성훈, 『내적치유』, 173-180; 씨맨즈, 『상한 감정의 치유』, 39-45 참조.

와 용서를 받아들이지만 마음속에서는 자신의 행위와 공로를 의뢰하는 율법주의로 말미암아 하나님의 은혜와 용서를 믿음으로 받아들이지 못하고 있는 것이다.[92]

이것은 대부분 우리가 인식하지 못하고 있는 마음에서 일어나기에 내가 그렇게 하는 것을 나 자신도 잘 모른다.

그래서 주님은 내가 마음으로 하나님의 용서를 믿음으로 받아들여서 실제로 용서받았는지를 알 수 있는 방법을 제시해 주셨다. 그것은 내가 다른 사람을 어떻게 대하느냐를 보면 내가 하나님의 용서를 믿음으로 마음에 받아들여서 용서를 받았는가의 여부를 알 수 있다는 것이다.

이 사실을 존 엔서는 이렇게 설명한다.

> 이것이 다른 사람을 용서하는 것이 영생을 주는 충만한 은혜를 궁극적으로 획득한 여부를 확인하게 해 주는 결정적인 요소다. 처음에 겸손하게 하나님의 용서를 구하고, 자신의 필요를 고백하고 그리고 그분이 베푸신 용서를 두고 하나님을 찬양할 때, 우리는 당연히 순전한 구원의 믿음이 시작됐다고 생각하고 그렇게 기대할 것이다. 그러나 자비를 구하는 우리의 최초의 청원이 구원하는 믿음의 본질에서 비롯된 것인지의 여부는 시간이 지나면서 확증된다. 다른 사람들을 비난하고 불명예스럽게 만든다면, 그

---

[92] 데이비드 씨맨즈는 자신의 상담 경험을 이렇게 한마디로 요약했다. "나는 오래전에 복음주의적인 그리스도인들이 겪는 대부분의 정서 문제의 주요한 원인은 다음 두 가지라고 결론을 내릴 수밖에 없었다. 하나는 하나님의 무조건적인 은혜와 용서를 깨닫고 받아들이지 못하며 누리지 못하는 것이고, 또 하나는 그 무조건적인 사랑, 용서, 은혜를 베풀지 못하는 것이다. … 우리는 훌륭한 은혜의 신학을 읽고 듣고 믿는다. 그러나 그렇게 살지는 않는다. 은혜의 복음이 정서의 차원까지 뚫고 들어오지 못하는 것이다." 얀시, 『놀라운 하나님의 은혜』, 16에서 인용.

것은 구원하는 본질과 상관없는 나쁜(거짓된) 믿음이다. 만약 우리의 믿음이 다른 사람들에게 은혜를 베풀려는 마음을 생산하고 그 마음을 따라 실천하게 한다면 그 믿음은 영원한 은혜를 얻게 된 것이며, 동시에 그 믿음으로 이뤄지는 모든 행위는 영원한 은혜로 보상받게 될 것이다.[93]

"너희가 각각 마음으로부터 형제를 용서하지 않으면 나의 하늘 아버지께서도 너희에게 이와 같이 하시리라"(마 18:35)라는 주님의 말씀은 주님이 가르쳐 주신 '주기도문'에도 동일하게 나온다.

우리가 우리에게 죄 지은 자를 사하여 준 것 같이 우리 죄를 사하여 주시옵고(마 6:12).

우리가 이 말씀을 피상적으로 이해하면 오해의 소지가 있다. 하나님의 용서는 무조건적인데 주님은 조건을 첨가하시는 것처럼 말씀하셨다. 예수님의 십자가만 믿으면 어떤 죄도 용서받는다고 하셨는데, 다른 사람들을 용서해야 용서를 받는다고 하시니 모순된 것 같다.

그러나 용서의 본질을 이해하게 되면 결코 이 말씀이 어떤 조건을 통해서 하나님이 용서해 주시는 것이 아니라는 것을 알게 된다. 하나님은 예수

---

[93] 엔서, 『하나님의 용서를 경험하는 삶』, 251-252; 옥스버거, 『일흔 번씩 일곱 번』, 19-22. 조지 허버트(George Herbert) 목사는 "남을 용서할 수 없는 사람은 자신이 천국에 갈 때 통과하려는 다리를 파괴해 버리는 사람이다. 왜냐하면, 누구나 용서받아야 할 필요가 있기 때문이다"라고 했다. 옥스버거, 『일흔 번씩 일곱 번』, 18-19.

그리스도의 십자가를 통해서 우리가 용서받을 수 있는 은혜의 길을 마련해 놓으셨다. 누구든지 예수 그리스도를 믿으면 하나님의 무조건적인 용서를 받을 수 있다. 그러나 예수 그리스도를 믿지 않으면, 즉 예수 그리스도의 십자가를 통해 이뤄 놓으신 하나님의 무조건적인 용서를 믿음으로 받아들이지 않으면, 하나님의 무조건적 용서를 받을 수 없고, 그래서 용서받지 못하는 것이다.

만일 내가 이웃을 용서하지 않으면 이 말씀이 나에게 해당된다. 내가 하나님의 무조건적인 용서를 받아들여서 용서받았는지 알 수 있는 것은 의식까지의 범위다. 내가 나의 마음 깊은 곳에서까지 하나님의 용서를 믿음으로 받아들여서 용서받았는지는 의식의 세계가 아니므로 우리는 잘 모른다. 그것을 알기 위해서는 내가 다른 사람을 용서해 주는지 아닌지를 보면 알 수 있다. 왜냐하면, 우리는 내가 나에게 행하는 대로 남에게 행하게 되기 때문이다.

예수 그리스도의 십자가를 통해서 이뤄 놓으신 하나님의 무조건적인 용서를 내가 믿음으로 받아들이지 않아서 실제로 용서받지 못했다면 나 자신을 용서하지 못하게 되고, 그래서 다른 사람들도 용서하지 못하게 된다. 그러므로 내가 다른 사람들을 용서하지 못하는 것은 곧 내가 하나님의 무조건적인 용서를 믿음으로 받아들이지 않은 것이고, 결국 하나님으로부터 용서받지 못한 것이다.

루터는 이렇게 말한다.

내가 나의 행위를 통해 드러내 보이는 용서야말로, 내가 하나님 앞에서 용서받았음을 보여 주는 확실한 표지다. 반면에 내가 이웃과의 관계에서 그것을 드러내 보이지 않는다면, 그것은 내가 하나님 앞에서 용서받지 못하고 불신의 늪에 빠져 있음을 알리는 확실한 표지일 것이다.[94]

내가 다른 사람들을 용서하지 못하고 있는 것은 얼마나 내가 하나님의 용서를 믿음으로 받아들이지 못하고 있는지를 알 수 있는 분명한 증거다. 내가 알고 있는 나의 의식의 세계에는 하나님의 용서가 임한 것을 알지만 내가 알지 못하는 나의 마음 깊은 곳에는 용서받지 못해 하나님의 빛과 생명을 접하지 못해 고통당하는 나의 상한 마음이 있다는 것을 알아야 한다. 나의 마음이 용서받지 못해 고통당하면서 옥에 갇혀 있기에 아직도 진정한 변화와 성장이 없고, 이웃 사랑과 용서가 없는 것이다.

우리는 다른 사람들을 용서하지 못할 때 그 현상만 보고 이를 극복하려고 해서는 안 된다. 다른 사람들을 용서하라고 하니까 무조건 용서하려고 노력만 해서는 결코 진정한 용서가 되지 않는다는 것이다.

물론 용서가 하나님의 말씀에 순종하고자 하는 의지적인 결단이지만 그것보다 더 우선적이고 중요한 것은 내가 먼저 하나님의 무조건적인 용서를 믿음으로 받아들여서 실제로 용서받아야 하는 것이다. 이것이 '용서의 본질'이다. 다른 사람들을 용서하지 못하는 것은 내가 진정으로 용서받지 못했기 때문이기에 내가 하나님의 용서를 믿음으로 받아들임으로 진정 용서를 받으며 나를 용서하게 되고, 지연스럽게 다른 사람들을 용서하게 된다.

---

[94] 볼프, 『베품과 용서』, 246에서 인용.

분노와 미움은 나의 마음이 굶주렸기 때문에 생긴다. 그것은 참된 사랑과 관심에 굶주렸기에 채우고 싶었는데 그것이 좌절될 때 발생되는 마음이다. 내가 진정으로 채워지면 분노와 미움은 사라지게 된다. 우리가 분노와 미움을 버리고 용서해 주려고 노력해도 안 되는 것은 내가 여전히 굶주려 있기 때문이다. 그 악순환에서 벗어나는 길은 나의 굶주림을 먼저 채우는 일이다. 그것은 하나님이 나를 무조건적으로 용서하시고 용납하시는 그 복음을 마음 깊이 받아들임으로써 해결될 수 있다. 우리의 굶주림은 오직 하나님으로만 채워질 수 있는데[95] 그것은 용서를 통해서 가능해진다.

우리가 가족과 친구들과 직장 동료들과 믿음의 형제들과 지인들과 원수까지 용서하기를 원하는 것은 하나님의 사랑이 내 안에서 역사하고 있고, 내가 하나님의 사랑을 실천하고 있음이 용서를 통해서 드러나기 때문이다.[96]

우리는 내 힘과 결심과 노력으로는 용서할 수 없고, 오직 하나님의 은혜와 자비로만 용서할 수 있다. 용서에는 인간의 노력도 필요하지만 그것은 우리를 일정한 곳까지 데려가지 못한다. 용서란 두 주먹 불끈 쥐고 애쓰는 손에는 잡히지 않는다. 겸손히 무릎 꿇고 손 벌리고 사랑과 자비와 은혜를 받아들이는 자세로만 잡힌다. 용서는 하나님의 은혜와 자비의 선물이다.[97]

요한 크리스토프 아놀드는 이렇게 말한다.

---

[95] 수많은 시간 동안 하나님을 떠나서 이단에 빠지기도 하고 정욕에도 깊이 빠졌던 성 어거스틴(St. Augustine of Hippo)은 그 사실을 뼈저리게 체험했기에 『참회록』을 시작하면서 이렇게 고백했다. "주님 안에서 안식을 발견하기까지 우리의 마음은 쉼을 누릴 수 없습니다"(our hearts are restless till they find rest in Thee). 성 어거스틴, 『참회록』(*The Confession*)(서울: CH북스, 2001), 35.
[96] 워딩턴, 『용서와 화해』, 78-79.
[97] 워딩턴, 『용서와 화해』, 79-81; Benner, *Healing Emotional Wounds*, 116.

비록 다른 사람을 용서하고자 하는 결단들이 우리 내면에서 시작되는 것이지만, 우리 자신의 힘으로 그렇게 되는 것은 아니다. 용서할 수 있는 힘은 우리에게서 나오는 것이 아니라 하나님께서 주시는 것이다. 우리가 기도와 신뢰로써, 그리고 우리의 연약함을 겸손히 인정하며 그분께 의지할 때만 하나님께서 일하실 수 있는 것이다.[98]

그러나 우리 힘만으로는 참된 용서가 불가능하다고 해서 용서에 힘써야 하는 우리 책임이 없어지는 것은 아니다. 나는 용서해야 할 책임이 있고, 용서에 힘써야 한다.[99]

우리는 전적으로 주님을 의지하면서 동시에 부지런히 용서에 힘써야 한다. 용서에는 우리 몫이 있고 하나님의 몫도 있다. 우리 몫은 용서를 이해하고, 용서가 필요한 때를 분별하고, 내 노력의 한계를 인정하고, 포도나무신 주님을 전적으로 신뢰하면서 그분 안에 거하는 것이다. 그때 우리는 본래 우리 힘으로는 영적인 의미에서 참된 용서를 베풀 수 없지만 우리 안에서 역사하시는 주님으로 말미암아 용서를 베풀 수 있는 것이다.[100]

우리가 하나님의 무조건적 용서를 경험하고, 또 주님 안에 거함으로 말미암아 다른 사람들에게 용서를 베풀 때 이 땅에서 주님의 제자로서 복되게 살게 된다. 그것은 용서는 주님의 가장 중요한 가르침이고, 그분의 거룩한 모범적 습관이었기 때문이다. 이 사실을 이동원 목사는 이렇게 설명한다.

---

[98] 아놀드, 『잃어버린 기술 용서』, 95-96.
[99] 워딩턴, 『용서와 화해』, 79.
[100] 워딩턴, 『용서와 화해』, 81; Benner, *Healing Emotional Wounds*, 108-110; 데이빗 씨맨즈, 『좌절된 꿈의 치유』(*Living with Your Dreams: Let God Restore Your Shattered Dreams*), 이갑만 역 (서울: 두란노, 1994), 160-168.

예수님 인생의 결론은 십자가였습니다. 그런데 십자가는 다름 아닌 용서의 실천 마당이었습니다. 그분은 인류의 용서 곧 죄 사함을 위해 십자가를 지셨으며, 마지막 남긴 말씀도 바로 용서의 말씀이었습니다(눅 23:24).[101]

이렇게 용서가 너무나 중요하고 축복된 일이기에 용서를 실천하며 살 때 진정으로 복된 삶을 살 수 있다. 그 사실을 이동원 목사는 이렇게 지적한다.

우리가 일생을 통해서 경험하는 일 가운데 최대의 경험, 가장 놀라운 경험이 있다면 그것은 주님께로부터 용서받는 체험이고, 우리가 일생을 통해서 이웃에게 베풀 수 있는 최선의 사랑이 있다면 그것은 용서하는 일입니다.[102]

2) 다른 사람들과의 관계에 있어서 용서의 의미

용서는 상대방을 사탄의 역사로부터 풀어 주는 것이다. 우리가 용서하지 않을 때 그 사람을 얽매이게 하고 묶이게 한다.

---

[101] 이동원, 『예수님의 거룩한 습관』, 182-184.
[102] 이동원, 『서로가 서로를 위하여』, 138.

3) 나 자신과의 관계에 있어서 용서의 의미

용서할 때 사탄의 역사로부터 나에 대해서도 풀어 주게 된다. 그래서 죽은 사람도 용서해야 한다.[103] 용서하지 않기 때문에 계속 힘이 소진되게 된다. 거기에 자신을 집중하게 돼 판단하고 원망하고 미워하고 분노하면서 마음에 쓴 뿌리가 생긴다. 스트레스 수준이 최고로 올라가게 돼 탈진하게 된다.[104]

마음이 더 강퍅해지면서 신체에도 이상이 오게 된다. 우리가 마음의 아픔과 체면 때문에 용서하지 않으면 거기에 묶이게 되고 끌려다니게 된다. 용서하지 않기 때문에 자신을 더욱 올무에 빠지게 한다. 그러나 용서하기를 선택하고 입으로 용서를 고백하자마자 묶였던 것에서 풀어지는 것이다. 긴장과 억압과 스트레스에서 자유롭게 되며 몸과 마음도 치유되고 회복되게 되는 것이다.

실제로 용서는 우울증과 심장병, 그리고 모든 종류의 질병을 치료할 수 있는 열쇠가 된다는 연구 조사 결과가 발표됐다.[105] 반면에 다른 사람들을 용서하지 않고 분개하며 원한에 사로잡혀 있는 사람들은 암과 심장병 발병률이 훨씬 더 높은 것으로 조사됐다. 또 다른 보고는 용서하지 않는 것은 육체적으로도 건강한 삶을 살지 못하도록 만드는, 보다 더 직접적인 위

---

103 오래 전에 세상을 떠난 죽은 사람도 용서해야 하는 이유는 용서가 마음의 문제기 때문이다. 머카난테, 『이해할 수 없는 은혜』, 179.
104 탈신(burnout)의 가장 중요한 요인이 나쁜 사람들을 용서하지 못하고 원한과 쓴 뿌리에 사로잡혀 있는 것이라는 연구 보고가 있다. Benner, *Healing Emotional Wounds*, 111.
105 아놀드, 『잃어버린 기술 용서』, 186; 리치필드, 『하나님께 바로서기』, 168-169; 송봉모, 『상처와 용서』 (서울: 바오로딸, 2012), 24-27 참조.

험 요소가 된다고 지적한다. 이처럼 용서하지 않고 분개하면서 원한을 품는 것은 우리의 육체와 심령과 영을 파괴하는 독약과 같기에 우리는 용서의 중화제를 가지고 가능한 한 빨리 그 독약을 중화시켜야 한다.[106]

크리스티 김의 『인생의 응어리를 풀라』에 나오는 이야기다. 17년 동안이나 머리끝에서 발끝까지 송곳으로 찌르는 것처럼 아팠다고 고통을 호소하는 집사님이 있었다. 그래서 이 집사님은 1년에도 진통제를 몇천 개씩 먹고 살 수밖에 없었다. 그런데 이분이 그렇게 몸이 아팠던 이유는 남편과 시어머니를 미워했기 때문이었다.

이 집사님은 17년 전, 아이를 낳은 직후에 남편과 시어머니 때문에 산후조리를 변변히 못 했고, 그 일 때문에 시어머니와 남편을 미워하면서 17년을 살았다. 그러다가 17년 만에 처음으로 자기 남편과 시어머니를 용서한다고 하나님 앞에 고백하게 됐다. 그랬더니 거짓말처럼 아픈 것이 나았다. 17년 동안이나 약을 먹고 의사를 찾아다니던 분이 용서기도 한마디에 눈 녹듯 아픔이 사라졌다.[107]

친구에게 3억을 사기당한 분이 계셨다. 그는 생각할수록 억울하고 분통이 터졌다. 친구가 그런 위인인지 몰랐던 자신도 밉고 한심스러웠다. 그 친구와 같은 성을 가진 사람을 만나기만 해도 화가 났고, 그 돈으로 할 수 있는 일들을 생각하면 피가 거꾸로 솟구치는 것 같았다. 낮에는 일이 손에 안 잡히고 밤에도 잠이 오지 않았다. 몸과 마음이 지칠 대로 지쳐 갔지만 아무리 눈을 감고 잠을 청해도 잠은 오지 않았다. 따끈한 우유 데워 마시

---

[106] Benner, *Healing Emotional Wounds*, 111.
[107] 크리스티 김, 『인생의 응어리를 풀라』, 58-59.

기부터 수면제를 복용하기까지 그는 극심한 불면증에 시달렸다. 그러기를 거의 이 주일째, 정신도 없고 거의 죽을 것만 같았다. 그는 기력이 없어 누운 상태로 주님께 이렇게 기도했다.

"주님, 죽겠습니다. 너무 힘듭니다. 억울하고 분통이 터집니다. 미치겠습니다! 왜 제가 이렇게 당합니까?"

그러면서 기도 끝에 한숨을 깊게 내쉬며 고백했다.

" … 제게 사기 친 … 오 … 철 … 수를 … 용 … 서합니다 … 용서합니다."

용서의 기도를 한 그날, 그는 마치 죽은 사람처럼 오랜 시간 동안 깊이 잠들 수 있었다.[108]

4. 자기 자신 용서하기[109]

다른 사람뿐만 아니라 자신도 용서해야 한다. 그런데 대부분 우리에게 있어서 가장 용서하기 힘든 사람은 우리 자신이다. 우리 대부분은 자신을 용서하는 것보다 다른 사람들을 용서하는 것이 훨씬 쉽다고 여기기에[110] 자신을 용서하는 것은 우리에게 가장 커다란 과제가 된다.[111]

---

[108] 크리스티 김, 『인생의 응어리를 풀라』, 69-70.
[109] 용서와 용납을 구분할 수 있어야 한다. 자기 용서는 우리가 한 일에 대해서 자신을 용서하는 것이고, 자기 용납은 우리 자신에 대해서 있는 그대로 용납하는 것이다. 우리를 '자기 정죄'에서 구해 주는 것은 '용서'고, '자기 거부'에서 구해 주는 것은 '용납'이다. 스미디스, 『용서의 미학』, 142-143.
[110] 스톱, 『부모를 용서하기 나를 용서하기』, 353-354; 씨맨즈, 『기억의 치유』, 226.
[111] 탐슨, 『내 마음의 벽』, 241; 스탠리, 『상한 감정 클리닉』, 143-155; 씨맨즈, 『좌절된 꿈의 치유』, 177-179.

특히 우리의 잘못으로 인해 사랑하는 사람들에게 큰 해악을 끼쳤고, 그 결과가 치명적이었을 때는 자기 자신을 용서하는 것이 정말 어렵다. 아니 불가능하다.[112] 그렇지만 우리가 자신을 용서하지 않으면 어두운 감옥에 갇혀 있게 된다.[113]

필자가 시무하는 교회에서 처음 성경적 내적치유 세미나를 시작했을 때 조별 모임에서 일어났던 일이다. 어느 참석자가 자기 이름을 부르면서 "OOO야, 내가 너를 용서한다"라고 소리쳤다. 그는 오랫동안 자신을 용서하지 못했고, 그 결과 심히 고통당하면서 힘들게 살아왔던 것이다.

자신을 용서하고 용납하는 것은 상처를 치유하고 쓴 뿌리들을 뽑는 데 있어서 너무나 중요하다. 자신을 용서하지 못한 사람은 십자가의 사랑과 하나님의 용서를 실제로 체험하지 못한 사람이기에 다른 사람을 진정으로 용서할 수 없다.

이 사실을 데이비드 스툽은 다음과 같이 명확하게 지적한다.

> 우리가 다른 사람에게 베푸는 용서는 우리에게 베푸신 하나님의 용서에서 비롯된다. 우리의 용서(forgiveness)는 우리의 용서받음(forgiven-ness)에서 흘러나온다. 자기 자신을 용서하는 것만큼 이것이 더 많이 적용되는 것은 없다. … 우리가 자신에게 아무리 쓰라리게 상처를 입혔다 할지라도, 십자가에 달리신 예수님의 죽음은 우리를 자유롭게 하셨다. 하나님의 은혜는 항상 충분

---

[112] 존 엔서는 어릴 때 아버지의 학대로 인해 마음속에 분노를 품고 살았던 변호사 밥이 결혼해 분노로 인한 무모한 운전으로 교통사고를 일으켜 젊은 아내를 죽게 만들었던 사건을 구체적인 예로 든다. 엔서, 『하나님의 용서를 경험하는 삶』, 54-55.
[113] 크래프트, 『깊은 상처를 치유하시는 하나님』, 186-187 참조.

하다. 그분의 용서는 항상 부족함이 없다. 자신이 가치 없고 사랑스럽지 않다고 아무리 느껴도 하나님은 우리를 사랑하신다. 우리 자신에 대한 우리의 느낌이 우리를 향한 하나님의 사랑을 바꿀 수는 없다. 그분은 우리 각자에게 한없는 가치와 진가를 책정해 주셨다. 우리를 창조하시고, 우리를 위해 그의 아들을 보내어 죽게 하셨다.

만일 하나님 자신이 우리를 용서하실 수 있다면, 어째서 우리가 자신에게 용서를 베풀 수 없단 말인가?

우리가 용서받았기 때문에, 우리에게 죄를 지은 사람들을 용서하는 것은 우리의 의무다. 거기에는 예외가 없다. 자기 자신까지도 말이다.[114]

폴 틸리히 역시 말했다.

> 신앙이란 하나님이 우리를 용서하신 것 같이 우리가 우리 자신, 즉 내가 나를 용서하는 경험이다.[115]

자신이 괴로움과 아픔을 느끼는 사람은 다른 사람을 괴롭히고 아픔을 준다. 하나님께서 우리를 용서하실 때에는 우리의 죄를 깊은 바닷속에 던지시고 다시는 기억하지 않으시고 문제 삼지 않으신다(미 7:19; 사 38:17). 따라서 우리는 하나님이 용서해 주시고 깊은 바닷속에 던진 우리의 죄를 다시 끄집어내서 기억하고 문제 삼아서는 안 된다.

---

[114] 스툽 외, 『부모를 용서하기 나를 용서하기』, 358-359; 주서택 외, 『내 마음속에 울고 있는 내가 있어요』, 171-172 참조.
[115] 변상규, 『자아상의 치유』, 171-172에서 인용.

성 암브로스(Saint Ambrose)는 이렇게 말했다.

> 내가 의기양양한 것은 내가 의롭기 때문이 아니라 구원받았기 때문이며, 죄가 없기 때문이 아니라 나의 죄악들을 용서받았기 때문이다.[116]

자신을 진정으로 사랑하고 용서하고 용납하는 사람만이 진정한 치유를 받을 수 있고 다른 사람도 용서하며 받아들일 수 있다.

용서는 우리 마음에서 하는 것이며, 우리 삶 가운데 주님의 축복이 임하는 놀라운 은혜의 통로다. 용서하는 것은 우리를 괴롭히는 감정들에서 벗어나는 것이다. 또한 용서는 앙갚음과 복수를 포기하고, 상대에게 완벽한 행위와 사과를 요구하지 않는 것이다.[117]

5. 용서를 통한 해방

용서할 때 대물림하면서 내려오는 악한 영향력을 끊고 부전자전(父傳子傳)에서 벗어날 수 있다. 술 때문에 가정을 파괴한 자기 아버지를 경멸하고 분개하며 자란 아들이 있었다. 그런데 성장한 후 자신에게 소름 끼치는 일이 발생했다. 그것은 자신이 그렇게도 증오했던 아버지가 빠져 있던 술 중독에 빠진 것을 발견했기 때문이다.

---

116 엔서, 『하나님의 용서를 경험하는 삶』, 23에서 인용.
117 아놀드, 『잃어버린 기술 용서』, 193.

마음으로부터 남들을 판단하고 비난할 때 우리는 바로 그 동일한 죄 속에 우리 스스로 빠져 있음을 발견하게 된다. 용서하지 않고 미워하면 미워하는 그 사람의 모습을 닮아 가게 된다.[118]

크리스티 김의 『인생의 응어리를 풀라』에 나오는 이야기다.[119] 어느 집사님이 몸부림치면서 이렇게 고백했다.

선교사님, 저는 어렸을 때부터 아버지가 어머니를 때리는 것을 지켜보고 자랐습니다. 그래서 어렸을 때부터 다짐했습니다.
'나는 아버지처럼 안 할 거야. 이 다음에 결혼하면 나는 절대로 아버지처럼 안 할 거야.'
그렇게 굳게 다짐했어요. 그런데 그렇게 다짐했는데 제가 집사인데, 제가 결혼해서 제 아내에게 손을 댑니다.
어떻게 이럴 수가 있습니까?
제 자신이 너무나 싫습니다.

선교사님! 저는 어렸을 때 어머니가 제게 욕하고 저를 때렸던 것이 너무나 싫었습니다. 저는 결혼해서 아이들을 낳으면 엄마가 제게 한 것처럼은 절대 안 하겠다고 결심했습니다.
그런데 결혼해서 아이를 낳고 보니 제가 어머니와 똑같은 욕을 하고, 똑같은 방법으로 아이들을 때리고 있지 뭡니까?

---

[118] 김남준, 『맺힌 것을 풀어야 영혼이 산다』, 207-211, 218-219; 주서택 외, 『내 마음속에 울고 있는 내가 있어요』, 163-164.
[119] 크리스티 김, 『인생의 응어리를 풀라』, 45-46.

우리는 두 유형의 사람들, 즉 사랑하는 사람과 용서하지 않는 사람을 닮는다. 왜냐하면, 그들을 자꾸만 생각하고 마음에 품고 살기 때문이다. 우리는 우리에게 잘못을 범한 사람을 용서하지 않고 거부하면서 그 사람을 마음에 품고 생각하게 된다.

어떻게 사람이 자기 아내를 사랑하지는 못할망정 저렇게 짐승처럼 때릴 수가 있어. 어떻게 엄마가 자기가 낳은 자식에게 욕하고 때릴 수가 있어. 나는 절대로 저렇게 하지 않을 거야. 두고 보라지. 나는 절대로 저렇게 안 할 거야. 나는 우리 아버지를 용서 못 해. 우리 엄마를 용서 못 해.

그렇게 잘못을 범하는 부모를 용서하지 않고 계속 생각하다가 그 부모를 닮아가게 된다. 그런데 부모의 좋은 점이 아니라 부모의 못된 점, 특별히 부모가 잘못하고 있다고 생각하는 그 점을 닮아 간다.[120]

여기서 벗어나는 길은 겸손과 고백을 통해 정직하게 마음의 문을 여는 것이다. 그리고 조건 없이 용서를 베푸는 것이다. 즉 겸손히 낮아져서 미워하며 분개했던 일을 고백하면서 회개하고, 또 고통을 줬던 자들을 조건 없이 용서함으로 풀어 줄 때 이제까지 묶여 있던 속박이 끊어지고 영혼이 자유롭게 돼서 더 이상 악을 행하지 않게 된다.[121]

놀라운 것은 이런 사람들이 하나님 앞에 회개하고 용서받고, 그리고 어머니를 때렸던 아버지를 용서하고, 그 밖에 자기 마음을 상하게 했던 사람

---

[120] 크리스티 김, 『인생의 응어리를 풀라』, 46.
[121] 탐슨, 『내 마음의 벽』, 237-241.

들을 용서하면 그 사람들을 닮아가던 악한 행동들이 끊어지게 된다. 그러면서 하나님을 닮아가고 영적으로 성숙해가는 놀라운 변화의 역사가 일어나게 된다.[122]

6. 하나님께 대한 원망의 마음, 실망한 마음 등을 풀기[123]

필자가 잘 아는 목사님이 어느 교회에 부임한 후 얼마 지나지 않아 사랑하는 외아들이 유치원에 갔다 오다가 유치원 차에 치여 죽고 말았다.

사랑하는 외아들이 그렇게 끔찍한 교통사고로 어린 나이에 죽고 말았을 때 목사님과 사모님의 의식에서는 그렇지 않았다 할지라도 마음 깊은 곳에서는 하나님께 대한 원망하는 마음이나 실망한 마음 등이 있을 수 있지 않겠는가?

게다가 불행한 그 사건이 있은 지 약 20년이 지났을 때 그 목사님은 연말 연초의 많은 일과 행사를 치른 후 몸을 풀기 위해 테니스를 친 후 집으로 돌아오다가 갑자기 쓰러져서 심장마비로 돌아가셨다.

그런 불행한 일을 연이어 겪은 사모님의 마음 깊은 곳에 하나님께 대한 원망하는 마음이나 억울한 마음, 실망한 마음 등이 생길 수 있지 않겠는가?

---

122 크리스티 김, 『인생의 응어리를 풀다』, 47.
123 필자가 본 장에서 '하나님께 원망하는 마음, 실망하는 마음 풀기'라는 주제로 다루는 것을 '하나님 용서하기' 라는 주제로 다루는 학자들이 있다. 스미디스, 『용서의 기술』, 161-179; 스미디스, 『용서의 미학』, 151-164; 위딩턴, 『용서와 화해』, 71-73; 디어링, 『힐링 터치』, 63-72; 크래프트, 『깊은 상처를 치유하시는 하나님』, 187-189.

고 옥한흠 목사님의 『욥기 강해』를 보면 다음과 같은 안타까운 이야기가 나온다.

옥 목사님이 존경했던 어느 목사님이 40대 후반에 세상을 떠났다. 그 목사님이 세상을 떠나자 자녀들이 얼마나 정신적으로 고통을 당했는지 모른다. 그때 고등학생이었던 둘째 아들이 하나님을 향해서 분노를 터뜨렸다.

우리 아버지가 뭘 잘못했나요?
지금까지 고생만 했어요. 굶주리고 헐벗으면서 농촌 교회를 돌아다니며 복음 전하려고 온갖 고생을 다 했어요.
하나님을 사랑하고 하나님을 섬기는 일에는 누구보다도 앞장섰던 우리 아버지가 왜 이렇게 당해야 합니까?
당신이 살아 있다면 정말 이런 일이 일어날 수 있겠소?"

성경적 상담학자인 데이비드 폴리슨은 『악한 분노, 선한 분노』에서 하나님을 용서해야 한다는 주장은 전적으로 잘못된 것이라고 지적하면서 그 이유를 이렇게 설명한다. "회개와 믿음으로 하나님께 나아가는 사람들은 더 이상 하나님을 향해 분노하지 않는다. 오히려 감사가 넘친다. 그가 하나님을 '용서했기 때문'이 아니라 자신이 하나님께 '용서받았다는 사실을 깨달았기 때문'이다. … 하나님을 향한 분노의 문제를 정직하게 다루고, 그 분노의 실체를 명확하게 파악하는 사람은 올바른 방향에서 분노의 문제를 바라본다. 그리고 자신이 가진 하나님에 대한 분노의 정체가 무엇인지 깨닫게 될 것이다. 진심으로 회개하며 하나님을 신뢰하는 이들은 하나님과의 관계를 유지하기 위해 적당히 타협하지 않는다. 정말로 하나님을 신뢰한다면 진리, 참된 기쁨과 소망 그리고 이루 말할 수 없는 사랑을 발견할 것이다. 참된 믿음이 있으면 하나님을 발견하는 것이다." 폴리슨, 『악한 분노, 선한 분노』, 348-367; 리치필드 외, 『하나님께 바로서기』, 157 참조.

그는 이렇게 하나님을 향해 대들었다. 그러고는 교회를 떠났다. 얼마나 화가 났던지 14년의 세월이 흘렀지만 그는 여전히 교회로 돌아오지 않고 있다.[124]

인생을 살면서 여러 가지 어려운 일과 불행한 일을 겪으면서 우리도 모르는 사이에 하나님이 행하시거나 허락하신 일들에 대해 원통한 마음이나 원망하는 마음, 분노의 감정, 야속한 마음, 억울한 마음, 실망한 마음 등이 마음 깊은 곳에 자리잡고 있는 경우들이 있다. 우리가 진정으로 치유되고 변화되기 위해서는 그런 하나님께 대한 잘못된 마음을 반드시 풀어야 한다.

하나님이 어떤 일을 하시더라도 인간이 하나님을 비난하는 것은 옳지 못하다. 모든 성경이 강조하듯 하나님은 선하고 의로운 분이시다. 하나님은 결코 인간에게 미안하다는 말을 할 필요도 없고 이유도 없다. 하나님은 비난받을 만한 일은 결코 하지 않으시고 사과해야 할 일도 하지 않으신다.[125]

그러나 너무나 큰 슬픔과 부당한 고통을 당해 마치 하나님께 버림받아 고통의 심연에 빠진 것처럼 느끼는 사람들은 의식적이든 무의식적이든 하나님께 대해서 원통한 마음이나 원망하는 마음, 분노의 감정, 야속한 마음, 억울한 마음, 실망한 마음을 품고 있는 경우가 많다.

하나님을 경외하기 원하는 경건한 성도들은 일반적으로 하나님께 대한 다소의 불평불만이 있을지라도 경건한 본능을 따라 즉시 억제하고 하나님을 변호하는 자세를 취한다.[126] 그들은 하나님께서 행하시거나 허락하신 일들 가운데 받아들일 수 없는 일이 있을지라도 공개적으로 불평불만을

---

[124] 옥한흠, 『나의 고통, 누구의 탓인가?: 욥기 강해설교』 (서울: 두란노, 1995), 105.
[125] 스미디스, 『용서의 기술』, 162; 스미디스, 『용서의 미학』, 151.
[126] 스미디스, 『용서의 기술』, 162; 『용서의 미학』, 156-163.

터뜨리거나 원통한 마음, 원망하는 마음, 분노의 감정들을 표출하지 않고 마음속에 억눌러서 묻어둔다.

그렇지만 그런 감정들은 때때로 은밀하고 교묘하게 표출돼 나온다. 그것은 욥이나 예레미야처럼 하나님이 주신 소중한 선물인 우리 자신이나 우리의 생명, 우리의 삶과 우리 인생을 미워하는 것으로 나타나는 것이다(렘 20:14-15[127]; 욥 3:1-13[128]).

루이스 스미디스는 그 사실을 다음과 같이 예리하게 지적한다.

> 우리는 때로 하나님을 미워한다. 나는 우리 모두가 공개적으로는 아니더라도 은밀하게 하나님을 미워할 때가 있다고 생각한다. 만일 우리가 창조주 하나님을 감히 미워하지 않는다면 적어도 하나님이 주신 선물은 미워할 것이다. 우리는 하나님이 만드신 세상을 미워한다. 그것도 아니라면 우리 자신을 미워한다. 우리가 삶의 기쁨을 가져다주는 이유를 바라보지 않을 때, 우리 친구들이 잘 되는 것을 보고 은근히 심사가 뒤틀릴 때, 행복한 감정들을 질식시킬 때, 하나님에 대한 소극적인 미움을 키우고 있는 것이다. … 진정한 신자들은 감히 하나님을 미워하지 않는다. 그러나 우리는 예레미야처럼 하나님 대신 인생을 미워한다. 예레미야 선지자가 하나님에

---

[127] "내 생일이 저주를 받았더면, 나의 어머니가 나를 낳던 날이 복이 없었더면, 나의 아버지에게 소식을 전하여 이르기를 당신이 득남하였다 하여 아버지를 즐겁게 하던 자가 저주를 받았더면"(렘 20:14-15).

[128] "그 후에 욥이 입을 열어 자기의 생일을 저주하니라 욥이 입을 열어 이르되 내가 난 날이 멸망하였더라면, 사내 아이를 배었다 하던 그 밤도 그러하였더라면, 그 날이 캄캄하였더라면, 하나님이 위에서 돌아보지 않으셨더라면, 빛도 그 날을 비추지 않았더라면, 어둠과 죽음의 그늘이 그 날을 자기의 것이라 주장하였더라면 … 그 밤에 자식을 배지 못하였더라면 … "(욥 3:1-13).

게 버림받았다고 느꼈을 때 그는 하나님이 아니라 자신을 미움의 대상으로 삼았다. 하나님이 주신 소중한 선물을 미워하는 것이야말로 하나님을 미워하기 위해 신자들이 써먹는 비열한 수법이다.[129]

마음의 상처와 쓴 뿌리가 치유되기 위해서는 무엇보다 하나님과 바른 관계를 가져야 한다. 이제까지 인생을 살면서 하나님께서 내게 행하시거나 허락하신 일이나 사건 가운데 내가 이해할 수 없거나, 이해하기 어려운 일로 인해 내 안에 생긴 하나님에 대한 원통한 마음이나 원망하는 마음, 분노의 감정, 야속한 마음, 억울한 마음, 실망한 마음 등이 있다면 반드시 풀어야 한다.

그때 내 안에 맺혀 있는 응어리들은 풀리게 되고, 우리는 참된 자유함을 맛보면서 하나님과 친밀한 관계를 가질 수 있게 된다. 그렇게 하기 전까지는 결코 하나님과 친밀한 관계를 가질 수 없고 우리 마음의 상처도 치유될 수 없다.

하나님과의 친밀한 관계로 들어가기 위해서는 우리 안에 있는 하나님께 대한 분노를 내어 버리고 원통한 마음이나 원망하는 마음, 분노의 감정, 야속한 마음, 억울한 마음, 실망한 마음, 서운한 마음 등을 풀고서 우리의 제한된 이해로 만들어 낸 하나님이 아니라 하나님의 원래 모습 그대로 그분을 구해야 한다. 그때 우리는 하나님과 화해할 수 있고 참된 마음의 평화를 얻을 수 있다.

---

[129] 스미디스, 『용서의 기술』, 166-167.

우리가 하나님께 대한 원통한 마음이나 실망한 마음, 원망하는 마음을 푼다고 했을 때 우리는 이 의미를 올바르게 이해해야 한다. 이것은 하나님께서 잘못하시거나 실수하실 수 있다고 말하는 것이 결코 아니다. 하나님은 완전하신 분이시며 완전히 선하고 의로우신 분이시다. 하나님 자신이 용서를 받으셔야 할 필요가 있기 때문도 아니다. 하나님께 문제가 있어서가 아니라 우리에게 문제가 있기 때문이다. 타락하고 부패한 인간의 마음과 무지한 인간의 생각과 일그러진 인간의 상황으로는 하나님의 모든 길을 이해할 수 없다는 것이다(사 55:8-9[130]).[131]

하나님의 유익을 위해서가 아니라 우리의 유익을 위해서다. 우리의 진정한 치유를 위해서 필요한 것이다. 이 사실을 루이스 스미디스는 이렇게 지적한다.

> 처절한 불행의 한 가운데서도 하나님을 원망하지 않음으로써, 하나님을 미워하지 않음으로써, 세상과 인생을 증오하지 않음으로써, 하나님이 여전히 우리의 친구가 되신다는 진리를 바라봄으로써, 하나님을 용서함으로써(하나님께 대한 원망하는 마음 등을 품으로써. -필자 수정) 우리 자신을 치유할 수 있기 때문이다.[132]

---

[130] "이는 내 생각이 너희의 생각과 다르며 내 길은 너희의 길과 다름이니라 여호와의 말씀이니라 이는 하늘이 땅보다 높음 같이 내 길은 너희의 길보다 높으며 내 생각은 너희의 생각보다 높음이니라"(사 55:8-9).
[131] 디어링, 『힐링 터치』, 65.
[132] 스미디스, 『용서의 기술』, 174.

우리가 하나님에 대해 원망하게 하고 그분의 행하심이나 행치 않으심으로 인해 실망하게 하는 모든 것들은 우리가 그분에게 치유하심을 바라며 나아가는 것을 멈추게 만든다. 우리가 하나님에 대해 이렇게 인식하고, 이러한 것들이 하나님께 나아가 우리의 필요를 구하는 것을 방해한다면 하나님에 대한 우리의 잘못된 인식의 치유는 다른 어떤 치유들보다 먼저 행해져야 할 치유며[133] 하나님께 대한 원통한 마음이나 실망한 마음, 원망하는 마음 등을 푸는 문제는 다른 사람들에 대한 용서의 문제보다 선행돼야 할 문제다.

우리가 하나님께 대한 원통한 마음이나 실망한 마음, 원망하는 마음을 풀 때 우리 안에 있는 하나님께 대한 분노의 장벽이 무너지게 된다.

이 점에 있어서 하나님 앞에 솔직할 필요가 있다. 당신 안에 이제까지 인생을 살면서 하나님께서 당신에게 행하시거나 허락하신 일이나 사건 가운데 이해할 수 없거나, 이해하기 어려운 일로 인해 원통한 마음이나 원망하는 마음, 분노의 감정, 야속한 마음, 억울한 마음, 실망한 마음 등이 없는가를 깊이 살펴보도록 하라.

그것을 보기 위해서는 무엇보다 성령을 의뢰하고 그분의 인도하심을 구하라. 성령께서 당신의 마음속에 숨어 있는 모든 것을 밝히 보여 주시도록 기도하라. 성령께서 보여 주시면 하나님께 당신의 솔직한 마음을 아뢰면서 당신의 불신앙을 회개하고 용서를 구하라.

또 하나님께 대한 당신의 원통한 마음이나 실망한 마음, 원망하는 마음을 품도록 하라. 그리고 당신이 주권자이신 하나님의 권위에 도전하는 결과를 초래한 당신의 교만과 죄악 된 태도를 회개하도록 하라.

---

[133] 디어링, 『힐링 터치』, 65

사람을 용서하는 것과 하나님께 대한 원통한 마음이나 실망한 마음, 원망하는 마음 등을 푸는 것에는 분명한 차이가 있다. 우리가 우리 자신을 아프게 한 사람을 용서할 때 그들이 용서받은 후에도 우리의 용서를 받아들이지 않으면 여전히 우리의 적으로 남아 있을 수 있다. 그러나 우리가 하나님께 대한 원통한 마음이나 실망한 마음, 원망하는 마음 등을 풀 때 평안함 가운데서 살게 되며 인생이 좋은 것임을 찾아 나서게 되며, 모든 것에도 불구하고 하나님이 우리의 선하신 아버지시라는 것을 믿게 된다.[134]

7. 용서의 단계

우리는 다음과 같은 단계를 밟아서 용서하게 된다.

1) 용서하지 않는 죄를 인정하는 것이다

용서하지 않는다면 여러 가지 죄를 범하게 된다. 먼저 우리는 "용서하라"라는 주님의 명령에 고의적으로 불순종하는 죄를 범하게 된다. 용서하는 것은 명백한 주님의 뜻이고 명령이기에 우리는 용서하지 않는 것 자체가 심각한 죄인 것을 인정해야 한다.

C. S. 루이스가 자주 자신의 영적 스승이라고 말했던 스코틀랜드의 조지 맥도날드(George Macdonald)는 이렇게 말했다.

---

[134] 스미디스, 『용서의 기술』, 179.

용서하지 않으려는 것은 살인과는 비교할 수 없을 정도로 나쁠 수도 있다. 왜냐하면, 살인은 순간적인 마음의 충동일 수 있지만, 용서하지 않으려는 것은 냉정하고 고의적인 마음의 선택이기 때문이다.[135]

필자가 캄보디아에서 처음 '성경적 내적치유 세미나'를 인도했을 때 참석했던 어느 선교사님의 사모님이 용서에 대한 강의를 들은 후에 다음과 같은 고백을 하셨다.

나는 선교 사역을 하다가 어느 사모님으로부터 입은 상처로 인해서 오랫동안 고통당하면서 괴로워해 왔다. 왜냐하면, 그 사모님은 내게 그렇게 큰 상처를 줬던 자신의 잘못을 정말 인정하지 않고 너무나 뻔뻔하게 반응하면서 행동했기 때문이다. 그 사모님의 그런 모습을 보면서 얼마나 억울하고 답답한지 그분을 용서해 주고 싶지 않았다. 언젠가 주님 앞에 섰을 때 누가 옳은지 보자고 말하고 싶은 사람이었다. 그런데 주님께서는 성경적 내적치유 세미나를 통해서 용서해 주고 싶지 않은 마음 그것이 죄라고 말씀해 주셨다. 그리고 주님은 죄를 결코 용납하시지 않는 분이라는 것을 십자가를 통해서 보여 주셨고, 죄를 결코 가볍게 다루지 말아야 할 것도 말씀해 주셨다. 그래서 주님의 말씀에 순종해 의지로써 먼저 용서하기로 결심했고, 그 사모님을 용서했음을 선포했으며, 그리고 용서했다. 사탄의 세력들이 결코 내게 견고한 진을 쌓지 못하도록 용서한 것이다.

---

[135] 아놀드, 『잃어버린 기술 용서』, 76에서 인용.

우리가 용서하기 위해서는 무엇보다 먼저 용서하지 않는 것 자체가 주님의 말씀에 고의적으로 불순종하는 죄임을 인정해야 한다. 또 우리는 용서하지 않음으로써 나오는 다른 죄들도 인정해야 한다. 우리가 용서하지 않으면 잘못을 범하고 피해를 준 사람들을 원망하고 미워하고 분노하면서 죄를 범하게 된다. 이런 원망, 원한, 미움, 분노 등 용서하지 않음으로 인해 파생되는 죄들 역시 주님께서 보실 때 분명한 죄인 것이다. 이 사실을 김남준 목사는 『맺힌 것을 풀어야 영혼이 산다』에서 이렇게 지적한다.

> 용서하지 못하는 죄는 하나지만 그 씨앗은 악한 열매를 상상도 할 수 없을 정도로 많이 맺는다. 미움의 나무가 무럭무럭 자라고 그 나무에서 불결한 악독과 분냄과 노함과 떠는 것과 훼방하는 것 같은 열매들이 마구 쏟아져 나온다.[136]

2) 용서하지 않는 영을 끊어버리고 대적하는 것이다

우리가 용서하지 않는 마음을 오랫동안 품어 왔으면 용서하지 못하도록 역사하는 악한 영이 우리 속에 자리잡고 있을 수 있다.[137] 성경적 내적치유 사역을 하다 보면 오랫동안 용서하지 않는 마음을 품고 있는 사람들의 마음에 악한 영들이 많이 자리잡고 있음을 실제로 경험하게 된다. 용서하지 않는 마음이 사탄의 견고한 진이 돼서 악령들이 그 사람 안에 들어오도록

---

[136] 김남준, 『맺힌 것을 풀어야 영혼이 산다』, 75.
[137] 버포드, 『귀신들림과 상담』, 167; 앤더슨, 『이제 자유입니다』, 213.

발판 역할을 한 것이다.

3) 하나님께 대한 원망하는 마음이나 실망한 마음 등을 풀고 회개함으로 하나님과 바른 관계를 맺는 것이다

그때 우리 안에 맺혀있는 응어리들이 풀리게 되고, 우리는 참된 자유함을 맛보면서 하나님과 친밀한 관계를 맺을 수 있게 된다.

4) 자신을 용서하는 것이다

자신을 용서하지 않으면 감옥에 갇혀서 고통을 당하게 된다.

5) 다른 사람들을 용서하는 것이다

우리가 용서하지 않을 때 그 사람들을 얽매이게 하고 묶이게 한다. 무엇보다 우리는 기도로써 용서를 시작해야 한다. 이동원 목사는 용서의 시작은 기도라고 말하면서 아무리 용서하기 어려운 상대라 할지라도 용서하기 원한다면 그를 위해 기도를 시작하라고 권면한다. 누군가를 위해 기도한다는 것은 이미 성령께서 우리 마음속에 용서의 사역을 시작한 것이라는 것이다. 또 그는 용서에 성공한 모든 사람은 용서의 기도에 먼저 성공한 사람들이라고 지적한다.[138]

---

[138] 이동원, 『예수님의 거룩한 습관』, 186-188.

6) 조건 없이 용서하는 것이다

하나님께서 우리를 용서하실 때에도 조건을 붙이지 않고 용서하셨다. 이렇게 할 때 용서하는 습관이 형성되고 배게 될 것이다. 용서라는 것은 지속돼야 할 생활 방식이다.

7) 회개의 열매를 보이는 것이다

잘못된 관계를 회복하기 위해서 노력하는 것을 말한다.

8) 사탄이 속이지 못하게 하는 것이다

사탄은 우리가 누군가를 용서하겠다고 생각할 때 여러 가지 방법으로 우리를 속인다. 그래서 우리를 계속 자신의 올무로 묶어서 하나님의 놀라운 은혜를 빼앗으려고 한다.

사탄은 우리에게 억울한 생각을 넣어 줘서 용서하지 못하도록 방해한다. 그때 우리는 사탄이 넣어 준 생각이라고는 전혀 의심하지 못하고 우리 자신의 생각으로 받아들인다.

> 하나님도 그렇고 사람들도 그래. 용서를 너무 쉽게 생각해. 내가 당한 것과 같은 그런 일을 한번 당해 보면 어떻게 그렇게 용서를 쉽게 말할 수가 있겠어. 나를 짓밟고 내 인생을 온통 망쳐 놓았는데 내가 어떻게 그렇게

쉽게 용서할 수 있어. 나는 용서 못 해.

또 우리가 용서하기로 의지적으로 결단할 때 마귀는 이렇게 우리를 정죄하고 참소한다.

"네 감정은 용서하지 못하고 미워하면서 네가 용서한다고!

네가 용서한다고 말하는 것은 위선이고 거짓이야. 너는 위선자야!"

사탄은 분노와 미움을 통해서 하나님과의 관계를 차단하고 사람들과의 관계를 파괴하려고 한다. 분노와 미움을 품게 되면 마귀가 틈을 탄다(엡 4:26-27). 오랫동안 품고 있는 분노와 미움이 잘 용서되지 않는 것은 분노와 미움을 통해서 사탄이 우리를 묶고 있기 때문이다. 그러므로 우리는 십자가와 성령의 능력으로 우리를 묶고 있는 사탄의 올무를 끊어 버려야 한다.

9) 풀어 주는 것이다

무엇이든지 땅에서 매면 하늘에서도 매이고 땅에서 풀면 하늘에서도 풀리게 된다(마 18:18). 따라서 우리가 용서하지 않으면 하나님으로부터 올 수 있는 축복을 막게 된다(마 5:23-24). 우리가 용서하면서 사람들을 풀어 줄 때 하늘에서 놀라운 일이 일어난다. 용서한다고 말할 때 하나님은 우리 속에서 역사하시지만 우리가 풀어 준 그 사람 속에서도 역사하신다.

용서하지 못한 결과로 인한 쓴 뿌리가 가정, 결혼, 교회 공동체와 온 나라를 더럽힌다(히 12:15). 쓴 뿌리가 생기지 않도록 삼가 조심해야 한다. 우리 가정에 3대에 걸친 쓴 뿌리가 있어서 가족들에게 고통을 준다면 우리는 책임을 지고 주님 앞으로 가져와서 회개하고 주님의 용서와 치유를 간구해야 한다.

8. 어떻게 용서할 것인가?

내가 용서하거나 풀어야 할 대상(하나님, 다른 사람들, 나 자신)과 사건들이 무엇인지 성령께서 드러내 주시고 생각나게 하시도록 기도한다. 충분한 시간을 가지고 구체적으로, 철저히 살펴본다. 특별히 표면적인 사건보다는 지나가 버리고 마음속 깊이 숨어 있는 사건들이 정말 우리가 용서함으로 해결해야 할 사건이다.

죽은 사람까지 포함해 생각나는 대상의 이름을 적고, 용서해야 할 부분을 구체적으로 기록하면서 '용서 목록'을 작성한다. 상처와 쓴 뿌리는 막연한 것으로 생기지 않는다. 분명한 어떤 사건과 그와 동반된 아픔과 상처가 있다. 따라서 용서를 할 때도 그 사람 전체를 용서한다고 하기보다는 그 상대방의 어떤 태도와 행동과 모습을 구체적으로 용서하는 것이다. 즉 구체적 인물과의 구체적 사건을 용서하는 것이다.[139]

또한, 용서할 때 지금 어른이 된 내가 용서하는 것이 아니라 어릴 때 상처를 받은 아이인 내가 그 상대를 용서해 주는 것이다. 지나간 그 사건은 현재의 자신이 보기에는 별 것 아닌 것 같고 유치한 것 같을 수도 있지만, 그 당시 그 일을 겪은 것은 유약한 어린아이였고, 그 아이에게 있어서 그

---

[139] Benner, *Healing Emotional Wounds*, 125-126.

일은 심각한 것이었다.

용서하라는 하나님의 명령에 순종해 작성한 '용서 목록'에 따라 사건을 하나씩 구체적으로 체크해 가면서 입으로 용서한다고 고백하면서 기도를 드린다. 그리고 용서가 끝난 항목은 줄을 그어 지워 나가고, 전체 항목을 다 마쳤으면 작성한 '용서 목록'을 갈기갈기 찢어 버린다.[140] 이렇게 '용서 목록'을 없앨 때 실제적으로 불에 태워 완전히 소각하는 방법이 아주 큰 의미(great meaning)가 있다는 여러 사례가 있다.[141]

용서를 실천하기 위해서 가능하다면, 상대방에게 직접 용서한다고 말하거나 편지를 쓸 수 있다. 그럴 때 자신도 용서함을 받는다. 그러나 상대방을 용서할 경우에 그가 자신의 잘못을 모르거나 인정하지 않는 경우에는 직접 말하거나 편지를 쓰지 않는다. 왜냐하면, 오히려 상처를 더 받게 되고 관계도 나빠지기 때문이다.[142]

필자가 성령의 역사로 인해 마음의 깊은 상처를 치유받은 후 초등학교 4학년 때 어머니께 깊이 상처받았던 일을 용서하고 싶은 마음이 들었다. 그래서 어머니를 찾아뵙고 대화를 나누다가 그 이야기를 말씀드렸다. 그때 일은 누가 봐도 어머니가 자식에게 큰 상처를 준 잘못이었기에 어머니께서도 당연히 그 일에 관해 미안하다고 말씀하실 것이라고 생각했다. 그런데 그 이야기를 듣자마자 어머니는 화를 벌컥 내시면서 "한 번 딱 그렇게 했는데, 게다가 수십 년이 지났는데 지금까지 잊지 않고 그 일을 마음에 담아 두고 꽁하고 싶었느냐?"라고 소리치셔서 상처만 받고 돌아왔다.

---

[140] Benner, *Healing Emotional Wounds*, 126.
[141] Benner, *Healing Emotional Wounds*, 127.
[142] Benner, *Healing Emotional Wounds*, 123-124, 126.

혹 떼려다 오히려 혹을 더 붙이고 돌아오게 된 것이다.

그 일을 경험하고 난 후에 깨달은 진리가 있다.

"상대방이 자기 잘못을 알지 못하는 경우에는 일방적으로 용서하고 그 사람에게 말할 필요가 없구나!"

데이비드 베너는 용서를 실행하는 가장 확실한 방법을 다음과 같이 제안한다.

> 용서를 실행하는 데 있어서 확실하게 도장을 찍는 가장 중요한 방법은 상대방이 잘 되도록 소원하는 것이다. 즉 상대방과 직접 소통을 하고, 친절과 사랑을 보이면서 행동하고, 축복하며 기도하고, 또 직접 말을 건넨다. 그런데 이런 모든 것은 우리 마음에서부터 그가 잘 되도록 소원하는 것으로부터 시작된다. 그러고 나서 우리는 이런 용서의 새로운 태도를 가지고 그와 소통할 수 있는 방법을 찾는다. 이것이 용서의 행동에 있어서 확실한 도장을 찍는 날인(捺印)이다. 용서는 저주보다는 축복을 주는 것이고, 악을 선으로 갚는 것이다. 용서의 과정은 내게 상처를 준 사람에 대한 악의가 사라지고, 내가 그 사람을 축복하며 기도할 수 있기까지는 아직 완성된 것이 아니다.[143]

이처럼 용서를 실행하고 용서의 과정을 완성하려면 반드시 상대방을 축복하면서 그를 위해 기도해야 한다. 그리고 주님의 눈으로 그를 보면서 주

---

[143] Benner, *Healing Emotional Wounds*, 127.

님께서 나를 사랑하신 그 사랑으로 그를 사랑하는 것이다.[144] 특히 다음의 예는 용서가 잘 안 되는 경우에 그 사람을 축복하는 기도를 하는 것이 큰 도움이 된다는 것을 잘 보여 준다.

오래전에 필자가 목회할 때에 교회와 필자를 참 힘들게 하는 영적 지도자가 있었다. 계속 고통을 당하면서 그에 대한 미움과 원망의 마음 때문에 아무리 노력해도 용서가 되지 않아서 심히 괴로웠다.

그도 내게 맡겨 주신 주님의 양인데 밉고 용서가 되지 않으니 얼마나 힘들었겠는가?

그래서 새벽마다 괴로워하면서 그를 용서할 수 있게 해 주시도록 애타게 주님께 기도했지만 소용이 없었다. 그러던 어느 날 새벽기도 시간이었다. 그날도 그 문제를 놓고 간절히 기도하는 중에 갑자기 주님께서 이렇게 말씀하시는 것 같았다.

"네가 그를 용서할 수 있게 해 달라고 기도하지 말고 그를 축복하면서 기도해 보아라."

그날부터 다음과 같이 그를 축복하며 기도하기 시작했다.

"하나님, 제게 잘못한 그 사람을 주님의 이름으로 축복합니다. 하나님께서 저를 축복해 주시는 것보다 그 사람을 갑절로 축복해 주십시오!"

이렇게 주님의 명령에 순종해 그를 축복하면서 기도할 때 하나님께서 크신 은혜를 베풀어 주셨다. 그래서 오래지 않아 그를 위해 기도할 때에 정말 주님께서 그를 나보다 갑절로 축복해 주시기를 진정으로 원하게 됐고, 그래서 감정까지도 용서가 되도록 해 주셨다.

---

[144] Benner, *Healing Emotional Wounds*, 122.

9. 용서를 지속하는 방법

용서한 후에도 비용서[145]를 떨쳐 버리기란 쉽지 않다. 우리가 비용서를 물리치고 용서를 지속하기 위해서는 주님의 도우심을 구하면서 부지런히 노력해야 한다. 에버렛 워딩턴은 『용서와 화해』에서 용서를 지속하는 여섯 가지 방법을 다음과 같이 제시하고 있다.[146]

첫째, 상처에 대한 기억이 주는 고통은 비용서가 아님을 안다. 상처가 기억날 때 느껴지는 고통이나 분노는 비용서 감정과 다름을 상기한다. 비용서는 반추(反芻)가 있어야 한다.

둘째, 부정적 정서에 연연하지 않는다. 상처를 회상할 때 분노와 두려움 등과 같은 부정적인 정서가 다시 느껴지는 것은 당연하다. 그러나 그런 정서에 연연하지 않으면 비용서는 다시 자랄 수 없다. 부정적 정서에 연연하지 말고 능동적으로 주의를 다른 곳으로 돌린다.

셋째, 상대를 용서했음을 상기한다. 믿을만한 친구나 배우자에게 상대를 용서했다고 말하던 일을 떠올린다. 용서했다고 큰 소리로 말하던 일을 잊지 말고, 다시 한번 말한다.

넷째, 배우자나 친구에게 확인을 구한다. 상대를 용서했음을 배우자나 친구에게 말한 경우 그들이 그것을 상기시켜 줄 수 있다.

---

[145] 비용서는 뒤섞인 정서다. 적개심, 적의, 증오, 원한, 들끓는 분노, 약간의 두려움이 서로 맞물려 비용서를 이룬다. 워딩턴, 『용서와 화해』, 39.
[146] 워딩턴, 『용서와 화해』, 185-186.

다섯째, 기록해 둔 글들을 활용한다. 용서에 관해 썼던 일기나 편지를 읽는다.

여섯째, 자신이 진정으로 용서했는지를 재점검한다. 자신이 온전히 용서했다는 사실이 지금까지도 믿어지지 않는다면 정말 용서하지 않았을 수 있다. 그런 느낌이 지속되거든 존중한다. 많은 부분을 용서했음에도 아직 용서하지 않은 부분이 실제로 남아 있을 수 있다. 그런 부분들을 재점검한다면 아직 용서하지 못한 부분을 해결하는 데 도움이 될 것이다.

요약

이 장에서는 성경적 내적치유의 과정 중에서 네 번째 과정인 용서에 대해 살펴봤다. 마음의 상처와 쓴 뿌리가 치유되기 위해서는 반드시 상처와 아픔을 준 사람들을 용서해야 한다.

용서하기 위해서는 먼저 용서에 대한 올바른 성경적인 개념을 정립해야 한다. 진정한 용서는 문제를 덮어두고, 잊어버리고, 묵인하고, 책임을 묻지 않고, 갈등을 덮어두고, 수용하고, 화해하는 것이 아니다. 또 용서는 쉽지 않고, 용서하고 싶은 생각이나 감정이 들어야만 가능한 것이 아니고, 일시적인 행위로 끝나는 것이 아니다.

용서에 있어서 우리가 피해자인 경우에는 어떠한 조건도 요구하지 말고 우리 자신의 유익을 위해 잘못을 뉘우치지 않는 상대방도 용서해야 한다. 우리가 가해자인 경우에는 반드시 뉘우쳐야 한다. 그것은 뉘우침은 회개의 진실성을 보여 주는 유일한 방법이고, 또 뉘우칠 때 진정으로 용서받았다고 느낄 수 있기 때문이다.

 용서의 궁극적인 목적은 깨어진 관계가 회복돼서 화해하는 것이다. 화해는 신뢰가 손상된 관계에서 신뢰를 회복하는 것이기에 화해하려면 양쪽 모두 신뢰를 쌓아야 한다. 화해가 이뤄지기 위해서는 가해자에게 진실한 후회와 가책, 그리고 회개의 마음이 있어야 한다. 화해에 있어서 가해자가 주도적으로 나서야 하지만 모든 그리스도인은 가해자나 피해자인 여부와 관계없이 화해에 주도적으로 나서야 한다.

 하나님과의 관계에 있어서 용서의 의미는 용서는 우리가 하나님께 용서받았는지의 여부를 알 수 있는 리트머스 시험지와 같다는 것이다. 다른 사람을 어떻게 대하느냐를 보면 우리가 하나님의 용서를 믿음으로 마음에 받아들여서 용서를 받았는지의 여부를 알 수 있다. 우리가 예수 그리스도의 십자가를 통해서 이뤄 놓으신 하나님의 무조건적인 용서를 마음에 믿음으로 받아들이면 실제로 용서받게 되기에 자신을 용서하게 되고, 그럼으로써 다른 사람들도 용서하게 된다.

 반면에 다른 사람들을 용서하지 못하는 것은 곧 우리가 하나님의 무조건적인 용서를 믿음으로 받아들이지 않은 것이고, 결국 하나님으로부터 용서받지 못한 것이다.

 이처럼 '용서의 본질'은 우리가 먼저 하나님의 무조건적인 용서를 믿음으로 받아들여서 실제로 용서받는 것이다. 이렇게 우리가 하나님의 용서를 믿음으로 받아들임으로써 진정으로 용서를 받게 되면 자신을 용서하게 되고, 그 결과 자연스럽게 다른 사람들을 용서하게 된다.

 다른 사람들과의 관계에 있어서 용서의 의미는 상대방을 사탄의 역사로부터 풀어 주는 것이고, 나 자신과의 관계에 있어서 용서의 의미는 사탄의 역사로부터 나 자신을 풀어 주는 것이다.

  자기 자신을 용서하는 것도 아주 중요하다. 그것은 상처를 치유하고 쓴 뿌리들을 뽑는 데 있어서 필수적인 요소다. 자신을 용서하지 못한 사람은 십자가의 사랑과 하나님의 용서를 실제로 체험하지 못한 사람이다. 그래서 다른 사람을 진정으로 용서할 수 없기에 우리는 먼저 하나님의 용서를 믿음으로 받아들이고, 우리 자신을 용서해야 한다. 자신을 진정으로 사랑하고 용서하고 용납하는 사람만이 진정한 치유를 받을 수 있고 다른 사람도 용서하며 받아들일 수 있다.

  무엇보다 우리는 하나님과 잘못된 관계를 회복해야 한다. 인생을 살면서 여러 가지 어려운 일과 불행한 일을 겪으면서 우리도 모르는 사이에 하나님이 행하시거나 허락하신 일들에 대해 원통한 마음이나 원망하는 마음, 분노의 감정, 야속한 마음, 억울한 마음, 실망한 마음 등이 마음 깊은 곳에 자리잡고 있는 경우들이 있다.

  우리가 진정으로 치유되고 변화되기 위해서는 하나님께 대한 잘못된 마음을 반드시 풀어야 한다. 그리고 우리의 솔직한 마음을 하나님께 아뢰면서 우리의 불신앙을 회개하고 용서를 구해야 한다. 또한 주권자이신 하나님의 권위에 도전하는 결과를 초래한 우리의 교만과 죄악 된 태도도 회개해야 한다. 그때 하나님과의 관계가 올바르게 회복되고, 그 결과 우리는 치유와 변화를 경험하게 될 것이다.

  다음 장에서는 성경적 내적치유가 이뤄지기 위한 마지막 과정인 심령을 새롭게 하는 절차에 대해 구체적으로 살펴보게 될 것이다.

묵상과 적용

1. 당신이 이제까지 살아오면서 하나님께 대한 원통한 마음이나 원망하는 마음, 분노의 감정, 야속한 마음, 억울한 마음, 실망한 마음이 있다면 그것들을 종이에 낱낱이 적은 후 하나님께 고백하면서 하나님에 대한 맺힌 마음을 풀도록 하라. 그리고 하나님께 대한 당신의 불신앙과, 주권자이신 하나님의 권위에 도전하는 결과를 초래한 당신의 교만과 잘못된 태도도 회개하도록 하라.

2. 당신이 이제까지 살아오면서 자신을 용서하지 못한 죄나 잘못이 있다면 그것들을 종이에 낱낱이 적은 후 하나님께 용서를 구하라. 그리고 용서받은 것을 확신하고 자신에게 용서한다고 큰 소리로 말하라.
"하나님이 너를 용서하셨고, 나도 너를 용서하노라!"

3. 당신이 과거에 다른 사람들(부모, 가족, 친척, 학교 교사나 교수, 친구들, 직장 동료, 상사, 직원들, 교회 사역자들이나 성도들, 시댁 식구, 처가 식구, 이웃, 모르는 사람 등, 죽은 사람까지 포함)에게 지은 죄나 잘못을 종이에 낱낱이 적은 후 하나님께 고백하고 용서를 구하라. 그리고 당신의 심령을 깨끗하게 해 달라고 기도하라.

4. 과거에 당신에게 잘못을 범하거나 죄를 범한 사람들(부모, 가족, 친척, 학교 교사나 교수, 친구들, 직장 동료, 상사, 직원들, 교회 사역자들이나 성도들, 시댁 식구, 처가 식구, 이웃, 모르는 사람 등, 죽은 사람까지 포함)에게서 받은 상처를 종이에 낱낱이 적은 후 하나님께 고백하고 그들을 주님의 이름으로 용서하라. 다음과 같은 브루스 리치필드의 구체적인 조언을 참고하라.[147]

1) 아래의 '용서 목록'을 참고해 먼저 기억나는 사건과 그 상처를 간단히 첫 번째 난에 기록하고, 두 번째 난에 그 영향(생각과 감정)을 상세하게 묘사하라. 특히, 상처받은 때의 느낌을 가능한 한 생생하게 그대로 묘사하도록 하라.

2) '용서 목록'에 기록된 항목에 따라 사건을 하나하나 구체적으로 체크해 가면서 주님께 기도하는 가운데 다음 세 가지를 실행하라.

(1) "하나님 아버지, 나는 OO가 내게 OO한 것에 대해 주님의 이름으로 용서합니다"라고 입으로 고백하면서 용서하기를 결단하라. 그것이 너무나 깊은 상처라면 용서할 수 있는 은혜를 주시도록 주님께 간구하라(마 18:21-35).

(2) 용서하지 못하는 마음, 미움, 원한, 원망, 적개심, 분노 등 당신의 마음에 품고 있는 죄악들을 주님께 고백하고 회개하라(요일 1:9).

---

[147] 리치필드, 『하나님께 바로서기』, 174-176.

(3) 당신의 모든 상처를 주님께서 짊어지시도록 그분께 다 맡겨 버리라(마 11:28; 벧전 5:7).

용서 목록

사건 및 상처	생각 및 감정	용서한 날짜
내가 10살 때 아버지가 내 친구 두 명이 보는 앞에서 나를 바보, 멍청이라고 불렀다.	나는 도망치고 싶었다. 나는 너무나 창피했다. 나는 아버지가 미웠고, 화가 났으며, 내가 무가치하다고 느꼈다.	2020년 4월 1일
내가 11살 때 크리스마스 날, 삼촌이 나를 구석으로 데리고 가서 내 다리 사이를 문지르고 나를 안았으며 내 입술에 키스했다.	나는 내가 너무도 더럽고 못된 아이라고 느꼈다. 삼촌이 그렇게 하도록 내가 행동했다고 느꼈고, 심지어 그렇게 하는 것이 좋았기 때문에 죄책감을 느꼈다. 나는 다시는 그 삼촌이나 다른 어른들을 신뢰할 수 없다고 느꼈다.	2020년 4월 2일
15년간의 결혼 생활 끝에, 남편은 나와 두 아이를 버려두고 다른 여자에게 가 버렸다.	나는 깊이 상처받고 분노했으며, 버림받았다고 느꼈다. 또한 나는 내가 성적으로 매력이 없는 여자라고 느꼈다. 내가 무가치하고 무력하다는 느낌을 받았다.	2020년 4월 4일

5. 하나님께 감사하라.

> 용서해 주시고 용서할 수 있는 은혜를 주셔서 감사하다고 고백하라.

6. 죄와 상처를 기록한 종이를 갈기갈기 찢은 후 다음과 같이 고백하고 휴지통에 버리거나 불에 태워 소각하라.

> 더 이상 그것에 묶여 있지 않고 자유함을 누리겠다고 고백하라.

그렇게 살 수 있도록 주님께서 계속해서 도와주시고 역사해 주시도록 간구하라.

7. 아래의 성경 구절들을 소리 내어 읽고 "천지는 변해도 일점일획이라도 변치 않는 하나님의 말씀"에 근거해서 용서받은 것과 용서한 것을 확신하고 선포하라.

내 죄는 다 용서받았습니다. 하나님께서는 내 죄를 다 용서해 주시고 나를 깨끗하게 해 주셨습니다. 하나님께서는 내 죄를 다시는 기억하지 아니하실 것입니다. 하나님께서 용서해 주신 내게 잘못한 사람들의 모든 죄를 나도 다 용서해 줬습니다. 다시는 용서받은 나의 죄와 용서해 준 다른 사람들의 죄에 묶여 있지 않을 것입니다. 주님 안에서 이제 자유함을 얻었습니다. 할렐루야!

"만일 우리가 우리 죄를 자백하면 그는 미쁘시고 의로우사 우리 죄를 사하시며 우리를 모든 불의에서 깨끗하게 하실 것이요"(요일 1:9).

"내가 그들의 불의를 긍휼히 여기고 그들의 죄를 다시 기억하지 아니하리라 하셨느니라"(히 8:12).

제9장

성경적 내적치유가 이뤄지기 위한 과정 ⑤

심령을 새롭게 함

    이제 성경적 내적치유가 이뤄지기 위한 마지막 과정인 심령을 새롭게 하는 절차에 대해 살펴보려고 한다.

    심령이 상할 때 그 결과는 치명적이기에 상한 심령은 반드시 치유되고 새로워져야 한다(잠 18:14[1]). 심령을 상하게 만든 상처들을 치유하기 위해서는 반드시 심령을 새롭게 하는 절차가 필요하다.

    우리는 자신의 힘으로는 우리의 근본적인 문제를 해결할 수 있는 힘이 없고 그 문제와 싸워갈 수 있는 능력도 없다(렘 30:12). 오직 하나님께서만이 이 문제를 근본적으로 해결하실 수 있고 우리의 상한 심령을 치유하실 수 있다(렘 30:17; 시 147:3; 사 61:1). 십자가는 우리의 가장 깊은 곳인 심령에 숨겨져 있는 상처와 쓴 뿌리를 치유할 수 있는 열쇠다(사 53:5; 벧전 2:24).

---

[1] "사람의 심령은 그의 병을 능히 이기려니와 심령이 상하면 그것을 누가 일으키겠느냐"(잠 18:14).

근본적으로 우리가 상처를 주고받는 것은 우리와 다른 사람들의 죄 때문이다. 주님께서는 모든 상처와 쓴 뿌리의 원인이 되는 우리의 죄 문제를 해결하기 위해서 십자가에 달려 죽임을 당하셨다. 주님의 십자가는 '죄 사함의 십자가'일 뿐만 아니라 우리의 모든 상처와 아픔과 쓴 뿌리를 치유하시는 '치유의 십자가'다. 성경적 내적치유의 가장 큰 능력은 우리를 향한 하나님의 사랑이 확증된 주님의 십자가와 부활의 능력이다. 그리고 그 능력은 성령을 통해 우리의 내면에서 실제로 이뤄진다.

앞에서 지적한 것처럼 우리의 심령을 새롭게 하는 성경적 내적치유는 일회적(一回的)이나 어떤 과정을 통해서 다 되는 것이 아니다. 계속 이뤄져야 하는 과정으로 우리가 주님 앞에 가는 그날까지 계속돼야 한다. 우리는 지금까지 살펴본 성경적 내적치유가 이뤄지기 위한 과정을 숙지하고 계속해서 상한 마음을 치유받으면서 심령을 새롭게 해 나가야 한다. 다음과 같은 심령을 새롭게 하는 절차는 우리에게 많은 도움을 줄 수 있다.

1. 자신의 마음에 상처가 있음을 시인하라(Acknowledging)

먼저 자신의 문제가 무엇인지를 똑바로 인식해야 한다. 병에 걸린 사람이 병에서 고침 받기 위해서는 반드시 병에 걸린 사실을 깨달아야 한다. 그래야 의사에게 찾아가서 진찰을 받게 되고 그 결과 의사의 처방에 따라 구체적인 치료를 받게 된다. 자신이 병에 걸렸음에도 불구하고 나는 괜찮다고, 건강하다고 생각하는 사람은 결코 병에서 고침을 받을 수 없고, 결과적으로 병세는 악화될 수밖에 없다.

마음의 상처와 쓴 뿌리도 마찬가지다. 마음속에 숨겨진 상처와 쓴 뿌리가 있음에도 불구하고 자신은 괜찮다고, 문제가 없다고 생각하는 사람은 영혼의 의사이신 주님께 가지 않을 것이고, 그 결과 성령의 치유의 역사를 체험할 수 없다.

"문제의 진단은 반이 아니라 전부"라는 말이 있다. 마음의 상처가 치유되기 위해서는 바로 자신의 문제가 무엇인지를 똑바로 바라보는 데서부터 시작된다. 정직하고 겸손한 마음으로 자신의 문제가 무엇인지를 바라보라. 자신의 모습 속에서 낮은 자존감, 우월 의식, 완벽주의 경향, 강박 관념, 지나치게 예민한 감정, 분노, 반항, 두려움, 죄책감, 깊은 외로움과 공허감, 우울증이나 조울증, 중독 등의 쓴 뿌리가 없는지를 자세히 살펴보라. 그리고 어린 시절부터 지금까지 살아오면서 기억조차 하기 싫은 과거의 가슴 아픈 경험들을 되새겨 보라.

바로 여기서부터 치유가 시작된다는 것을 기억하면서 숨기지 말고 정직하게 드러내라. 숨기는 것은 절대로 금물(禁物)이다(시 51:6, 10).

자신의 문제를 깊이 이해하고 동정하면서 진정한 도움을 줄 수 있는 성숙한 사람, 특별히 치유받은 경험이 있고 크리스천 상담 분야의 상담 훈련을 받은 경험이 있는 사람으로서 치료와 회복을 성령의 능력에 의존하는 신실한 그리스도인을 찾아가서 자신의 문제를 고백하고 도움을 구하라.

어떤 문제는 그것을 다른 사람에게 고백하기 전까지는 결코 해결되지 않는 것이 있다. 어떤 사람들은 자신의 문제를 다른 사람과 깊이 나눌 수 있는 용기가 없기 때문에 상한 마음의 치유를 경험하지 못한다.[2]

---

2 씨맨즈, 『상한 감정의 치유』, 30.

하나님의 사랑과 은혜가 우리 마음 깊숙한 곳까지 내려와서 채우기 위해서는 우리가 마지막까지 놓지 않고 가장 굳게 닫고 견고하게 붙잡고 있는 단단한 자아의 벽을 깨뜨려야 한다. 그것을 깨뜨리지 않으면 어느 한도까지는 하나님의 은혜와 사랑을 경험하는 것이 가능하지만 우리의 가장 깊은 곳까지 임하시고 채우시는 하나님의 사랑과 은혜를 경험하는 것은 불가능하다. 우리의 가장 큰 대적은 단단하고 견고한 자아며, 우리의 가장 치열한 싸움터는 단단하고 견고한 자아의 성이다.

종교 개혁자 칼빈은 이렇게 말했다.

> 우리의 가장 큰 대적은 세상도 아니고, 마귀도 아니다. 우리가 싸워야 할 가장 큰 대적은 바로 우리 자신이다.[3]

이렇게 견고한 자아를 깨뜨리고 하나님의 사랑과 은혜를 경험하기 위해서는 겸손함으로 마음을 열고 고백하는 것이 반드시 필요하다.

그래서 제임스 에머리 화이트는 이렇게 권면했다.

> 우리의 가장 치열한 싸움터는 바로 우리가 가장 굳게 닫아 놓고 있는 곳이다. 우리는 결코 자신의 가장 중대한 문제를 말하지 않으며 이것은 부인으로 이어지고 부인은 영적 건강과 성장에 가장 해로운 태도다.[4]

---

[3] 김남준, 『거룩한 삶을 위한 능력, 교리묵상 마음지킴』, 40에서 인용.
[4] 화이트, 『이해할 수 없는 하나님 사랑하기』, 182.

고백은 혼자 질 수 없는 나의 무거운 짐을 벗어 버리는 것이기에 내 문제를 고백하는 것만으로도 큰 치유의 효과가 있다(갈 6:2[5]; 약 5:16[6]). 우리가 자신의 문제를 드러낼 때 그곳에 주님의 밝은 치유의 광선이 비춰게 된다. 그래서 쓴 뿌리들이 뽑혀지고 자유와 평안과 기쁨이 넘치게 되는 것이다. 우리는 신중한 가운데서 자신의 문제를 드러내고 고백하는 것을 결코 두려워해서는 안 된다.

2. 하나님의 치유하심을 굳게 믿으면서 간절히 사모하라(Believing & Desiring)

하나님은 당신의 존귀한 자녀인 우리가 마음의 깊은 상처와 쓴 뿌리로 인해 일생 동안 고통당하면서 불행하게 사는 것을 결코 원치 않으신다. 하나님은 육신의 부모나 우리 자신보다도 우리의 상처와 아픔과 쓴 뿌리를 치유해 주시기를 더 원하신다.

우리는 하나님께서 나를 치유하실 능력을 갖고 계시며, 또 치유하기를 원하셔서 성령을 통해서 치유하신다는 사실을 굳게 믿고 하나님의 치유하심을 간절히 사모해야 한다(시 107:9). 우리가 상한 마음을 치유받기를 간절히 사모하면서 주님께 나아갈 때 주님께서는 반드시 치유의 역사를 베푸실 것이다(요 5:6).

---

[5] "너희가 짐을 서로 지라 그리하여 그리스도의 법을 성취하라"(갈 6:2).
[6] "그러므로 너희 죄를 서로 고백하며 병이 낫기를 위하여 서로 기도하라 의인의 간구는 역사하는 힘이 큼이니라"(약 5:16).

이처럼 치유에 있어서 필수적인 중요한 요소는 사모함이다. 특별히 성경적 내적치유 세미나 가운데 성령의 놀라운 치유의 역사가 많이 나타나는데, 그것은 성경적 내적치유 세미나는 치유를 사모하는 사람들이 함께 모여서 갈급한 마음으로 말씀을 듣고 함께 간절히 기도하기 때문이다.

3. 자신의 모든 문제에 있어서 자신에게 책임이 있다는 사실을 인정하면서 죄를 고백하라(Confessing)

우리가 상처를 입고 마음에 쓴 뿌리가 생긴 데에는 다른 사람의 잘못도 있고 책임도 있다. 그러나 궁극적인 책임은 우리 자신에게 있는 것이다. 왜냐하면, 상처를 받았을 때 우리가 올바른 반응을 보이지 못하고 원망하고 미워하고 분노하고 도피하면서 잘못된 반응을 보였기에 마음속에 상처가 쌓였고 결국에는 그 상처들로 인해 쓴 뿌리가 생겼기 때문이다.

오늘 나 자신의 모습이 있게 된 데에는 부모로부터 받은 유전적인 요소와 이제까지 살아온 환경적인 요소, 또 내가 겪은 여러 가지 경험들, 권위자들이나 다른 사람들로부터 받은 영향, 그리고 인생에 있어서의 모든 어려움과 장애물들, 이런 모든 것들이 복합적으로 작용해서 오늘의 내 모습이 있게 된 것이다.

그런데 궁극적으로 이 모든 요소를 취사선택(取捨選擇)해서 나 자신의 모습을 만든 것은 다른 사람이 아니라 바로 나 자신이다. 결국, 이 모든 요소는 나의 반응과 행동에 의해서 나 자신의 모습을 이루게 된 것이다. 따라서 과거에 내가 보인 반응과 행동은 오늘 나 자신의 모든 문제에 있어서 책임이 있다.

우리가 우리의 문제에 있어서 다른 사람을 비난하는 것을 그치고 나 자신의 책임을 인정하기 전까지는 나의 숨겨진 마음의 상처와 쓴 뿌리를 치료받지 못한다.

로마서 10:9-10에 의하면 입으로 고백하는 것이 구원 또는 치유에 이르는 길임을 알 수 있다. 우리는 자신의 삶에 대한 책임을 스스로가 지면서 우리의 죄와 상처를 고백할 필요가 있다.[7]

고백의 기도를 하기 전에 먼저 과거를 돌아보면서 우리가 상처받았던 경험들을 깊이 생각하면서 세밀하게 살펴봐야 한다. 마음의 상처를 치유하는 일은 사람의 기교에 의한 것이 아니라 성령의 일이기에 성령의 인도를 받는 것이 중요하다. 시간을 충분히 갖고 인생을 살아오면서 겪었던 여러 과정을 세밀하게 돌아보면서 기도하라. 그리고 치유가 필요한 사건이나 사람들을 성령께서 생각나게 해 주시도록 전심으로 성령을 의뢰하라. 필요하다면 성령께서는 모태, 유아기, 아동기, 청년기, 우정 관계나 결혼 생활 등에서 일어났던 일들을 알려 주실 것이다.[8]

흔히 감정적인 표현은 치료를 위한 기도의 효과적인 시작이 될 수 있으며, 눈물로 토하는 고백은 감정의 정화를 넘어서는 효과를 나타낼 수 있다. 우리가 하나님을 의뢰하고 눈물로 우리의 아픔을 토할 때 성령의 치유의 역사가 상처 입은 심령에 나타나게 될 것이다. 우리의 마음의 깊은 곳을 주님께 열어 드릴 때 주님은 우리의 상처를 담당하시면서 치유해 주신다.[9]

---

[7] 탐슨, 『내 마음의 벽』, 274.
[8] 탐슨, 『내 마음의 벽』, 274.
[9] 탐슨, 『내 마음의 벽』, 274.

4. 자신의 문제의 핵심이 무엇이며, 또 어떻게 기도해야 하는지 성령의 도우심을 간청하라(Asking)

마음 깊은 곳에 숨겨져 있는 상처와 쓴 뿌리가 무엇이고, 그 원인이 무엇이며, 그리고 치유받기 위해서는 어떻게 기도해야 하는가를 아는 것은 참으로 중요하다. 우리를 위해 말할 수 없는 탄식으로 중보 기도하시는 성령은(롬 8:26) 하나님의 말씀, 상담자, 어떤 사건, 신실한 믿음의 형제들, 책 등을 통해서 우리의 문제를 알 수 있도록 도와주신다. 그러므로 성령께서 나의 문제가 무엇이며, 내가 어떻게 기도해야 할 것인지 가르쳐 주시도록 간구해야 한다.[10]

또 우리는 상처치유가 과정인 것을 기억하고 성령께서 우리의 상처를 계속해서 치유해 주시도록 기도해야 한다. 한순간 발생한 외상(外傷)도 아물려면 시간이 걸리는데 하물며 수십 년 동안 쌓인 상처와 쓴 뿌리가 하루아침에 완전히 치유될 수 없고, 치유에는 시간이 필요하다. 우리의 상처와 쓴 뿌리가 어느 한순간에 생긴 것이 아니듯이 치유도 과정이 필요한 것이다. 우리는 계속해서 성령의 도우심과 인도하심을 구하면서 상처치유를 위해 기도해야 한다.

---

10 씨맨즈, 『상한 감정의 치유』, 32-33.

5. 경건의 훈련을 하라 (Exercising)

상처를 치유하기 위해서는 경건의 훈련을 해야 한다(딤전 4:8). 성경적 내적치유는 성경적 내적치유 세미나에 한두 번 참석해서 이뤄지는 것이 아니다. 성경적 내적치유 세미나는 내적치유가 시작되는 출발선이라고 할 수 있다. 성경적 내적치유는 우리가 이 땅을 떠날 때까지 지속적으로 이뤄져야 하는 과정이다.

우리는 여러 가지 경건의 방편들-말씀 묵상, 성경 공부, 기도, 교제, 경건 서적 읽기 등-을 통해서 지속적인 경건의 훈련을 해야 한다. 경건의 훈련에 있어서 가장 기본적이고 중요한 것은 주님의 은혜와 그분의 말씀 안에서 자라가는 것이다(벧후 3:18). 우리는 경건의 훈련을 통해서 주님을 더욱 알아가고 그분과 깊고 친밀한 관계를 가져야 한다. 이런 지속적인 경건의 훈련이 없으면 아무리 성경적 내적치유 세미나를 통해서 성령의 놀라운 치유의 역사를 경험했다 할지라도 오래가지 못하고 얼마 지나지 않아서 다시 옛 모습과 옛 생활로 돌아가게 된다.

이 사실을 마이크 플린과 더그 그레그는 다음과 같이 지적한다.

> 내적치유는 상한 감정의 속박에서 자유를 얻게 하고 죄에 대한 충동을 억제하며 인간관계를 재조명하고 믿음을 견고하게 할 수 있지만, 성화(성숙)로 가는 훈련의 대용품이 될 수는 없다.[11]

---

[11] 플린 외, 『내적치유와 영적 성숙』, 29.

성경적 내적치유 세미나가 끝난 후 우리의 의지는 집회에 참석할 때만큼이나 중요하다. 성경적 내적치유 세미나 시에 우리의 의지가 적극적으로 참여하지 않는 한 치유를 이룰 수 없듯이 우리의 계속적인 협조 없이는 치유가 지속될 수 없다. 성경적 내적치유 세미나에서 치유가 이뤄지는 동안에 성령의 능력은 우리의 비정상적인 습관 배후의 근원인 상처와 쓴 뿌리, 죄악 등으로부터 우리를 풀어 준다. 그렇지만 술이나 담배나 인터넷 중독 등과 같은 습관 자체는 세미나 이후에도 계속 다뤄져야 한다.

우리는 이전의 습관을 새로운 습관으로 바꾸기 위해 전심으로 노력해야 한다. 여기에는 우리의 의지가 필수적이다. 우리는 우리의 의지를 강화시켜 달라고 성령의 도우심을 구하면서 계속해서 이전의 잘못된 자신의 습관을 해결하기 위해 노력해야 한다.

내적치유 과정에서는 다른 사람들의 후원이 중요하다. 성경적 내적치유 세미나는 치유의 원동력이 되는 불꽃을 제공한다. 그리고 온전한 치유와 성장이 이뤄지기 위해서는 성경적 내적치유 세미나 이후에 천천히 지속되는 과정이 필요하다. 이 과정에서는 개개인의 후원과 소그룹의 후원이 결정적으로 중요하다.

성경적 내적치유와 전문적인 기독교 상담은 서로 보완적인 것이기에 이 둘을 병행할 때 성경적 내적치유는 가장 효과적이다. 전문적인 기독교 상담을 받은 사람이 성령의 능력을 의지해 성경적 내적치유 사역을 하는 것이 가장 이상적이다.

경건의 훈련 속에는 새롭게 되거나 치유받기 위해서 과거의 잘못된 반응들을 과감하게 떨쳐 버리고 새로운 반응을 나타내는 것을 포함한다 (엡 4:22-24[12]).[13]

우리는 어떻게 옛사람을 벗고 새사람을 입을 수 있는가?

그렇게 하기 위해서는 잘못된 믿음 체계를 버리고 성경적인 믿음 체계 혹은 사고 체계를 갖는 것이 중요하다. 다음의 예가 도움이 될 것이다.

필자가 영국에서 공부할 때 세 살 먹은 큰아들이 학교 교정에 있는 개를 쓰다듬어 주다가 갑자기 물린 적이 있었다. 그 순간 아들은 울기 시작했고 불안한 마음과 두려움에 사로잡혀서 개로부터 도망을 치려고 했다.

어릴 때의 그와 같은 부정적인 경험은 그 아들에게 심한 상처를 주면서 개에 대한 잘못된 믿음 체계를 갖게 만들었고, 그 결과 그는 성인이 돼서도 여전히 개에 대한 잘못된 믿음 체계를 가지고 있다. 과거의 부정적인 경험 때문에 성인이 돼서도 개는 모두가 공격적이며 위험스럽다고 믿고 있는 것이다. 그래서 어떤 개가 눈앞에 나타나면 어릴 때 경험했던 개와 연관된 모든 부정적인 감정과 도피하는 행동이 되살아난다.

그가 개에 대한 잘못된 감정과 행동을 변화시키기 위해서는 먼저 개에 대한 잘못된 믿음 체계를 바꿔야 한다. 대부분 개는 사람을 잘 따르고 온순하다는 사실을 그가 받아들일 수 있을 때에만 과거의 경험으로부터 치유될 수 있다. 그렇게 되면 개가 나타나더라도 그의 감정과 행동이 달라지

---

[12] "너희는 유혹의 욕심을 따라 썩어져 가는 구습을 따르는 옛 사람을 벗어 버리고 오직 너희의 심령이 새롭게 되어 하나님을 따라 의와 진리의 거룩함으로 지으심을 받은 새 사람을 입으라"(엡 4:22-24).
[13] 탐슨, 『내 마음의 벽』, 275-276.

기 시작할 것이다.

마찬가지로 우리가 하나님의 진리의 말씀에 초점을 맞추고 그것을 마음으로 믿고 입으로 고백한다면 우리의 옛사람인 과거의 습득된 행동 반응들도 벗어 버리고 새사람을 입을 수 있게 된다. 치유가 우리의 옛사람을 벗게 해 새로운 반응인 새사람을 입는 것을 동반하지 않는다면 일시적일 뿐이다. 우리가 경건에 이르는 길을 훈련할 때만 성숙할 수 있게 되고, 진정한 치유를 받을 수 있다.[14]

브루스 리치필드는 『하나님께 바로서기』에서 비성경적인 거짓 사고(잘못된 믿음 체계)를 진리에 입각한 사고(성경적인 믿음 체계)로 변화시키는 것이 진정한 변화를 위해서 필수적인 요소라고 말하면서 다음과 같은 예를 든다.[15]

결혼한 지 15년이 지난 아내 경숙은 남편 인수의 일관성 없는 행동을 뒤치다꺼리하느라 아주 지쳐서 이제는 더 이상 감당할 수 없게 됐다. 이런 힘든 상황 속에서 경숙은 별거나 이혼을 생각하기도 했지만 하나님을 의뢰하고 기도하며, 또 영적 지도자와 상담하는 가운데 그런 생각은 하나님의 뜻이 아닌 것을 분명히 확인하게 됐다. 그리고 자신의 믿음 체계가 비성경적인 잘못된 믿음 체계인 것을 발견하고 이제부터는 하나님의 진리의 말씀에 근거한 성경적인 믿음 체계로 바꾸기로 결심했다.

자신이 어떤 믿음 체계를 따라 사는가에 따라 행복한 결혼 생활을 할 수도 있고 불행한 결혼 생활을 할 수도 있음을 깨닫게 된 것이다. 남편과의

---

14 탐슨, 『내 마음의 벽』, 276-278.
15 리치필드, 『하나님께 바로서기』, 227-230. 브루스 리치필드가 예로 든 사람들을 한국 이름으로 바꿨다.

결혼 생활의 행복 여부가 자신에게 책임이 있으며 남편에게 지나치게 영향을 받도록 허용하는 것은 잘못된 것임을 알게 됐다.

그녀는 남편과의 관계를 이전의 의존성의 위치에서 독립성의 위치로 옮기지 않았다. 하나님을 온전히 의뢰하면서 '건강한 상호의존성'(interdependency)을 선택한 것이다. '건강한 상호의존성'이란 고린도전서 7장과 베드로전서 3장에서 말씀하는 것처럼 남편과 올바른 관계를 유지하면서도, 남편이 자신의 삶을 지배하고 좌우하도록 하는 잘못된 사람 의존의 위치에 머무는 것을 허용하지 않는 자세와 모습을 의미한다. 그녀는 아내로서 그와 함께 있으면서도, 동시에 자신의 필요를 충족하고 행복한 삶을 살 수 있다.

그렇게 되기 위해서는 무엇보다 그녀의 믿음 체계가 이전과는 달리 완전히 새롭게 변화돼야 하고, 그 믿음 체계로부터 나오는 행동도 급격히 변화돼야 한다.

이것이 바로 하나님이 원하시는 "옛사람을 벗고 새 사람을 입는" 사람의 올바른 모습이다(엡 4:22-24).

1) 결혼에 대한 잘못된 믿음 체계 바꾸기

잘못된 믿음 체계(거짓 사고)	성경적 믿음 체계(진리의 사고)
1. 인수 같은 사람을 남편으로 선택한 내가 참 어리석은 사람이고, 저런 사람이 남편이라는 것이 너무 싫고 지긋지긋하다.	1. 인수는 하나님이 짝지어 주신 남편이며, 비록 내가 원하는 것과 다르게 행동한다 하더라도 나는 그에게 결코 채워지지 않는 부분을 요구하지 않고서도 그와 함께 살 수 있다.
2. 이제 인수를 남편으로 인정하면서 함께 산다는 것은 더 이상 불가능하다.	2. 만일 그가 변한다면 좋겠지만 그것이 내가 주님이 기뻐하시는 삶과 나의 행복에 필수적인 것은 아니다.

3. 나는 더 이상 참을 수 없다. 이제 이혼하는 길밖에 없다.	3. 비록 인수가 내가 원하는 모습으로 내게 대하지 않는다고 하더라도, 나는 주님 안에서 만족스럽고 행복한 삶을 살 수 있다. 비록 그가 결코 변하지 않는다 하더라도 내 삶은 주님 안에서 충만하고 행복하고 즐거운 삶이 될 수 있다.
4. 인수와 함께 사는 것은 내 인생을 무의미하게 허비하는 결과만 가져올 뿐이다.	4. 나는 내 인생을 허비하고 있는 것이 아니다. 나는 하나님께서 인수의 마음속에 그분이 원하시는 형상으로 빚어 나가시고 다루시고 계시는 것을 믿는다. 또한 나는 하나님께서 내 마음속에서도 역사하고 계시는 것을 믿는다.

6. 하나님과 친밀한 관계 속에서 영적으로 성장하고 성숙하라 (Growing)

상한 마음이 치유되고 변화됨으로 영적 성숙의 길로 나아가기 위해서는 하나님과의 친밀한 교제를 통해 그분의 사랑을 깊이 경험해야 한다. 하나님과의 친밀한 사랑의 교제는 우리의 자아상을 성경적인 자아상과 기쁨의 자아상으로 회복시키는 변화의 원천이 되기에[16] 우리를 영적 성숙의 길로

---

[16] 짐 와일더, 에드워드 쿠리, 크리스 코시, 쉴리아 서튼, 『기쁨은 여기서 시작된다』(Joy Starts Here), 윤종석 역 (서울: 두란노, 2019), 214-226. 짐 와일더는 우리의 자아상이 새롭게 변화되는 데 있어서 주요한 요인으로 하나님과의 교류(교제) 외에도 사람들과의 교류(교제)도 필요하다고 지적한다. "새로운 정체성(자아상)이 자라 가는 데 하나님과의 교류도 필요하고 가족, 친구, 멘토, 동료와의 교류도 필요하다. 우리는 하나님과의 교류와 사람들과의 교류를 통해서 새로운 자아로 깨어날 수 있다. 우리의 정체성 중 미답(未踏)의 부분은 예수님과의 교류를 통해 드러나고, 다세대 공동체 안에서 연습을 통해서 강화된다. 성숙한 사람들은 우리 안에서 하나님이 보시는 것을 본다. 동료들은 우리의 새로운 정체성과 기술을 실제로 가꾼다. 나보다 어리고 연약한 사람들 속에서 우리는 하나님의 계획을 본다. 인생 모델의 연습은 바로 그 목적을 달성하기 위한

인도한다.

하나님과의 친밀한 사랑의 교제는 우리 안에 하나님이 심어 놓으신 근본적인 갈망을 충족시킬 수 있기에 참된 기쁨과 만족을 경험케 한다.

기독교 상담가 래리 크랩(Larry Crabb)은 『영적 가면을 벗으라』(Inside Out)에서 우리 안에 있는 근본적인 갈망에 대해 이렇게 설명한다.

> 우리는 아무런 조건 없이 완전한 사랑을 받고, 하나님께로부터 영원히 영향을 받도록 지음 받았다. 오직 하나님만이 우리 영혼의 가장 깊은 욕구를 충족시킬 수 있다. 근본적인 욕구(crucial longings)가 충족되지 않으면, 해결하기 힘든 고통이 따른다. 근본적인 욕구가 만족되지 못한 삶의 결과는 지옥의 시작이라 할 수 있다.[17]

이와 같은 우리 안의 깊은 갈망은 오직 하나님과의 친밀한 사랑의 관계 속에서 나를 향한 하나님의 사랑을 깊이 경험할 때 채워질 수 있다. 그리고 그 사랑을 깨닫고 알고 누리게 될 때 비록 세상에서 실망하고 거절을 경험하고 깊은 상실감과 외로움을 느꼈을지라도 온전한 사랑의 채우심으로 치유될 수 있다. 또한, 내가 하나님의 소중한 존재이며 그분의 사랑받는 자임을 알아 건강한 자아상을 가지고 살게 된다. 우리가 이렇게 하나님과의 사랑의 관계 속에서 지속적으로 그분과 교제하며 살아갈 때 그분 자신으로 인한 기쁨을 계속 발견해가며 실제로 누리게 될 것이다.

것이다." 와일더 외, 『기쁨은 여기서 시작된다』, 226.
[17] 래리 크랩, 『영적 가면을 벗어라』(Inside Out), 윤난영 역 (서울: 복있는사람, 2010), 114.

'기독교 희락주의자'라고 불리는 존 파이퍼(John Piper) 목사는 『하나님을 기뻐하라』(Desiring God)에서 '감추인 보화의 비유'(마 13:44)를 이렇게 설명한다.

> 이 비유는 우리가 어떻게 회심하며 천국에 들어가는지 묘사한다. 한 사람이 보화를 발견하고 너무 기뻐서 그 보화를 얻기 위해 자기 가진 것을 다 판다. 천국은 왕이 거하시는 장소다. 천국에 대한 열망은 왕과 친교를 나누고 싶은 갈망이다. 밭에 있는 보화는 그리스도 안에서 누리는 하나님과의 교제를 가리킨다. 우리는 천국에 들어가기 위해 진심으로 회심해야 한다. 또한 우리의 모든 죄를 씻으시고 우리에게 모든 의를 주시고 친히 함께하심으로 우리의 최고의 희락(喜樂)이 되시며 십자가에 달리시고 부활하신 구세주, 그 그리스도께서 우리에게 거룩한 기쁨의 보고(寶庫)가 되실 때 우리는 진정으로 회심한 것이다. … 그리스도께서 죄인인 나를 위해 길을 여심으로 영원히 그분과의 영광스러운 교제를 나누며 살게 하셨다는 확신, 그리고 그리스도를 통해 하나님께로 나아가면 하나님은 자신의 거룩함을 나와 공유하시고 자신의 영광을 위한 갈망을 내게 주실 것이라는 확신이 찾아온다. 하지만 그 확신 이전에 갈망이 있고, 결정 이전에 기쁨이 있고, 신뢰 이전에 보화 발견이 있다.[18]

'인생 모델'(Life Model)[19]의 개발자며 기쁨의 능력을 강조하는 짐 와일더

---

[18] 존 파이퍼, 『하나님을 기뻐하라』(Desiring God), 박대영 역 (서울: 생명의 말씀사, 2017), 87-89.
[19] '인생모델'에 대한 자세한 설명은 와일더, 『기쁨은 여기서 시작된다』; 와일더 외, 『예

(E. James Wilder) 역시 같은 지적을 한다.

> 인생 모델의 모든 연습의 열쇠는 우리와 능동적으로 교류(교제)하시는 하나님께 있다. 그분의 도움으로 우리는 자신의 진정한 정체성을 발견할 수 있다. 하나님은 언제나 우리와 함께하신다. 그래서 이를 '임마누엘 생활방식'[20]이라고 부른다.[21]

이렇게 우리가 하나님과 지속적으로 친밀한 사랑의 교제를 나눌 때 우리 영혼의 깊은 갈망이 채워지고 그분이 주시는 거룩한 기쁨을 누리면서 살게 될 것이다. 또한 우리의 상한 마음도 치유되고 변화돼서 영적으로 성숙해지며 내적 강건함을 지니게 될 것이다.

우리가 하나님과 개인적이고 인격적인 친밀한 사랑의 교제를 갖기 위해서 반드시 필요한 세 가지 경건 생활의 모습이 있다. 그것은 말씀 생활, 기도 생활, 그리고 개인적인 찬양과 경배 생활이다.

말씀 생활은 영적 성장과 성숙에 있어서 가장 기본적이고 중요한 요소다. 우리는 젖이나 먹는 상태에서 졸업해서 진정한 영의 양식인 단단한 육

수님 마음담기』; 크리스 코시, 『관계의 기술: 관계의 변화를 일으키는 뇌기술』(Transforming Fellowship), 손정훈 역 (서울: 토기장이, 2017)을 참고하라.

[20] '임마누엘 생활방식'은 예수님이 살아가시는 방식에 점점 더 눈뜨는 삶이며, 그분의 초대에 응해 그분과 함께하고 그분을 즐거워하는 삶을 가리킨다. 와일더, 『기쁨은 여기서 시작된다』, 226-244. '임마누엘 생활방식'에 대한 자세한 설명은 짐 와일더, 애나 강, 존 룝노우, 성심 룝노우, 『임마누엘 일기: 하나님의 임재를 경험하는 일상의 훈련』(Joyful Journey: Listening to Immanuel), 손정훈, 이혜림 역 (서울: 토기장이, 2019)을 참고하라.

[21] 와일더, 『기쁨은 여기서 시작된다』, 226.

식도 소화시킬 수 있는 자리까지 성장하며 성숙해야 한다. 영적으로 성장하고 성숙하기 위해서는 '의의 말씀'을 경험하는 것이 반드시 필요하다(히 5:11-14).

우리가 '의의 말씀'을 경험하기 위해서는 체계적인 말씀의 양육을 받는 것과 개인적인 말씀 묵상 생활, 그리고 경건 서적 읽기 등이 반드시 필요하다. 우리는 성령의 조명하심으로 체계적인 말씀의 양육과 개인적인 말씀 묵상 생활과 경건 서적 읽기 등을 통해 하나님의 마음과 성품을 알게 되고, 하나님의 말씀과 그분의 뜻을 깨닫게 된다.

김남준 목사는 하나님과 그분의 성품을 아는 데 있어서 하나님의 말씀을 깨닫는 것의 중요성을 다음과 같이 설명한다.

> 오늘날 우리 한국교회의 성령 운동과 그릇된 은사 운동이 가져다주는 커다란 문제가 있다. 성령의 체험은 많은데 기독교 신앙에 대한 신자들의 인식은 변화되지 않고 있다는 것이다. 성령 체험이 모두 같은 체험일 수는 없다. 참된 부흥의 시기에 볼 수 있는 성령 체험이 그릇된 성령 운동 속에서 경험하는 은혜나 능력의 체험과 비교될 수 없는 뚜렷한 특징 하나가 바로 이것이다. 그릇된 성령 운동에서는 체험은 많으나 그 체험이 우리가 하나님을 새롭게 알게 하고, 그의 성품을 더욱 분명하게 경험하게 하며, 기독교 신앙에 대한 성경적인 인식을 갖게 하는 일은 드물게 일어난다.
> … 많은 사람이 성령을 체험했다 할지라도 진리를 깨닫고 신령한 세계에 눈뜨는 것은 쉬운 일이 아니다. 성령을 경험하고 은사를 체험했으나 삶에 대한 세속적인 동기를 포기하고 거룩하고 신령한 갈망으로 변화된 사람들

이 많지 않다. … 따라서 우리는 마땅히 참된 부흥의 시기에 사람들이 어떻게 말씀을 통해서 부흥을 경험하게 되었는지를 생각해야 한다.[22]

기도는 하나님의 말씀을 깨닫는 일과 떨어질 수 없다. 나는 주위에서 기도를 좀 적게 하고 오히려 하나님의 말씀을 깨닫는 일에 헌신했더라면 훨씬 더 하나님의 나라를 회복하는 데 도움이 되는 인생을 살았을 사람들을 많이 발견하게 된다. 많은 기도와 금식이 그들을 더욱 잘못되고 굳어진 사람으로 만들었다. 기도 자체가 그런 일을 한 것은 아니지만 스스로 기도했다고 하는 자기의(義), 간절히 기도한 것 자체를 업적으로 생각하는 잘못된 생각이 그릇된 확신을 부채질한 것이다. 그러므로 진정으로 기도하고자 하는 사람은 먼저 하나님이 자신에게 깨닫게 해 주시고자 하는 바에 대해 귀를 기울여야 한다. 왜냐하면, 하나님의 마음을 알게 하는 마음의 감화와 감동은 반드시 깨닫는 것을 통해 와야 하기 때문이다.[23]

그러므로 우리는 체계적인 말씀의 양육을 받는 것과 개인적인 말씀 묵상 생활, 그리고 경건 서적 읽기 등을 통해 하나님과 지속적으로 교제하면서 그분의 마음과 성품을 알고 그분의 뜻을 깨닫는 것이 우리의 영적 성숙과 지속적인 성경적 내적치유를 가능케 하는 필수적인 요소인 것을 기억하고 성령의 도우심을 구하면서 힘써야 한다.

기도 생활과 금식 생활 역시 영적 성장과 성숙에 있어서 너무나 중요한

---

[22] 김남준, 『한국교회 영적 기상도를 본다』 (서울: 두란노, 2000), 37-38.
[23] 김남준, 『깊은 기도를 경험하라』 (서울: 생명의말씀사, 2005), 44-45.

요소다. 기도는 전능하신 하나님께서 세상을 움직이시고 우리와의 관계를 형성하시는 하나님의 방법이다. 그래서 기도는 하나님과의 개인적이고 인격적인 관계라고 할 수 있다.

이러한 하나님과의 인격적인 관계는 십자가 위에서 예수님께서 성취하셨기에 예수님으로 인해 기도는 완전한 모양을 갖추게 됐다. 기도는 하나님께 대한 우리의 사랑을 표현하는 길이고, 우리를 위한 하나님의 사랑을 받는 길이며, 가장 절묘한 인격적 관계의 표현이다. 그러므로 기도는 쌍방적이다. 인간이 가질 수 있는 가장 위대한 욕망은 하나님과 친밀한 관계를 가지고자 하는 것이다. 우리의 기도는 하나님을 기쁘시게 한다(시 141:2; 계 5:8; 8:3-4).

효과적인 기도는 응답받는 기도다(약 5:16-18). 응답받는 기도는 바로 하나님의 뜻에 따른 기도다. 그런데 우리가 하나님의 뜻을 분별하기 위해서는 하나님 아버지와 인격적인 친밀함 가운데 있어야 하기에 아버지와 친밀해지는 것이 기도의 열쇠며 기도의 본질이다(요일 5:14-15).

주권자이신 하나님은 당신의 주권으로 기도의 법칙을 세우셨다(겔 36:37-38; 시 81:10; 약 4:2). 하나님은 우리의 간구의 기도를 기다리고 계시는데 그분이 능력이 없어서가 아니라 당신의 뜻을 실현하기 위해 그런 방식을 주권적으로 선택하셨기 때문이다.

하나님께서는 당신의 백성들을 통해서 많은 일을 하기를 원하신다. 그래서 하나님은 당신의 백성들을 세우시고 그들에게 약속을 주시고 그들이 그 약속을 붙잡고 간절히 기도케 하시며, 그리고 그들의 기도를 들으셔서 하나님이 약속하신 일을 행하신다(행 7:17; 출 2:23-25; 3:7-8; 왕상 18:1, 41; 약 5:17-

18; 렘 29:10-13; 단 9:1-3; 겔 36:37-38).

이처럼 기도는 하나님과 개인적이고 인격적인 관계를 맺는 데 있어서 필수적인 요소고, 또 하나님의 도우심과 보호하심과 은혜의 역사를 경험할 수 있는 놀라운 방편이기에 우리는 그 무엇보다 기도에 힘써야 한다 (막 9:28-29; 행 6:1-4; 계 5:8; 8:3-5).

기도 생활과 더불어 우리가 힘써야 할 것은 금식 생활이다. 주님께서는 마귀와의 영적전쟁의 놀라운 무기로서 기도 외에 금식까지 강조하고 계신다(마 17:21; 막 9:29 헬라어 사본들, 킹제임스성경). 기도 가운데 가장 강렬한 형태의 기도가 바로 금식기도다. 우리는 먹지 않고는 살 수 없고 힘을 발휘할 수 없다. 그러므로 음식을 끊고 기도하는 금식기도는 우리의 생존과 삶의 모든 부분을 하나님께 다 맡긴다는 '믿음의 표시'며, 오직 하나님만을 바라보고 의지하면서 그분께 간절히 매달린다는 '믿음의 행위'다.

이런 금식기도에 하나님의 임재와 위대한 능력과 기적이 나타난다. 하나님의 백성들은 절박한 상황에 부딪혔을 때, 원수들의 공격과 계략과 모략으로 전멸을 당하게 됐을 때, 하나님의 진노하심으로 무서운 심판을 당하게 됐을 때, 인간의 힘으로는 도저히 해결할 수 없는 문제에 부딪혔을 때, 그들은 금식을 선포하고 하나님을 온전히 의지하면서 간절히 부르짖어 기도해 하나님의 크신 긍휼을 힘입었다.

찰스 스펄전 목사는 이런 고백을 했다.

우리가 성전에서 금식하며 기도하던 그 시기는 정말로 고귀한 날들이었다. 하늘의 문이 그토록 넓게 열린 적이 없었으며 우리의 마음이 하나님의 영광에 그토록 가까이 이른 적도 없었다.

기도와 금식은 어두움의 견고한 진을 파하는 강력한 무기기에 사탄의 결박을 끊어 사람들을 자유롭게 하는 놀라운 역사를 일으킨다. 그리고 하나님과의 친밀한 관계를 맺으면서 우리의 영적 성장과 성숙에 지대한 영향을 미치기에 우리는 그 무엇보다 기도 생활과 금식 생활에 힘써야 한다.

개인적인 찬양과 경배 생활 역시 우리의 영적 성장과 성숙에 있어서 참으로 중요하고 하나님과의 친밀함을 갖는데 있어서 필수적인 요소다.[24] 찬양과 경배는 나의 온 마음을 실어 '직접 화법'으로 하나님의 행하신 일들에 마음을 다해 찬사를 드리고, 또 하나님이 하나님 되심을 인해 온 마음으로 기뻐하는 것이다.

찬양과 경배에는 두 가지 요소가 있다.

첫 번째 요소는 찬사(讚辭)인데, 하나님께서 우리를 위해서 행하신 그 놀라운 일로 인해서 하나님께 찬사를 드리는 것이다.

'하나님, 하나님이 행하신 일들이 너무나 아름답습니다. 하나님 감사합니다. 하나님의 이름을 찬양합니다. 하나님의 이름을 높입니다. 주님의 이름을 높입니다'(시 104:1-6).

이때 중요한 것은 직접 화법의 찬사를 드리는 것이다. 즉 그분께 찬사를, 감사를, 기쁨을 직접 드리는 것이다.

"주여, 내가 주를 기뻐합니다."

---

[24] 찬양과 경배에 대한 자세한 설명은 여주봉, 임태집, 『예배회복』(경기 용인: 새물결선교회, 2006), 188-292; 여주봉, 『부흥을 위한 중보기도』(경기 용인: 새물결선교회, 2012), 198-221을 참조하라.

"주여, 내가 주님을 찬양합니다."

두 번째 요소는 기뻐함인데, 하나님의 하나님 되심을 인해 하나님을 기뻐하고 즐거워하는 것이다. 하나님이 나의 하나님이 되시기에, 하나님이 나의 아버지가 되시기에, 그분 자신이 우리에게 너무 소중하기에 하나님을 기뻐하며 그분으로 인해 감격하는 것이며, 하나님께 우리의 사랑을 고백하는 것이다(삼하 6:12-23).

찬양과 경배는 몇 가지 단계로 나눌 수 있다.

첫 번째 단계는 예배로의 부름(초청)의 단계로 보통 박자가 빠르고 활력 있는 찬양으로 "찬양하세, 기뻐하세, 높이세, 예배로 나아가자, 경배로 나아가자, 높이자, 찬양하자" 등의 찬양을 부르는 것이다.

두 번째 단계는 경배의 단계로 본격적으로 경배로 들어가는 것이고 하나님을 향해 경배로 나아가는 것이다. 하나님을 바라보면서 직접 화법으로 하나님이 행하신 일에 찬사를 드리고 마음껏 그분을 기뻐하며 높이는 것이다. 경배에 있어서 직접 화법의 찬양이 중요하다. 마음껏 직접 화법으로 찬사를 드리고 사랑을 고백하고 기뻐해야 한다.

"하나님, 당신을 사랑합니다."

"하나님, 당신을 기뻐합니다."

경배에 있어서 우리의 마음을 싣는 것이 중요하다. 즉, 입에서 고백한 것을 중심에서 음미하는 것이 중요하다.

세 번째 단계는 친밀한 사랑의 고백 단계다. 경배의 단계에서 찬사를 드리고 주님을 기뻐하면 하나님의 사랑이 부어지고 주님의 은혜 가운데 잠기게 된다. 그때 우리 깊은 곳에서부터 그분께 사랑을 고백하게 된다. "주님만이 나의 유일한 사랑입니다. 내 마음을 다하고 목숨을 다하고 힘을 다하고 뜻을 다해 하나님을 사랑합니다"라고 고백할 때 하나님께서는 참으로 기뻐하신다.

네 번째 단계는 하나님 앞에 잠잠히 기다리는 단계로 사무엘처럼 하나님의 임재를 구하고, 또 하나님의 뜻을 알려 주시도록 잠잠히 그분의 말씀에 귀를 기울인다.

> 여호와여 말씀하옵소서 주의 종이 듣겠나이다(삼상 3:9, 10).

우리가 오직 주님만을 구해 그분께 나아가 그분을 찬양하고 경배할 때 주님께서는 당신의 임재를 우리에게 보이시고, 당신의 마음을 알려 주시며, 당신의 말씀을 들려주신다. 그래서 우리와 주님과의 사이에는 마치 친구와 같은 친밀함이 형성된다(사 41:8; 출 33:11; 요 15:14-15).

이렇게 우리가 말씀 생활, 기도와 금식 생활, 개인적인 찬양과 경배 생활 등을 통해 주님과 깊이 교제하면서 주님과의 친밀함을 계속 유지해 나가면 계속적인 치유와 회복을 경험하게 될 것이다. 그리고 영적으로도 계속해서 성장하고 성숙해 주님을 더 많이 닮게 될 것이다.

7. 상처로 고통당하는 사람들을 돕고 섬기라(Helping)

우리가 상처와 쓴 뿌리로 인해 사탄의 올무에 묶인 갇힌 자를 풀어 주고, 심령이 짓밟힌 자들을 돌볼 때 하나님께서는 우리의 치료가 급속할 것이라고 약속하셨다(사 58:6-11). 이처럼 치유받은 사람이 다른 사람들의 치유를 도울 때 자신의 치유에 도움이 된다. 우리는 우리 자신을 위해서 치유받았지만 동시에 다른 사람들을 돕기 위해서, 특히 우리가 경험한 것과 동일한 고통을 당하는 사람들을 위해서 치유받은 것이다(고후 1:4). 우리는 거저 받았기에 거저 줘야 한다(마 10:8).

우리가 진정으로 치유받았다고 말할 수 있기 위해서는 사람들과 사랑의 관계를 맺으면서 교제하고, 삶을 나누고, 세상의 빛으로서 다른 사람들을 섬기는 삶을 살 때다.[25] 이 사실을 존 샌포드와 마크 샌포드는 이렇게 지적한다.

> 내적치유는 개개인의 기억을 지우거나 과거를 바꾸는 과정이 아니다. 우리는 내적치유를 통해 우리 삶의 가장 치욕스런 순간마저도 소중하게 여기게 된다. 왜냐하면, 하나님께서는 그러한 경험을 통해 우리의 마음속에 영원한 교훈을 새겨 넣으실 수 있으며, 또한 이러한 경험을 통해 하나님께서는 동일한 경험으로 고통받는 사람들에게 다가갈 수 있도록 우리를 준비시킬 수

---

[25] 상처받은 사람들의 온전한 치유를 위해서는 개인이 물론 도와야 하지만 특히 후원 그룹의 역할이 중요하다. 목장이나 구역과 같은 교회 안의 소그룹 모임은 온전한 치유를 위한 큰 도움이 된다. 필자가 목회하는 교회도 성경적 내적치유 수련회에 참석한 사람들이 수련회 이후에 자신이 소속된 목장에서 목자를 비롯한 목원들의 후원을 받으면서 계속적인 치유를 경험하고 있다. 더그 뮤렌은 교회는 치유하는 교회가 돼야 한다고 주장하면서 교회 안의 치유하는 소그룹의 중요성을 강조한다. 뮤렌, 『치유하는 교회』, 55-65, 85-102.

있기 때문이다(히 2:18). 우리가 우리 삶의 모든 일을 뒤돌아볼 때 감사함을 느낄 수 있다면, 우리는 자신이 치유됐으며 변화됐음을 알 수 있다.[26]

지금까지 우리가 생각해 본 모든 절차는 심령을 새롭게 하는 과정에서 매우 중요하다. 우리가 그 내용을 삶 속에 계속해서 부지런히 적용해 나갈 때 성령의 계속적인 치유의 역사를 더 깊이 체험할 수 있다.[27] 그리고 또 우리의 성격과 인격은 하나님이 기뻐하시는 성숙한 모습으로 더 아름답게 변화될 것이다. 그래서 주님을 더욱 닮게 되고, 그 결과 우리 삶 속에 하나님의 형상이 더 많이 회복되게 될 것이다.

이렇게 성경적 내적치유는 하나님의 말씀과 성령의 특별한 역사를 통해 우리 마음이 새롭게 변화돼서 예수 그리스도의 성품을 닮게 되고, 그래서 우리 속에 하나님의 형상이 회복되는 것이다. 우리의 왜곡되고 상한 마음이 더 많이 치유되고, 또 우리의 죄악을 더 깊이 회개함으로 우리 마음이 더 새로워질수록 우리는 하나님 아버지의 사랑을 마음으로 더 깊이 경험하게 되고, 우리 안에 하나님의 사랑이 더 많이 채워지는 것을 느끼게 될 것이다.

그때 우리는 이전보다 더 많이, 더 깊이 하나님을 사랑하게 되고, 또 우리 안에 있는 그 하나님의 사랑으로 인해 이전보다 다른 사람들을 더 많이, 더 깊이 사랑하는 성숙한 '사랑의 사람'이 될 것이다.

---

[26] 존 샌포드, 마크 샌포드, 『축사 사역과 내적치유의 이해 가이드』(*A Comprehensive Guide to Deliverance and Inner Healing*), 심현석 역 (서울: 순전한나드, 2007), 66.
[27] 탐슨, 『내 마음의 벽』, 281.

요약

이 장에서 우리가 생각해 본 모든 단계는 심령을 새롭게 하는 과정에 있어서 매우 중요하다. 무엇보다 우리 마음에 상처가 있음을 부인하지 말고 솔직하게 시인해야 한다. 그래야 영혼의 의사이신 주님께 나아가 그분의 치유의 역사를 체험할 수 있다. 마음의 상처가 치유되기 위해서는 먼저 자신의 문제가 무엇인지를 똑바로 바라보는 데서부터 시작되는 것을 기억하고 정직하고 겸손한 마음으로 성령의 역사를 구하면서 자신의 문제가 무엇인지를 바라봐야 한다.

하나님의 치유하심을 굳게 믿으면서 간절히 사모해야 한다. 하나님은 그분의 존귀한 자녀인 우리가 마음의 깊은 상처와 쓴 뿌리로 인해 일생 동안 고통당하면서 불행하게 사는 것을 결코 원치 않으시고 치유해 주시기를 간절히 원하신다. 우리는 이 사실을 기억하고 하나님의 치유하심을 간절히 사모해야 한다.

모든 문제에 있어서 우리 자신에게 책임이 있다는 사실을 인정하면서 죄를 고백해야 한다. 상처를 입고 마음에 쓴 뿌리가 생긴 궁극적인 책임은 우리가 잘못 선택하고 잘못된 반응을 보였기 때문이다. 그 사실을 기억하고 우리는 자신의 책임을 인정해야 한다.

자신의 문제의 핵심이 무엇이며, 또 그것을 위해서 어떻게 기도해야 하는지 성령님의 도우심을 간청해야 한다. 성령께서 우리 마음 깊은 곳에 숨겨져 있는 상처와 쓴 뿌리가 무엇이며, 그 원인이 무엇인지를 알려 주시고, 우리가 치유를 위해서 어떻게 기도해야 하는지를 가르쳐 주시도록 기도해야 한다. 또 우리는 성령께서 계속해서 상한 마음을 치유해 주시도록 기도해야 한다.

경건의 훈련이 반드시 필요하다. 성경적 내적치유는 우리가 이 땅을 떠날 때까지 지속적으로 이뤄져야 할 과정이기에 여러 가지 경건의 방편들을 통해 지속적인 경건의 훈련을 해야 한다. 경건의 훈련을 통해 우리가 주님을 더욱 알아 가고 그분과 친밀한 사랑의 관계를 맺을 때 더 깊은 치유와 변화가 이뤄진다.

경건의 훈련 속에는 새롭게 되거나 치유받기 위해서 과거의 잘못된 반응들을 과감하게 떨쳐 버리고 새로운 반응을 나타내는 것이 중요하다. 이렇게 우리가 옛사람을 벗고 새사람을 입기 위해서는 반드시 잘못된 믿음 체계를 버리고 성경적인 믿음 체계를 가져야 한다. 우리가 하나님의 진리의 말씀에 초점을 맞추고 그것을 마음으로 믿고 입으로 고백한다면 우리의 옛사람인 과거의 습득된 행동 반응들을 벗어 버리고 새사람을 입을 수 있게 된다. 우리가 경건에 이르는 길을 훈련할 때에만 성숙할 수 있게 되고 진정한 치유를 받을 수 있다.

영적으로 성장하고 성숙하는 것도 중요하다. 영적으로 성장하고 성숙하기 위해서는 반드시 주님과 개인적이고 인격적인 교제로부터 나오는 '친밀함'이 필수적이다. 주님과 개인적이고 인격적인 교제를 갖기 위해서는 경건 생활이 반드시 필요하다. 경건 생활 중에서 '말씀 생활, 기도와 금식 생활, 그리고 개인적인 찬양과 경배 생활' 등이 특히 중요하다.

우리가 말씀 생활, 기도와 금식 생활, 개인적인 찬양과 경배 생활 등을 통해 주님과의 친밀함을 지속적으로 유지해 나가면서 그분과 동행하는 임마누엘의 삶을 살면 우리 영혼의 깊은 갈망이 채워지고 그분이 주시는 거룩한 기쁨을 누리게 된다. 또 계속적인 치유와 회복을 경험하게 된다. 그리고 우리의 자아상이 성경적인 자아상과 기쁨의 자아상으로 회복돼 영적으로도 계속 성장하고 성숙해가면서 주님을 더 많이 닮게 된다.

상처로 고통당하는 사람들을 돕는 것도 중요하다. 치유받은 우리가 다른 사람들의 치유를 도울 때 자신의 치유에 도움이 된다. 우리는 자신을 위해서 치유받았지만 동시에 다른 사람들을 돕기 위해서, 특히 우리가 경험한 것과 동일한 고통을 당하는 사람들을 위해서 치유받은 것을 기억하고 다른 사람들의 치유를 위해 힘써야 한다. 우리가 사람들과 사랑의 관계를 맺으면서 교제하고, 삶을 나누고, 세상의 빛으로서 다른 사람들을 섬기는 삶을 살 때 진정으로 치유받은 자라고 말할 수 있다.

묵상과 적용

1. 성경적 내적치유가 이뤄지기 위한 과정과, 심령을 새롭게 하기 위해 구체적으로 밟아야 하는 절차를 다시 한번 자세히 살펴보라. 그리고 성령께서 마음의 상처를 치유해 주시도록 간절히 기도하라.

2. 성경적 내적치유는 계속되는 과정이다. 그러므로 당신은 앞으로도 계속해서 성령의 치유의 역사를 사모하면서 기도해야 한다. 성령께서 앞으로도 계속해서 당신의 마음을 만져 주시고 치유해 주시도록 기도하라.

3. 성령께서 당신의 삶 속에 계속 역사하심을 통해 치유된 자로서 주님의 성품을 더욱 닮아가고 상처로 인해 고통당하는 자들을 도울 수 있도록 기도하라.

4. 성령께서 당신의 왜곡되고 상한 마음을 더 많이 치유해 주시고, 당신의 죄악을 더 깊이 회개케 하셔서 당신의 마음이 더욱 새로워질수록 기도하라. 그래서 당신이 하나님 아버지의 사랑을 마음으로 더 깊이 경험하고, 지금보다 하나님과 다른 사람들을 더 많이, 더 깊이 사랑하는 성숙한 '사랑의 사람'이 되도록 기도하라.

맺는말

　성경적 내적치유는 인간의 내적인 마음의 문제를 성경적인 관점에서 바라보고 성경적인 방법으로 해결해 나가는 것으로 전인(whole person)의 치유와 변화를 목적으로 하며 하나님의 말씀과 성령의 능력을 통한 사역이다. 마음이 새롭게 변화될 때 예수 그리스도를 닮아 성숙해질 수 있고 하나님 나라 확장을 위해 온전히 헌신할 수 있다. 마음이 새롭게 변화되기 위해서는 반드시 죄악으로 인해 부패하고 왜곡되고 상한 마음에 전반적인 변화가 있어야 한다. 이것이 가능하기 위해서는 상한 마음이 치유되고 회복돼야 하고, 또 마음에 뿌리박혀 있는 죄악을 철저히 회개해야 한다. 그때 참된 변화와 진정한 신앙 성숙이 가능해진다.
　교회와 그리스도인의 삶과 사역의 목적은 하나님의 영광에 있기에 성경적 내적치유 역시 예외가 아니다. 성경적 내적치유의 본질은 하나님 나라를 이 땅에 확장해 하나님께 영광 돌리는 사역이다. 성경적 내적치유를 통해 상한 마음이 치유되고, 죄악을 철저히 회개하는 회개의 역사가 일어나면 마음이 새로워져서 우리 삶 가운데 하나님 나라가 임하게 되고 왕이신 하나님의 다스림과 통치를 받게 된다.
　또 하나님께서는 치유되고 변화된 우리를 하나님의 동역자로 사용하셔서 우리가 속한 가정, 일터, 교회, 사회는 물론이고 심지어 열방까지 하나님 나라를 확장하는 일에 사용하신다. 그러므로 우리가 치유와 변화를 위해 성경적 내적치유 세미나에 직접 참석할 때나 성경적 내적치유 사역으로 섬길 때 바로 이런 성경적 내적치유의 본질을 명확히 인식해야 한다.

오늘날 한국교회 안에는 내적치유에 관해서 치우친 두 가지 상반된 견해와 흐름이 있다.

첫 번째 흐름은 비성경적인 불건전한 내적치유로서 심리학의 이론을 그대로 도입해 시행하는 '인본주의적 내적치유'와 상처와 아픔으로 고통당하는 사람들의 문제의 주요인을 사탄의 역사로 이해해 축사(逐邪) 사역을 위주로 하는 '신비주의적 내적치유'다.

두 번째 흐름은 이러한 불건전한 내적치유의 반작용으로 인해 내적치유를 비성경적인 것으로 보면서 반대하는 것이다.

이런 혼돈된 상황 속에서 성경적인 바른 내적치유에 관한 이론과 실제를 정립하는 것은 참으로 중요하고 시급한 일이다. 필자는 이런 시급한 현실의 필요성을 인식하고 이 책을 통해서 성경적인 내적치유의 이론과 실제를 구체적으로 제시하려고 했다. 그래서 한편으로는 비성경적인 인본주의적 내적치유와 신비주의적 내적치유를 시행하고 있는 사람들에게는 성경적인 바른 내적치유로 나아오게 하고, 또 다른 한편으로는 내적치유를 비성경적인 것으로 간주하면서 마음을 닫고 있는 사람들에게는 마음을 열고 성경적 내적치유에 참여하도록 하기 위해서다.

이 책의 독자들이 성령의 조명하심과 역사하심을 사모하면서 이 책을 정독하고, 또 각 과의 마지막 부분에 있는 '묵상과 적용'을 따라 진지하게 적용하고 실천해 나간다면 자신의 문제를 발견하게 되고, 성령의 치유하심과 새롭게 하심을 경험할 수 있을 것이다. 이 책을 한 번 읽는 것으로 그치지 말고 반복해서 곱씹으면서 읽고 공부하고 적용한다면 성령의 치유하심과 역사하심을 더욱 놀랍게 경험하게 될 것이다. 독자들이 꼭 그렇게 실천해 나갈 수 있기를 기도한다. 이 책이 개인뿐만 아니라 가정과 교회 공동체, 나아가 한국교회를 건강하게 만들고 하나님 나라를 이 땅에 확장하는 일에 미력하나마 도움이 될 수 있기를 간절히 기도한다.

끝으로 이 책을 읽는 모든 분에게 성령께서 영의 귀를 열어 주심으로 다음과 같은 복된 음성을 들을 수 있기를 간절히 소원한다.

> 내가 OOO의 이름을 바꾸리니
> OOO는 더 이상
> 상처 난 자, 버림받은 자, 외로운 자, 두려운 자라
> 불리지 아니하리라
> 내가 OOO의 이름을 바꾸리니
> OOO의 새 이름은
> 치유된 자, 평안과 기쁨 가운데 거하는 자,
> 확신과 담대함과 승리를 얻은 자,
> 나의 나라와 영광을 구하는 신실한 자,
> 나의 사랑받는 자, 나의 친구,
> 내 얼굴을 구하는 자이며
> 나와 함께 거하며 동행하는 자이리라.[1]

---

[1] 플린 외, 『내적치유와 영적 성숙』, 244-245 참조.

참고 문헌

1. 국내 저서

구자형, 강봉숙. 『생명의 샘을 여는 내적치유』. 서울: 퍼내기, 2008.
김남수. 『하나님의 사랑과 치유 사역』. 서울: 서로사랑, 2006.
_____. 『성령 사역과 전인 치유 사역 세미나 교안』. 서울: 예수사역훈련원, 2007.
김남준. 『거기 계시며 응답하시는 하나님』. 서울: 생명의말씀사, 2019.
_____. 『거룩한 삶을 위한 교리 묵상, 하나님의 용서』. 서울: 생명의말씀사, 2005.
_____. 『거룩한 삶을 위한 능력, 교리묵상 마음지킴』. 서울: 생명의말씀사, 2005.
_____. 『거룩한 삶의 은밀한 대적 2, 자기자랑』. 서울: 생명의말씀사, 2006.
_____. 『거룩한 삶의 은밀한 대적 게으름』. 서울: 생명의말씀사, 2003.
_____. 『거룩한 삶의 실천을 위한 마음 지킴』. 서울: 생명의말씀사, 2003.
_____. 『깊은 기도를 경험하라』. 서울: 생명의말씀사, 2005.
_____. 『맺힌 것을 풀어야 영혼이 산다: 용서와 치유의 길』. 서울: 두란노, 1998.
_____. 『죄와 은혜의 지배』. 서울: 생명의말씀사, 2005.
_____. 『한국교회 영적기상도를 본다』. 서울: 두란노, 2000.
김영민. "정신 건강과 내적치유," 「월드뷰(World View)」, 2019년 4월호.
김상철, 김영한, 나도움, 이상준, 조민음. 『중독 A to Z: 중독의 덫에서 자유하라!』. 서울: Nex세대, 2019.
김상철, 김영한, 유누리, 조민음, 조병옥. 『내가 정말 중독일까? 청소년 중독, 제대로 알고 해결하기』. 서울: 토기장이, 2019.
김준수. 『마음의 치유: 참된 나를 찾아 떠나는 내면의 여행』. 서울: 디모데, 2006.
김진. 『그리스도인은 인간을 어떻게 이해해야 하는가』. 서울: 생명의말씀사, 2014.
크리스티 김. 『인생의 응어리를 풀라』. 서울: 규장문화사, 2003.
두란노 아버지 학교. 『두란노 아버지 학교 교재: "주님 제가 아버지입니다"』. 서울: 두란노 아버지학교, 2005.
류영모. 『인카운터』. 서울: 서로사랑. 2005.
배본철. 『귀신 추방: 성경적, 역사적, 성령론적 접근』. 경기 용인: 킹덤북스, 2014.
변상규. 『자아상의 치유』. 서울: NUN, 2013.
소재열. 『가계에 흐르는 저주 성경적인가?』. 서울: 말씀사역, 1999.

송봉모. 『상처와 용서』. 서울: 바오로딸, 2012.
안점식. 『세계관을 분별하라: 성경적 종교신학, 선교변증론』. 서울: 죠이선교회, 2017.
양용의. 『하나님 나라: 어떻게 이해할 것인가』. 서울: 성서유니온, 2005.
여주봉. 『부흥을 위한 중보기도』. 경기 용인: 새물결선교회, 2012.
여주봉, 임태집. 『예배회복』. 경기 용인: 새물결선교회, 2006.
옥성호. 『심리학에 물든 부족한 기독교』. 서울: 부흥과개혁사, 2008.
옥한흠. 『나의 고통, 누구의 탓인가?: 욥기 강해설교』. 서울: 두란노, 1995.
윤홍식. 『성경이 사람을 바꾼다: 성경적 상담사례집』. 서울: 소원샘북스, 2017.
이관직. 『성경인물과 심리분석』. 서울: 생명의말씀사, 2005.
이동원. 『새 가정행전: 이동원 목사의 천국가정사역 총 결정체』. 서울: 규장, 1999.
_____. 『서로가 서로를 위하여: 성도의 교제, 그 원리와 실천』. 서울: 나침반, 1994.
_____. 『양심 클린토피아(Cleantopia)』. 서울: 생명의말씀사, 2000.
_____. 『첫 믿음의 계승자들 이삭, 야곱, 요셉』. 서울: 나침반, 1989.
_____. 『예수님의 거룩한 습관』. 서울: 두란노, 2008.
이성훈. 『복음과 내적치유』. 서울: 길르앗, 2004.
_____. 『상한 마음을 찾으시는 하나님』. 서울: 두란노, 2001.
전요섭, 김준수, 황규명, 안경승, 강경미, 이은규, 추부길, 한재희, 오윤선, 김영근, 심수명, 강병문. 『복음주의 기독교 상담학』. 서울: 한국가정상담연구소, 2004.
전용복. 『기도와 치유 사역』. 서울: 서로사랑, 2002.
전형준. 『성경적 상담학』. 서울: 대서, 2018.
정동섭. 『당신의 가정도 치유될 수 있다』. 서울: 하나, 1996.
_____. 『어떻게 사람을 변화시킬 수 있는가?』. 서울: 요단출판사, 1996.
_____. 『부부성숙의 비결: 당신의 가정도 변화될 수 있다』. 서울: 이든북스, 2018.
_____. 『자존감 세우기』. 서울: 요단출판사, 2019.
정태기. 『내면세계의 치유』. 서울: 상담과치유, 2010.
정태홍. 『내적치유의 허구성』. 서울: 등과빛, 2014.
_____. 『내적치유와 구상화』. 경남: RPTMINISTRIES, 2012.
_____. 『내적치유와 내면아이』. 경남: RPTMINISTRIES, 2012.
주서택, 김선화. 『내 마음속에 울고 있는 내가 있어요』. 서울: 숲이나무에게, 2015.
황규명. 『성경적 상담의 원리와 방법』. 서울: 바이블리더스, 2008.
제자원 기획 · 편집. 『옥스퍼드 원어성경 대전』 075: 호세아 제1-14장. 서울: 제자원, 2007.

_____. 『옥스퍼드 원어성경대전』. 111: 요한복음 제13-21장. 서울: 제자원, 2004.
_____. 『옥스퍼드 원어성경 대전』. 117: 로마서 제9-16장. 서울: 제자원, 2004.
침례신학연구소. 『동성애, 성경에서 답을 찾다』. 대전: 침례신학대학교출판부, 2020.

2. 국외 저서

Arnold, Clinton. *3 Critical Questions about Spiritual Warfare*. Grand Rapids: Baker Books, 1997.
Benner, David G. *Healing Emotional Wounds*, Grand Rapids. Michigan: Baker Book House, 1990.
Young Min, Kim. "The Study on an Approach to Vitalize the Lay Biblical Counseling Ministry through a House Church Ministry: A Case Study on the Gilbut Church." *In Partial Fulfillment of the Requirements for the Degree of Doctor of Ministry*. Westminster Theological Seminary, 2008.
Smedes, Lewis B. *Shame & Grace: Healing the Shame We Don't Deserve*, New York: Haper Collins Publisher, 1993.
Kyu Myeong, Whang. "Planting Biblical Counseling in Korea." In *Partial Fulfillment of the Requirements for the Degree of Doctor of Ministry*. Westminster Theological Seminary, 1997.

3. 번역서

애덤스, J. 『상담학개론』(*The Christian Counselor's Manual*). 정정숙 역. 서울: 베다니, 1999.
앤더슨, 닐. 『이제 자유입니다』(*The Bondage Breaker*). 유화자 역. 서울: 죠이선교회, 2004.
_____. 『내가 누구인지 이제 알았습니다』(*Victory over the Darkness: Realizing the Power of Your Identity in Christ*). 유화자 역. 서울: 죠이선교회, 2005.
아놀드, 요한 크리스토프. 『잃어버린 기술 용서: 용서를 통해 회복을 경험한 사람들의 이야기』(*The Lost Art of Forgiving: Stories of Healing from the Cancer of Bitterness*). 전병욱 역, 서울: 쉴터, 2003.
성 어거스틴. 『참회록』(*The Confession*). 서울: CH 북스, 2001.
바안슨, 그레그 엘. 『성경이 가르치는 동성애』(*Homosexuality: A Biblical View*). 최희영 역. 서

울: 베다니, 2000.
빌, 밥. 『멘토링』(Mentoring). 김성웅 역. 서울: 디모데, 2007.
붐, 코리 텐. 『주는 나의 피난처』(The Hiding Place). 양은순 역. 서울: 생명의말씀사, 2014.
본회퍼, 디이트리히. 『신도의 공동생활 성서의 기도서』(Gemeinsame Leben/Das Gebetbuch der Biel). 디트리히 본회퍼 선집⑥(Dietrich Bonhoeffer Werke, DBW 5). 정지련, 손규태 역. 서울: 대한기독교서회, 2012.
_____. 『제자의 길과 십자가』. 강철성 역. 서울: 오리진, 1999.
벌클리, 에드. 『왜 크리스천은 심리학을 신뢰할 수 없는가』(Why Christian Can't Trust Psychology). 차명호 역. 서울: 미션월드, 2006.
버포드, 로저 K. 『귀신들림과 상담』(Counselling And the Demon). 기독교 상담 시리즈 3. 오성춘 역. 서울: 두란노, 2007.
칼빈, 존. 『기독교 강요(상)』(Institutes of the Christian Religion), 김종흡 역. 서울: 생명의말씀사, 1988.
칼슨, 데이비드. 『자존감』(Counselling and Self-Esteem). 기독교 상담 시리즈 6. 이관직 역. 서울: 두란노, 2009.
코시, 크리스. 『관계의 기술: 관계의 변화를 일으키는 뇌기술』(Transforming Fellowship). 손정훈 역. 서울: 토기장이, 2017.
크랩, 로렌스 J. 『성경적 상담학』(The Effective Biblical Counselling). 정정숙 역. 서울: 총신대학교 출판부, 1997.
_____. 『인간 이해와 상담』(Understanding People). 윤종석 역. 서울: 두란노, 2011.
_____. 『영적 가면을 벗어라』(Inside Out). 윤난영 역. 서울: 복있는사람, 2010.
크랩, 로렌스 J., 댄 B 알렌드. 『상담과 치유 공동체』(Hope When You're Hurting). 정동섭 역. 서울: 요단출판사, 1999.
디어링, 노마. 『힐링 터치』(The Healing Touch). 박홍래 역. 서울: 서로사랑, 2003.
에드워즈, 조나단. 『성령의 역사 분별방법』(The Classics of Jonathan Edwards, Vol. 2, The Distinguishing Marks). 노병기 역. 서울: 부흥과개혁사, 2009.
_____. 『균형 잡힌 부흥론』(The Classics of Jonathan Edwards). Vol. 3, Some Thoughts Concerning the Revival. 양낙흥 역. 서울: 부흥과개혁사, 2005.
에글리, 짐. 『내적치유 수양회(리더용)』(Encounter God). 한국터치본부 역. 경기 성남: NCD, 2003.
_____. 『내적치유 수양회(학생용)』(Encounter God). 한국터치본부 역. 경기 수정: NCD, 2003.

엘드리지, 존. 『마음의 회복』(Wild at Heart). 강주헌 역. 서울: 좋은씨앗, 2004.
엔서, 존. 『하나님의 용서를 경험하는 삶』(Experiencing God's Forgiveness). 전상수 역. 서울: 쉴 만한물가, 2007.
에릭슨, 에릭. 『아동기와 사회』(Childhood and Society). 윤진, 김인경 역. 서울: 중앙적성출판사, 1992.
에릭슨, 에릭, 조앤 에릭슨. 『인생의 아홉 단계: 나이 듦과 삶의 완성』(Life Cycle: Extended Version with New Chapters on the Ninth Stage of Development). 송제훈 역. 서울: 교양인, 2019.
플린, 마이크, 더그 그레그. 『내적치유와 영적 성숙』(Inner Healing: A Handbook for Helping Yourself & Others). 오정현 역. 서울: IVP, 1996.
포스터, 리처드. 『영적 훈련과 성장』(Celebration of Discipline). 권달천 역. 서울: 생명의말씀사, 2009.
_____. 『돈 섹스 권력』(Money, Sex & Power). 김영호 역. 서울: 두란노, 1989.
프랭크, 잰. 『소망의 문: 성적 학대로부터의 치유와 회복』(Door of Hope). 박성호 역. 서울: 진흥, 2001.
프리엘, 존 C., 린다 D 프리엘. 『역기능 가정의 비밀 성인아이』(Adult Children: The Secret of Dysfunctional Families). 유희동, 정우경 역. 서울: 글샘, 2010.
프로스트, 잭. 『아버지 품에 안기다』(Experiencing Father's Embrace). 정동섭 역. 서울: 사랑플러스, 2005.
가트맨, 존. 『내 아이를 위한 사랑의 기술 감정코칭』(Raising an Emotionally Intelligent Child: The Heart of Parenting). 남은영 역. 서울: 한국경제신문 한경 BP, 2007.
하트, 아치발트(Archibald D. Hart). 『우울증 이렇게 치유할 수 있다』(Dark Clouds Silver Linings). 정동섭 역. 서울: 요단출판사, 2000.
_____. 『마음의 습관: 마음을 다스리는 열 가지 방법』(Habits of the Mind: Ten Exercises to Renew Your Thinking). 윤후남 역. 서울: 요단출판사, 2005.
히키, 메릴린. 『가계에 흐르는 저주를 끊어야 산다』(Break the Generation Curse). 최기운 역. 서울: 베다니, 1998.
후르마, 안토니 A. 『성경이 가르치는 자아형상』(The Christian Looks at Himself). 정정숙 역. 서울: 베다니, 1997.
헐, 빌. 『성령의 능력에 관한 솔직한 대화』(Straight Talk On Spiritual Power). 박노철 역. 서울: 국제제자훈련원, 2007.
제닝스, 티머시 R. 『마음, 하나님 설계의 비밀』(The God-Shaped Heart). 윤종석 역. 서울: CUP, 2019.

_____. 『뇌, 하나님의 설계의 비밀』(*The God-Shaped Brain: How Changing Your View of God Transforms Your Life*). 윤종석 역. 서울: CUP, 2019.

존슨, 에릭. 『심리학과 기독교 어떤 관계인가: 심리학과 기독교계에 대한 다섯 가지 관점』(*Psychology & Christianity: Five Views*). Second Edition. 김찬영 역. 서울: 부흥과개혁사, 2014.

킨저, 마크. 『죄책감으로부터의 자유』(*Living with a Clear Conscience: A Christian Strategy for Overcoming Guilt and Self-Condemnation*). 정옥배 역. 서울: 두란노, 2000.

쾨스텐버거, 안드레아스, 데이비드 존스. 『성경의 눈으로 본 결혼과 가정』(*God, Marriage, and Family, Second Edition*). 윤종석 역. 서울: 아바서원, 2016.

크래프트, 찰스 H. 『깊은 상처를 치유하시는 하나님』(*Deep Wounds Deep Healing: Discovering the Vital Link between Spiritual Warfare and Inner Healing*). 이윤호 역. 서울: 은성, 2003.

_____. 『사악한 영을 대적하라』(*Defeating Dark Angels*). 윤수인 역. 서울: 은성, 2006.

_____. 『두 시간의 내적치유 기적』(*Two Hours to Freedom: A simple and Effective Model for Healing and Deliverance*). 이윤호 역. 서울: 베다니, 2012.

_____. 『신자가 소유한 놀라운 권세』(*I Give You Authority*). 이윤호 역. 서울: 은성, 2003.

_____. 『능력 그리스도교』(*Christianity With Power*). 이재범 역. 서울: 나단출판사, 2003.

크래프트, 찰스 H., 톰 화이트, 에드 머피 외. 『영적 전투에서 승리하라』(*Behind Enemy Lines: An Advanced Guide to Spirit Warfare*). 장미숙 역. 서울: 은성, 2004.

리치필드, 브루스, 넬리 리치필드. 『하나님께 바로서기: 역기능 가정에서 나타나는 사람의 존성으로부터의 회복』(*Let's Stand Up Straight*). 정성준 역. 서울: 예수전도단, 2013.

로이드존스, 마틴. 『부흥』(*Revival: Can We Make It Happen?*). 서문강 역. 서울: 생명의말씀사, 2014.

_____. 『귀신들림, 점술, 강신술』(*Not Against Flesh and Blood*). 김현준 역. 서울: 꿈지기, 2008.

_____. 『의학과 치유』(*Healing and Medicine*). 정득실 역. 서울: 생명의말씀사, 2003.

_____. 『영적 투쟁: 에베소서 강해 ⑦』(*The Christian Warfare: An Exposition of Ephesian 6 : 10 to 13*). 지상우 역. 서울: CLC, 2002.

맥아더, 존, 매스터스대학교 교수진. 『상담론』(*Counselling: How to Counsel Biblically*). 서울: 부흥과개혁사, 2018.

맥도날드, 고든. 『내면세계의 질서와 영적 성장』(*Ordering Your Private World*). 홍화옥, 김명희 역. 서울: IVP, 2018.

_____. 『영적 성장의 길』(*A Resilient Life: You Can Move Ahead No Matter What*). 홍종락 역. 서울:

두란노, 2005.

마샬, 탐. 『자유롭게 된 자아』(*Free Indeed*). 서울: 예수전도단, 2018.

_____. 『내면으로부터의 치유』(*Healing From The Inside Out: Understanding God's Touch For Spirit, Soul and Body*). 이상신 역. 서울: 예수전도단, 2004.

_____. 『깨어진 관계의 회복』(*Right Relationships: A Biblical Foundation For Making and Mending Relationships*). 채두병 역. 서울: 예수전도단, 1995.

메이, 제럴드 G. 『중독과 은혜: 중독에 대한 심리학적·영적 이해와 그 치유』(*Addiction and Grace: Love and Spirituality in the Healthy of Addictions*). 이지영 역. 서울: IVP, 2005.

맥클랑, 플로이드. 『하나님의 아버지 마음』(*The Father Heart of God*). 김대영 역. 서울: 예수전도단, 2012.

맥그래스, 알리스터, 조애나 맥그래스. 『자존감: 십자가와 그리스도인의 자신감』(*Self-Esteem: the Cross and Christian Confidence*). 윤종석 역. 서울: IVP, 2003.

머카단테, 빈스. 『이해할 수 없는 은혜: 우리가 알지 못하는 하나님의 은혜에 대한 솔직한 이야기』(*The Offense of Grace*). 유정희 역. 서울: 예수전도단, 2009.

모어, 베스. 『넘어짐의 은혜: 죄에 넘어진 성도들을 일으키시는 하나님의 회복』(*When Godly People Do Ungodly Things*). 주지현 역. 서울: 좋은씨앗, 2005.

_____. 『주의 말씀, 내 기도가 되어』(*Praying God's Word*). 서은재 역. 서울: 좋은씨앗, 2005.

머피, 에드. 『영적 전쟁 핸드북』(*The Handbook for Spiritual Warfare*). 노항규 역. 서울: 두란노, 1999.

뮤렌, 더그. 『치유하는 교회: 상처 입은 마음을 고치고 무너진 삶을 다시 세우는 교회』(*Churches That Heal: Becoming a Church that Mends Broken Hearts and Shattered Lives*). 심영우 역. 서울: 홍성사, 2002.

네이버, 랄프. 『새로운 삶 시리즈 3권 실천』(*The Arrival Kit: A Guide for Your Journey in the Kingdom of God*). 정진우 역. 서울: NCD, 2010.

패커, 제임스. 『하나님을 아는 지식』(*Knowing God*). 정옥배 역. 서울: CLC, 1996.

파이퍼, 존. 『하나님을 기뻐하라』(*Desiring God*). 박대영 역. 서울: 생명의말씀사, 2017.

폴리슨, 데이비드. 『악한 분노, 선한 분노』(*Good & Angry*). 김태형, 장혜원 역. 서울: 토기장이, 2019.

_____. 『성경적 관점으로 본 상담과 사람』(*Seeing with New Eyes: Counseling and the Human Condition through the Lense of Scripture*). 김준 역. 서울: 그리심, 2009.

_____. 『정신 의학과 기독교: 성경적 상담운동: 역사 그리고 상황』(*Competent to Counsel: The History of Conservative Protestant Anti-Psychiatry Movement*). 전형준 역. 서울: 대서, 2013.

_____. 『성경이 말하는 영적전쟁』(*Power Encounters*). 유미영 역. 서울: 생명의말씀사, 1998.
산데, 켄. 『피스메이커』(*The Peacemaker*). 서울: IDI, 2000.
샌포드, 존, 마크 샌포드. 『축사 사역과 내적치유의 이해 가이드』(*A Comprehensive Guide to Deliverance and Inner Healing*). 심현석 역. 서울: 순전한나드, 2007.
씨맨즈, 데이빗 A. 『상한 감정의 치유』(*Healing fo Damaged Emotions*). 송헌복 역. 서울: 두란노, 2011.
_____. 『기억의 치유』(*Healing of Memories*). 송헌복, 송복진 역. 서울: 죠이북스, 2017.
_____. 『치유하시는 은혜』(*Healing Grace*). 윤종석 역. 서울: 두란노, 2013.
_____. 『탓』(*If Only: Moving Beyond Blame to Belief*). 윤종석 역. 서울: 두란노, 2004.
_____. 『좌절된 꿈의 치유』(*Living with Your Dreams: Let God Restore Your Shattered Dreams*). 이갑만 역. 서울: 두란노, 2001.
씨맨즈, 데이빗 A., 베스 펀크. 『상한 감정의 치유 워크북: 상처받은 영혼을 위한 치유 학습서』(*Healing For Damaged Emotions Work Book: A Recovery Workbook for Healing for Damaged Emotions*). 김재서 역. 서울: 예찬사, 2017.
셀, 찰스. 『아직도 아물지 않은 마음의 상처』(*Unfinished Business-Helping Adult Children Resolve Their Past*). 정동섭, 최민희 역. 서울: 두란노, 2000.
슬레지, 팀. 『가족치유·마음치유: 역기능 가정에서 자라난 성인아이를 위한 치유 안내서』(*Making Peace with Your Past: Help for Adult Children of Dysfunctional Families*). 정동섭 역. 서울: 요단출판사, 2011.
_____. 『가족치유·마음치유(지도자 지침서)』(*Making peace with your past : help for adult children of dysfunctional families*). 노용찬 역. 서울: 요단출판사, 2011.
스미디스, 루이스. 『용서의 미학』(*The Art of Forgiving*). 이여진 역. 서울: 이레서원, 2005.
_____. 『용서의 기술』(*Forgive and Forget*). 배응준 역. 서울: 규장, 2004.
스탠리, 찰스. 『상한 감정 클리닉: 혼돈된 마음에서의 자유』(*The Source Of My Strength*). 김창대 역. 서울: 요단, 1996.
스툽, 데이빗. 『완벽주의로부터의 해방: 자유롭고 풍성한 삶으로의 초대』(*Hope for the Perfectionist*). 김태곤 역. 서울: 미션월드 라이브러리, 2006.
스툽, 데이빗, 제임스 매스텔러. 『부모를 용서하기 나를 용서하기: 용서를 통한 역기능 가정의 성인아이 치유』(*Forgiving Our Parents, Forgiving Ourselves*). 정성준 역. 서울: 예수전도단, 2001.
스툽, 데이빗, 잔 스툽. 『남편과 아내가 함께 기도할 때: 부부가 함께 기도할 때 숨겨진 상처가 치유된다』(*When Couples Pray Together*). 나상엽 역. 서울: 규장, 2008.

탭스코트, 베티. 『내 마음속에 넘치는 주님의 평강: 내적치유의 기적』(*Inner Healing through Healing of Memories*). 구자원 역. 서울: 은혜출판사, 1998.

탐슨, 부르스, 바바라 탐슨. 『내 마음의 벽』(*Walls of My Heart*). 정소영 역. 서울: 예수전도단, 2011.

_____. 『우리의 눈이 열릴 때: 엠마오 길의 두 여행자와 마음의 눈(insight)을 찾아 떠나는 여행』(*From Eyesight to Insight*). 김태완 역. 서울: 예수전도단, 2013.

트립, 폴. 『치유와 회복의 동반자: 건강한 교회 공동체를 세우는 상담 프로젝트』(*Instruments in the Redeemer's Hands*). 황규명 역. 서울: 디모데, 2007.

엉거, 메릴 F. 『성도를 향한 귀신들의 도전』(*What Demons Can Do to Saints*). 정학봉 역. 서울: 요단출판사, 1993.

버니, 토마스. 『태아는 알고 있다: 태교의 과학적 증명』(*The Secret Life of the Unborn Child*). 김수용 역. 서울: 샘터사, 2005.

볼프, 미로슬라브. 『베풂과 용서: 값없이 주신 은혜의 선물』(*Free of Charge*). 김순현 역. 서울: 복있는사람, 2008.

웰치, 에드워드 T. 『뇌 책임인가? 내 책임인가?』(*Blame It on the Brain?*). 한성진 역. 서울: CLC, 2003.

_____. 『중독의 성경적 이해』(*Addictions: A Banquet in the Grave*). 김준 역. 서울: 국제제자훈련원, 2013.

_____. 『큰 사람 작은 하나님』(*When People are Big and God is Small*). 김찬규, 이하은 역. 서울: CLC, 2014.

_____. 『수치심: 성경적 내적치유-당신을 힘들게 하는 마음의 상처로부터의 회복』(*Shame Interrupted: How God Lifts the Pain of Worthlessness & Rejection*). 김준 역. 서울: 그리심, 2016.

화이트, 제임스 에머리. 『이해할 수 없는 하나님 사랑하기』(*Embracing the Mysterious God: Loving the God We don't Understand*). 전의우 역. 서울: IVP, 2014.

와일더, 짐, 에드워드 쿠리, 크리스 코시, 쉴리아 서튼. 『기쁨은 여기서 시작된다』(*Joy Starts Here*). 윤종석 역. 서울: 두란노, 2019.

와일더, 짐, 짐 프리슨, 릭 코프키, 메리베스 풀, 앤 비어링. 『예수님 마음 담기』(*Living From the Heart Jesus Gave You*). 손정훈, 안우경 역. 서울: 토기장이, 2019.

와일더, 짐, 애나 강, 존 롭노우, 성심 롭노우. 『임마누엘 일기: 하나님의 임재를 경험하는 일상의 훈련』(*Joyful Journey: Listening to Immanuel*). 손정훈, 이혜림 역. 서울: 토기장이, 2019.

윌라드, 달라스. 『마음의 혁신』(*Renovation of the Heart*). 윤종석 역. 서울: 복있는사람, 2008.

윌링엄, 러셀. 『관계의 가면』(*Relational Masks: Removing the Barrier That Keep Us Apart*). 원혜영 역. 서울: IVP, 2006.
윈터, 리처드. 『지친 완벽주의자를 위하여』(*Perfecting Ourselves to Death: The Pursuit of Excellence and the Perils of Perfectionism*). 김동규 역. 서울: IVP, 2007.
워딩턴, 에버렛. 『용서와 화해: 상처를 치유하고 마음을 이어주는 9계단』(*Forgiving and Reconciling: Bridges to Wholeness and Hope*). 윤정석 역. 서울: IVP, 2006.
얀시, 필립. 『놀라운 하나님의 은혜』(*What's So Amazing About Grace?*). 윤종석 역. 서울: IVP, 2009.
영, 윌리엄 폴. 『오두막』(*The Shack*). 한은경 역. 서울: 세계사, 2013.

4. 기타

"가족치료 전문가 美 가트맨 박사 부부 방한 … 아이와 쌍방향 커뮤니케이션 유치한 선택이라도 존중."「국민일보」미션면. 2010.04.08.
건강보험심사평가원. "정신 건강 질환의 진료 현황 분석 결과." 2018.12.12.
"유영철 악몽 … 피해자 17가족 세상과 인연 끊고, 3가족은 풍비박산."「조선일보」. 2011.07.18.
이상원. "성경이 경고하는 동성애: ① 동성 간 성애와 소돔의 멸망."「국민일보」미션라이프. 2020.01.09. 제36면.
조욱희. '용서, 그 먼 길 끝에 당신이 있습니까?'(다큐멘터리 영화). 2008.
하재성. "부족한 기독교가 아닌 지혜로운 기독교!."「기독교보」. 2008.03.29.
Arndt, William F., Bauer, Walter, Gingrich, F. Wilbur. *A Greek-English Lexicon of the New Testament and Other Early Christian Literature*, Chicago: University of Chicago Press, 2000.
Harris, R. Laird, Archer, Gleason L., Waltke, Bruce K. *Theological Wordbook of the Old Testament*, vol. 1, Chicago: The Moody Bible Institute, 1980.
Strong's Greek Dictionary of the New Testament, paragraph 1. https://accordance.bible/link/read/Greek_Strong's#5041.
Thayer, Joseph. *Thayer's Greek-English Lexicon of the New Testament*. second edition. New York: Harper & Brothers, 1889.